高等院校经济管理类专业应用型系列教材

统计学

赵雪虹 ◎ 主 编

张海霞 孟祥丽 ◎ 副主编

U0369207

清华大学出版社
北 京

内 容 简 介

本书系统阐释了统计学的基本理论与方法,注重统计思维的培养。本书共分 10 章,具体内容包括统计学导论,统计调查,统计数据的整理与显示,统计数据的描述,概率、概率分布与抽样分布,参数估计,假设检验、相关与回归分析,时间序列分析与预测,统计指数。

本书可作为高等院校各专业统计学课程的教材,也可以作为广大实际工作者的参考书。

图书在版编目(CIP)数据

统计学/赵雪虹主编.—北京:清华大学出版社,2023.8

高等院校经济管理类专业应用型系列教材

ISBN 978-7-302-64386-9

Ⅰ.①统… Ⅱ.①赵… Ⅲ.①统计学－高等学校－教材 Ⅳ.①C8

中国国家版本馆 CIP 数据核字(2023)第 148762 号

责任编辑:刘士平
封面设计:张鑫洋
责任校对:刘 静
责任印制:沈 露

出版发行:清华大学出版社
    网 址:https://www.tup.com.cn,https://www.wqxuetang.com
    地 址:北京清华大学学研大厦 A 座   邮 编:100084
    社 总 机:010-83470000   邮 购:010-62786544
    投稿与读者服务:010-62776969,c-service@tup.tsinghua.edu.cn
    质 量 反 馈:010-62772015,zhiliang@tup.tsinghua.edu.cn
    课 件 下 载:https://www.tup.com.cn,010-83470410
印 装 者:三河市铭诚印务有限公司
经 销:全国新华书店
开 本:185mm×260mm   印 张:20   字 数:504 千字
版 次:2023 年 10 月第 1 版   印 次:2023 年 10 月第 1 次印刷
定 价:59.00 元

产品编号:097853-01

前　言

近年来,互联网、人工智能等领域迅猛发展,数字化经济、数字化转型等概念方兴未艾,作为数据收集与量化分析的必备方法与工具,统计学在各行各业中有着越来越广泛的应用。统计学一直被教育部列为经济类和工商管理类等专业的核心课程之一,统计方法已经成为理、工、农、医、人文、社会、管理、军事等学科领域科学研究的基本方法。统计作为认识客观世界数量规律的一种有力工具,在知识更新速度不断加快的新形势下发挥着越来越重要的作用,无论是进行宏观的国民经济管理,还是进行微观的企业决策,都需要准确地把握有关经济运行的各类数量信息。

本书参阅了大量国内外同类优秀教材及统计教学、科研和实践方面的新成果,既介绍具有通用方法论性质的一般统计理论与方法及其在经济管理中的应用,又讨论社会经济领域特有的一些统计方法问题,同时还包括了经济管理类本科学生应掌握的最基本的经济统计知识。本书采用最常见的通用软件 Excel 作为实现统计计算和分析的工具,培养学生的实际应用能力,在编写过程中体现出以下特点。

(1)与时俱进,结构完整。面对时代进步与社会发展,力求体现新形势下社会对经济管理人才的新要求,面向行业需求构建知识和能力体系。按照先描述统计、后推断统计的思路编写,同时,这种结构的安排也方便教师因地制宜、因材施教,教师可以按照不同院校、不同专业、不同层次的学生特点对所讲授的内容进行选择。

(2)内容丰富,重视应用。本书内容强调重思想、重应用,在理论、原理的叙述上力求精练,言简意赅,在深度上以够用为原则。尽量避免使用复杂烦琐的数学推导而采用通俗易懂的语言介绍统计知识。对一些重点内容本书以图文并茂的形式介绍了 Excel 软件在统计分析中的应用,便于读者利用计算机软件解决统计问题。广泛地使用案例分析的方法,通过大量的应用实例,引导读者正确地收集数据资料,选择合适的统计方法进行分析,从而获得有意义的结论,同时在每一章的结尾都设计了思考题与练习题,帮助读者深刻理解统计理论和方法。

(3)系统性强,突出实用。根据应用型本科对学生操作能力的要求,坚持实用性、针对性的原则,结合统计学教学内容,重点突出基本理论的实践应用,详细讲述了数据的整理、表述及统计特征等方面的问题,尽可能采用正式发布的统计数据,以指导读者进行实质性问题的研究和探讨。

本书具体分工为:哈尔滨金融学院孟祥丽编写第1、3章,哈尔滨金融学院曲新宇编写第2章,哈尔滨金融学院张海霞编写第4、5章,哈尔滨金融学院周靖迪编写第7章,哈尔滨金融学院殷旭阳编写第8章,哈尔滨金融学院赵雪虹编写第6、9、10章。本书总结了我们长期的教学经验,既可以作为应用型本科院校经济管理类统计学专业的基础教材,也可以作为一般经济与管理类专业统计学课程教材,还可以作为其他专业和广大实际工作者的参考书。在使用中,教师对有些章节可根据教学需要和教学时数酌情选讲。希望本书能对学习者有所帮助,也希望您提出更多的修改建议,以便进一步修改和完善。

赵雪虹

2023 年 6 月于武汉

目　　录

第 **1** 章

统计学导论

无处不在的统计

统计在许多领域都有应用,我们每天都会看到各种统计数据或统计研究的结论,举例如下。

吸烟对健康是有害的,吸烟的男性寿命减少 2 250 天。

身体超重 30% 会使寿命减少 1 300 天。

每天摄取 500 毫升维生素 C,生命可延长 6 年。

身材高的男性,其子女的身材也较高。

上课坐在前排的学生平均考试分数比坐在后排的学生高。

杰出科学家做出重大贡献的最佳年龄在 25~45 岁,其最佳峰值年龄和首次贡献的最佳成名年龄随着时代的变化而逐渐增大。

众所周知,《红楼梦》一书共 120 回,自从胡适作《红楼梦考证》以来,一般都认为前 80 回为曹雪芹所写,后 40 回为高鹗所续,然而长期以来这种看法一直都饱受争议。能否从统计上做出论证? 从 1985 年开始,复旦大学的李贤平教授带领他的学生做了这项有意义的工作,他们的创造性的想法是将 120 回看作 120 个样本,将确定与情节无关的虚词出现的次数作为变量,巧妙地运用统计分析方法,看看哪些回目出自同一人的手笔。一般认为,每个人使用某些词的习惯是特有的。李教授用每个回目中 47 个虚词(之、其、或、亦……;呀、吗、咧、罢……;可、便、就……)出现的次数(频率)作为《红楼梦》各个回目的数学标志,利用统计分析方法将 120 回分成两类,即前 80 回为一类,后 40 回为一类,很形象地证实了它们不是出自同一人的手笔。之后李教授又进一步分析了前 80 回是否为曹雪芹所写,又对比了曹雪芹的其他著作,做了类似计算,结果证实了用词手法完全相同,断定前 80 回为曹雪芹一人手笔,最终的论证结果还推翻了后 40 回是高鹗一个人所写的长期看法。

由以上几则信息可知,统计已经渗透到社会经济活动和科学研究的方方面面,统计无处不在,并且正在发挥越来越重要的作用。这些结论是怎样得出的? 你相信这些结论吗? 你相信或不相信的理由是什么? 要看懂这些结论似乎并不困难,但要合理解释这些结论就需要具备一定的统计学知识。那么究竟什么是统计? 统计是如何开展研究的? 这些正是本章所要介绍的主要内容。

资料来源:澎湃新闻·澎湃号·政务.生活中无处不在的统计学.https://www.thepaper.cn/newsDetail_forward_2391406,2018-08-29.

1.1　统计与统计学

1.1.1　统计的含义

"统计"一词一般有三种含义,即统计工作、统计资料和统计学。

统计工作是指对社会经济现象数量方面进行收集、整理和分析工作的总称,它是一种社会调查研究活动。统计资料又称统计数据,是统计工作过程中所获得的各种数字资料和其他资料的总称,统计资料是进行国民经济宏观调控的决策依据,是社会公众了解国情、国力和社会经济发展状况的信息主体。统计学是关于统计过程的理论和方法的科学。统计的三种含义具有密切的联系:统计工作是人们的统计实践,是主观反映客观的认识过程;统计资料是统计工作的结果,统计工作与统计资料是过程与成果的关系;统计学是统计工作经验的总结和概括,统计学所阐述的理论和方法又是指导统计工作的原则和方法,统计学和统计工作是统计理论与实践的关系。

统计学是收集、整理、显示和分析数据的科学,其目的是探索现象的数量规律。一般来说,收集是指通过测量、调查等方法取得数据;整理是对数据分组,观察其分布的情况;显示就是用图和表的形式呈现数据的特征和现象的数量规律;分析是用统计方法研究数据,探索现象的数量规律。

统计的研究对象具有以下特点。

(1) 数量性。这是统计研究对象的基本特点。常言道,"数字是统计的语言""数据是统计的成果",指的正是这个意思,但并不是任何一种数量都可以作为统计对象。统计数据是客观事物量的反映,统计定量认识必须建立在对客观事物定性认识的基础上。

(2) 总体性。统计的数量研究是对现象总体中各单位普遍存在的事实进行大量观察和综合分析,得出反映现象总体的数量特征。例如,进行城镇居民家计调查,需要对具体的居民家庭进行调查,但是其目的并不在于了解个别居民家庭的生活状况,而是要反映一个城市、一个国家的居民收入水平、收入分配、消费水平及消费结构等。

(3) 差异性。统计研究同类现象总体的数量特征,研究的前提是总体各单位的特征表现存在着差异,而且这些差异并不是事先可以预知的。例如,各种股票的价格和成交量每天不同,这才需要对其进行统计,编制股票指数等指标。

如果说总体各单位的差异表现出个别现象的特殊性和偶然性,而对现象总体的数量研究,则是通过大量观察,从各单位的差异中归纳概括出它们的共同特征,显示出现象的普遍性和必然性。

1.1.2　统计工作过程

统计工作的基本任务表明统计工作是对社会进行调查研究以认识其本质和规律的一种工作,这种调查研究的过程是我们对客观事物的一种认识过程。就一次统计活动来讲,一个完整的认识过程一般可分为统计设计、统计调查、统计整理和统计分析四个阶段。

1. 统计设计

统计设计根据所要研究问题的性质,在有关学科理论的指导下,制定统计指标、指标体系和统计分类,给出统一的定义、标准,同时提出收集、整理和分析数据的方案和工作进度等。统计设计是整个统计研究的前期工程,其完成质量直接关系到整个统计研究的质量。做好统计设计不仅要以统计学的一般理论和方法为指导,而且还要求设计者对所要研究的问题本身具有深刻的认识和相关的学科知识。例如,要设计一套较好地评价企业经营状况的统计体系与方案,仅用一般的统计方法知识是不够的,设计者还必须具备企业经营管理知识和理论素养。

2. 统计调查

经过统计设计形成方案之后,就可以开始收集统计数据。统计调查就是根据一定的目的,通过科学的调查方法,收集社会经济现象的实际资料的活动。统计调查是统计工作过程的重要阶段,是认识客观经济现象的起点,也是统计整理和统计分析的基础。

对于大多数自然科学和工程技术研究来说,如果想要通过有控制的科学实验取得数据,这时可以采用实验法。在统计学中有专门一个分支——实验设计,就是研究如何科学地设计实验方案,从而使通过实验采集的数据能够符合分析的目的和要求的。对社会经济现象来说,一般无法进行重复实验,要取得有关数据就必须到社会总体中选取足够多的单位进行调查、观察,并加以综合研究。如何科学地进行调查是统计学研究的重要内容。本书是为经济与管理类专业编写的统计学教科书,由于篇幅的限制,本书只介绍有关统计调查的理论与方法。

3. 统计整理

统计整理是根据统计研究目的和要求,对统计调查所收集到的数据进行科学的分类、汇总和显示,以反映总体数量特征的工作过程。统计资料的整理是统计工作的第三个阶段,介于统计调查和统计分析之间,在统计工作中起到承上启下的作用,既是统计调查工作的继续,又是统计分析的前提。

4. 统计分析

统计分析将加工整理好的统计资料加以分析研究,采用各种分析方法,计算各种分析指标,来揭示社会经济过程的本质及其发展变化的规律性,通过该阶段对事物由感性认识上升到理性认识。

统计工作过程的四个阶段并不是孤立、截然分开的,它们是紧密联系的一个整体,其中各个环节常常是交叉进行的。例如,小规模的调查,常把统计调查和统计整理结合起来;在统计调查过程中就有对事物的初步分析,在统计整理和分析过程中仍需进一步调查。通过统计整理和分析,可以得到有关的统计资料,但统计资料的收集并不意味着统计研究的终结。统计的目的在于认识客观世界的数量规律,仅凭一次收集的统计资料,往往还不能很好地发现客观世界存在的数量规律。因此,对于已经公布的统计资料需要加以积累,同时还可以进一步加工,结合相关学科的理论知识进行分析和利用,如何更好地将统计资料和统计方法应用于各自的研究领域是应用统计学研究的一个重要方面。

统计工作的各个阶段都有一些专门的方法。在统计调查阶段主要有统计报表制度、重点调查、抽样调查、普查等方法;在统计整理阶段主要有统计分组、分配数列、统计表和统计图的制作等;在统计分析阶段,方法更是多种多样,主要有综合指标法、动态数列法、指数法、抽样法、相关分析法等。这些具体方法既包括一些数理统计方法,也包括一些社会经济统计方法,这些内容将在本书以后各章中系统介绍。

1.1.3 统计学的产生和发展

统计起源很早,随着社会生产的发展和国家管理的需要而逐步产生和发展起来。在原始社会,人类最初为了生存所进行的一般计数活动便蕴藏着统计的萌芽。史料说明,统计学起源于定量地说明和研究社会经济问题。一般公认,统计学从 17 世纪 60 年代算起,到现在已有近400 年的历史。20 世纪中期开始的电子计算技术的应用,为统计活动的现代化进程提供了重要手段,并且极大地促进了统计学的发展,为大数据时代的到来奠定了技术基础。从统计学的发展过程看,它可以分为三个阶段:古典统计学时期、近代统计学时期和现代统计学时期,贯穿整个过程的主线是统计方法的逐步充实、完善和发展。

1. 古典统计学时期

从 17 世纪中到 18 世纪中,是统计学的萌芽时期,即古典统计学时期。统计学起源于以下两大学派。

（1）国势学派（又称记述学派）。创始人是赫尔曼·康林（Herman Conring，1606—1681）。他对欧洲许多国家的人口、国土面积、政体、财政、军备等方面进行了文字性的记述，并在大学开设"国势学"课程。18 世纪德国政治学教授格特弗里德·阿亨瓦尔（Gottfried Achenwall，1719—1772）继承和发展了康林的"国势学"。因"国势"与"统计"在外文中词义相通，后来正式命名为"统计学"。该学派在进行国势比较分析中，偏重事物性质的解释，而不注重数量对比和数量计算，但却为统计学的发展奠定了经济理论基础。"统计学"的名字一直沿用至今。

（2）政治算术学派。政治算术学派产生于 17 世纪中叶的英国，主要代表人物是约翰·格朗特（John Graunt，1620—1674）和英国著名的古典经济学家威廉·配第（William Petty，1623—1687）。1690 年，威廉·配第出版《政治算术》一书，这里的"政治"是指政治经济学，"算术"是指统计方法。威廉·配第运用数字、重量、尺度等计量和比较的方法，运用大量的统计资料，将英国的国力与法国、意大利、荷兰等国家进行了比较研究，提出了一套在当时来说是较为系统的数量对比分析方法，用于对社会经济现象进行数量性的描述和比较分析，创立了政治算术学派。经过几个世纪的发展和完善，政治算术学派发展成现代的社会经济统计学。

2. 近代统计学时期

18 世纪末到 19 世纪末，是近代统计学时期。这一时期的一个重大成就是大数法则和概率论被引入统计学。之后，最小平方法、误差理论和正态分布理论等相继成为统计学的重要内容。这一时期也曾有以下两大学派。

（1）数理统计学派。数理统计学派产生于 19 世纪的比利时，主要代表人物是凯特勒（A. Quetelet，1796—1874），凯特勒发展了政治算术学派，在应用数量观察分析方法的同时，将统计方法应用于社会生活的各个方面，可以说是开创了统计学的新纪元。此外，凯特勒还率先将概率论引入社会现象的统计研究，提出了社会现象的发展并非偶然，而是具有内在规律性的观点，并且提出了关于统计学的新概念。通过他的努力，统计学的方法获得了普遍应用。19 世纪 60 年代，凯特勒又进一步将国势学、政治算术、概率论的科学方法结合起来，使之形成近代应用数理统计学，创立了数理统计学派，被后人称为"现代统计学之父"。

（2）社会统计学派。19 世纪以后，随着经济和社会的发展，统计在社会经济领域中的应用越来越广泛、越来越深入。为满足国家和社会需要，人们广泛地开展了各种统计调查活动。这不仅为经济学家和社会学家的理论研究和实证分析提供了数量依据，也为统计学家从中概括和提出新的统计方法提供了新思路和数据材料。

社会统计学派着重对社会经济领域的统计方法及其应用进行研究。各国学者在社会经济统计指标的设定与计算、指数的编制、资料的收集与整理、统计调查的组织和实施、经济社会的数量分析和预测等方面做出的贡献已成为现代统计学的重要组成部分。例如，德国统计学家恩斯特·恩格尔（Ernest Engel，1821—1896）提出的"恩格尔系数"，至今仍为人们广泛使用。由美国经济学家西蒙·库兹涅茨（Simon Kuznets，1901—1985）和英国经济学家理查德·斯通（Richard Stone，1913—1991）等开创的国民收入和国内生产总值的核算方法被称为"20 世纪最伟大的发明之一"。

3. 现代统计学时期

19 世纪末到现在，是现代统计学时期。这一时期的显著特点是数理统计学由于同自然科学、工程技术科学紧密结合及被广泛应用于各个领域而获得迅速发展，各种新的统计理论与方法，尤其是推断统计理论与方法大量涌现。20 世纪 50 年代之后，随着数学和计算机技术的发展，统计理论、统计方法和统计学的应用都进入了一个全面发展的新阶段。特别是计算机技术的发展与普及,为统计学在应用上的普及开拓了广阔的前景,新的研究领域层出不穷。无论在自然科学、社会科学还是在农业、林业、医药、教育等领域,统计学都成为不可缺少的分析工具和管理工具。

21世纪是信息大爆炸的时代,政府、企业、家庭和个人既是信息生产者,也是信息需求者,互联网加快了信息的传播速度,互联网和云技术改变了信息的存储方式,加大了信息存储量。信息是有经济价值的,在瞬息万变的信息时代,最先掌握信息的人具有信息优势,可以在市场赢得先机,实现收益最大化或利益最大化,而信息最主要的表现方式即是各种统计数字,如国内生产总值GDP、消费者价格指数CPI、生产者价格指数PPI、制造业采购经理指数PMI、股票价格指数SPI等。

1.1.4 统计学的分科

1. 描述统计和推断统计

根据统计研究过程及统计方法的构成,可将统计学分为描述统计和推断统计。

描述统计是通过图形、表格和概括性的数字,对数据资料进行整理、分析的统计方法。描述统计分为集中趋势分析和离散程度分析等部分。推断统计是根据样本信息对总体进行估计、假设检验、预测或其他推断的统计方法。统计学分为描述统计和推断统计,一方面反映了统计发展的前后两个阶段;另一方面也反映了统计研究、探索客观事物内在数量规律性的先后两个过程。我们知道,大量同类个体数据的综合,才能反映现象的数量规律和数量特征,而受人力、物力、时间、破坏性实验和被研究个体现象的无限性等因素的影响,我们又不可能对所有的个体都进行观察和登记,统计研究自然考虑采用由样本推算总体的方法,即研究总体的数量特征要经过两个阶段:首先,利用描述统计的方法研究样本的数量特征;其次,采用推断统计的方法来推算总体的数量特征和规律性。显然,描述统计是基础,是统计研究工作的第一步,没有描述统计收集可靠的数据并提供有效的信息,即使高明的统计学家和科学的推断方法也难以得出准确的结论。推断统计是现代统计学的核心和统计研究工作的关键环节,因为统计最终能否科学准确地探索到现象总体内在的数量规律与选用何种统计量、选用什么推断方法、如何进行推断有着直接的联系。一个出色的统计工作者的能力和技巧在推断统计中将得到充分的体现和检验。

2. 理论统计和应用统计

统计学在其他学科中的广泛应用,使得统计学逐渐呈现出与其他学科交叉融合的趋势。比如,统计学与生物学交叉,形成生物统计学;统计学与医疗卫生交叉,形成医疗卫生统计学;统计学与人口学交叉,形成人口统计学;统计学与金融学交叉,形成金融统计学;等等。统计学为多个学科提供了一种共同的数据分析方法,使学科间的界限变得越来越模糊,进而逐渐发展成为由若干分支学科组成的学科体系。根据统计方法研究和应用的侧重点不同,现代统计学可分为理论统计学和应用统计学。

理论统计学是以数学原理为核心的统计学,它主要研究统计学的一般理论和统计方法的数学理论。现代统计学的一个重要特点是充分利用现有的数学理论成果。一般来说,从事统计理论和方法研究的人员需要具备坚实的数学基础,数学中的概率论是统计推断的理论基础。理论统计学是统计方法的理论基础,没有理论统计学的发展,统计学不可能发展成为今天这样一个完善的学科体系。

在统计研究方面,大部分的研究集中在统计学的应用领域。应用统计学就是运用统计学方法解释和解决实际问题的学科。由于统计学是一门研究现象总体数量方面的方法论科学,无论是自然科学领域还是社会科学领域,都存在数量特征,需要通过数据来发掘其内在的规律性,进而达到解决实际问题的目的,因此统计方法的应用几乎扩展到了所有科学研究领域。不同分支学科所运用的基本统计方法和理论都是一样的,但由于各应用领域都有其特殊性,故统计方法在应用的时候又形成了一些不同的特点,通过对统计数据进行分析得出的结论需要应用各专业学科的专业知识才能得到进一步的解释。

1.2　统计学的基本概念

统计学是关于数据的科学,收集个别事物的属性、特征,是统计工作的起点;综合、整理和显示现象数量特征和数量规律是统计工作的最终目的。本节介绍的概念是贯穿统计研究过程的一些基本概念,这些概念有总体和样本、参数和统计量、标志和标志表现、变量和变量值、统计指标和指标体系等。

1.2.1　总体和样本

1. 总体

统计要研究客观现象总体的数量特征和数量关系。因此,首先对统计总体要有一个明确的认识。统计总体简称总体,它是具有某一相同性质的许多个别事物构成的整体。构成总体的个别事物称为总体单位,又被称为个体。例如,研究某高校在校学生的生活消费情况,该校所有的在校生组成统计总体,每一位在校生都是一个总体单位,"性质相同"的具体体现为:他们都是某高校的在校生。研究某市工业企业的生产、经营情况,该市的所有工业企业构成统计总体,每一个工业企业都是一个总体单位,同属某市、经济职能相同、都是工业企业,就是性质相同。

总体是根据研究目的确定的,因此总体和总体单位不是固定不变的。在统计研究目的和任务发生变化时,原来的总体可能成为总体单位,总体单位也可能变为总体,也可能成为与新的研究目的无关的事物。例如,要研究我国汽车生产企业的生产、经营情况,则全国所有的汽车生产企业就构成统计总体,每一个企业就是一个总体单位。如果要研究某一汽车生产企业职工的生活情况,则该企业就是总体(由所有职工组成),每个职工是总体单位。

2. 样本

统计研究的目的是确定总体的数量特征,但是,当总体单位数量很多甚至无限时,没必要或不可能对构成总体的所有单位的数量特征都逐一登记、进行调查。这时,需要采用一定的方式,从作为研究对象的事物全体构成的总体(又称母体)中,抽取一部分单位,登记每一个样本单位的数据,采用推断统计的方法,整理、分析研究出样本的数量特征,然后估计总体的数量特征。例如,从某城市的全部居民家庭中抽出 300 户,300 户居民家庭构成的总体是样本,抽样的目的是用样本的平均月食品消费支出推算全市居民的平均月食品消费支出。这种由总体的部分单位组成的集合称为样本(又称子样),构成样本的每个个体称为样本单位,构成样本的个体数目称为样本容量。例如,从一批奶粉中抽取 500 袋来检查这批奶粉的质量,这 500 袋奶粉就构成了一个样本,抽取的每袋奶粉就是一个样本单位,"500"就是该样本的样本容量。

1.2.2　参数和统计量

1. 参数

总体参数简称参数,是用来描述总体特征的概括性数字度量,它是研究者想要了解的总体的某种特征值。对于一个总体,研究者所关心的参数通常有总体均值、总体标准差、总体比例等。在统计中,总体参数通常用希腊字母表示。比如,总体均值用 μ 表示,总体标准差用 σ 表示,总体比例用 π 表示,等等。

由于总体数据通常是不知道的,所以参数通常也是一个未知的常数。比如,我们不知道某一地区所有人口的平均年龄,不知道一个城市所有家庭的收入的差异,不知道一批产品的合格率,等等。正因如此,才需要进行抽样,根据样本计算出某种统计量,然后估计总体参数。

2. 统计量

样本统计量简称统计量,是用来描述样本特征的概括性数字度量。它是根据样本数据计算出来的一个量,由于抽样是随机的,因此统计量是样本的函数。研究者所关心的统计量主要有样本均值、样本标准差、样本比例等。样本统计量通常用英文字母来表示。比如,样本均值用 $\bar{x}$ 表示,样本标准差用 s 表示,样本比例用 p 表示,等等。

由于样本是已经抽出来的,所以统计量总是知道的。抽样的目的就是要根据样本统计量去估计总体参数。图 1-1 展示了总体和样本、参数和统计量的关系。

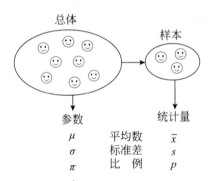

图 1-1　总体和样本、参数和统计量

1.2.3　标志和标志表现

1. 标志和标志表现的含义

标志是说明总体单位属性或特征的名称。标志表现又称标志值,是总体单位在标志上具体表现的属性或数量。例如,所有在校生构成总体,每个在校生是总体单位,年龄、家庭住址、统计成绩、性别、专业都是衡量每个在校生具体属性或特征的名称。以"年龄"为例,每个总体单位在这个名称上的表现是不同的,甲的年龄是 20 岁、乙的年龄是 21 岁、丙的年龄是 22 岁,20 岁、21 岁、22 岁都是标志表现,标志表现体现了每个总体单位的属性或数量。总体单位是标志的承担者,没有标志和标志表现就不可能整理、综合出总体的数量特征,标志和标志表现是研究总体数量特征的基础和前提。

2. 标志的分类

(1) 根据标志表现形式不同,可以把标志分为品质标志和数量标志

品质标志是表明总体单位质的特征的名称。例如,企业的经济类型、所属系统、姓名、性别、文化程度等都是品质标志。品质标志的标志表现一般是文字。例如,"企业经济类型"的标志表

现为股份制企业、集体企业、国有及国有控股企业、港澳台及外商投资企业等。

数量标志是表明总体单位量特征的名称。例如,企业的销售收入、累计利润总额、占地面积、产品产量、纳税额等都是数量标志。数量标志的标志表现为数值。例如,"纳税额"的标志表现为 50 万元、70 万元、130 万元等,"职工人数"的标志表现为 1 500 人、32 000 人、103 人等。

(2) 根据标志表现是否相同,可以把标志分为不变标志和可变标志

不变标志是指在总体单位上标志表现相同的标志。例如,全国所有国有企业构成总体,企业的"经济类型"就是不变标志;某校所有在校生组成总体,"所属院校"就是不变标志。总体单位至少存在一个不变标志,这是个别事物组成总体的必备条件。

可变标志,又称变动标志,是指在总体单位上标志表现不相同的标志。例如,全国所有国有企业构成总体,企业的"利润总额""占地面积""销售收入"等都是可变标志;某校所有在校生组成总体,"择业城市""喜欢的运动项目""每天读课外书的时间"等都是可变标志。

1.2.4　变量和变量值

在统计中,说明现象某种特征的概念也被称为变量,特点是从一次观察到下一次观察可能会出现不同的结果。如果国内生产总值、学生人数、性别可以取不同的值或表现,它们都属于变量。变量的具体表现就是变量值,即统计数据。例如,利润总额、占地面积、销售收入、每天读课外书的时间、体重都是可变的数量标志,可以称这些数量标志为变量。"每天读课外书的时间"的具体表现为 45 分钟、60 分钟、90 分钟等,它们都是变量值。

根据变量的取值是否确定,变量可以分为确定性变量和随机变量。确定性变量是受确定性因素影响的变量,即影响变量值变化的因素是明确的,是可解释和可控制的。随机变量则是受许多微小的不确定因素(又称随机因素)影响的变量,变量的取值无法事先确定。社会经济现象既有确定性变量也有随机变量。统计学研究的主要是随机变量。

根据观测结果的特征,变量可以分为定性变量和定量变量。定性变量是取值为事物属性或类别及区间值的变量,也称类别变量、分类变量。例如,"性别"的具体表现是"男""女",满意度评价的具体表现是"非常满意""满意""一般""不满意""非常不满意"等。定量变量是取值为数字的变量,也称数值变量。定量变量根据取值是否连续出现,可分为连续型变量和离散型变量。连续型变量是指变量的取值在数轴上连续不断,无法一一列举,即在一个区间内可以取任意实数值,如气象上的温度、湿度,零件的尺寸,电子元件的使用寿命等。离散型变量是指变量的数值只能用计数的方法取得,其取值是整数值,可以一一列举,如企业数、职工人数等。

1.2.5　统计指标和指标体系

1. 统计指标

(1) 统计指标的含义及构成要素

统计指标(统计测度)是反映现象总体数量特征的概念及具体数值。例如,2021 年我国全年国内生产总值为 1 143 670 亿元,比上年增长 8.1%;年末全国城镇就业人数比上年末新增 1 269 万人;全年粮食种植面积 11 763 万公顷,比上年增加 86 万公顷;2021 年我国社会消费品零售总额为 44.1 万亿元,比上年增长 12.5%;2021 年我国全年出生人口 1 062 万人,人口出生率为 7.52‰。以上这些都是统计指标。一个名称(概念)加上具体的数值,在用来反映总体在一定时间、地点、条件下的数量特征时就是统计指标。一个完整的指标一般包括六个要素:指标名称、指标数值、时间范围、空间范围、计算方法、计量单位。

（2）统计指标的特征

统计指标具有可量性、综合性和具体性三个特点。

统计指标反映的是社会经济现象总体的数量特征，该数量特征用数值来表示，是可以度量或计数的，指标数值是统计指标的构成要素之一，所以统计指标具有可量性。

统计指标是对总体单位数量和属性特征的整理、综合和抽象。根据统计研究目的，利用科学的统计方法，采用标志对总体分组后汇总出各组的总体单位数或对总体各单位的变量值汇总、计算都可以形成统计指标。例如，采用"性别"对学生总体分组，计算出各组的总体单位数和各组所含总体单位数在总体中占的比重，两者都是统计指标。统计指标是个别差异的综合和抽象，反映了总体的综合数量特征，所以统计指标具有综合性。

统计指标是一定条件下，某一具体社会经济现象的数量特征，它不是抽象的概念和空洞的数字，它包含着具体的经济内容、明确的计算方法，不存在脱离具体内容的统计指标，因此统计指标有具体性。

（3）统计指标的分类

① 统计指标按所反映总体的内容和性质不同，分为数量指标和质量指标。数量指标是反映现象总体总规模和总水平的统计指标，用绝对数表示。例如，2021年我国全年国内生产总值1 143 670亿元，年末全国城镇就业人数比上年末新增1 269万人，全年粮食种植面积11 763万公顷，这些都是数量指标。

质量指标是说明社会经济现象的相对水平或平均水平的统计指标。例如，2021年全年国内生产总值比上年增长8.1%，我国社会消费品零售总额比上年增长12.5%，人口出生率为7.52‰，这些都是质量指标。质量指标是数量指标的派生指标，常用来反映经济现象的内部结构、比例、发展速度、现象的一般水平、工作质量等，其数值的大小与总体范围无直接关系。

② 统计指标按表现形式不同，分为总量指标、相对指标和平均指标。数量指标又称总量指标，总量指标是反映社会经济现象在一定的时间、地点、条件下的总规模或总水平的统计指标。

质量指标又可以分为相对指标和平均指标两种。相对指标是反映事物内部或相关事物之间相对数量关系的指标，是两个有联系的统计指标对比的结果，包括结构相对指标（总体中部分总量与总体总量之比）、比例相对指标（总体中某部分总量与其他部分总量之比）、比较相对指标（两个同类指标之比）、动态相对指标（同一指标在不同时间之比）、强度相对指标（两个性质不同但有联系的总量指标之比）和计划完成程度相对指标（实际指标与计划指标之比）等；平均指标是反映变量分布集中趋势或中心位置的指标，表明变量的一般数量水平，包括算术平均指标、几何平均指标、调和平均指标、众数指标和中位数指标等。平均指标的分子与分母在总体范围上具有可比性，两者属于同一总体且标志总量依附于总体单位总数，即各标志值与各单位之间是一一对应的关系。

③ 统计指标按其反映现象的时间状态不同，分为静态指标和动态指标。静态指标是反映现象总体在某一时点或相对静态时间上数量特征的指标，包括一般的总量指标、静态相对指标和一般平均指标。动态指标是反映现象总体在不同时期或时点上发展变化情况的指标，包括增长量指标、动态相对指标和序时平均指标等。

④ 统计指标按其反应的时间状况不同，分为时期指标和时点指标。时期指标又称时期数，它反映的是现象在一段时期内的总量，如产品产量、能源生产总量、财政收入、商品零售额等。时期数可以累积，从而得到更长时期内的总量。时点指标又称时点数，它反映的是现象在某一时刻上的总量，如年末人口数、科技机构数、公司员工数、股票价格等。时点数不能累积，各时点

数累积后没有实际意义。

（4）统计指标和标志的区别与联系

标志反映总体单位的属性和特征，未必都可量；而指标则反映总体的数量特征，一定是可量的。统计指标与标志之间存在密切的联系。标志和指标的关系是个别和整体的关系，需要通过对各单位标志的具体表现进行汇总和计算才能得到相应的指标。由个体过渡到总体，由标志过渡到指标，是人们认识的深化和发展。因为各个个体的标志之间存在差异，只有通过大量个体标志的综合，才能通过统计指标获得个体难以显现的信息，反映出现象本质的属性和特征。由于总体和总体单位的概念会随着研究目的的不同而变化，因此指标与标志的概念也是相对而言的，假如原来作为总体的后来充当总体单位，则相应指标也就变成了标志，反之亦然。

2. 统计指标体系

统计指标体系是指由若干个统计指标组成的整体。统计指标体系可以全方位地反映统计研究的社会经济现象总体的数量特征，一个统计指标只能反映现象某一方面的数量特征。现象是一个复杂整体，现象之间存在着各种相互依存的关系，要全面、客观地描述经济现象，反映事物发展变化的全过程，只用一个统计指标是不够的，需要采用一系列统计指标，构成统计指标体系从不同的侧面反映总体的数量特征。例如，评价企业的经济效益，要了解企业盈利能力、发展能力、偿债能力、营运能力、产出效率、产销衔接状况等，这几方面的情况可以通过净资产收益率、资本保值增值率、资产负债率、流动资产周转率、成本费用利润率、全员劳动生产率、产品销售率七项指标组成的指标体系来反映。

1.3　统 计 数 据

在日常工作和生活中，到处都有统计数据。例如，开会时会议主持人要统计一下出席会议的人数；球类比赛时解说员总要统计竞赛双方的进攻次数和成功率；学生考试后非常关心自己的考试成绩和名次；企业管理人员要掌握生产销售情况和利润额；人们可以通过报刊和电视等获得 GDP（国内生产总值）、CPI（消费者价格指数）和经济增长率等数据；等等。日常工作与生活中的这些数字就是人们所关心的统计数据。

1.3.1　统计数据的内涵

数据是对客观现象进行计量的结果。任何现象都有其属性或数量表现，现象之间都有内在的联系，这些属性或数量表现及内在关系的表现，就是统计数据。首先，个别现象的数据有特殊性、偶然性，只有对大量同类个体数据的综合才具有相对的普遍性和稳定性，便于我们探索和发现现象的数量规律。数据是大量同类个体的特征，例如，某市进行城市住户调查，对该市的 200 户居民家庭的劳动就业状况、收入和现金支出的数据逐一登记，目的是反映该城市全部居民家庭劳动就业、家庭收入和现金支出的数量特征和数量变化规律；其次，数据与数学中抽象的数量不同，它是个体在具体时间、地点、条件下的特征；最后，数据是对个体特征测量或登记的结果，因此数据不但有数字形的，也有非数字型的。在统计研究工作中通常会对非数字型的数据做数据化处理，例如，人对某一事物的态度是"赞成"或"反对"，用"1"表示赞成，"0"表示反对。

探索现象数量规律是统计研究的最终目的。数量规律是应用统计方法从偶然性中探索到的现象内在的、本质的数量规律。例如,某地区出生婴儿的性别比为 105 : 107;重复投掷均匀的硬币出现正面和反面的比率接近 1/2;某城市随机抽出 300 户居民家庭,其平均月生活费支出为 4 000 元;用 300 户家庭的平均月生活支出,推断该城市全部家庭平均月生活支出;研究企业某产品的广告费投入与产品销售额之间依存关系的数量规律;等等。

1.3.2　统计数据的来源

统计数据追踪其初始来源,都是来自调查或科学实验。从使用者的角度看,统计数据主要来自两个渠道:一个是数据的间接来源,即数据是由别人通过调查或科学实验的方式收集的,使用者只是找到它们并加以使用,对此我们称为数据的间接来源;另一个是通过自己的调查或实验活动直接获得一手数据,对此我们称为数据的直接来源。本节将对获取数据的这两个渠道分别加以介绍。

1. 数据的间接来源

如果与研究内容有关的原信息已经存在,我们只是对这些原信息重新加工、整理,使之成为我们进行统计分析可以使用的数据,则把它们称为间接来源的数据。例如,CCTV 经济生活大调查、互联网购物消费调查、家庭收支情况调查等,都是借助于已有的研究成果来分析现象的数量特征,收集的数据就是二手数据或间接数据。例如,在国家统计局网站收集我国 2011—2021 年各年的 GDP 总量以研究其变化规律,收集的数据就是间接的数据。从收集的范围看,这些数据可以取自系统外部,也可以取自系统内部。数据取自系统外部的主要渠道有:统计部门和各级政府部门公布的有关资料,如定期发布的统计公报、定期出版的各类统计年鉴;各类经济信息中心、信息咨询机构、专业调查机构、行业协会和联合会提供的市场信息与行业发展的数据情报;各类专业期刊、报纸、图书所提供的文献资料;各种会议,如博览会、展销会、交易会及专业性、学术性研讨会上交流的有关资料;从互联网或图书馆查阅到的相关资料;等等。取自系统内部的资料,如果就经济活动而言,则主要包括业务资料,如与业务经营活动有关的各种单据、记录;经营活动过程中的各种统计报表;各种财务、会计核算和分析资料;等等。

相对而言,这种二手资料的收集比较容易,采集数据的成本低,并且能很快获得。二手资料的作用也非常广泛,除了分析所要研究的问题,这些资料还可以提供研究问题的背景,帮助研究者更好地定义问题,检验和回答某些假设和疑问,寻找研究问题的思路和途径。因此,收集二手资料是研究者首先考虑并采用的方法,分析也应该从对二手资料的分析开始,但是,二手资料有很大的局限性,研究者在使用二手资料时要保持谨慎的态度,因为二手资料并不是为特定的研究问题而产生的,在回答所研究的问题方面可能是有欠缺的,如资料的相关性不够,口径可能不一致,数据也许不准确,也许过时了,等等。因此,在使用二手资料前,对二手资料进行评估是必要的。使用二手数据,要注意数据的定义、含义、计算口径和计算方法,避免错用、误用、滥用。在引用二手数据时,应注明数据的来源,以尊重他人的劳动成果。

2. 数据的直接来源

虽然二手数据具有收集方便、采集速度快、采集成本低等优点,但对一个特定的研究问题而言,二手资料的主要缺陷是针对性不够,所以仅仅靠二手资料还不能回答研究所提出的问题,这时就要通过调查和科学实验的方法直接获得一手资料。来源于直接组织的调查、观察和科学实验的数据,称为一手数据或直接数据。研究现象的数量特征和数量规律,如果没有相关个体的数据可以利用,就要专门组织调查或科学实验来获取直接数据。数据的直接来源有两种:统计调查法和科学实验法。本书主要介绍统计调查法。我们把通过调查方法获得的数据称为调查数据,把通过实验方法得到的数据称为实验数据。

调查通常是针对社会现象的。例如,经济学家通过收集经济现象的数据来分析经济形势、某种经济现象的发展趋势、经济现象之间的相互联系和影响。社会学家通过收集有关人的数据来了解人类行为。管理学家通过收集生产、经营活动的有关数据来分析生产过程的协调性和效率。调查数据通常取自有限总体,即总体所包含的个体单位是有限的。如调查针对总体中的所有个体单位进行,就把这种调查称为普查。普查数据具有信息全面、完整的特点,对普查数据的全面分析和深入挖掘是统计分析的重要内容。但是,当总体较大时,进行普查将是一项很大的工程。由于普查涉及的范围广,接受调查的单位多,耗时、费力,调查的成本也非常高,因此普查不可能经常进行。事实上,统计学家所面临的经常是样本的数据,如何从总体中抽取出一个有效的样本,就成为统计学家需要考虑的一个问题。

实验大多是针对自然现象的。例如,化学家通过实验了解不同元素结合后产生的变化,农学家通过实验了解水分、温度对农作物产量的影响,医学家通过实验验证新药的疗效。实验作为收集数据的一种科学的方法也被广泛运用到社会科学中。心理学、教育学的研究中大量使用实验方法获取所需要的数据,社会学、经济学、管理学中也有许多使用实验方法获得研究数据的案例。

1.3.3　数据的计量尺度

要对客观现象进行计量,必须弄清数据的计量尺度问题。根据对研究对象计量的不同精确程度,人们将计量尺度由低到高、由粗略到精确分为以下四个层次。

1. 定类尺度

定类尺度是最粗略、计量层次最低的计量尺度。它是按照客观现象的某种属性对研究对象进行分类。这一场合所使用的数值只是作为各种分类的代码,并不反映各类的优劣、量的大小或顺序。例如,人口按性别分为男女,用"1"表示男性,用"0"表示女性。定类尺度的主要数学特征是"="或"≠"。在统计处理中,对于不同的类别,虽然可以计算单位数,但它不能表明第一类的一个单位相当于第二类的几个单位。

2. 定序尺度

定序尺度是对客观现象各类之间的等级差或顺序差的一种测度。利用定序尺度不仅可以将研究对象分成不同的类别,还可以反映各类别的优劣、量的大小或顺序。例如,学生成绩可以分为优、良、中、及格和不及格五类。在这里,定序尺度虽然无法表明一个优等于几个良,但却能确切地表明优高于良,良又高于中。定序尺度的主要数学特征是"<"或">"。

3. 定距尺度

定距尺度是对现象类别或次序之间间距的测度。定距尺度不但可以用数表示现象各类别的不同和顺序的差异,而且可以用确切的数值反映现象之间在量方面的差异。定距尺度使用的计量单位一般为实物单位(自然或物理)或者价值单位。反映现象规模水平的数据必须以定距尺度计量。例如,产品产量、人口数、企业数、国内生产总值等都以定距尺度为计量尺度。定距尺度的主要数学特征是"+"或"−"。定距尺度没有绝对零点,定距尺度中的"0"表示 0 水平,而不是不存在或者没有。定距尺度在统计数据中占据重要的地位,统计中的总量指标就是运用定距尺度计量的。

4. 定比尺度

定比尺度是在定距尺度的基础上,确定相应的比较基数,然后将两种相关的数加以对比而形成相对数(或平均数),用于反映现象的结构、比重、速度、密度等数量关系。例如,将一个企业创造的增加值与该企业的职工人数对比,计算全员劳动生产率,以此反映该企业的生产效率。定比尺度的主要数学特征是"×"或"÷"。在统计的对比分析中,广泛地运用定比尺度进行计量。

1.3.4 统计数据的类型

统计数据是对现象进行测量的结果。比如,对经济活动总量的测量可以得到国内生产总值(GDP);对股票价格变动水平的测量可以得到股票价格指数;对人口性别的测量可以得到男或女这样的数据。下面从不同角度说明统计数据的分类。

1. 分类数据和数值数据

按照所采用的计量尺度的不同,可以将统计数据分为定类数据、定序数据、定距数据和定比数据。就上述四种计量尺度计量的结果来看,可以将统计数据分为分类数据和数值数据两大类。

分类数据是只能归于某一类别的非数字型数据,它是对事物进行分类的结果,数据表现为类别,是用文字来表述的。分类数据根据取值是否有序可分为无序分类数据和有序分类数据。无序分类数据的各类别间是不可以排序的。比如,"上市公司所属的行业"这一变量取值为"制造业""金融业""旅游业"等,这些取值之间不存在顺序关系。再比如,"商品的产地"这一变量的取值为"甲""乙""丙""丁",这些取值之间也不存在顺序关系。有序分类数据也称顺序数据,其各类别间可以排序。比如,"对商品的评价"这一变量的取值为"很好""好""一般""差""很差",这 5 个值之间是有序的。

数值数据是按数字尺度测量的观察值,其结果表现为具体的数值。现实中所处理的大多数是数值数据。数值数据根据其取值的不同,可以分为离散数据和连续数据。离散数据的取值是有限的,通常可以列举。连续数据是在一个或多个区间中取任何值的数据,它的数值是连续不断的,通常不能一一列举,如"年龄""温度""零件尺寸的误差"等都是连续数据。

无序分类数据和有序分类数据说明事物的品质特征,通常用文字来表述,其结果均表现为类别,因此也可统称为定性数据或品质数据;数值数据说明现象的数值特征,用数字来表现,因此也可称为定量数据或数量数据。

2. 观测数据和实验数据

按照统计数据的收集方法,可以将统计数据分为观测数据和实验数据。观测数据是通过调查或观测收集到的数据,这类数据是在没有对事物人为控制的条件下得到的,有关社会经济现象的统计数据几乎都是观测数据。实验数据则是在实验中控制实验对象而收集到的数据,如对一种新药疗效的实验数据、对一种新的农作物品种的实验数据。自然科学领域的大多数数据为实验数据。

3. 截面数据和时间序列数据

按照被描述的现象与时间的关系,可以将统计数据分为截面数据和时间序列数据。截面数据是在相同或近似相同的时间点上收集到的数据,这类数据通常是在不同的空间获得的,用于描述现象在某一时刻的变化情况。比如,2021 年我国各地区的地区生产总值就是截面数据。时间序列数据是在不同时间收集到的数据,这类数据是按时间顺序收集到的,用于描述现象随时间变化的情况。比如,2011—2021 年我国的国内生产总值就是时间序列数据。

在现代经济社会中,统计是一种非常重要的管理工具和分析工具,掌握基本的统计分析技术和了解统计数据的真实意义,对于国家管理、企业管理,以及个人及家庭生活都将产生重要的影响。我国著名经济学家马寅初先生曾经说过:"学者不能离开统计而研究,政治家不能离开统计而施政,事业家不能离开统计而执业。"统计是窥测奥秘的工具,是使人聪明的技术。对统计学的一知半解常常造成不必要的上当受骗,对统计学的一概排斥往往造成不必要的愚昧无知。现代社会,人人都要有统计思维,都要学习一些基本的统计方法和经济分析技术,统计无处不在。

 本章小结

本章介绍了统计与统计学、统计学的一些基本概念及统计数据。通过本章的学习,对统计学的学科体系要有初步的了解,要用心感悟统计学就是数据的科学,统计研究的目的是探索现象的数量特征和数量规律,要深刻理解和掌握总体、样本、参数、标志、变量、指标等统计学的基本概念。

 思考与练习

思考题

1. 什么是统计?统计工作、统计资料和统计学的关系是什么?

2. 什么是总体和总体单位?两者有何关系。

3. 在进行某商场销售的全部冰箱情况调查时,总体、总体单位分别是什么?试举若干品质标志、数量标志、数量指标和质量指标的例子。

4. 什么是指标?指标与标志的关系是什么?

5. 举例说明离散变量和连续变量。

练习题

一、填空题

1. 学生的年龄、学校设备的价值属于_____标志,而学生的性别、设备的种类是_____标志。

2. 统计数据的来源包括_____和_____。

3. 表示总体单位属性方面特征的标志称为_____,表示总体单位数量方面特征的标志称为_____。

4. 数据的直接来源有两种:_____和_____。

5. 来源于直接组织的调查、观察和科学实验的数据是_____。

6. 要了解某日某市各证券公司的业务量情况,总体是_____,总体单位是_____。

7. 要了解某银行全部金融产品的情况,总体单位是_____。

8. 统计学是一门_____、_____、_____和_____数据的科学,其目的是探索现象的_____。

二、单项选择题

1. 在不同时间收集到的数据称为( )。

    A. 观测数据   B. 实验数据   C. 时间序列数据   D. 截面数据

2. 在相同或近似相同的时间点上收集到的数据称为( )。

  A. 观测数据   B. 实验数据   C. 时间序列数据   D. 截面数据

3. 构成统计总体的个别事物称为（   ）。

  A. 调查单位   B. 标志值   C. 品质标志   D. 总体单位

4. 对全校学生的基本情况进行统计研究，下列项目属于指标的是（   ）。

  A. 性别   B. 每个学生学期考试平均分数

  C. 平均身高   D. 每个学生月平均货币支出

5. 研究某高校教师的工资，总体是（   ）。

  A. 该校全体教师   B. 该校每一位教师

  C. 该校的教师人数   D. 该校工资总额

6. 指标是说明总体特征的，标志是说明总体单位特征的，所以（   ）。

  A. 标志和指标之间的关系是固定不变的

  B. 标志和指标之间的关系是可以变化的

  C. 标志和指标都需要用数值表示

  D. 只有指标才可以用数值表示

7. 在全国人口普查中（   ）。

  A. 男性是品质标志   B. "年龄"是变量

  C. 人口平均年龄是数量标志 D. 全国人口状况是指标

8. 下列变量属于连续型变量的是（   ）。

  A. 学生人数   B. 性别   C. 身高   D. 所学课程门数

9. 对实验或调查得到的数据进行整理、显示、计算出的反映总体数量特征的指标，用图形、表格表示出来。这种方法属于（   ）。

  A. 统计观察法 B. 描述统计法 C. 推断统计法   D. 参数估计法

10. 下列统计数据的计量尺度中，最高级、最精确的是（   ）。

  A. 定类尺度   B. 定序尺度   C. 定距尺度   D. 定比尺度

11. 要了解阅读报纸时人们对图片的关注度，从 15 个城市中抽取了 20 个企业进行调查。此项研究中样本是（   ）。

  A. 20 个企业   B. 15 个城市

  C. 15 个城市的所有人   D. 20 个企业的所有人

12. 下列不属于描述统计问题的是（   ）。

  A. 根据样本信息对总体进行推断

  B. 了解数据分布的特征

  C. 计算总体的各项指标

  D. 利用图、表或其他数据汇总工具分析数据

13. 某班 3 名男生的身高分别为 172 厘米、176 厘米和 178 厘米，这三个数是（   ）。

  A. 标志   B. 变量   C. 变量值   D. 指标

14. 研究如何对现象的数量特征进行计量、观察、概括和表述的理论和方法属于（   ）。

  A. 应用统计学   B. 描述统计学

  C. 推断统计学   D. 理论统计学

15. 根据统计研究过程及统计方法的构成，可将统计学分为（   ）。

  A. 描述统计学与推断统计学 B. 应用统计学与理论统计学

C. 描述统计学与应用统计学　　　　　D. 理论统计学与应用统计学

16. 某研究机构准备在全市 200 万个职工家庭中抽出 500 个家庭,推断该城市所有职工家庭的年人均收入。该项研究的样本是(　　)。

　　A. 500 个家庭　　　　　　　　　　B. 200 万个家庭

　　C. 500 个家庭的年人均收入　　　　D. 200 万个家庭的年人均收入

17. 某研究机构准备在全市 200 万个职工家庭中抽出 500 个家庭,推断该城市所有职工家庭的年人均收入。该项研究的参数是(　　)。

　　A. 500 个家庭　　　　　　　　　　B. 200 万个家庭

　　C. 500 个家庭的年人均收入　　　　D. 200 万个家庭的年人均收入

18. 某研究机构准备在全市 200 万个职工家庭中抽出 500 个家庭,推断该城市所有职工家庭的年人均收入。该项研究的统计量是(　　)。

　　A. 500 个家庭　　　　　　　　　　B. 200 万个家庭

　　C. 500 个家庭的年人均收入　　　　D. 200 万个家庭的年人均收入

三、多项选择题

1. 要了解某地区全部成年人口的就业情况,那么(　　)。

　　A. 全部成年人是研究的总体

　　B. 成年人口总数是统计指标

　　C. 成年人口就业率是统计标志

　　D. 职业是每个人的特征,"职业"是数量指标

　　E. 某人职业是教师,这里的教师是标志表现

2. 下列属于离散型变量的有(　　)。

　　A. 生猪存栏头数　　　　　　　　　B. 工商企业户数

　　C. 粮食产量　　　　　　　　　　　D. 生产设备台数

　　E. 职工年龄

3. 下列分组中按品质标志分组的有(　　)。

　　A. 职工按工龄分组　　　　　　　　B. 科技人员按职称分组

　　C. 人口按民族分组　　　　　　　　D. 企业按经济类型分组

　　E. 人口按地区分组

4. 下列属于变量的是(　　)。

　　A. 工资　　　　　　B. 性别　　　　　　C. 年龄　　　　　　D. 工龄 5 年

　　E. 身高

5. 某市了解网上购物者的消费状况,下列各项中正确的是(　　)。

　　A. 消费额是变量

　　B. 该市所有的网上购物者是总体

　　C. 购物者的消费额是总体

　　D. 该市所有的网上购物者的消费额是总体

　　E. 购物者是总体

6. 某银行期末存款余额是(　　)。

　　A. 质量指标　　　　B. 数量指标　　　　C. 相对指标　　　　D. 总量指标

　　E. 时点指标

7. 下列属于数量标志的是(　　)。

　　A. 年龄　　　　　　　B. 性别　　　　　　C. 职工人数　　　　　　D. 国籍

　　E. 企业的经济类型

8. 下列叙述中采用推断统计方法的是(　　)。

　　A. 利用饼图来反映我国某年的产业结构

　　B. 抽取 40 件产品了解全部产品的合格率

　　C. 某年居民家庭平均可支配收入的众数

　　D. 反映各年 GDP 总量的条形图

　　E. 用 50 户家庭对某产品的购买意愿,推算全市家庭的购买意愿

9. 下列指标中属于平均指标的有(　　)。

　　A. 人均国内生产总值　　　　　　B. 工人劳动生产率

　　C. 人均粮食产量　　　　　　　　D. 学生平均学习成绩

　　E. 产品的单位成本

10. 下列属于平均指标的是(　　)。

　　A. 平均工龄　　　　　　　　　　B. 生产工人平均日产量

　　C. 人均粮食产量　　　　　　　　D. 平均年龄

　　E. 平均每平方公里人口数

四、判断题

1. 总体单位是标志的承担者,标志依附于总体单位。　　　　　　　　　　　　　(　　)

2. 由于指标和标志是分别用来说明总体和总体单位的,因而随着总体和总体单位的转化,指标和标志就必然发生相互转化。　　　　　　　　　　　　　　　　　　　　　(　　)

3. 数量指标是由数量标志汇总来的,质量指标是由品质标志汇总来的。　　　　(　　)

4. 所有总体单位与总体之间都存在相互转换关系。　　　　　　　　　　　　　(　　)

5. 品质标志不能汇总出统计指标数值。　　　　　　　　　　　　　　　　　　(　　)

6. 社会经济统计的研究对象是社会经济现象总体的各个方面。　　　　　　　　(　　)

7. 标志和统计指标都是用数值表示的。　　　　　　　　　　　　　　　　　　(　　)

8. 电话号码是数量标志。　　　　　　　　　　　　　　　　　　　　　　　　(　　)

9. 从 60 000 张发票中随机抽出 200 张,发现两张有差错,则 200 张发票是统计总体,2 张发票是样本。　　　　　　　　　　　　　　　　　　　　　　　　　　　　　(　　)

10. 描述统计是统计研究工作的基础,推断统计是现代统计学的核心和统计研究工作的关键环节。　　　　　　　　　　　　　　　　　　　　　　　　　　　　　　　　(　　)

11. 数量指标的表现形式是绝对数,质量指标的表现形式是相对数或平均数。　　(　　)

第 **2** 章

统 计 调 查

引例

关于粮食产量调查制度和方法的说明

全国粮食总产量为 31 个省(区、市)夏粮、早稻和秋粮产量的总和。

1. 调查方法

粮食产量统计调查采取主要品种抽样调查、小品种典型调查或全面统计相结合的方法。抽样调查的主要粮食品种有稻谷、小麦和玉米等,通过以省为总体抽选具有代表性的村和地块开展调查。粮食产量抽样调查由播种面积和单位面积产量抽样调查组成。播种面积调查利用遥感影像,采取空间抽样技术抽选调查样本,在调查时点对样本地块内所有农作物进行清查,推算主要粮食作物的播种面积。单位面积产量调查通过实割实测的方法,推算各主要粮食品种的单位面积产量。播种面积与单位面积产量相乘得到总产量。

2. 调查样本

目前以省为总体的粮食产量抽样调查在国家调查县(市)中进行。全国共抽取近 1 万个样本村,每个样本村抽取 3 个面积约 40 000 平方米的样方地块。在调查时节,由国家统计局各基层调查队调查人员和辅助调查员开展调查,对样方地块内及其压盖的所有自然地块开展播种面积抽样调查。各省级调查总队根据调查基础数据推算得出省级粮食播种面积。

粮食单位面积产量抽样调查在国家调查县(市)抽取的面积调查地块中进行,全国共抽取 5 000 多个样本村,近 3 万个自然地块,每个自然地块中再按照要求抽选 3~5 个 1.11 平方米的小样方,通过对样方内粮食作物进行实割实测,推算得出全省各粮食作物平均单产水平。

3. 测产方法

主要粮食品种单位面积产量调查采用实割实测的方法取得。按照《农林牧渔业统计报表制度》,在粮食作物收获前,各调查村中的基层调查员在播种面积调查样本的基础上对相应粮食品种种植地块逐块进行踏田估产、排队,抽选一定数量样本地块做出标记;待收获时各县级调查员或者辅助调查员在抽中样本地块上进行放样,割取样本,再通过脱粒、晾晒、测水杂、称重、核定割拉打损失等环节,计算出地块单产。国家统计局各调查总队根据抽中样本地块的单产推算全省(区、市)平均单位面积产量。

资料来源:国家统计局关于 2022 年粮食产量数据的公告.http://www.stats.gov.cn/tjsj/zxfb/202212/t20221209_1890914.html,2022-12-12.

2.1   统计调查概述

2.1.1   统计调查的含义

统计调查是指根据统计研究的目的和任务,运用科学的调查方法,有计划、有组织地从客观实际中收集和登记统计资料的过程。

统计调查收集的资料有原始资料和次级资料。原始资料又称初级资料或第一手资料,是指向调查单位收集的、未做任何加工整理的资料。例如,要调查全国高等教育的发展情况,每个被调查的高校上报的该校的行政隶属、培养目标及层次、专业设置、在校生人数及学历层次、教职工规模及结构、历年来毕业生的就业情况、学校固定资产投资规模及教学设施等资料为原始资料。原始资料的针对性和真实性都比较强,信息可靠,价值较高,但原始资料的收集需要花费较多的人力、物力、财力和时间,且会受到调查人员和被调查人员主观因素的影响。次级资料又称第二手资料,是指已经经过加工整理,从个体过渡到总体,能反映总体部分特征的资料,一般为过去积累的历史资料,常常用于动态分析。次级资料来源多、涉及面广,反映的信息相对比较客观,且收集次级资料花费的时间短、费用少,可节约调查时间和经费。统计调查主要是指对原始资料的收集。

统计调查在统计工作中具有重要意义,是统计工作的基础环节,是认识事物的起点,是统计整理和统计分析的前提。因此,我们必须重视统计调查,认真做好统计调查。

2.1.2　统计调查的原则

统计调查必须遵循以下基本原则。

1. 准确性

准确性要求统计调查人员收集的资料必须真实可靠,如实反映客观实际,不能弄虚作假,这是保证统计资料质量的首要环节。统计资料的准确性不仅是一个技术性问题,还是一个思想意识问题。不能为了一时、一地以及一己的私利而弄虚作假,篡改和伪造统计数字,这是一种违法行为,有时甚至是一种刑事犯罪行为。

2. 及时性

及时性是指统计调查人员必须严格按照调查方案中规定的调查时间完成各项调查资料的收集,及时提供所需的各项调查资料,以满足各方面对统计资料的需求。资料提供得越及时,其时间效用就越大,就越能提高资料的使用价值。资料提供不及时就会削弱资料的时效性,延误统计整理统计分析的时间,使统计调查起不到应有的作用。

3. 完整性

完整性是指统计调查收集的资料必须全面、完整,即统计调查人员必须按照统计调查方案的规定,将所列调查项目的资料收集齐全。如果资料不全,就不能反映调查对象的全部情况,从而不能完成调查研究的任务。

4. 经济性

经济性是指调查单位要以尽量少的投入获取所需要的统计资料。盲目进行不计成本的统计调查,将会造成不必要的人力、物力和财力的浪费。因此,统计调查时要讲究经济效益,努力降低调查成本。

2.2　统计调查组织方式

统计调查的组织方式是指组织统计调查、收集统计资料的方式、方法。为了获取准确、及时、完整的统计资料,完成统计调查任务,统计调查人员需要选择适当的统计调查组织形式,同时要注意各种统计调查组织形式的综合运用,建立科学、适用的调查体系。采取何种统计调查组织方式主要取决于调查内容的要求和调查对象的特点。统计调查的组织方式主要有以下几种。

2.2.1　统计报表

1. 统计报表的含义

统计报表是一种以全面调查为主的统计调查组织形式,是按照国家统一规定的指标体系、表格形式、报送程序和报送时间,自下而上地向国家和上级主管部门报送统计资料的一种统计调查组织形式。国家利用统计报表可定期取得反映国民经济和社会发展基本情况的资料,为各级政府和有关部门制定国民经济和社会发展规划,以及检查计划执行情况和指导日常工作提供必要的依据。

2. 统计报表的特点

与其他统计调查组织形式相比,统计报表有其显著的特点。

(1) 统计报表是根据国民经济和社会发展宏观管理的需要而周密设计的统计信息系统,从基层单位日常业务的原始记录和台账(原始记录分门别类的系统积累和总结)到一系列登记项目和指标,都力求规范与完善,以使调查资料具有可靠的基础,保证资料的统一,便于在全国范围内汇总、综合。

(2) 统计报表是依靠行政手段执行的报表制度,要求严格按规定的时间和程序上报,因此具有 100% 的回收率。要求少而精,而且填报的项目和指标具有相对稳定性,可以完整地积累而形成时间数列资料,便于进行历史对比和社会、经济发展变化规律的系统分析。

(3) 统计报表既可以层层上报、逐级汇总,又可以越级汇总,以满足各级管理部门对主管系统和区域统计资料的需要。

3. 统计报表的种类

从不同的角度,统计报表可进行不同的分类。

(1) 按实施范围不同,统计报表可以分为国家统计报表、业务部门统计报表和地方统计报表。

国家统计报表又叫国民经济基本统计报表,由国家统计部门统一制定、颁发,用以反映全国性经济和社会基本情况,包括农业、工业、交通、基础设施建设、商业、对外贸易、劳动工资、物资、财政、金融等方面最基本的统计资料。业务部门统计报表是为了适应本部门业务管理的需要而制定的专业统计报表,在本系统内实行,用以收集有关部门的业务技术资料,作为国民经济基本统计报表的补充。地方统计报表是针对地区特点而补充制定的地区性统计报表,为本地区的计划和管理服务。三者相互联系,其中,国家统计报表是统计报表体系的基本组成部分。

(2) 按调查范围不同,统计报表可以分为全面调查的统计报表和非全面调查的统计报表。

全面调查的统计报表要求调查对象的每一个单位都要填报,非全面调查的统计报表只要求调查对象中的部分单位填报。在我国的统计实践中,绝大多数采用全面调查的统计报表。

(3) 按报送周期的不同,统计报表可以分为定期报表和非定期报表。

在我国的统计实践中,绝大多数采用定期报表,但也有采用非定期报表的情况。日报、旬报、月报、季报、半年报和年报均属于定期报表。日报和旬报一般用于报告重要统计项目或指标的进度;月报、季报和半年报则主要用于经常性的计划和合同执行情况的检查;年报则提供全面、系统的资料,用于年度总结和分析。报表的报送周期与指标项目的繁简有关:报送周期越短,指标项目越少、越粗略;报送的周期长些,指标项目可以多些、细些。

(4) 按填报单位不同,统计报表可以分为基层统计报表和综合统计报表。

基层统计报表是由基层企、事业单位填报的报表;综合统计报表是由主管单位或部门逐级汇总填报的报表。

2.2.2　普查

普查是指为收集社会经济现象在某时、某地的情况而专门组织的一次性全面调查。它是了解国情和国力等基本情况的重要手段,主要用于一些重要项目的调查,如人口普查、耕地普查、基本单位普查、工业普查和农业普查等。普查具有以下特点。

(1) 普查通常是一次性或周期性的。普查涉及面广,调查单位多,需要耗费大量的人力、物力、财力和时间,通常需要间隔较长的时间进行一次。一般人口普查每 10 年进行一次,如我国分别在 1953 年、1964 年、1982 年、1990 年、2000 年、2010 年和 2020 年进行了七次全国人口普查。2003 年,国家统计局、国家发展和改革委员会、财政部联合发出通知,对我国的普查项目和周期安排做出重大调整,目前,我国重大国情国力普查项目包括全国人口普查、农业普查和经济普查三项。全国人口普查每 10 年进行一次,在尾数逢 0 的年份实施;全国农业普查每 10 年进行一次,在尾数逢 6 的年份实施;全国经济普查每 5 年进行一次,在尾数逢 3 和 8 的年份实施。

(2) 普查一般需要规定统一的标准调查时间,以避免调查数据的重复或遗漏,保证普查结果的准确性。标准调查时间一般定为调查对象比较集中、相对变动较小的时间。

(3) 普查的数据一般比较准确,规范化程度较高,因此它可以为抽样调查或其他调查提供基本的依据。

普查组织形式一般有两种:一种是设置专门普查机构,派出大量调查人员,对调查单位直接进行登记,如人口普查;另一种是不专门设立普查机构和配备调查人员,而是利用基层单位的原始记录和报表资料进行填报,或按下发的调查表,由调查单位自行核实填报,如工业普查。

2.2.3　抽样调查

抽样调查有广义和狭义之分。广义来看,抽样调查是指从调查对象中按一定的原则抽取部分单位作为样本进行观察研究,根据样本结果来认识总体的一种调查方法。广义的抽样调查按抽样方法不同,分为随机抽样和非随机抽样。狭义的抽样调查是随机抽样。

1. 随机抽样

随机抽样也称概率抽样,是指遵循随机原则进行的抽样,总体中每个单位都有一定的机会被选入样本。它具有下面几个特点。

首先,抽样时按一定的概率以随机原则抽取样本。所谓随机原则就是在抽取样本时排除主观上有意识地抽取调查单位,使每个单位都有一定的机会被抽中。需要注意的是,随机不等于随便,随机有严格的科学含义,可以用概率来描述,而随便则带有人为主观的因素。例如,要在一栋楼内抽取 10 位居民作为样本,若采用随机原则,可以事先将居住在该楼的居民按某种顺序编号,通过一定的随机化程序,如使用随机数字表,抽取出样本,这样可以保证居住在该楼的每位居民都有一定的机会被选中。而如果调查人员站在楼前,将最先走到楼外的 10 位居民选入样本,这就是随便而不是随机,这种方法不能使居住在该楼的所有居民都有一定的机会被选中,已经在楼外的人不可能被选中,在调查时段不外出的人也没有机会被选中。随机与随便的本质区别就在于,是否按照给定的入样概率,通过一定的随机化程序抽取样本单位。

其次,每个单位被抽中的概率是已知的,或是可以计算出来。

最后,当用样本对总体目标量进行估计时,要考虑到每个样本单位被抽中的概率。这就是说,估计量不仅与样本单位的观测值(也称为观察值)有关,也与其入样概率有关。

需要提及的是,概率抽样与等概率抽样是两个不同的概念。当我们谈到概率抽样时,是指总体中的每个单位都有一定的非零概率被抽中,单位之间被抽中的概率可以相等,也可以不等。若是前者,称为等概率抽样;若是后者,称为不等概率抽样。

调查实践中经常采用的概率抽样方式有以下几种。

(1) 简单随机抽样

简单随机抽样也称为纯随机抽样,是指从含有 N 个单位的总体中直接抽取 n 个单位作为样本,使每个总体单位被抽中的概率相等的一种抽样方式。在抽样时,往往对总体不进行任何分组和划类排队等,完全随机地抽取调查单位。进行概率抽样时需要抽样框,抽样框通常包括所有总体单位的信息,如企业名录(抽选企业)、学生名册(抽选学生)或住户门牌号码(抽选住户)等。抽样框的作用不仅在于提供备选单位的名单以供抽选,它还是计算各个单位入样概率的依据。从理论上讲,简单随机抽样最符合抽样的随机原则,是抽样调查中最基本也是最单纯的组织形式。简单随机抽样在抽取样本单位时,主要采用以下几种抽样方法。

① 直接抽选法,即从总体中直接随机抽选样本,如从货架商品中随机抽取若干商品进行检验;从农贸市场摊位中随意选择若干摊位进行调查或访问等。

② 抽签法。先对总体中的所有单位编号(号码可以从 1 到 n),并把号码写在形状、大小相同的号签上,号签可以用小球、卡片、纸条等制作,然后将这些号签放在同一个箱子里,进行均匀搅拌。抽签时,每次从中抽出 1 个号签,连续抽取 n 次,就得到一个容量为 n 的样本。对总体单位进行编号时,也可以利用已有的编号,如从全班学生中抽取样本时可以利用学生的学号、座位号等。抽签法简便易行,当总体的个体数不多时,适宜采用这种方法。

③ 随机数表法,即将随机数表作为工具进行抽样。随机数表又称乱数表,将 0~9 的 10 个数字随机排列成表,以备查用。其特点是无论横行、竖行或隔行读,均无规律。因此,利用此表进行抽样可体现随机原则,并简化抽样工作。其步骤是:第一步,确定总体范围,并编排单位号码;第二步,确定样本容量;第三步,抽选样本单位,即从随机数表中的任一数码开始,按一定的顺序(上、下、左、右均可)或间隔读数,选取编号范围内的数码,超出范围的数码不选,重复的数码不再选,直至达到预定的样本容量为止;第四步,排列中选数码,并列出相应单位名称。

某企业要调查消费者对某产品的需求量,从 95 户居民家庭中抽选 10 户居民家庭,并采用编码法抽选样本。具体抽样步骤如下:第一步,对 95 户居民家庭编号,每一户家庭一个编号,即 01~95(每户居民家庭的编号为两位数);第二步,在随机数表中,随机确定抽样的起点(如闭上眼睛用笔随便指一点,读取其最接近的两位数)和抽样的顺序。假定从第 8 行、第 9 列开始抽,抽样顺序为从左往右抽(横的数列称为行,纵的数列称为列);第三步,依次抽出号码,分别是 19、94、83、68、16、06、07、98、65、94,共 10 个号码。由于 98 不在总体编号范围内,应排除在外。再补充一个号码,27;由此产生的 10 个样本单位的号码为 19、94、83、68、16、06、07、65、94、27。编号为这些号码的居民家庭就是抽样调查的对象。

简单随机抽样是一种最基本的抽样方法,是其他抽样方法的基础。这种方法的突出特点是简单、直观,在抽样框完整时可直接从中抽取样本。其主要适用于总体单位数较少、范围较狭窄的情况。简单随机抽样在实践中具有较大的局限性。首先,当总体范围很大时,对所有总体单位进行编号实际上是很难办到的,不易构造抽样框;其次,采用这种方法抽取的单位很分散,给调查增加了困难;最后,这种方法没有利用其他辅助信息以提高估计的效率。所以,在规模较大的调查中,很少直接采用简单随机抽样,一般是把这种方法和其他抽样方法结合起来使用。

（2）分层抽样

抽样时，先将总体分成互不交叉的层，然后按一定的比例，从各层次中独立地抽取一定数量的个体，将从各层次取出的个体合在一起作为样本，这种抽样方法就是分层抽样，又称分类抽样、类型抽样。抽样的特点是将科学分组法与随机抽样法结合在一起，分组减少了各抽样层变异性的影响，随机抽样保证了所抽取的样本具有足够的代表性。分层抽样的具体程序为：把总体各单位分成两个或两个以上相互独立的组（如男性和女性），从两个或两个以上的组中进行简单随机抽样，样本相互独立。若要了解某单位职工与身体状况有关的某项指标，从该单位 500 名职工中抽取一个容量为 100 人的样本，该单位的基本人员构成为 35 岁以下的有 125 人、35～49 岁的有 280 人、50 岁以上的有 95 人。由于职工年龄与这项指标有关，故决定采用分层抽样方法进行抽取。因为样本容量与总体单位数之比为 100：500＝1：5，所以在各年龄段抽取的个数依次为 125/5、280/5、95/5，即用简单随机抽样的方法，分别从 35 岁以下、35～49 岁、50 岁以上年龄段的职工中分别抽取 25 人、56 人、19 人，合在一起即构成了一个容量为 100 人的样本。

进行分层抽样时要以调查所要分析和研究的主要变量或相关变量为分层标准，通常将保证各层内部同质性强和各层之间异质性强、突出总体内在结构的变量作为分层变量，将那些已有明显层次区分的变量作为分层变量。分层抽样的优点为：在不增加样本规模的前提下降低抽样的误差，提高抽样的精度；便于了解总体内不同层次的情况，便于对总体不同的层次或类别进行单独研究。

（3）等距抽样

将总体中的所有单位按一定顺序排列，并按某种规则确定一个随机起点，然后每隔一定间隔抽取一个单位，直至形成一个样本，这种抽样组织方式称为等距抽样，也称机械抽样、系统抽样。等距抽样的精度与变化周期同抽样间距的选取密切相关。抽样者需要对总体结构有一定了解，充分利用已有信息对总体单位进行排序后再抽样，可以提高抽样效率。如果对总体内的单位进行有组织的排列，就可以有效地提高估计的精度。

例如，要从某校 10 000 名学生中抽取 100 名进行健康体检，若采用等距抽样，可以按照如下过程进行：①给学生编号，号码从 1 到 10 000；②确定抽样间距，由于 $r=N/n=10\ 000/100=100$，所以抽样间距为 100；③对 1 到 100 号进行简单随机抽样，抽取一个号码，如抽取到的号码为 8，它就是起始单位；④从 8 号起，每隔 100 抽取一个号码，8、108、208、…、9908。这样就得到了一个容量为 100 的样本。

等距抽样对抽样框的要求也比较低，它只要求总体单位按一定顺序排列，而不一定是一份具体名册或清单，这在某些现场调查中显得格外方便。等距抽样不仅实施起来简单，容易被不熟悉抽样的非专业人员掌握，而且容易保留抽样过程的原始记录，便于监督与检查。

（4）整群抽样

整群抽样，是将总体各单位划分成若干个群（若干个组），然后以群为单位从总体中随机抽取一些群，由抽中的群中的所有总体单位组成样本的抽样调查的组织方式。整群抽样时，群的划分可以是按自然或行政区域进行，也可以是人为地组成群。例如，在抽选地区时，可以将一个地区作为一群，然后对该地区全部单位进行调查。在抽取居民进行调查时，可以将一个居民户作为一群，然后对户中每位居民都进行调查。整群抽样的优点是不需要有总体单位的具体名单，只要有群的名单就可以进行抽样，而群的名单比较容易得到；此外，整群抽样时，群内各单位比较集中，对样本进行调查比较方便，节约费用。当群内的各单位存在差异时，整群抽样可以得到较好的结果，理想的情况是每一群都是整个总体的一个缩影，在这种情况下，抽取很少的群就可以获得有关总体特征的信息。如果实际情况不是这样，整群抽样的误差会较大，效果也比较差。

（5）多阶段抽样

多阶段抽样采用类似整群抽样的方法，首先抽取群，但并不是调查群内的所有单位，而是再进一步抽样，从选中的群中抽取出若干个单位进行调查。因为取得这些接受调查的单位需要两个步骤，所以将这种抽样方式称为二阶段抽样。这里，群是初级抽样单位，第二阶段抽取的若干个单位是最终抽样单位。将这种方法推广，使抽样的阶段数增多，称为多阶段抽样。例如，第一阶段抽取初级单位，第二阶段抽取二级单位，第三阶段抽取接受调查的最终单位就是三阶段抽样，同样的方法还可以定义四阶段抽样。不过，即便是大规模的抽样调查，抽取样本的阶段也应当尽可能少。因为每增加一个抽样阶段就会增添一份估计误差，用样本对总体进行估计也就更加复杂。

多阶段抽样具有整群抽样的优点，它保证了样本相对集中，从而节约了调查费用；不需要包含所有低阶段抽样单位的抽样框；由于实行再抽样，使调查单位在更广的范围内展开。在较大规模的抽样调查中，多阶段抽样也是经常采用的方法。

2. 非随机抽样

非随机抽样是相对于随机抽样而言的，抽取样本时不是依据随机原则，而是根据研究目的对数据的要求，采用某种方式从总体中抽出部分单位对其实施调查。非随机抽样的方式有许多，可以归为以下几种类型。

（1）方便抽样

调查过程中调查人员依据方便的原则，自行确定作为样本的单位。例如，调查人员在街头、公园和商店等公共场所进行拦截式的调查；厂家在出售产品的柜台前对路过的顾客进行调查；等等。方便抽样的最大特点是容易实施、节约时间且调查成本低，但样本单位的确定带有随意性，样本无法代表有明确定义的总体，样本代表性因受偶然因素的影响太大而得不到保证，调查结果不宜推断总体。

（2）判断抽样

判断抽样又称立意抽样，是另一种比较方便的抽样方式。研究人员根据经验、判断和对研究对象的了解，有目的地选择一些单位作为样本。实施时根据不同的目的有重点抽样、典型抽样、代表抽样等方式。判断抽样是主观的，样本选择取决于调研者的判断、经验、专业程度和创造性。这种抽样方法多应用于总体小而内部差异大，以及在总体边界无法确定或因研究者的时间与人力、物力有限的情况。这种方式的抽样成本比较低，也容易操作，但由于样本是人为确定的，没有依据随机的原则，调查结果不能用于对与总体有关的参数进行估计。

（3）自愿样本

自愿样本指被调查者自愿参加，成为样本中的一分子，向调查人员提供有关信息。例如，参与报刊和互联网上刊登的调查问卷活动、向某类节目拨打热线电话等，都属于自愿样本。自愿样本与抽样的随机性无关，样本的组成往往集中于某类特定的人群，尤其集中于对该调查活动感兴趣的人群。因此，这种样本是有差的，我们不能依据样本的信息对总体的状况进行估计。但自愿样本可以给研究人员提供许多有价值的信息，可以反映某类群体的一般看法。

（4）滚雪球抽样

滚雪球抽样往往用于对稀少群体的调查。在滚雪球抽样中，先选择一组调查单位，对其实施调查之后，再请他们提供另外一些属于研究总体的调查对象，调查人员根据所供的线索，继续进行调查。这个过程持续下去，就会形成滚雪球效应。例如，欲对冬泳爱好者进行某项调查，调查人员可以先找到若干名冬泳爱好者,然后通过他们找到更多的冬泳爱好者。滚雪球抽样也属于非随机抽样,因为与随机抽取的被调查者相比,被推荐的被调查者在许多方面与推荐他们的那些人更为相似。滚雪球抽样的主要优点是容易找到属于特定群体的被调查者,调查的成本也比较低。它适合对特定群体进行资料的收集和研究。

（5）配额抽样

配额抽样类似于随机抽样中的分层抽样,在市场调查中有广泛的应用。首先,将总体中的所有单位按一定的标志分为若干类;其次,在每类中采用方便抽样或判断抽样的方式选取样本单位。这种抽样方式操作比较简单,而且可以保证总体中不同类别的单位都能包括在所抽取的样本中,使样本结构和总体结构类似。配额抽样类似于分层抽样,但是配额抽样在抽取具体样本单位时并不依据随机原则,所以它属于非随机抽样,而分层抽样必须遵守随机抽样的原则。

在配额抽样中,可以按单一变量控制,也可以按交叉变量控制。若在一个城市中采用配额抽样抽出一个 $n=1\,000$ 的样本,控制变量有年龄和性别,表 2-1 和表 2-2 分别是以年龄和性别为单个变量控制的配额分配表。

表 2-1　单一变量—年龄控制配额分配表

年　　龄	人数/人
20～30 岁	300
30～40 岁	300
40～50 岁	200
50 岁及以上	200
合计	1 000

表 2-2　单一变量—性别控制配额分配表

性　　别	人数/人
男	500
女	500
合计	1 000

按单个变量配额抽样操作比较简便,但有可能出现偏斜,如年龄低的均为女性、年龄高的均为男性。表 2-3 是年龄和性别交叉变量控制的配额分配表。

表 2-3　年龄和性别交叉变量控制配额分配表　　　　　　　　单位:人

年　　龄	男	女	合计
20～30 岁	140	160	300
30～40 岁	150	150	300
40～50 岁	110	90	200
50 岁及以上	100	100	200
合计	500	500	1 000

交叉变量配额控制可以保证样本的分布更为均匀,但现场调查中为了保证配额的实现,尤

其是在调查接近结束时所选的样本单位要同时满足特定的配额,操作的难度可能大一些。

2.2.4   重点调查

重点调查是一种非全面调查,它从调查对象的全部单位中选择一部分客观存在的重点单位进行调查。所谓重点单位,对总体单位数而言,重点单位的数目所占比重小;对总体各单位标志总值而言,重点单位的标志总值所占的比重大。对重点单位的调查,能够从数量上反映总体的基本情况,抓住重点。例如,我国的钢铁企业有数百家,但钢铁产量的高低差别却很大,其中宝武钢铁、沙钢、河钢、鞍钢、首钢等大型钢铁企业,虽然在企业数上只是少数,但在全国钢铁总产量中所占的比重却是绝对大的,只要对这些重点企业进行观测,就可以了解全国钢铁生产的基本情况。

重点调查具有投入少、速度快的优点,可以调查较多的项目,但是,由于重点单位不是按照随机原则抽取的,因而不能根据所有重点单位的数量特征推断总体。重点调查有两个特点:一是以客观原则来确定观测单位;二是属于范围较小的全面调查,即对所有重点个体都进行观测。因此,若数据收集的任务只要求掌握现象的基本情况,而总体中又确实存在少数重点个体时,采用重点调查是很适合的。如果在对重点个体进行全面观测的同时,对非重点个体进行抽样调查,把两部分调查结果进行组合,就可以较为全面地掌握总体的数量特征。

2.2.5   典型调查

典型调查是根据调查目的,在对研究对象总体进行全面分析的基础上,有意识地从中选取若干个总体单位进行系统周密调查研究的一种非全面调查。其特点是调查单位少,并且是调查者有意识选择出来的;调查内容具体细致;调查所需时间短,反映情况快。典型调查的主要作用是:①能对所研究的问题进行具体深入的调查,并能把调查与研究结合起来;②能调查研究新情况、新问题;③能将典型调查与全面调查结合起来,可以弥补全面调查的某些不足,验证全面调查数字的真实性。在一定条件下,典型调查资料还可用来估计推算全面数字。搞好典型调查的关键在于选择好典型。选择典型必须以调查目的和调查对象的情况为根据。如果调查目的是了解总体的一般情况,可选择中等的单位;如果调查目的是总结经验教训,可以选出最先进的单位和最落后的单位;如果调查目的是研究新情况、新问题,可以选出现这些苗头的单位;如果调查目的是研究事物发展的过程和规律,可以选发展形态完整的单位;如果调查目的是近似地估计推算总体的数值,就要把总体划分为若干类型,然后在每一类中选择有代表性的单位进行调查。典型可以是单个的,也可以是整群的。典型调查的方法是多种多样的,如开调查会、个别访问、直接到现场观察、制发调查表填报等。

2.3   统计调查方案设计

2.3.1   统计调查方案设计的意义

统计调查是按照统计研究的目的,有组织、有计划地收集统计资料的活动,是一项复杂而细致的工作。为了使统计调查按照统一的内容、方法、步骤和期限顺利地进行,收集符合要求的统计资料,必须预先制订一个周密的统计调查方案。

统计调查方案是指导统计调查的纲领性文件,而正确地制订统计调查方案是保证统计调查有计划、有组织进行的首要步骤,是保证统计调查顺利进行的前提,也是准确、及时取得统计资料的重要条件。

2.3.2　统计调查方案的基本内容

统计调查方案是统计设计在调查阶段的具体化,是事先制订的、用于组织和协调统计调查全面展开的工作计划书,是统计设计的一项重要内容。统计调查方案的基本内容包括以下几个方面。

1. 确定统计调查的目的

制订统计调查方案前,必须明确统计调查的目的。明确统计调查目的就是明确统计调查要解决什么问题。只有在目的明确之后,才能确定向谁调查、调查什么和采用什么方法进行调查。例如,我国第四次全国经济普查的目的是要全面了解我国第二产业和第三产业的发展规模及布局,了解我国产业组织、产业结构、产业技术的现状,以及各生产要素的构成,摸清我国各类企业和单位能源消耗的基本情况,建立、健全覆盖国民经济各行业的基本单位名录库、基本信息数据库和统计电子地理信息系统等。

2. 确定调查对象、调查单位和报告单位

调查对象是指根据调查目的确定的调查研究的总体或调查范围。调查单位是调查对象中的每一个单位,是调查项目和调查内容直接、具体的承担者或载体。它们都是与统计调查的目的直接相关的。确定调查对象和调查单位所解决的是向谁调查、由谁来提供所需数据的问题。例如,我国人口普查办法规定:"人口普查的对象是具有中华人民共和国国籍并在中华人民共和国境内常住的人(指自然人)。"人口普查的调查单位是每一个人,每一个人是性别、年龄、文化程度、民族等调查项目的承担者。

要想明确调查单位,还必须把它和报告单位区别开来。报告单位亦称填报单位,是负责向上级报告调查内容、提交调查资料的单位。报告单位一般是在行政上、经济上具有一定独立性的某种机构(如机关、团体、学校、企事业单位等),而调查单位可以是人或某种机构,也可以是物(如设备)。根据不同的调查目的,调查单位和报告单位两者有时一致,有时不一致。例如,在工业企业普查中,每个工业企业既是报告单位又是调查单位;而在国有工业企业设备普查中,调查单位是国有工业企业的每一台设备,但报告单位是每一个国有工业企业。

3. 设计调查项目和调查表

确定调查项目就是解决向调查单位调查什么的问题,调查项目也就是调查的具体内容。在大多数统计调查中,调查项目通常以表格的形式来表现,即将具体的调查项目合理而有序地以表格的形式表现出来,这就是调查表。调查表中的调查项目,即调查中所要登记的调查单位的特征,也就是调查单位所承担的基础标志,是由一系列数量标志和品质标志构成的。调查项目有时也以问卷的形式表现出来,即具体的调查项目以一系列按照严密逻辑结构组成的问题表现出来。问卷也可以说是一种特殊形式的调查表,主要在市场调查中被采用。关于问卷的具体设计内容将在后面详细阐述。

在一次调查中选择什么调查项目,以及选择多少调查项目,是由调查目的和调查单位的特点决定的,因为调查项目的选择直接关系到调查资料的数量和质量。一般应注意以下几点:①调查项目要简明扼要,突出重点;②不必或不可能得到答案的项目不要列入;③调查项目的含义要明确,不能产生歧义;④项目之间尽可能做到相互联系,以便核对。

调查表一般由表头、表体和表脚三部分组成。表头可说明调查表名称和填报单位名称、性

质、隶属关系等；表体是调查表的主要部分，包括调查项目、栏号和计量单位等内容；表脚通常包括调查者、填报单位、填表人的签名、调查日期等内容，以明确责任。

调查表按格式不同，可以分为单一表和一览表两种。只能填写一个调查单位资料的调查表叫作单一表，可以同时填写若干个调查单位资料的调查表叫作一览表。使用单一表还是一览表应视调查内容的多寡和是否便于登记确定。当调查项目较多，调查单位又较分散时，宜用单一表；若调查项目较少，调查单位又较集中，则可使用一览表。

4. 确定调查时间、调查期限和地点

调查方案应明确规定调查时间和调查期限。调查时间是指调查资料所属的时间。如果调查的是时期现象，调查时间就是调查资料所反映的起止日期。例如，要调查 2021 年第一季度的商品房交易额，则调查资料所属的时间是从 2021 年 1 月 1 日起至 2021 年 3 月 31 日止的三个月。如果调查的是时点现象，调查时间就是规定的统一标准时点。例如，我国第四次全国经济普查的标准时点是 2018 年 12 月 31 日 24 时。

调查期限是进行调查工作的时限，包括收集资料和报送资料工作所需要的时间，应尽可能缩短。例如，四川省"5·12"汶川地震灾害损失统计调查方案规定，地震灾害和次生灾害损失统计截止到 2008 年 5 月 31 日 24 时，灾害损失数据资料于 2009 年 6 月 9 日 12 时前向省政府"5·12"汶川地震灾害损失统计工作组报送。

调查地点是指调查对象所在的地点，即统计资料所属的空间范围。明确规定统计资料所属的空间范围，也是防止统计调查资料发生错漏的一种方法。

5. 确定调查的方式、方法

统计调查的方式、方法有多种，各有长短，适用于不同的条件。某次统计调查到底采用什么方式、方法，应当根据该次统计调查的内容和特点，并结合各种调查方式、方法的优缺点来考虑，在权衡利弊之后做出取舍，并在调查方案中进行明确规定，可以只用某种方法，也可以若干方法结合使用，要视具体情况而定。

6. 确定调查工作的组织实施计划

除了以上各项内容外，统计调查方案中还应当对调查的组织实施做出妥善安排，具体包括：调查工作的组织；领导机构的组织；调查人员的组织；调查前的准备工作，如宣传、培训、资料准备；调查资料的报送方法；调查经费的预算和开支方法；调查结果公布的时间；等等。

7. 调查报告的撰写

调查报告包括调查过程的描述、依调查数据所做的决策和调查结果的评价。在调查方案中，应给出提交调查报告的具体时间，并对调查的精度、费用等提出具体要求。

2.4　统计调查问卷

2.4.1　问卷的概念与结构

1. 问卷的概念与种类

问卷是依据统计研究目的和要求，按照一定的理论假设设计出来的，由一系列问题、项目、备选答案及说明组成的，向被调查者收集资料的一种工具。通过问卷来收集统计数据，可以使调查内容标准化和系统化,便于统计处理和分析。

问卷按是否由被调查者自己填写分为自填式问卷和代填式问卷两种。自填式问卷由被调查者自己填答,代填式问卷是由调查人员根据被调查者的口头回答来填写的。这两种问卷的适用对象通常不同,因而在问卷的具体形式、设计要求和填写说明等方面也有所不同。

2. 问卷的结构

问卷一般由引言、被调查者的基本情况、问题和答案、结语四个部分组成。

引言一般在问卷的开头,或作为问卷的说明词,用于表明调查的目的与意义、调查组织者的身份和调查的主要内容等,力求引起被调查者的重视与兴趣,取得他们的支持与合作。说明词要态度诚恳、口吻亲切、简明扼要、切忌啰唆,并要对被调查者表示真诚的感谢,有时还要向被调查者说明问卷填写的方法和要求,以及需要注意的有关事项。大量的实践表明,几乎所有拒绝合作的人都是在开始接触的前几秒钟内就表示不愿参与,因此,要对引言非常重视,仔细斟酌。例如,下面是一份"公众医疗保险意识问卷"中的引言。

尊敬的女士/先生:您好!

我是××市场调查公司的访问员,我们正在进行一项有关公众医疗保险意识方面的调查,目的是想了解人们对公众医疗保险的看法和意见,以便更好地促进医疗保险事业的发展。您的回答无所谓对错,只要真实地反映了您的情况和看法即可。希望您能积极参与,我们对您的回答完全保密。调查要耽搁您一些时间,请您谅解。谢谢您的支持与配合!

被调查者的基本情况有助于了解个人或企事业单位的有关基本特征,如性别、年龄、婚姻、文化程度、职业、工作单位、职务或技术职称、民族等,企事业单位的行业类别、经济类型、单位规模、所在地区等。掌握这些基本情况,便于进行各种构成分析。

问题和答案是问卷的主要组成部分,包括所要了解的各个问题和相对应的备选答案。这一部分设计得好坏,直接关系到本次问卷调查能否取得有价值的资料。

结语在问卷末尾对被调查者再次表示感谢,或用于征询其对问卷设计和问卷调查的意见和感受,有的问卷也可以不要结语。

此外,问卷上还应有便于计算机处理的编码。若是访问问卷,还应有作业证明的记载,即填写访问人员姓名、访问日期和被调查者合作情况等。

2.4.2 问题的设计

问题即问句,是调查者与被调查者沟通信息的直接渠道,问题设计是否准确、科学、易懂,将直接影响数据收集的质量好坏,因此问题设计是问卷设计的关键。

1. 问题的种类

根据调查内容不同,问题可分为事实性问题、意见性问题和解释性问题。事实性问题要求被调查者依据现有事实做出回答,不必提出主观看法,如"您使用什么品牌的牙膏?""您的职业是什么?"。意见性问题用于了解被调查者的意见、看法、评价、态度、要求和打算等,如"您喜欢××牌的牙膏吗?""您对目前的职业是否满意?"。解释性问题用于了解被调查者行为、意见、看法等产生的原因,了解个人内心深层的动机,如"您为什么要购买××牌的牙膏?""您为什么要从事××职业?"。事实性问题回答比较简单,统计处理比较容易,但收集到的资料不够深入。意见性问题和解释性问题则在回答难度和统计处理难度上逐步加重,但所收集的资料能比较深入地说明所研究的问题。

根据回答方式不同,问题可分为开放式问题和封闭式问题。开放式问题也称为自由回答式问题,是指不提供备选答案而需要被调查者自由做出回答的问题,如"您对我国目前高校招生政策有什么看法?"。这类问题适用于事先无法列出或不能知道所有可能答案的情况,有利于被调查者给出不受限制或富有启发性的回答,增大回答的信息量。但这类问题回答结果的统计处理比较难,并可能掺杂不太有价值的信息,若被调查者的文化程度偏低就会难以做出回答。封闭式问题是指已列出所有可能答案以供选择的问题。例如,"您家现住房的面积是多少? ①50 平方米以下,②50~80 平方米,③80~100 平方米,④100 平方米以上。"这类问题适用于能一一罗列全部可能答案且答案个数不是很多的情况,回答简单,统计处理和分析比较容易。但这类问题使回答带有一定的强迫性,得出的信息有时比较粗糙(如某居民家庭现住房面积 68 平方米,被调查者在开放式回答中能给出准确回答,而在封闭式回答中只能选择答案②,区间幅度为30)。有时,在问卷中还设计半封闭半开放式的问题,以取得更多的信息。例如,"您家有照相机吗? □有,□无;若有,是什么牌子? _____。""您的职业是 _____。①教师,②公务员,③军人,④企业管理人员,⑤职工,⑥个体户,⑦其他( )。"

2. 问题设计的原则

(1) 所列问题必须符合客观实际情况。这是指问题应符合当前社会经济发展状况和科学发展水平,符合大多数人的思想意识、文化素质、语言习惯、生活水平和生活方式等。例如,我国城镇居民家庭耐用消费品,20 世纪 70 年代以手表、自行车、缝纫机为代表,20 世纪 80 年代以电视机、冰箱、洗衣机为代表,20 世纪 90 年代则以空调、照相机、音响设备、计算机等为代表,进入 21 世纪则以各种数码产品、家用轿车等为代表,并且不同年代的人对耐用消费品的理解也不一样。如果不考虑经济发展的客观实际情况,现在仍以手表、自行车等为内容来设计问题,显然不切实际。

(2) 问题不能太多。一份问卷包括多少问题,应根据调查目的、调查对象的特点、财物力量及时间要求等来设置。在满足需求的情况下,问题要尽量精简,最大限度地减轻被调查者的负担,避免其产生厌烦情绪,提高问卷的有效回收率。

(3) 问题必须是被调查者有能力回答的。凡是不太可能或不太容易被理解和回答的问题,应该避免出现,尤其是要避免出现理论性或专业性很强的问题。例如,向普通居民提"加强国际合作有何重要意义?""我国物价指数编制方法是否科学?"等问题,就有可能超出被调查者回答能力的范围。此外,向未使用家用轿车者询问"每月私家车汽油消费量多少",向未婚者询问"您有几个子女",以及需要回忆很长时间才能勉强回答的问题,都会使被调查者感到手足无措。

(4) 不要直接提社会上禁忌的和敏感性的问题。由于风俗或民族习惯的不同,有些问题可能会引起误会,甚至会产生民族纠纷,因此要加以避免。而涉及个人利益和声誉的一些问题,则具有很强的敏感性和隐私性,如"您有多少储蓄存款?""您是否曾在考试中作弊?",这类问题可能会由于被调查者的自我防卫心理而被拒绝回答。如果确实需要了解一些敏感性问题,就要用一些特殊的技巧方法来处理。一是释疑法,即在问题前面写上一段消除疑虑的文字,并承诺绝对保密。二是假定法,即用一个假定性条件句作为问题的前提,例如,"假定允许人员自由流动,您是否也想试一试?"比直接问"您想调离现在工作的单位吗?"要好得多。三是转移法,即把本应由被调查者自己根据实际情况回答的问题转移为根据他人情况来回答的问题,例如"对于学校的早读规定,有的同学认为合理,有的同学认为不合理,您同意哪一种看法?"比直接问"您是否愿意参加早读?"要好得多。四是模糊法,即用一个答案适当模糊的问题来代替追求精确答案的问题,例如,"您每个月的收入属于下列哪一档? ①2 000 元以下,②2 000~5 000 元,③5 000~8 000 元,④8 000~10 000 元,⑤10 000~20 000 元,⑥20 000 元以上",比直接问"您每个月的收入是

_____元"要好一些。

（5）问题不能带有诱导性和倾向性，要保持客观中立。这是指问题不能流露出调查者或问卷设计者自己的倾向或暗示，以免左右被调查者的回答。例如，"××牌啤酒泡沫丰富、口味清纯，您的印象如何？"就带有明显的倾向性。在问题中应避免出现"多数人认为""某权威机构认为""某知名人物认为"等词语。

（6）问题的内容要单一。一个问题只能包含一个询问内容，否则就会使被调查者难以回答。例如，"您的父母是教师吗？"这一问题就有缺陷，因为父和母是两个人，可能其中一位是教师而另一位不是教师，这就使被调查者不知该回答"是"还是回答"否"。因此，对于比较复杂的问题，要按询问内容进行分解。

（7）问题的语言要简单易懂、标准规范。每一个问题就每个被调查者而言都只能有一种解释，问题中用语的定义必须清楚明确。例如，"您上个星期总共看了几小时书？"这一问题中，书是否包括报纸、杂志？"您是否经常看电视？"这一问题中，"经常"的标准是什么，都可能引起歧义。因此，问题中要避免含义不明确、概念不清楚、容易引起不同理解、过于抽象的词语，也不能用缩略语。

（8）问题的排列要讲究逻辑性。一般地，问题的排列应该先是比较容易回答的问题，再是比较难回答的问题；先事实性问题，再意见性问题和解释性问题；先封闭式问题，再开放式问题。在调查内容的时间上，则应该先过去，再现在，后未来。问题与问题之间要注意内在联系，要有严密的逻辑性。

2.4.3　答案的设计

1. 问题答案的设计形式

针对封闭式问题，问题答案的设计是问卷设计的另一个主要内容。问题答案的设计形式通常有以下五种。

（1）是非式。是非式也称两分式、是否式等，即问题只有两个相对立的答案可供选择，如"是"与"否"、"有"与"无"、"赞成"与"否定"，被调查者只需从中选择其一即可。例如，"您家有电脑吗？□有，□无。"这种设计回答容易，统计处理方便，但不能表达出被调查者行为或意见的程度差别。例如，对于回答有电脑的家庭，有的有一台，有的则可能有两台或更多台，电脑的品牌、规格以及型号等也不一样，这些差异在是非式设计中难以体现。有时，被调查者可能因处于"未定"状态而放弃回答，这种设计只适合于询问简单的事实或意见。

（2）多项式。多项式指问题有三个或三个以上的答案可供选择，由被调查者从中选择一个或几个作为回答。例如，前述关于收入问题的备选答案有六个，被调查者需从中选择一个。再如，"您夏天喜欢喝什么饮品？①开水，②矿泉水，③纯净水，④可乐，⑤雪碧，⑥芬达，⑦果汁，⑧其他_____。"备选答案有八个，被调查者需从中选择一个或多个。多项式设计的回答和统计处理都比较容易，但要列出所有可能的备选答案往往有一定困难（不能太多），故常用"其他_____"来处理。

（3）顺序式。顺序式要求被调查者对问题的备选答案，按照重要性程度或喜爱程度确定先后顺序，做出比较性的回答。这种设计便于被调查者去衡量比较，能比多项式了解更多的信息，适用于要求区分答案的缓急轻重或先后顺序的问题。但它难以体现答案之间差异的大小，并且当备选答案较多时，各答案在问卷中的位置也会对被调查者产生一定影响。

（4）程度评价式。这是一种观念计量的方法，一般地，对问题列出几个不同程度的答案，并

对每一个答案事先按顺序给分,相邻答案的分差相等,由被调查者从中选择一个答案来表达他对事物的感受程度。例如:

您对目前从事的职业是否满意?

	很满意	满意	一般	不满意	很不满意
	2	1	0	−1	−2
或	5	4	3	2	1

这种设计能从计分的角度进行统计处理,有利于综合了解被调查者的总体态度和程度。但计分本身是非客观的,只是一种人为规定。有时,也可以把答案按程度分为 3 档、7 档或 9 档,档数越多,了解的信息就越细,但相邻答案之间的区别就越微小。

(5)比较式。比较式把若干可比较的事物整理成两两对比的形式,由被调查者进行比较。这种方式比将许多事物放在一起,让被调查者做比较要简便容易一些,并可获得针对性明显的具体结果。例如:

请您比较下列每一对不同的广告,哪一种更吸引人?

① □甲广告和□乙广告   ② □丙广告和□丁广告
③ □甲广告和□丁广告   ④ □乙广告和□丙广告
⑤ □甲广告和□丙广告   ⑥ □乙广告和□丁广告

此外,问题答案还有过滤式、倾向偏差式、竞争选好式、回想式等设计形式。

2. 问题答案的设计原则

(1)所列答案应包括所有可能的回答。只有将全部可能的答案列出,才能使每个被调查者都有答案可选,不至于因无合适答案而放弃回答。为防止答案遗漏,可用"其他"来弥补。

(2)不同答案之间不能相互包含。一个问题所列出的各个答案必须互不相容,互不重叠,否则被调查者可能做出有重复内容的双重选择,影响调查效果。例如,"您喜欢阅读哪类图书?①文学艺术类,②自然科学类,③社会科学类,④经济管理类,⑤会计类,⑥统计类。"在这一设计中,有关答案之间就相互包含了,因为会计类属于经济管理类或社会科学类,因此对被调查者的回答难以做出正确的统计分析。

(3)答案的表达必须简单易懂、标准规范。一是要尽可能简单明确;二是要用标准规范的语言,不使用晦涩难懂的词语;三是分类要符合通用标准的分类,符合惯例,如职业分类、产业分类等。

(4)每一项答案都应有明显的填答标记,答案与答案之间要留下足够的空白。答案的填答标记有 A、@、①、□、(   )、[]、打"√"、打"×"或涂黑等。

2.5   统计调查误差与控制

2.5.1   统计调查误差

统计调查误差是指通过调查收集到的数据与研究对象真实结果之间的差异。按照不同的分类方法,可以分成不同的类型。最常见的是按照调查误差产生的原因,将统计调查误差分为抽样误差和非抽样误差。

1. 抽样误差

抽样误差是由抽样的随机性引起的样本结果与总体真值之间的误差，又称代表性误差。全面调查中不存在抽样误差。在随机抽样中，我们依据随机原则抽取样本，可能会抽中由一些单位组成的样本，也可能会抽中由另外一些单位组成的样本，根据不同的样本可以得到不同的观测结果。例如，在观测一批产品中的非优质品率时，随机抽取一个样本，样本由若干个产品组成，通过检测得优质品率为 30%。如果我们再抽取一个产品数量相同的样本，检测的结果不太可能是 30%，有可能是 29%，也有可能是 31%。我们知道，总体真实的结果只有一个，尽管这个真实的结果我们并不知道。不过，可以推测，虽然不同的样本会产生不同的答案，但这些不同的答案应该在总体真值附近。如果不断地增大样本容量，答案会向总体真值逼近，事实也正是如此。假设样本由随机抽取的 500 个产品组成，经过多次抽样，我们就可以得到多个不同样本的检测结果，便会发现这些结果的分布是有规律的。

2. 非抽样误差

非抽样误差是相对于抽样误差而言的，是指除抽样误差之外的，由调查者和被调查者的人为因素造成的误差，又称登记性误差。抽样误差是一种随机性误差，只存在于随机抽样中；非抽样误差则与之不同，无论是随机抽样还是非随机抽样，全面调查还是非全面调查，都有可能产生非抽样误差。非抽样误差主要有以下几种类型。

（1）抽样框误差

在概率抽样中，需要根据抽样框抽取样本。抽样框可以是有关总体全部单位的名册或编号，也可以是电话号码或地图等。一个好的抽样框的标准是，抽样框中的单位和研究总体中的单位是一一对应的关系。例如，如果在某学校中抽取一个学生样本，抽样框是该学校所有学生的名单，这时名单中的每一个名字都对应着一个学生，该校所有学生的名字都在抽样框中有所反映，抽样框中的所有名字又确实是该校目前在校注册的所有学生。那么，这时就存在一一对应的关系。但如果学生的名单是去年的，新入学学生的名字没有在名单上有所反映，而名单上的学生有些已经毕业，这时抽样框中的单位与研究总体的单位就不存在一一对应关系，使用这样的抽样框抽取样本就会出现一些错误。例如，由于新入学学生的名字没有出现在抽样框中，所以他们不可能被选入样本；而已毕业学生的名字仍然在名单中，他们已经不属于研究总体，但由于他们名字仍存在，所以他们仍然可能被选入样本，结果导致推论中的错误。这些统计推论的错误是由抽样框的不完善造成的，我们把这种误差称为抽样框误差。

构造抽样框是抽样设计中的一项重要内容。在调查对象确定后，通常可以选取不同的资料构造抽样框。例如，在上述对学生情况的调查中，抽样框可以是名单，也可以是学生宿舍的号码（先抽取宿舍，再从选中的宿舍中抽取学生）。在这种情况下，设计人员的任务是选择与调查内容最贴切的抽样框。

（2）回答误差

回答误差是指被调查者在接受调查时给出的答案与真实情况不符。导致回答误差的原因有多种，主要有理解误差、记忆误差和有意识误差。

① 理解误差。不同的被调查者对调查问题的理解不同，每个人都按自己的理解回答，大家的标准不一致，由此造成理解误差。例如，有些表示频率的词，如"经常""频繁""偶尔"等，在调查中经常使用。实际上不同的人对这些词的理解是有差别的。设想在一项关于电视收视率的

调查中询问被调查者这样一个问题：

您经常看电视节目吗？（   ）

A. 从来不看   B. 偶尔看   C. 有时看

D. 经常看   E. 天天看

被调查者对这五项选择的理解可能是不同的。例如，某人一周看两次电视，他认为属于"偶尔看"，而另一个人同样一周看两次电视，却可能选择"有时看"或"经常看"。这说明，问卷中的措辞对减少调查中的非抽样误差起着相当重要的作用。

对这个问题的调查，比较好的措辞可以是：

您经常看电视节目吗？（   ）

A. 从来不看   B. 平均每周少于 1 次 C. 平均每周 1～2 次

D. 平均每周 3～5 次 E. 平均每周 6～7 次

这样，被调查者对问题的理解就唯一了，就有可能减少理解误差。

有时，问卷中问题的排序也会对调查结果产生影响。从心理学的角度分析，人们在回答问题时总是有意无意地保持一致。心理学知识对于设计一份好的调问卷是有帮助的。

② 记忆误差。有时，调查的问题是关于一段时期内的现象或事实，需要被调查者回忆。需要回忆的时间间隔越久，回忆的数据就可能越不准确。所以，缩短调查所涉及的时间间隔可以减少记忆误差。但是，有些事件是按一定周期发生的。例如，研究农作物产量与施肥量的关系。产量通常以年度为周期，而肥料的用量与收获年度有关。在这种情况下，以年度为调查期更适宜。

③ 有意识误差。当调查的问题比较敏感，被调查者不愿意回答，迫于各种原因又必须回答时，就可能会提供一个不真实的数字。产生有意识误差的原因大致有两种：一种是调查问题涉及个人隐私，被调查者不愿意告知，所以造假；另一种是受利益驱动，进行数字造假。有意识误差比记忆误差的危害要大。因为记忆误差具有随机性，有些人可能说高了，有些人可能说低了，高低相抵，调查结果还是具有趋中的倾向；有意识误差则不同，它往往偏向一个方向，是一种系统性偏差。例如，调查纳税情况时，低收入者往往高报，以表示自己没有漏税行为，而高收入者则往往低报，以避免被视为富人。

减少回答中的有意识误差需要多方面的努力。调查人员要做好被调查者的思想工作，让他们打消顾虑；调查人员要遵守职业道德，为被调查者保密；调查中尽量避免敏感问题。对于政府统计中的调查，要加强法制化管理，让"数字造假"没有市场。

（3）无回答误差

无回答误差是指被调查者拒绝接受调查，调查人员得到的是一份空白的答卷。无回答也包括那些调查走访时被访者不在家；电话调查中，拨通后没有人接；邮寄问卷调查中，地址写错，被调查者搬家，或被调查者虽然收到问卷却把问卷遗忘或丢失等情况，这些都可以视为调查中的无回答。

无回答会对调查结果产生什么影响？如果我们询问被访者的收入，他拒绝回答他的收入是高还是低。如果他回答了，调查结果将会发生怎样的变化？在一项调查中，如果无回答所占比例很小，对最后结果的影响不大。但是，如果无回答占到样本很大的比例，调查结果的说服力将大打折扣。

（4）调查员误差

调查员误差是指由调查员的原因而产生的调查误差。例如，调查员粗心，在记录调查结果时出现错误。调查员误差还可能来自调查中的诱导，而调查员本人或许并没有意识到。例如，在调查过程中调查员有意无意地流露出对调查选项的看法或倾向，调查员的表情变化、语气变化、语速变化都可能对被调查者产生某种影响。

（5）测量误差

如果调查与测量工具有关，则很有可能产生测量误差。例如，对小学生的视力状况进行抽样调查，而视力的测定与现场的灯光、测试距离都有密切关系。调查在不同地点进行，如果各测试点的灯光、测试距离有差异，就会给调查结果带来测量误差。

2.5.2　统计调查误差的控制

抽样误差是由抽样的随机性带来的，采用概率抽样，抽样误差就不可避免。在对特定问题的研究中，研究人员对抽样误差有一个可以容忍的限度。例如，用抽检的方法检验产品的质量，对总体合格品率估计的误差不超过±1%，这个±1%就是允许的抽样误差。允许的抽样误差是多大，取决于对数据精度的要求。一旦这个误差确定下来，就可以采用相应的措施进行控制。进行控制的一个主要方法是改变样本量。要求的抽样误差越小，所需要的样本量就越大。

非抽样误差与抽取样本的随机性无关，因而在概率抽样和非概率抽样中都会存在。有很多的原因会造成非抽样误差，因此控制起来比较困难。如果采用概率抽样，就需要抽样框，抽样框误差就可能出现。对同一个调查问题，有时可以构造不同的抽样框。例如，对学校教师进行抽样调查，以了解他们对建设一流大学的看法，抽样框可以是教师的名单，可以是教师住所的门牌号码，可以是教师家的电话号码，甚至可以是教师上课的教室编号。不同的抽样框，其质量可能会有所差别，通过认真分析可选择出比较好的抽样框。此外，构造抽样框还需要广泛地收集有关信息，对抽样框进行改进，例如，把两个抽样框结合起来，以弥补抽样框覆盖不全的缺陷。一份好的调查问卷可以有效地减少调查误差。问卷中题目的类型、提问的方式、使用的词汇、问题的组合等，都可能会对被调查者产生十分微小的影响，而大量微小影响的累加是不可忽视的。做好问卷设计是减少非抽样误差的一个方面。

非抽样误差控制的重要方面是调查过程的质量控制。这包括：调查员的挑选，调查员的培训，督导员的调查专业水平，对调查过程进行控制的具体措施，对调查结果进行的检验、评估，对现场调查人员进行奖惩的制度，等等。目前在规范的专业性市场，调查咨询公司都有一些进行质量控制的规章制度和经验。依法统计，要从建立健全统计法制入手，教育统计人员严格执行统计法，坚持原则，维护数据的真实性；要加大统计执法力度，严惩弄虚作假行为，维护统计工作严肃性，逐步建立全社会的统计诚信体系。

 **本章小结**

本章介绍了统计调查的含义和原则，统计调查的组织方式包括：统计报表、普查、抽样调查、重点调查、典型调查。其中普查是一种非经常性的全面调查，通过普查可以掌握大量、详细、全面的资料；抽样调查是按随机原则从调查对象中抽取一部分单位作为样本进行观察，然后根据所获得的样本数据，对调查对象总体特征做出具有一定可靠程度的推断；重点调查是在调查对象中，只选择一部分重点单位进行的非全面调查。统计调查方案是指导统计调查的纲领性文件，正确地制订统计调查方案是保证统计调查有计划、有组织进行的首要步骤。问卷设计的关键是问题及答案的设计。按照统计调查误差产生的原因，统计调查误差分为抽样误差和非抽样误差，有效地控制误差可以提高统计数据的质量。

思考与练习

思考题

1. 什么是统计调查？统计调查的基本原则是什么？

2. 收集统计资料的方法有哪几种？各有什么特点？

3. 什么是统计调查方案？它包括哪些基本内容？

4. 什么是调查项目和调查表？调查表有哪几种形式？

5. 什么是问卷？简述问卷的设计程序。自选题目，设计一份统计调查问卷。

6. 什么是调查误差？调查误差包括哪几种？

7. 怎样防止和减少统计调查误差？

练习题

一、填空题

1. 我国人口普查的总体（调查对象）是 _____，总体单位（调查单位）是 _____ _____。

2. 对统计总体中的全部单位进行调查称为 _____。

3. 按照调查误差产生的原因，统计调查误差分为 _____ 和 _____。

4. 由统计调查过程中各环节工作失误造成的误差称为 _____，利用样本推断总体时产生的误差称为 _____。

5. _____ 是指为收集社会经济现象在某时、某地的情况而专门组织的一次性全面调查。

6. _____ 是对数据收集对象总体中的部分重点个体进行观测的统计调查方式。

7. 非抽样误差控制的重要方面是调查过程的 _____。

二、单项选择题

1. 2020 年进行的第七次全国人口普查是（　　）。
   A. 一次性调查和非全面调查　　　　B. 经常性调查和非全面调查
   C. 一次性调查和全面调查　　　　　D. 经常性调查和全面调查

2. 啤酒厂对连续生产的啤酒进行质量检验和控制一般采用（　　）。
   A. 普查　　　　B. 重点调查　　　　C. 典型调查　　　　D. 抽样调查

3. 调查几个重要棉花产地，就可以了解我国棉花生产的基本情况。这种调查属于（　　）。
   A. 抽样调查　　　B. 普查　　　　C. 典型调查　　　　D. 重点调查

4. 对某企业生产设备的实际生产能力进行调查时，该企业的生产设备属于（　　）。
   A. 调查对象　　　B. 调查单位　　　C. 调查项目　　　D. 填报单位

5. 有意识地选择三个村镇调查农民收入情况，这种调查方式属于（　　）。
   A. 普查　　　　B. 重点调查　　　　C. 典型调查　　　　D. 抽样调查

6. 非全面调查中，最完善、最有计量科学依据的方式、方法是（　　）。
   A. 抽样调查　　　　　　　　　　B. 非全面统计报表
   C. 典型调查　　　　　　　　　　D. 重点调查

7. 人口普查中规定统一的标准时点是为了（　　）。
   A. 统一调查时间，以便一起行动　　B. 具体确定调查单位

C. 避免登记的重复和遗漏　　　　　　D. 确定调查对象的范围

8. 某市 2021 年社会商品零售总额统计年报的报送时间为 2022 年 1 月 31 日前,则调查时间为(　　　)。

    A. 1 天　　　　　　　　B. 1 个月　　　　　　C. 1 年　　　　　　　　D. 1 年零 1 个月

9. 某市 2021 年社会商品零售总额统计年报的报送时间为 2022 年 1 月 31 日前,则调查期限为(　　　)。

    A. 1 天　　　　　　　　B. 1 个月　　　　　　C. 1 年　　　　　　　　D. 1 年零 1 个月

10. 重点调查中的重点单位是指(　　　)。

    A. 具有典型意义或代表性的单位

    B. 标志值在总体中占有很大比重的单位

    C. 能用以推算总体标志总量的单位

    D. 那些具有反映事物属性差异的品质标志的单位

11. 对百货商店工作人员进行普查时,调查对象是(　　　)。

    A. 各百货商店　　　　　　　　　　　B. 各百货商店的全体工作人员

    C. 一家百货商店　　　　　　　　　　D. 每位工作人员

12. 下列调查中,调查单位与填报单位一致的是(　　　)。

    A. 企业设备调查　　　　　　　　　　B. 农村耕地调查

    C. 工业企业现状调查　　　　　　　　D. 人口普查

13. 作为一个调查单位(　　　)。

    A. 只能有一个标志　　　　　　　　　B. 只能有一个指标

    C. 可以有多个标志　　　　　　　　　D. 可以有多个指标

14. 某样本因人为操纵出现误差,这种误差属于(　　　)。

    A. 实验误差　　　　　　B. 设计误差　　　　　　C. 非抽样误差　　　　D. 抽样误差

三、多项选择题

1. 对某地区高校进行办学质量评估时,该地区的每一所高校属于(　　　)。

    A. 调查对象　　　　　B. 填报单位　　　　　C. 调查单位　　　　　　D. 典型单位

    E. 重点单位

2. 抽样调查(　　　)。

    A. 是一种非全面调查　　　　　　　　B. 是一种非连续性调查

    C. 可以消除抽样误差　　　　　　　　D. 应遵循随机原则

    E. 可以用样本数值推断总体数值

3. 在工业设备普查中,(　　　)。

    A. 工业企业是调查对象　　　　　　　B. 工业企业的全部设备是调查对象

    C. 每个工业企业是填报单位　　　　　D. 每台设备是调查单位

    E. 每台设备是填报单位

4. 下列现象中,适宜采用非全面调查的是(　　　)。

    A. 企业经营管理中出现的新问题　　　B. 平均预期寿命

    C. 某型号日光灯管耐用时间调查　　　D. 松花江的鲫鱼数量

    E. 某地区的森林蓄积量

5. 普查是一种(　　　)。

　　A. 专门调查　　　　B. 一次性调查　　C. 全面调查　　　　D. 非全面调查

　　E. 经常性调查

6. 统计数据收集的基本要求是(　　　)。

　　A. 准确性　　　　　B. 及时性　　　　C. 完整性　　　　　D. 规范性

　　E. 系统性

7. 关于普查以下说法正确的有(　　　)。

　　A. 2020 年我国进行了第六次人口普查　B. 我国农业普查是 5 年进行一次

　　C. 我国经济普查是 5 年进行一次　　　　D. 是全面调查

　　E. 属于间接获取数据

8. 以下属于随机抽样的有(　　　)。

　　A. 简单随机抽样　　B. 分层抽样　　　C. 等距抽样　　　　D. 整群抽样

　　E. 判断抽样

四、判断题

1. 为了尽可能多地收集统计数据信息,问卷应尽可能地长。　　　　　　　　　(　　)

2. 调查问卷是一种特殊的调查表。　　　　　　　　　　　　　　　　　　　(　　)

3. 抽样误差存在于全面调查中。　　　　　　　　　　　　　　　　　　　　(　　)

4. 调查时间是指调查工作的起止时间。　　　　　　　　　　　　　　　　　(　　)

5. 非抽样误差只存在于非随机抽样中。　　　　　　　　　　　　　　　　　(　　)

6. 统计报表是我国定期取得统计资料的一种重要方式。　　　　　　　　　　(　　)

7. 我国的人口普查每 10 年进行一次,因此它是一种经常性调查。　　　　　　(　　)

8. 抽样调查中存在抽样误差,因此抽样推断是不准确的。　　　　　　　　　(　　)

9. 在全国工业普查中,全国工业企业数是统计总体,每个工业企业是总体单位。(　　)

第 **3** 章

统计数据的整理与显示

引 例

从杂乱无章到井然有序

某班级 20 名学生参加"统计学"的考试,考试成绩如下:

63 70 90 74 74 65 78 80 65 80 82 73 50 86 90 86 74 88 76 95

从上面资料中,我们只能大体看出学生的考试分数有高有低,而很难看出这 20 名学生考试成绩总的情况及特点。但是,如果我们将资料进行分组、汇总,列出各组人数,编成分配数列,并用 Excel 工作表把表 3-1 的数据资料绘制成图 3-1。

表 3-1   某班 20 名学生考试成绩分组表

按成绩分组	学生数/人	比重/%
60 分以下	1	5
60~70 分	3	15
70~80 分	7	35
80~90 分	6	30
90 分以上	3	15
合 计	20	100

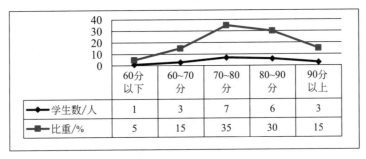

图 3-1   某班学生考试成绩分配折线图

我们就可以对该班学生的"统计学"考试成绩做出以下综合评价:

(1) 95% 的学生都通过了该课程的考核;

(2) 考试分数为 70~90 分的学生占 65%;

(3) 考试分数为 90 分以上的学生占 15%。

这个例子说明了统计整理的必要性。

3.1   统计整理的一般问题

3.1.1   统计整理的含义

统计整理也称统计数据整理,是指根据统计研究的目的,对统计收集到的数据进行科学的加工处理,使之系统化、条理化和综合化,成为能反映研究对象总体数量特征、满足统计分析需要的统计数据的过程。统计数据整理包括两个方面：一是对原始统计数据的整理，即通过分组（分类）和汇总，使大量的、零散的、反映个体特征的数据，转化为综合的、反映总体特征的数据；二是对次级数据的再整理，即通过新的分组、计算或各种必要的调整，使之满足新的需要。本书主要介绍第一种情况。

在整个统计研究过程中，统计整理起着承上启下的作用，它既是统计调查的继续，又是统计分析的开始，因此要十分强调其科学性、条理性和充分性。所谓科学性，就是数据整理的分组和汇总必须科学合理，符合客观事实；所谓条理性，就是数据整理的过程要层次分明、条理清楚、逻辑关系严密；所谓充分性，就是运用各种数据整理方法和技术，通过多角度、多方位的加工处理，使整理的结果尽量充分地体现出数据中包含的有用信息，最大限度地满足统计分析的需要。

3.1.2 统计整理的内容

统计数据整理包括以下步骤：整理方案的设计、数据预处理、统计分组和汇总、整理数据的显示，以及整理数据的保存与公布。

整理方案的设计主要是以数据收集方案为基础，围绕统计分析目的，确定需要的统计分组、需要汇总计算的统计指标、数据处理的方法与工具（如采用什么数据处理软件），以及数据显示的形式等内容。

数据预处理是统计整理的先前步骤，是在统计分组、汇总前对原始数据所做的必要工作，包括数据审核、数据筛选和数据排序等。数据审核对于原始数据来讲，主要是检查其完整性和准确性，确保数据的质量。其中完整性审核是检查应调查或观测的个体是否有遗漏、应调查或观测的项目是否有缺损；准确性审核是检查所收集的数据是否存在差错、是否符合客观实际，检查的方法有逻辑检查和计算检查等。数据筛选是指通过数据审核后，剔除那些明显不符合要求或有明显错误而又难以弥补、纠正的数据，或者在原始数据中把那些符合某种规定要求的数据筛选出来。数据排序是指为了发现所收集数据中的某些特征或规律，寻找某些有用的线索，或为了检查纠正原始数据中的差错，而将原始数据按一定的顺序加以排列，例如，定性数据按英文字母顺序、拼音字母顺序、汉字笔画等排序，定量数据按数值大小顺序排列等。排序可以是升序，也可以是降序。

统计分组和汇总是统计整理的关键步骤，就是要根据统计研究的目的和研究对象的特点，通过科学选择分组标志和科学确定分组界限，将观测的个体及其原始数据进行归类，借助必要的数据处理方法和工具，汇总计算出有关统计指标。本节将着重介绍统计分组和次数分配问题。

整理数据的显示是表现统计整理结果的步骤，就是要将统计分组和汇总后的数据，用适当的统计表、统计图显示出来，直观、准确、清楚地表达出研究对象总体的有关数量特征，便于开展统计分析。

整理数据的保存与公布是统计整理的最后一个步骤，就是要把统计整理的结果以适当的形式加以保存，并以适当的内容、形式和范围加以公布。

3.2　统 计 分 组

3.2.1　统计分组的含义

统计分组是根据现象的特点和统计研究的目的要求,按照某种重要标志把总体分成若干部分的一种统计方法。例如,国民经济按产业可划分为第一产业、第二产业和第三产业,考试成绩可划分为不及格、及格、中等、良好、优秀这五个等级,等等。

统计分组具有以下一些重要的性质。第一,统计分组兼有分与合的双重功能,是分与合的对立统一。它对总体而言是"分",要把总体划分为若干性质不同的部分;对个体而言是"合",要把性质相同的个体归入同一组中。第二,统计分组必须遵循"穷尽原则"和"互斥原则",即现象总体中的任何一个个体都必须而且只能归属于某一个组,不能出现遗漏或重复的情况。第三,统计分组的目的是要在同质性的基础上研究总体的内在差异性,即尽量体现出分组标志的组间差异而缩小其组内差异。第四,统计分组在体现分组标志的组间差异的同时,可能掩盖了其他标志的组间差异,因此任何统计分组的意义都有一定的限定性。第五,统计分组的关键是分组标志的选择和分组界限的确定,如果分组标志选择不当或分组界限不合理,就会混淆事物的性质,难以客观反映现象总体的特征。

3.2.2　统计分组的种类

1. 按照分组标志的多少分类

统计分组按照分组标志的多少不同,可以分为简单分组和复合分组。

简单分组是指对总体只按一个标志进行分组,只反映总体某一方面的分布状况和内在结构。例如,人口总体只按性别标志,或只按年龄标志,或只按其他任何一个标志分组,就属于简单分组。

复合分组是指对总体同时按两个或两个以上的标志进行层叠式的分组,即先按第一个标志进行分组,然后每组再按第二个标志分成小组,各小组再按第三个标志分成更小的组,如此下去,直至完成所有标志的分组。复合分组本身形成复合分组体系,状如树形,如某高校在校学生总体按文理科、学历和性别标志的复合分组,如图 3-2 所示。

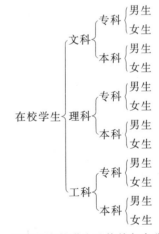

图 3-2　某高校在校学生总体的复合分组情况

复合分组的优点是可以从对同一现象的层层分组和分组标志的联系中,更加深入、全面地研究总体各个方面的内部结构。但是,复合分组会使组数随着分组标志的增加而成倍增加,使每组中的单位数量相应减少,处理不好,将不利于分析问题。因此,不能滥用复合分组也不宜对较小总体进行复合分组,尤其不宜采用过多的标志进行复合分组。

并列分组也称平行分组体系,就是同时用两个或两个以上的标志分别从不同的角度进行不重叠的多种分组。例如,在研究某高等院校学生状况时,可以分别按受教育程度、专业、性别、年龄等标志分组,从而得到一个平行分组的体系。其特点是两种或多种分组相互独立而不重叠,既可从不同的方面反映事物的多种结构,又不会使分组过于烦琐。

2. 按照分组标志的性质分类

统计分组按照分组标志性质的不同,可以分为品质标志分组和数量标志分组。

(1)品质标志分组。品质标志分组是指对总体分组时采用的分组标志是品质标志。例如,人口总体按性别、文化程度、民族、所属地区分组都是品质标志分组。如表 3-2 所示的分组就是按品质标志分组。有些现象按品质标志分组是比较复杂的,如人口按职业分类等,由于存在属性之间的过渡形式,故分组界限难以确定。对于这种复杂的品质分组,国家有关部门都制定了标准的分类目录在全国范围内施行,如职业分类目录、工业部门分类目录、商品分类目录、工业产品分类目录等。

表 3-2　我国第三次农业普查农业生产经营户和农业生产经营单位的数量

按地区分组	农业生产经营户/万户	农业生产经营单位/万个
东部地区	6 479	69
中部地区	6 427	56
西部地区	6 647	62
东北地区	1 190	17
合计	20 743	204

资料来源:国家统计局.第三次全国农业普查主要数据公报(第二号).http://www.stats.gov.cn/tjsj/tjgb/nypcgb/qgnypcgb/201712/t20171215_1563539.html,2017-12-15.

(2)数量标志分组。数量标志分组是指对总体分组时采用的分组标志是数量标志。例如,按成绩分组、按职工工资分组、按居民收入分组等都是数量标志分组。如表 3-3～表 3-5 所示的分组都是按数量标志分组。

表 3-3　某居民小区住户按家庭人口分组统计表

家庭人口数/人	家庭数/户
1	50
2	180
3	600
4	300
5	90
合计	1 220

表 3-4　车间工人按日产量分组统计表

日产量/件	人数/人
10 以下	1
10～19	10
20～29	20
30～39	16
40 以上	3
合计	50

表 3-5　某院校教职工按月基本工资额分组表

基本工资/元	人数/人	占比/%
2 000～3 000	20	4
3 000～4 000	180	36
4 000～5 000	240	48
5 000～6 000	50	10
6 000 以上	10	2
合计	500	100

① 按分组标志变量值的多少,可分为单项式分组与组距式分组。

单项式分组是每组用一个变量值表示的统计分组,如表 3-3 所示的分组。分组标志是离散变量,变量值的具体形式较少、变动范围较小时,可采用单项分组。

组距式分组是每组用变量值变动的范围表示的统计分组,如表 3-4 和表 3-5 所示的统计分组都是组距式分组。组距式分组常用于连续型变量或者变动范围较大的离散型变量。

按数量标志分组,应注意如下两个问题:首先,分组时各组数量界限的确定必须能反映事物实质上的区别;其次,应根据被研究的现象总体的数量特征,采用适当的分组形式,确定合适的组距、组限。

在组距式分组中,涉及组限、开口组、组距、组数、组中值等概念。

组限是表示各组之间界限的变量值,每组的最大变量值称为上限,最小变量值称为下限。表 3-5 中第一组的下限是 2 000 元、上限为 3 000 元。缺上限或缺下限的组称为开口组,表 3-4 所示的统计分组的第一组和第五组都是开口组。

组距是每组上限与下限之间的距离,组距=上限-下限。开口组的组距可以用邻组的组距来代替,表 3-5 中第五组的组距是 1 000 元。

组数是分组的个数。组数的多少取决于数据分布的特点,组数过少,数据的分布就会过于集中;组数过多,可能造成数据过于分散,两种情况都不便于观察总体分布的特征。实际确定组数时,可以按照美国学者斯特奇斯提出的经验公式来确定。

$$n = 1 + 3.322 \lg N \qquad (3\text{-}1)$$

式中:n 是组数;N 是总体单位数。

组中值是每组下限与上限之间的中点数值。组中值是该组变量值一般水平的代表值,计算方法如下:

$$组中值 = \frac{上限 + 下限}{2} \qquad (3\text{-}2)$$

$$缺下限的开口组的组中值 = 上限 - \frac{邻组组距}{2} \qquad (3\text{-}3)$$

$$缺上限的开口组的组中值 = 下限 + \frac{邻组组距}{2} \qquad (3\text{-}4)$$

表 3-5 第一组的组中值是 2 500 元,最后一组的组中值为 6 500 元。必须指出,用组中值代表各组变量值的一般水平,具有一定的假定性,即假定各组变量值在组内分布是均匀的,因此用以上公式计算的组中值,只是各组变量值实际一般水平的近似值。

② 按数量标志进行组距式分组,还可分为等距分组和不等距(异距)分组。

各组的组距都相等的组距式分组称为等距分组,否则称为异距分组。采用等距分组还是采用异距分组,要根据统计研究现象的特点和研究的目的来决定,一般变量值变动均匀时采用等距分组,变量值中有极大值和极小值时可设开口组。等距分组有很多好处,它便于计算,便于绘制统计图。

异距分组即各组的组距不完全相等。一般地,异距分组适用于如下几种场合:

第一,标志值分布很不均匀的场合;

第二,标志值相等的量具有不同意义的场合;

第三,标志值按一定比例发展变化的场合。

③ 按上下组限是否重合,可分为重合式分组和不重合式分组。

重合式分组是指本组的下限与上一组的上限重合。用连续型变量分组时,为了避免遗漏,要采用重合式组限,即本组的下限与上一组的上限用同一个数值表示。例如,表 3-5 所示的统计分组采用的就是重合式分组。采用重合式组限时,如果某一个总体单位的变量值刚好等于组限,这个总体单位就应该在下限所在的组,即要遵循"上限不在本组内的原则"。用离散变量分组时,可以采用重合式组限也可以采用不重合式组限(本组的下限与上一组的上限是两个相邻的整数)。

不重合式分组是指本组的下限与上一组的上限不重合。如表 3-6 所示的统计分组采用的就是不重合式分组,表 3-4 所示的统计分组采用的也是不重合式分组。

$$不重合式分组的组中值 = \frac{本组下限 + 后一组下限}{2} \tag{3-5}$$

根据式(3-5)可知,表 3-4 第二组的组中值为 15 件。

表 3-6　第七次全国人口普查分组表

年　　龄	人数/人	比重/%
0～14 岁	253 383 938	17.95
15～59 岁	894 376 020	63.35
60 岁及以上	264 018 766	18.70
合计	1 411 778 724	100

资料来源:国家统计局.第七次全国人口普查公报(第五号).http://www.stats.gov.cn/tjsj/tjgb/rkpcgb/qgrkpcgb/202106/t20210628_1818824.html,2021-05-11.

3.3　分　布　数　列

3.3.1　分布数列的基本概念

分布数列又称次数分配、次数分布。在统计分组的基础上,可以将总体所有的单位按某一标志进行归类排列,并计算其相应出现的次数,这样得到的分布称为次数分布或频数分布。分布数列是统计整理的一种重要形式,是通过对零乱的、分散的原始资料进行有次序的整理,形成一系列反映总体各组之间单位分布状况的数列。例如,表 3-2～表 3-6 所示的资料都是分布数列。根据分组标志特征的不同,分布数列可分为两类:按品质标志分组所形成的数列叫品质分布数列,也称品质数列;按数量标志分组所形成的数列叫变量分布数列,也称变量数列。

次数分布由两个要素构成:一个是总体按某标志所分的组;另一个是各组出现的次数,即频数。在次数分布中,总体单位在各组的分布状况有两种表现形式:频数(次数)和频率(比重)。频数是各组的总体单位数,频率是各组的次数与总体单位总数的比值,频数和频率分别以绝对数和相对数两种形式反映变量值出现的频繁程度。

3.3.2　分布数列的编制

根据分组形式不同,按数量标志分组分为单项式分组和组距式分组。单项式分组形成单项式数列,组距式分组形成组距式数列。单项式数列的编制相对简单,编制异距数列要根据资料的具体情况和研究目的来确定组数、组限等,没有一定的规律可循,这里主要介绍等距式数列的编制方法。

例 3-1　在某城市的所有支付宝用户中随机抽出 60 人,年消费额见表 3-7,编制变量数列反映其消费额的分布状况。

表 3-7　某城市支付宝用户消费额抽样　　　　　　　单位:元

1 006	1 846	1 247	1 732	1 582	1 325	1 126	1 468	1 500	1 586
1 950	2 005	1 679	2 000	1 700	1 876	1 964	1 643	1 563	2 100
2 300	2 004	2 476	2 116	2 456	2 365	2 189	2 499	2 346	2 379
3 480	2 043	2 400	2 406	2 365	2 231	2 284	2 256	2 482	2 056
2 078	2 526	2 196	2 500	2 003	2 460	2 389	2 200	2 100	2 657
2 789	3 496	2 845	3 126	2 980	2 903	2 998	2 511	2 870	3 385

年消费额是连续变量,对以上资料分组必须编制组距数列,由于变量值的变动比较均匀,可以考虑编制等距式变量数列(可先将变量值排序,观察其变动情况)。编制等距式变量数列一般分以下几步。

(1) 确定全距。全距＝最大的变量值－最小的变量值,本例为 3 496－1 006＝2 490(元)。

(2) 确定组数和组距。一般在对总体内部情况进行定性分析后确定,5～15 组较为适宜。假设组数为 5,组距＝全距/组数＝2 490/5＝498,可以选与 498 接近的、最好是 5 或 10 的倍数的整数作组距,我们选 500 元。

(3) 确定组限。组数、组距确定以后,还需确定各组之间的数量界限。组限最好是 5 或 10 的倍数;第一组的下限要低于最小的变量值;最后一组的上限要高于最大变量值;用连续型变量分组时,要采用重合式组限。本例第一组的下限可选 1 000 元。

(4) 汇总。统计出各组的次数或频率,用表格的形式呈现编制的分布数列(该表格称次数分布表,它反映了总体分布的状况),如表 3-8 所示。总体单位数较少时,可以用手工汇总画“正”字的方法,确定各组的次数,也可以利用 Excel“工具”中“数据分析”的“直方图”进行编制。

表 3-8　随机抽出的 60 个支付宝用户按年消费额分组的分布数列

年消费额/元	次数/人	频率/%
1 000～1 500	5	8.3
1 500～2 000	12	20
2 000～2 500	29	48.3
2 500～3 000	10	16.7
3 000～3 500	4	6.7
合计	60	100

3.3.3　累计频数与累计频率

1. 累计频数分布的编制

分布数列可以表示每个变量组出现的频数,以及在整个数列中频数分布的规律,但是,如要知道某一组变量值以下或以上对应的频数是多少,以及事物发展进程等情况,则需要将有关组的频数进行累加,所以,要全面、深入地分析分布数列,还应编制累计频数分布。

编制累计频数分布时,需要计算累计频数和累计频率。它们有两种计算方法,一种是以下累计,又称向上累计或较小制累计,即从低组向高组累计。组距式数列中的以下累计表示各组上限以下的频数或频率。另一种是以上累计,也称向下累计或较大制累计,即从高组向低组累计。组距式数列中的以上累计表示该组下限以上的频数或频率。现以某班 50 名学生的统计学课程考试成绩为例来编制累计频数分布,如表 3-9 所示。

表 3-9　某班学生统计学课程考试成绩累计频数分布表

按成绩分组/分	频数/人	向上累计		向下累计	
		累计频数/人	累计频率/%	累计频数/人	累计频率/%
60 以下	1	1	2	50	100
60~70	8	9	18	49	98
70~80	18	27	54	41	82
80~90	16	43	86	23	46
90~100	7	50	100	7	14
合计	50	—	—	—	—

累计频数分布具有以下两个特点:第一组的累计频数等于第一组本身的频数,最后一组的累计频数等于总体单位数。累计频率同样也具有两个特点:第一组的累计频率等于第一组本身的频率,最后一组的累计频率等于 1 或 100%。

注意:各组的累计频数或累计频率不可以累计相加,相加的结果没有现实意义。

2. 累计曲线图

(1) 累计曲线图的绘制

累计频数(频率)分布图分为向上累计频数(频率)分布图和向下累计频数(频率)分布图。无论是向上累计还是向下累计,均以分组变量为横轴,以累计频数(频率)为纵轴。在直角坐标系上将各组组距的上限与其相应的累计频数(频率)构成坐标点,依次用折线(或光滑曲线)相连,即是向上累计分布曲线。对于向下累计频数分布图,在直角坐标系上将各组组距下限与其相应累计频数(频率)构成坐标点,依次用折线(或光滑曲线)相连,即是向下累计分布曲线。图 3-3 就是向上累计曲线图。

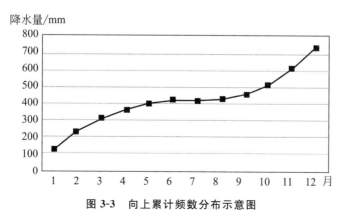

图 3-3　向上累计频数分布示意图

（2）洛伦兹曲线

洛伦兹曲线是由 20 世纪初美国经济学家、统计学家洛伦兹绘制的，是描述收入和财富分配性质的曲线。如图 3-4 所示，横轴表示人口累计百分比，纵轴表示收入累计百分比。如果一个国家或城市的收入或财富完全按人口平均分配，这时根据相应的数据绘制的曲线是图 3-4 中的对角线，我们称其为绝对平均线；如果人口累计数为小于 100% 的任意数时财富的累积总是零，而人口累计数等于 100% 时，收入或财富累计等于 100%，意味着这个国家或城市是极少数的人占有全部财富，收入的分配绝对不平等，根据数据绘制的曲线是正方形的下边和右边，我们称其为绝对不平均线。一个国家的洛伦兹曲线不是绝对平均线或绝对不平均线，而是它们之间的一条曲线。

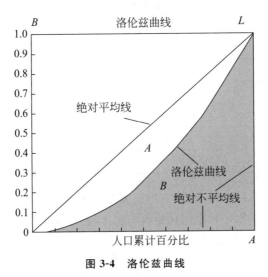

图 3-4　洛伦兹曲线

例 3-2　某地区某年居民收入资料如表 3-10 所示，请绘制洛伦兹曲线。

表 3-10　某城市不同收入层次人口数、月收入额累计情况

收入水平	人　口			收　入			累计收入	
	人口数/万人	结构/%	向上累计/%	月收入额/亿美元	结构/%	向上累计/%	绝对平等	绝对不平等
	①	②	③	④	⑤	⑥	⑦	⑧
最低	128.5	12.85	12.85	1.57	5	5	12.85	0
中下等	348	34.8	47.65	4.08	13	18	47.65	0
中等	466.9	46.69	94.34	16.33	52	70	94.34	0
较高	45.6	4.56	98.9	7.54	24	94	98.9	0
最高	11	1.1	100	1.88	6	100	100	100
合计	1 000	100	—	31.4	100	—		

解：先将人口数及其收入[第①、④列]转化为结构相对数[第②、⑤列]，再求出其累计的百分比[第③、⑥列]，然后在制好的比率图上依累计百分比标出绘示点，平滑地连接各绘示点即可。一般情况是，收入或财富的累计数总是小于人口累积的百分数，如表 3-10 中的③列和⑥列所示，根据这样一组数据绘制的洛伦兹曲线是图 3-4 中右下角等边三角形中的一条曲线。

（3）基尼系数

一个国家或地区收入分配越不平均,洛伦兹曲线越靠近绝对不平均线,图 3-4 中 A 的面积越大、B 的面积越小;一个国家或地区收入分配越平均,洛伦兹曲线越靠近绝对平均线,图 3-4 中 A 的面积越小、B 的面积越大。为了更准确地反映一个国家或地区收入分配状况,20 世纪初意大利经济学家基尼根据洛伦兹曲线给出了衡量收入分配程度的指标,即

$$基尼系数 = \frac{A}{A+B}$$

式中:A 表示洛伦兹曲线与绝对平均线围成的面积;B 表示洛伦兹曲线与绝对不平均线围成的面积。如果 A 等于零,则基尼系数等于零,表示收入绝对平均;如果 B 等于零,基尼系数等于1,表示收入绝对不平均。一般认为,基尼系数小于或等于 0.2 表明收入分配高度平均但缺乏效率,0.2~0.3 为相对平均,0.3~0.4 为大致合理,0.4 是基尼系数的警戒线,0.4~0.6 表明收入分配差距偏大,高于 0.6 则表明收入分配严重不公。

3.3.4 次数分布的主要类型

各种不同性质的现象有不同的次数分布特征,根据曲线形状的特点,概括起来主要有以下三种类型。

1. 正态分布

正态分布又称钟形分布,该分布的特点是较大数据和较小数据出现的次数都较少,居中的数据出现的次数较多。很多随机变量的概率分布都可以近似地用正态分布来描述。例如,在生产条件不变的情况下,产品的强力、抗压强度、口径、长度;同一种生物体的身长、体重等;同一种种子的重量;测量同一物体的误差;弹着点沿某一方向的偏差;某个地区的年降水量;等等。一般来说,如果一个量是由许多微小的独立随机因素影响的结果,那么就可以认为这个量具有正态分布的特点。

尾巴拖向右边的偏态分布曲线称为右偏(正偏)曲线;尾巴拖向左边的偏态分布曲线称为左偏(负偏)曲线。右偏曲线数据分布的特点是数据小的多、较为集中,数据大的少、数据越大次数越少。人均收入分布曲线是右偏曲线,低收入的人较多,在左边形成高峰;高收入的人较少,收入越高人数越少,在右边形成细长的尾巴。左偏曲线数据分布的特点是数据大的多、较为集中;数据小的少、数据越小次数越少,如图 3-5 所示。

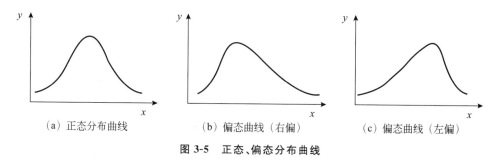

（a）正态分布曲线　　　　（b）偏态曲线（右偏）　　　　（c）偏态曲线（左偏）

图 3-5　正态、偏态分布曲线

2. U 形分布

U 形分布的特征与钟形分布恰恰相反,靠近中间的变量值分布的次数少,靠近两端的变量值分布的次数多,形成"两头大,中间小"的分布特征。因此,U 形曲线又称死亡曲线,人的死亡率近似地服从 U 形曲线分布,即生命的初期,以及老年期因体能、抵抗力低导致死亡率高;中年时期死亡率低,如图 3-6 所示。

3. J形分布

在社会、经济现象中,也有一些统计总体的分布曲线呈J形分布,J形分布有正J形分布和反J形分布两种。例如,自然界某一物种在理想条件下种群数量与时间的关系是正J形分布曲线;西方经济学中的供给曲线是正J形分布曲线,即价格越高供给量越大;需求曲线是反J形分布,即价格越高需求量相应减少,如图3-7所示。

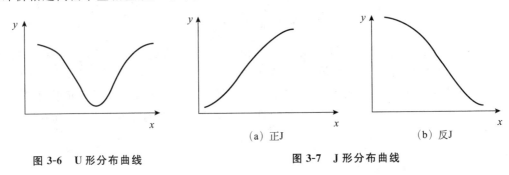

图 3-6　U形分布曲线　　　　　　　　图 3-7　J形分布曲线

3.4　统计数据的显示

3.4.1　统计表

1. 统计表的含义和构成

统计调查得来的原始资料,经过整理得到说明社会现象及其发展过程的数据,把这些数据按一定的顺序排列在表格里,就形成了统计表。如表3-11所示是较为常见的统计表。利用统计表可以有条理地、系统地显示数据整理结果和统计指标之间的相互关系,便于计算各种测度和检查计算结果。

表头

表3-11　2020年年末我国人口数及人口结构资料表

指标	年末数/人	比重/%
全国总人口	1 411 778 724	100.00
其中:城镇	901 991 162	63.89
乡村	509 787 562	36.11
其中:男性	723 339 956	51.24
女性	688 438 768	48.76
其中:0~14岁	253 383 938	17.95
15~59岁	894 376 020	63.35
60岁及以上	264 018 766	18.70
其中:65岁及以上	190 635 280	13.50

资料来源:国家统计局.第七次全国人口普查公报(第五号).http://www.stats.gov.cn/tjsj/tjgb/rkpcgb/qgrkpcgb/202106/t20210628_1818824.html,2021-05-11.

统计表一般由表头(总标题)、行标题、列标题和数字资料四个主要部分构成,如表 3-11 所示。表头是统计表的名称,它能简明扼要地反映统计表的主要内容,一般位于统计表的上方;行标题是横行内容的名称,行标题一般位于表的左端,每一横行的开始处;列标题也称纵栏标题,一般是统计指标的名称,写在表的上方每一栏的开始处;数字资料是各项统计指标的数值,每个统计指标数值均由行标题和列标题唯一确定。如果需要可以在表的下方加上表外附加,用来说明资料的来源等。

2. 设计统计表的注意事项

根据使用者的目的和统计数据特点的不同,统计表的设计在形式和结构上会有很大的差异,但设计上的基本要求是一致的,设计统计表时要注意以下几点。

(1)总标题要简明、扼要地表明统计表要说明的内容、现象所属的时间和地点。

(2)合理安排统计表的结构,有时为了节省篇幅、突出强调的问题,行标题和列标题可以互换;各行各列的安排应注意反映数据的逻辑关系,一般以先局部后整体为原则,即先列各项目,后列合计。

(3)表中的数字要注明计量单位。如果表中全部数字的计量单位都相同,可以在表的右上角表明,若各指标的计量单位不同,要在每个指标后标明。

(4)书写表中的指标数值时,要求数位要上下对齐,没有数据的单元格用"—"表示,如果指标数值与相邻项的指标数值一样,要填写数值,不得用"同上""同下"等字样表示,一张填好的统计表不应该出现空白的单元格。

(5)表的上下两端用粗线,左右两端一般不封口,采用开口式,纵栏之间用细线分开,横行之间可以不加线。

(6)在统计表的下方要加上必要的注释,注明指标的含义、包括的项目和资料来源。

3.4.2　统计图

统计数据资料可以用统计图来表达和显示,例如利用直方图、折线图可以反映现象发展变化的趋势;曲线图、饼图、环形图可以用来反映总体的结构等。用统计图反映现象的数量特征具有直观、形象、简洁、印象深刻的特点。

1. 直方图和折线图

总体分布的状况还可以用次数分布图(直方图、折线图)反映,下面介绍等距数列次数分布图的绘制方法。

(1)建立平面直角坐标系,用 X 轴表示变量值,Y 轴表示次数,在 X 轴上标出各组的组限。

(2)以各组的组距为宽,以各组的次数为高做矩形,形成的图形就是直方图。在平面直角坐标系中找到每组组中值和次数所确定的点,用直线将各点连接后所形成的图形就是折线图,如图 3-8(a)所示。为了让图形美观,一般会将矩形画得窄一些,但应注意:每个矩形的宽度要一致;各矩形底边的中点要等于相应组的组中值,如图 3-8(b)所示。

2. 曲线图

当所观察的次数增加、组距变小、组数增加时,折线图就会变得光滑,形成一条光滑的曲线,该曲线称为次数分布曲线,形成的图形就是曲线图。次数分布曲线直观、简洁地反映了次数分布的规律,统计学中常见的数据分布规律,用次数分布曲线表示,如图 3-9 所示,其中包括正态分布曲线、偏态分布曲线、U 形分布曲线和 J 形分布曲线。

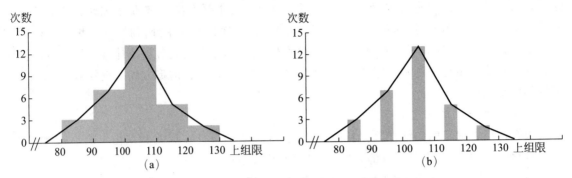

图 3-8　30 名工人周加工零件数的直方图及折线图

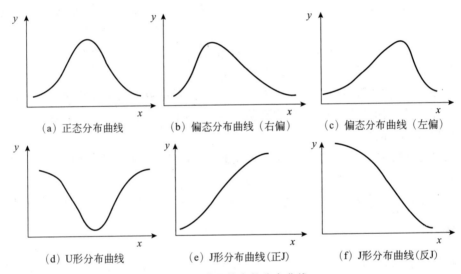

图 3-9　常见的次数分布曲线

3. 饼图和环形图

饼图是用圆形及圆内扇形的度数来表示数值的图形,它主要用于表示一个样本(或总体)中各组成部分的数据占全部数据的比例,对于研究结构性问题十分有用,如图 3-10 所示。

环形图与饼图类似,但又有区别。环形图中间有一个"空洞",总体中的每一部分数据用环中的一段表示;饼图只能显示一个总体各部分所占的比例,而环形图可以同时绘制多个总体的数据系列,每一个总体的数据系列为一个环。因此,环形图可以显示多个总体各部分所占的相应比例,可以用于结构比较研究。例如,想要比较男女顾客购买的饮料类型的构成状况,可以绘制环形图,在男女分类的基础上增加饮料类型的分类,如图 3-11 所示。其中,里面的环表示男性,外面的环表示女性。

4. 散点图

散点图是展示两个数值变量之间关系的图形,它的横轴代表变量 x,纵轴代表变量 y,每组数据 (x_i, y_i) 在坐标系中用一个点表示,n 组数据在坐标系中形成的 n 个点称为散点,由坐标及散点形成的二维数据图就是散点图。

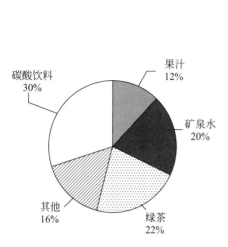

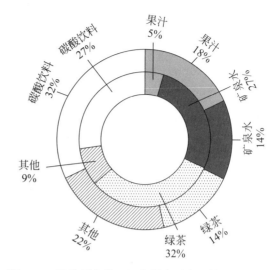

图 3-10　不同饮料类型市场销售情况饼图　　图 3-11　按性别分类不同饮料类型市场销售情况饼图

例 3-3　　随机抽取 40 个学生,得到身高和体重的数据如表 3-12 所示。制散点图分析身高和体重之间的关系。

表 3-12　40 个学生身高和体重

身高/cm	体重/kg	身高/cm	体重/kg
163.7	62.1	179.2	87.4
171.8	68.2	177.8	74.0
161.6	64.8	170.7	72.0
186.0	83.6	150.1	52.2
173.3	67.2	176.2	69.2
161.8	57.9	169.4	68.5
174.9	73.7	168.4	57.7
177.4	77.8	155.3	63.6
175.8	72.1	165.2	64.9
166.9	69.9	174.2	82.2
185.1	82.1	183.6	81.3
173.9	68.1	169.0	63.7
163.8	64.7	173.9	74.2
147.9	44.7	169.5	62.9
181.2	84.1	156.3	50.7
169.6	77.6	165.9	66.2
169.8	66.0	166.1	62.7

续表

身高/cm	体重/kg	身高/cm	体重/kg
179.4	70.3	169.4	67.5
178.2	77.4	181.0	77.2
175.9	72.0	177.6	71.1

解:根据表 3-12 中的数据绘制的散点图,如图 3-12 所示。

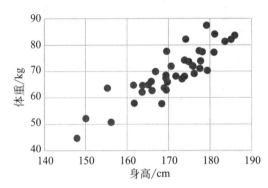

图 3-12　40 个学生身高与体重

图 3-12 显示,身高与体重之间具有明显的线性关系,即随身高的增加,体重也不断增加。

5. 雷达图

雷达图是显示多个变量的常用图示方法,也称为蜘蛛图。设有 n 组样本 $s_1, s_2, \cdots, s_n$,每个样本测得 p 个变量 $x_1, x_2, \cdots, x_p$。要绘制这 p 个变量的雷达图,具体做法是:先画一个圆,然后将圆 p 等分,得到 p 个点,令这 p 个点分别对应 p 个变量,再将这 p 个点与圆心连线,得到 p 个辐射状的半径,这 p 个半径分别作为 p 个变量的坐标轴,再将同一样本的值在 p 个坐标上的点连线。这样,n 个样本形成的 n 个多边形就是雷达图。

雷达图在显示或对比各变量的数值总和时十分有用。假定各变量的取值具有相同的正负号,则总的绝对值与图形所围成的区域成正比。此外,利用雷达图可以研究多个样本之间的相似程度。

例 3-4　表 3-13 是 2018 年北京、天津、上海和重庆的人均各项消费支出数据。绘制雷达图比较 4 个地区人均消费支出的特点和相似性。

表 3-13　2018 年北京、天津、上海和重庆的人均各项消费支出　　　　单位:元

地区	食品烟酒	衣着	居住	生活用品及服务	交通通信	教育文化娱乐	医疗保健	其他用品及服务
北京	8 064.9	2 175.5	14 110.3	2 371.9	4 767.4	3 999.4	3 274.5	1 078.6
天津	8 647.5	1 990.0	6 406.3	1 818.4	4 280.9	3 186.6	2 676.9	896.3
上海	10 728.2	2 036.8	14 208.5	2 095.5	4 881.2	5 049.4	3 070.2	1 281.5
重庆	6 220.8	1 454.5	3 498.8	1 338.9	2 545.0	2 087.8	1 660.0	442.8

解:根据表 3-13 的数据绘制的雷达图如图 3-13 所示(单位:元)。

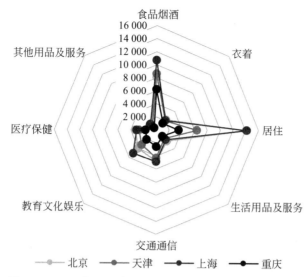

图 3-13　2018 年北京、天津、上海和重庆人均各项消费支出

　　图 3-13 显示,从各项支出金额看,上海和北京的居住支出最多,而上海的食品烟酒支出最多。从雷达图所围成的形状看,4 个地区人均消费支出的结构十分相似。

　　本章介绍了统计整理的一般问题、统计分组、分布数列及统计数据的显示。

　　对数据进行整理的一般步骤为整理方案的设计、数据预处理、统计分组和汇总、整理数据的显示和整理数据的保存与公布。

　　统计分组是根据现象的特点和统计研究的目的要求,按照某种重要标志把总体分成若干部分的一种统计方法。它是对总体进行的一种定性分类。在统计分组的基础上,把总体的所有单位按组归类,并按一定的顺序排列,形成总体中各个单位在各组的分布,形成分布数列,又称次数分布。次数分布由两个要素构成:一个是总体按某标志所分的组;另一个是各组出现的次数,即频数。在次数分布中,总体单位在各组的分布状况有两种表现形式:频数(次数)和频率(比重)。

　　显示统计数据要以统计表和统计图为媒介。统计表是一种用于表现统计数据的重要形式。统计表的设计必须目的明确、内容具体、美观简洁、清晰明了、科学实用。统计图是直观、形象、生动地表现统计数据的方式,种类很多,如直方图(柱形图)、折线图、曲线图、饼图、环形图、散点图、雷达图等。

思考题

1. 什么是统计整理? 它分为哪几个步骤?

2. 统计分组有什么作用? 如何正确选择分组标志?

3. 试述单项式数列和组距式数列的应用场合。

4. 什么是简单分组和复合分组? 两者有何区别? 复合分组是否优于简单分组?

5. 现象的分布特征有哪几种形式？

6. 为什么要编制累计频数分布？它有哪几种？有何特殊作用？

7. 什么是统计表？试述统计表的结构与种类。

8. 统计图有何功能？如何绘制？

练习题

一、填空题

1. 统计整理主要包括_____和_____。

2. 统计表一般由_____、_____、_____、_____四个主要部分组成。

3. 洛伦兹曲线与绝对平均线之间的面积越小，基尼系数_____，基尼系数的警戒线是_____，取值范围是_____。

4. 在分布数列中，各组单位数与总体单位数的比率称为_____。

5. 在组距数列中，表示各组界限的变量值称为_____。

6. 在组距数列中，各组上限与下限的差额称为_____，各组上限与下限之间的中点数值称为_____，某一组的向上累计次数是_____该组_____的次数。

7. 职工按工资额等距分组最高组 4 500～5 000 元，最低组 3 000 元以下，全距为_____。

8. 洛伦兹曲线与绝对平均线越接近表示收入分配越_____；洛伦兹曲线向下弯曲越大表示收入分配越_____。

9. 某连续型变量数列，最后一组是"500 以上"，又知其邻近组的组中值为 480，则最后一组的组中值为_____。

二、单项选择题

1. 划分连续变量的组限时，相邻的组限必须(　　)。

　　A. 重叠　　　　　　　B. 相近　　　　　　　C. 不等　　　　　　　D. 不重叠

2. 在组距式数列中，对组限值的处理原则是(　　)。

　　A. 上组限不在内，下组限在内　　　　　　B. 下组限不在内，上组限在内

　　C. 上下组限均不在内　　　　　　　　　　D. 上下组限均在内

3. 为统计运算方便，在编制等距数列时，如果全距是 48，组距是 10，则组数为(　　)。

　　A. 5　　　　　　　　　B. 10　　　　　　　　C. 9.6　　　　　　　D. 9

4. 编制等距次数分配时，如果全距是 488，组数为 5，则组距为(　　)。

　　A. 50　　　　　　　　B. 100　　　　　　　　C. 96　　　　　　　　D. 90

5. 累计次数分配表中，某一组的向下累计次数是(　　)。

　　A. 小于该组下限的次数　　　　　　　　　B. 大于该组上限的次数

　　C. 小于该组上限的次数　　　　　　　　　D. 无法判断

6. 某组距式分组，第一组是开口组，上限为 100，又知相邻组的组距是 50，则第一组的组距可以视为(　　)。

　　A. 50　　　　　　　　B. 80　　　　　　　　C. 90　　　　　　　　D. 100

7. 按某一标志分组的结果表现为(　　)。

　　A. 组内差异、组间同质　　　　　　　　　B. 组内同质、组间同质

　　C. 组内同质、组间差异　　　　　　　　　D. 组内差异、组间差异

8. 向上累计次数表明某组(　　)的各组单位数之和。

A. 下限以下　　　B. 下限以上　　　C. 上限以下　　　D. 上限以上

9. 若实际收入曲线与绝对不平均线之间的面积为零,则基尼系数为(　　)。

A. 0　　　　　B. 0.5　　　　　C. 0.3　　　　　D. 1

10. 连续变量一般采用(　　)。

A. 单项式分组　　　B. 等距分组　　　C. 不等距分组　　　D. 组距式分组

11. 某位学生统计学课程的考试成绩为 70 分,在统计分组中,这个变量值应归入(　　)。

A. 60～70 分这一组　　　　　B. 70～80 分这一组

C. 60～70 分或 70～80 分两组都可以　　　D. 作为上限的那一组

12. 在编制组距式数列时,当资料中存在少数特大和特小的变量值时,宜采用(　　)形式处理。

A. 开口组　　　B. 等距　　　C. 闭口组　　　D. 不等距

13. 以组中值为各组变量代表值的假定条件是(　　)。

A. 等距分组　　　　　B. 变量值在各组中均匀分布

C. 各组变量个数相等　　　　　D. 异距分组

14. 观察某地 2015—2021 年意外伤害发生率与摩托车数量的关系时,宜选择的图形为(　　)。

A. 直方图　　　B. 饼图　　　C. 散点图　　　D. 柱形图

三、多项选择题

1. 正确的统计分组应做到(　　)。

A. 组间有差异　　　B. 各组应等距　　　C. 组内属同质　　　D. 组限不应重叠

E. 不应出现开口组

2. 确定连续型变量的组限时,相邻组的组限应是(　　)。

A. 连续的　　　B. 重叠的　　　C. 间断的　　　D. 不重叠的

E. 顺序的两个自然数

3. 在组距式数列中,组中值(　　)。

A. 在闭口组中是上限和下限的中点值　　　B. 是各组变量值的代表值

C. 在开口组中无法确定　　　D. 在开口组中可以参照邻组的组距来确定

E. 用来代表各组标志值的平均水平

4. 统计分组的关键在于(　　)。

A. 划分数量标志与品质标志　　　B. 选择分组标志

C. 设立统计分组体系　　　D. 尽可能采用复合分组

E. 划分各组界限

5. 洛伦兹曲线(　　)。

A. 是一种累计曲线　　　B. 可用于反映财富的分布曲线

C. 用以衡量收入分配公平与否　　　D. 越接近对角线,基尼系数越大

E. 越接近对角线,基尼系数越小

6. 在次数分配数列中(　　)。

A. 总次数一定,频数和频率成反比

B. 各组的频数之和等于 100

C. 各组频率大于 0,频率之和等于 1

D. 频数越小,则该组的标志值所起的作用越小

E. 频率又称次数

7. 在组距数列中,组距大小与( )。

A. 单位数的多少成正比
B. 单位数的多少成反比

C. 单位数的多少无关系
D. 组数多少成正比

E. 组数多少成反比

8. 对统计总体进行分组时,采用等距分组还是不等距分组,取决于( )。

A. 现象的特点
B. 变量值的多少

C. 统计研究的目的
D. 次数的多少

E. 收集到的资料是否均匀

四、判断题

1. 对数据进行统计分组时,当相邻两组的上下限重叠时,等于某一组上限的变量值应该计入该组内。 ( )

2. 各组的频数或频率都可以直接比较。 ( )

3. 在确定组限时,最小组的下限应高于最小变量值。 ( )

4. 组中值是各组实际平均数的近似代表值,因此用组中值来计算总平均数,得到的也只是一个近似值。 ( )

5. 离散型变量既可以编制单项变量数列,又可以编制组距变量数列。 ( )

6. 某企业职工按文化程度分组形成的分配数列是一个单项式分配数列。 ( )

7. 任何一个分布都必须满足:各组的频率大于0,各组的频数之和等于1或100%。 ( )

8. 按数量标志分组的目的,就是要区分各组在数量上的差别。 ( )

五、计算题

1. 某生产车间30名工人日加工零件数见表3-14。

表3-14　工人日加工零件数　　　　单位:件

30	26	42	41	36	44	40	37	37	25	45	29	43	39	35
31	36	36	49	34	47	33	43	38	42	32	34	38	46	43

要求:采用等距分组将以下资料分成5组,编制次数分配表,绘制次数分配直方图和折线图。

2. 某班40名学生统计学考试成绩见表3-15。

表3-15　学生考试成绩　　　　单位:分

57	89	49	84	86	87	75	73	72	68	75	82	97	81
67	81	54	79	87	95	76	71	60	90	65	76	72	70
86	85	89	89	64	57	83	81	78	87	72	61	—	—

规定:60分以下为不及格,60～70分为及格,70～80分为中,80～90分为良,90～100分为优。

要求:

(1) 将该班学生分为不及格、及格、中、良、优五组,编制一张次数分配表;

(2) 指出分组标志及类型;

(3) 计算各组的频率、向下累计次数和频率、向上累计次数和频率。

第 **4** 章

统计数据的描述

✍️**引例**

国家统计局公布居民人均可支配收入数据时,一些网友感慨自己"拖后腿",对此应如何看待?

国家统计局公布人均收入数据时,有网友感慨"拖后腿",主要是对收入的概念和平均数的特性不够了解导致的,其实居民还可以使用收入中位数和五等份分组的人均收入来深入了解自己收入水平的相对状况。

(1)要全面理解居民可支配收入的概念。居民可支配收入是指居民可用于自由支配的收入,既包括现金收入,也包括实物收入。可支配收入有四种来源:一是工资性收入,除工资外,还有奖金、津贴、过节费、来自单位的实物收入等;二是经营净收入,是从事生产经营活动所得到的净收入,由全部生产经营收入中扣除生产成本、固定资产折旧和税金后所得;三是财产净收入,指家庭从拥有的动产(如银行存款、有价证券)、不动产(如房屋、车辆、土地、收藏品等)所获得的收入,包括存款利息、股票红利、房屋租金等;四是转移净收入,指国家、社会团体,以及居民家庭间的转移性收入扣除转移性支出后的净收入,主要包括养老金和离退休金、社会救济和补助、赠养收入等。如在一家事业单位上班的张三将一套公寓租给房产中介,平时还与朋友合伙经营一家网店,计算他的可支配收入时,除了张三的工资性收入外,还需要加上出租房屋收入和网店的盈利所得。再如,李四在省城打工,爱人在老家养猪、种玉米,他们一家的收入就应该包括打工收入,以及出售生猪和玉米刨去成本和圈舍、农机具折旧后的净收入。

(2)要看到人均可支配收入是一个平均数。居民收入通过对来自全国各地的约16万记账户的调查数据汇总后计算出来。16万记账户包含城镇和农村家庭,分布于各个地区,覆盖了高中低各类收入层次。各个家庭之间收入水平不可能完全接近,总是存在一定差距,而人均可支配收入是一个平均数,反映的是一般水平。从统计角度来说,通常有一半以上家庭的收入水平低于平均收入水平,所以很多人感觉自己的收入"拖后腿"了。

(3)要综合使用多种收入指标了解自身收入水平的相对状况。平均数的不足之处在于容易受到极端数据的影响。国家统计局为了消除这种影响,还计算和发布全国居民收入中位数和按收入五等份分组的人均收入,客观反映收入差距和收入分配情况,也便于不同收入阶层的人更好地了解自身收入的相对状况。

利用图表可以对数据分布的形状和特征有大致的了解,但要进一步了解数据分布的一些数值特征,就需要对统计数据进行描述。一般来说,数据分布特征可以从以下三个方面加以描述:一是数据分布的集中趋势,反映数据分布中各变量值向中心值靠拢或聚集的程度;二是数据分布的离散程度,反映数据分布中各变量值远离中心值的程度;三是数据分布的形状,反映数据分布的偏斜程度和尖凸程度。本章主要介绍统计数据描述性分析的方法及应用场合。

资料来源:国家统计局官网.国家统计局公布居民人均可支配收入数据时,一些网友感慨自己"拖后腿",对此应如何看待.http://www.stats.gov.cn/ztjc/zthd/lhfw/2021/rdwt/202102/t20210225_1813978.html,2021-02-19.

4.1　分布集中趋势的测度

数据分布的集中趋势要用平均指标来反映。平均指标是将变量的各变量值的差异抽象化，以反映变量值一般水平或平均水平的指标，即反映变量分布中心值或代表值的指标。平均指标的具体表现称为平均数，平均数因计算或确定的方法不同，可以分为数值平均数和位置平均数两类。数值平均数是指根据变量的所有数据计算的平均数，主要有算术平均数、调和平均数和几何平均数等。位置平均数是指根据变量分布特征直接观察，或根据变量数列部分处于特殊位置的变量值来确定的平均数，主要有众数、中位数和四分位数等。

4.1.1　数值平均数

1. 算数平均数

算术平均数也称均值，是同一总体内总体标志总量与总体单位总量之比。算术平均数是数据集中趋势的最主要、最常用的测度值，在统计学中具有重要的地位。其基本计算公式为

$$算术平均数 = \frac{总体标志总量}{总体单位总量} \tag{4-1}$$

注意：采用式(4-1)时，公式中的分子和分母在总体范围上应是一致的，即两者必须属于同一总体。

在社会经济现象中，总体标志总量常常是总体单位变量值的算术总和。例如，工人工资总额是总体中每个工人工资加起来的总和，某地区小麦总产量是所有耕地小麦产量的总和。在总体标志总量和总体单位总量的基础上，就可以计算算术平均数了。

计算算数平均数时，根据掌握资料的不同，可以分为简单算术平均数和加权算术平均数两种。

（1）简单算术平均数

在数据未经分组的情况下，采用简单算术平均数，即已知总体各单位的标志值，可直接将各单位的标志值相加得到总体标志总量，再除以总体单位总量，进而求出平均数，这种方法计算出来的平均数称为简单算术平均数。其计算公式为

$$\overline{x} = \frac{x_1 + x_2 + x_3 + \cdots + x_n}{n} = \frac{\sum\limits_{i=1}^{n} x_i}{n} \tag{4-2}$$

式中：$\overline{x}$ 表示算术平均数；x_i 表示总体各单位变量值；n 表示总体单位总量。

例 4-1　某售货小组有 5 人，某天的销售额分别为 620 元、500 元、480 元、750 元、540 元，计算算术平均数。

解：平均每人日销售额为

$$\overline{x} = \frac{\sum x_i}{n} = \frac{620 + 500 + 480 + 750 + 540}{5} = 578（元）$$

（2）加权算术平均数

在数据已经分组的情况下，采用加权算术平均数，即以各组变量值（或组中值）乘以相应的频数求出各组标志总量，加总各组标志总量得出总体标志总量，再用总体标志总量除以总频数。

计算加权算术平均数时有以下两种情况。

① 单项数列计算加权算术平均数

在单项数列中，已知各组的变量值和各组的频数，并且各组的频数不相等，在该平均数的计算中，具体方法是：首先，将各组变量值分别乘以各组变量值出现的频数求得各组的标志总量，并加总得到总体标志总量；其次，将各组的频数相加得到总体单位总量；最后，用总体标志总量除以总体单位总量，即得到加权算术平均数。其计算公式为

$$\bar{x} = \frac{x_1 f_1 + x_2 f_2 + \cdots + x_k f_k}{f_1 + f_2 + \cdots + f_k} = \frac{\sum\limits_{i=1}^{k} x_i f_i}{\sum\limits_{i=1}^{k} f_i} \tag{4-3}$$

式中：x_i 表示各组变量值；f_i 表示各组次数（或频数）；k 表示分组数。

例 4-2   某车间 50 名工人日产零件数资料如表 4-1 所示，计算该车间工人的平均日产量。

表 4-1   按日产零件数分组的工人人数资料

日产量/件	工人数/人	日产量/件	工人数/人
18	4	21	10
19	12	22	5
20	19	合计	50

解：该车间工人的平均日产量为

$$\bar{x} = \frac{\sum xf}{\sum f} = \frac{18 \times 4 + 19 \times 12 + 20 \times 19 + 21 \times 10 + 22 \times 5}{4 + 12 + 19 + 10 + 5}$$

$$= \frac{1\ 000}{50} = 20（件）$$

从上例可以看出，加权算术平均数其数值的大小，不仅受各组变量值（x_i）大小的影响，而且受各组变量值出现的频数（f_i）大小的影响。如果某一组的频数较大，说明该组的变量值较多，那么该组变量值的大小对算术平均数的影响就越大，反之，则越小。由于各组频数（f_i）对平均数的大小起着权衡轻重的作用，所以称各组频数为权数。

权数除了可以用频数的形式表示，还可以用频率的形式表示，因为实际上还可以将公式（4-3）变形为

$$\bar{x} = \frac{\sum xf}{\sum f} = \sum x \frac{f}{\sum f} \tag{4-4}$$

式中：$\dfrac{f}{\sum f}$ 表示各组的频率。

例 4-3 某车间 50 名工人日产零件数资料如表 4-2 所示,计算该车间工人的平均日产量。

表 4-2 按日产零件数分组的工人人数资料

日产量/件	频率/%	日产量/件	频率/%
18	8	21	20
19	24	22	10
20	38	合 计	100

解:该车间工人的平均日产量为

$$\bar{x} = \sum x \frac{f}{\sum f} = 18 \times 8\% + 19 \times 24\% + 20 \times 38\% + 21 \times 20\% + 22 \times 10\%$$

$$= 20(件)$$

与前面采用 $\bar{x} = \dfrac{\sum xf}{\sum f}$ 计算的结果完全一致。

需要注意的是,简单算术平均数与加权算术平均数两者之间具有内在的联系。当各组频数(或频率)相同时,频数(或频率)就失去了权数的作用,这时加权算术平均数就变成了简单算术平均数,用公式表示如下。

当 $f_1 = f_2 = \cdots = f_k = f$ 时,有

$$\bar{x} = \frac{\sum xf}{\sum f} = \frac{f \sum x}{nf} = \frac{\sum x}{n}$$

② 组距数列计算加权算术平均数

在组距式分组情况下,必须以各组组中值代表各组的变量值计算加权算术平均数。由于各组组中值的计算带有一定的假定性,即假定各组内的变量值是均匀分布的,因此,根据组中值计算出来的结果一般只是一个近似值。

例 4-4 某工业集团工人工资情况如表 4-3 所示,计算该集团工人的平均工资。

表 4-3 工人按月工资分组及相关资料

工资/元	人数/人	组中值
2 400～2 500	20	2 450
2 500～2 600	25	2 550
2 600～2 700	30	2 650
2 700～2 800	15	2 750
2 800 以上	10	2 850
合 计	100	—

解:该集团工人的月平均工资为

$$\bar{x} \approx \frac{\sum xf}{\sum f} = \frac{2\ 450 \times 20 + 2\ 550 \times 25 + 2\ 650 \times 30 + 2\ 750 \times 15 + 2\ 850 \times 10}{20 + 25 + 30 + 15 + 10}$$

$$= \frac{262\ 000}{100} = 2\ 620(元)$$

(3) 算术平均数的数学性质

算术平均数在统计学上具有重要的地位,它是进行统计分析和统计推断的基础。平均数具有下列两个重要的数学性质,这些数学性质在实际中有着广泛的应用。

性质1:各变量值与其算术平均数的离差之和等于零。

$$\sum(x - \bar{x}) = 0 \quad (对于简单算术平均数) \tag{4-5}$$

$$\sum(x - \bar{x})f = 0 \quad (对于加权算术平均数) \tag{4-6}$$

性质2:各变量值与其算术平均数的离差平方和最小,即

$$\sum(x - \bar{x})^2 = \min \quad (对于简单算术平均数) \tag{4-7}$$

$$\sum(x - \bar{x})^2 f = \min \quad (对于加权算术平均数) \tag{4-8}$$

(4) 算术平均数的优缺点

算术平均数具有以下几个优点:一是可以利用算术平均数来推算总体标志总量,因为算术平均数与变量值个数的乘积等于总体标志总量(变量值总和);二是由算术平均数的两个数学性质可知,算术平均数在数量上具有无偏性与有效性(将在第6章中介绍)的特点,这使算术平均数在统计推断中得到了极为广泛的应用;三是算术平均数具有良好的代数运算功能,即分组算术平均数的算术平均数等于总体算术平均数。例如,某大学某年级某专业有两个班级,分别有38人和42人,某学期期末数学考试的算术平均成绩分别为82分和85分,则可以计算该大学该年级该专业某学期期末数学考试的总算术平均成绩为(38×82+42×85)÷(38+42)=83.575(分)。正因如此,在实际中算术平均数比其他平均数得到了更为广泛的应用。

但算术平均数也有其局限性,主要表现在以下两个方面:一是算术平均数易受极端值(极大值或极小值)的影响,当变量存在少数几个甚至一个特别大或特别小的变量值时,算术平均数就会迅速增大或变小,从而影响对变量值一般水平的代表性。例如,某个体经营户户主的月收入为30 000元,4位帮工的月收入分别为1 000元、1 000元、1 200元和1 400元,计算4位帮工的平均月收入为1 150元,如果加上户主计算5位的平均月收入则为6 920元,增加了5 770元。很显然6 920元这个平均数对于帮工和户主都不具有代表性,因为他们的实际月收入与该平均数相差非常大,原因就在于户主与帮工不具有同质性。所以,在计算算术平均数时如果遇到极端值,应该分析其原因,必要时(对于非同质的变量值)应该加以剔除。二是根据组距数列计算算术平均数时,组中值具有的假定性使得计算结果只是一个近似值,尤其是当组距数列有开口组时,算术平均数的准确性会更差。

2. 调和平均数

调和平均数是平均数的一种。从数学形式上看,调和平均数具有独立的形式,它是变量值的倒数的算术平均数的倒数,也称为倒数平均数。但在实际应用中,它则是更多地以算术平均数的变形存在。在计算平均数时,当我们不知道变量值个数(总体总频数),而只知道各组变量值与各组标志总量(各组变量总值)时,就要先以各组标志总量除以各组变量值求出各组频数,然后再以各组标志总量之和除以各组频数之和,这样计算的平均数就叫作调和平均数。

根据所掌握的资料的不同,调和平均数有简单调和平均数和加权调和平均数两种形式。

（1）简单调和平均数

简单调和平均数适用于总体中各组标志总量相等的情况,其计算公式为

$$H = \frac{km}{\frac{m}{x_1} + \frac{m}{x_2} + \cdots + \frac{m}{x_k}} = \frac{k}{\sum\limits_{i=1}^{k} \frac{1}{x_i}} \tag{4-9}$$

式中:H 表示调和平均数;k 表示分组数;m 表示各组的标志总量;x_i 表示各组变量值。

例 4-5　某种农产品在三个农贸市场上的价格分别为:甲市场 2 元/千克,乙市场 2.5 元/千克,丙市场 3 元/千克。要求:

① 若分别在各市场购买了 1 千克该农产品,则该农产品的平均价格是多少?

② 若分别在各市场购买了 1 元的该农产品,则该农产品的平均价格是多少?

解:根据题目分析可知,本题第一问属于算术平均数的计算,第二问属于调和平均数的计算。

① 平均价格 $\bar{x} = \frac{\sum x_i}{n} = \frac{2 + 2.5 + 3}{3} = 2.5$（元）

② 平均价格 $H = \frac{k}{\sum\limits_{i=1}^{k} \frac{1}{x_i}} = \frac{3}{\frac{1}{2} + \frac{1}{2.5} + \frac{1}{3}} \approx 2.44$（元）

（2）加权调和平均数

当各组的标志总量不相等时,所计算的调和平均数要以各组的标志总量为权数,其结果即为加权调和平均数。其计算公式为

$$H = \frac{m_1 + m_2 + \cdots + m_k}{\frac{m_1}{x_1} + \frac{m_2}{x_2} + \cdots + \frac{m_k}{x_k}} = \frac{\sum\limits_{i=1}^{k} m_i}{\sum\limits_{i=1}^{k} \frac{m_i}{x_i}} \tag{4-10}$$

式中:m_i 表示各组的标志总量。

例 4-6　在例 4-5 中,如果甲、乙、丙三个市场分别花费 1 元、2 元和 3 元,求购买该农产品的平均价格。

解:与例 4-5 相比,甲、乙、丙三个市场购买该农产品的金额不一样了,此时平均价格会发生什么变化呢? 不难计算,此时购买该农产品的平均价格为

$$H = \frac{\sum\limits_{i=1}^{k} m_i}{\sum\limits_{i=1}^{k} \frac{m_i}{x_i}} = \frac{1 + 2 + 3}{\frac{1}{2} + \frac{2}{2.5} + \frac{3}{3}} \approx 2.61$（元）$$

计算结果显示,平均价格比各购买 1 元时上升了 0.17 元。为什么该农产品的价格未变,平均价格却上升了呢? 原因在于甲、乙、丙三个市场购买的金额不同,甲市场价格最低且购买金额最少,乙市场价格次高且购买金额次多,丙市场价格最高且购买金额最多,所以与例 4-5 中的简单调和平均数相比,平均价格就偏向于高的一端了。显然,购买金额就起到了权数的作用。一般来说,加权调和平均数的权数作用是通过各组的标志总量 m_i 来体现的。

对于组距数列,要先以各组的组中值作为各组的变量值 x_i,然后按照上述计算公式和步骤计算平均数。

加权调和平均数与加权算术平均数的区别就在于计算过程中应用数据条件的不同。前者以各组标志总量($m_i = x_i f_i$)为权数,后者以各组频数(f_i)为权数,但它们都符合总体标志总量与总体总频数的对比关系,事实上两者是可以相互变通的,即

$$H = \frac{\sum m_i}{\sum \frac{m_i}{x_i}} = \frac{\sum x_i f_i}{\sum \frac{x_i f_i}{x_i}} = \frac{\sum x_i f_i}{\sum f_i} = \overline{x} \qquad (4\text{-}11)$$

所以对于同一现象,计算加权调和平均数与计算加权算术平均数的结果是相等的,无非是因数据条件不同而采用了不同的计算形式。

3. 几何平均数

几何平均数是 n 个变量值连乘积的 n 次方根。几何平均数适用于各个变量值之间存在连乘积数量关系的情况。在实际应用中,其通常用于计算平均速度或平均比率(平均发展速度的计算将在第 9 章中介绍)。

根据所掌握的数据条件不同,几何平均数有简单几何平均数和加权几何平均数两种形式。

(1) 简单几何平均数

简单几何平均数的计算公式为

$$G = \sqrt[n]{x_1 \cdot x_2 \cdot \cdots \cdot x_n} = \sqrt[n]{\prod_{i=1}^{n} x_i} \qquad (4\text{-}12)$$

式中:G 表示几何平均数;x_i 代表各变量值;$\prod$ 表示连乘符号;n 表示变量值的项数。

例 4-7   某企业产品的生产需要经过四道工序,各工序加工合格率资料如表 4-4 所示,计算四道工序的平均合格率。

表 4-4   各工序的加工合格率

工序	一	二	三	四
合格率/%	96	98	93	95

解:由于产品需要经过四道工序,下一道工序的加工合格率是在上一道工序加工合格率的基础上进行计算的。因此,加工总合格率等于各道工序加工合格率的连乘积,进而计算得出四道工序的平均合格率为

$$G = \sqrt[n]{\prod_{i=1}^{n} x_i} = \sqrt[4]{96\% \times 98\% \times 93\% \times 95\%} \approx 95.48\%$$

(2) 加权几何平均数

当计算几何平均数的各变量值出现的次数不等,即数据经过了统计分组时,则应采用加权几何平均数。加权几何平均数的计算公式为

$$G = \sqrt[\sum f_i]{x_1^{f_1} \cdot x_2^{f_2} \cdot \cdots \cdot x_k^{f_k}} = \sqrt[\sum f_i]{\prod_{i=1}^{k} x_i^{f_i}} \qquad (4\text{-}13)$$

例 4-8   某企业近 10 年销售收入的年发展速度如表 4-5 所示,求年平均发展速度。

表 4-5　某企业近 10 年销售收入的年发展速度

年发展速度/%	105	106	107	108	109
年数/年	3	3	2	1	1

解：该企业近 10 年销售收入的年平均发展速度为

$$G = \sqrt[\sum f_i]{x_1^{f_1} \cdot x_2^{f_2} \cdot \cdots \cdot x_k^{f_k}} = \sqrt[\sum f_i]{\prod_{i=1}^{k} x_i^{f_i}}$$

$$= \sqrt[10]{105\%^3 \times 106\%^3 \times 107\%^2 + 108\%^1 \times 109\%^1} \approx 106.39\%$$

4. 算术平均数、调和平均数和几何平均数的数学关系

从数学上看，算术平均数、调和平均数和几何平均数都是幂平均数的一种，幂平均数的公式为

$$\overline{x^t} = \sqrt[t]{\frac{\sum x^t}{n}} \tag{4-14}$$

当 $t=1$ 时，幂平均数就是算术平均数；当 $t=-1$ 时，幂平均数就是调和平均数；当 t 趋向于零时，幂平均数的极限形式就是几何平均数。由于幂平均函数是单调递增函数，所以 t 值越大，幂平均数就越大。因此，单从数学意义上看，算术平均数、调和平均数和几何平均数三者的大小关系为

$$H \leqslant G \leqslant \overline{x} \tag{4-15}$$

但在实际应用中这样的比较往往没有意义，因为对于任何一个计算对象一般只适合采用一种方法来计算平均数，也就是说，不同的平均数计算方法适合于不同的计算条件，必须正确选择。

4.1.2　位置平均数

1. 众数

（1）众数的概念

众数是一组数据中出现次数最多、频率最高的变量值，用 M_0（mode）进行表示。在一定条件下，众数可以用来反映现象的一般水平。在实际统计工作中，众数有着特殊的意义。例如，在集市贸易中，为了掌握某种商品的价格水平，可以直接用该商品在市场上最普遍的成交价格（即价格的众数）来反映。又如，服装、鞋帽这些商品的规格或尺寸，往往也需要用众数来反映其一般水平，这不论对厂家安排生产，还是对商家组织货源都是非常重要的。

（2）众数的特点

① 众数适合在数据量较多时使用。

② 众数是一个位置代表值，它不受极端值的影响。

③ 一组数据可能没有众数或有多个众数（众数的不唯一性）。

例如，众数的不唯一性。

无众数：12　10　11　15　17　20

一个众数：9　7　7　8　7　10

两个众数：18　20　20　35　35　50

（3）众数的确定

根据掌握的资料不同，众数的确定有以下两种情况。

① 未分组数据和单项数列众数的确定

对于未分组数据和单项数列,众数的确定比较容易,出现次数最多的变量值即为众数。

例 4-9　某百货商场某季度男款皮鞋的销售量如表 4-6 所示,求众数。

表 4-6　某百货商场某季度男款皮鞋的销售量

男款皮鞋型号/cm	销售量/双	男款皮鞋型号/cm	销售量/双
24.0	12	26.0	220
24.5	88	26.5	100
25.0	120	27.0	80
25.5	380	合计	1 000

解:由数据可知,25.5cm 的男款皮鞋成交量最多,因此男款皮鞋型号的众数 $M_0 = 25.5$cm。这一型号直接代表顾客对男款皮鞋所需尺寸的集中趋势,即便捷又符合实际,此时采用算术平均数求得的平均型号是没有任何实际意义的。

② 组距数列众数的确定

对于组距数列,在确定众数时,应首先确定众数所在组,即变量值出现次数最多的那一组为众数组,然后利用公式求众数的值。

下限公式:

$$M_0 \approx L + \frac{\Delta_1}{\Delta_1 + \Delta_2} \times i \tag{4-16}$$

上限公式:

$$M_0 \approx U - \frac{\Delta_2}{\Delta_1 + \Delta_2} \times i \tag{4-17}$$

式中:L 表示众数所在组的下限;U 表示众数所在组的上限;Δ_1 表示众数所在组的频数与前一组频数之差;Δ_2 表示众数所在组的频数与后一组的频数之差;i 表示众数所在组的组距。

例 4-10　某百货公司日商品销售额如表 4-7 所示,计算该百货公司日商品销售额的众数。

表 4-7　某百货公司日商品销售额

日商品销售额/万元	频数/日
25～30	4
30～35	6
35～40	15
40～45	9
45～50	6
合计	40

解:由数据可知,众数在第三组,则

$$M_0 \approx L + \frac{\Delta_1}{\Delta_1 + \Delta_2} \times i = 35 + \frac{9}{9+6} \times 5 = 38 (万元)$$

式(4-16)和式(4-17)计算众数的结果是一致的,计算众数时只要采取其中之一即可,用此方法计算的众数是一组数据实际众数的近似值。

2. 中位数

(1) 中位数的概念

中位数是将总体中各单位的变量值按定序尺度排序后,位于中间位置的变量值,用 M_e (median)进行表示。由于它居于数列的中间位置,所以在某些情况下可以用来代表变量值的一般水平。中位数既可用于测定定量数据的集中趋势,也可用于测定定序数据的集中趋势,但不适用于定类数据。在实际统计工作中,中位数有着特殊的意义。例如,在收入悬殊的国家或者地区,用居民收入的中位数来反映居民收入的一般水平往往比算术平均数更具有代表性。

(2) 中位数的确定

根据掌握的资料不同,中位数的确定有以下三种情况。

① 未经分组的原始数据中位数的确定

根据未分组数据计算中位数时,要先对数据进行排序,然后确定中位数的位置,最后确定中位数的具体数值。中位数位置的确定公式为

$$中位数的位置 = \frac{n+1}{2} \tag{4-18}$$

式中:n 为数据个数。

中位数的确定公式为

$$M_e = \begin{cases} x_{\frac{n+1}{2}} & (n \text{ 为奇数}) \\ \frac{1}{2}\left\{ x_{\frac{n}{2}} + x_{\frac{n}{2}+1} \right\} & (n \text{ 为偶数}) \end{cases} \tag{4-19}$$

例 4-11　在某公司中随机抽取 9 名员工,调查得到每名员工的月工资收入数据如下(单位:元),要求计算员工月工资收入的中位数。

原始数据: 1 500　750　780　1 080　850　960　2 000　1 250　1 630

排序后:　750　780　850　960　1 080　1 250　1 500　1 630　2 000

位　置:　1　　2　　3　　4　　5　　6　　7　　8　　9

$$中位数的位置 = \frac{n+1}{2} = \frac{9+1}{2} = 5$$

说明中位数为第 5 个变量值,则中位数 $M_e = 1\ 080$ 元。

例 4-12　假设随机抽取了 10 名员工的月工资收入数据(单位:元),每名员工的月工资收入排序如下。

排序后:　660　750　780　850　960　1 080　1 250　1 500　1 630　2 000

位　置:　1　　2　　3　　4　　5　　6　　7　　8　　9　　10

$$中位数的位置 = \frac{n+1}{2} = \frac{10+1}{2} = 5.5$$

说明中位数为第 5 个变量值和第 6 个变量值的平均数,则

$$中位数\ M_e = \frac{960 + 1\ 080}{2} = 1\ 020(元)$$

② 单项数列中位数的确定

由于分组资料已经将各组标志值按大小顺序排列,因此单项数列中位数在确定时按照以下步骤进行:第一,依据公式 $\frac{\sum f + 1}{2}$ 确定中位数的位置;第二,计算累计频数;第三,依据向上累计频数或向下累计频数确定中位数所在的组;第四,因为分组资料是单项数列,因此中位数所在组对应的变量值即为中位数。

例 4-13 某班 50 名学生的年龄如表 4-8 所示,确定该班学生年龄的中位数。

表 4-8 某班 50 名学生年龄

年龄/岁	人数/人	向上累计频数	向下累计频数
19	8	8	50
20	15	23	42
21	17	40	27
22	7	47	10
23	3	50	3
合计	50	—	—

解:首先,依据所给数据计算,则

$$中位数的位置 = \frac{\sum f + 1}{2} = \frac{50 + 1}{2} = 25.5$$

其次,进行向上累计频数或向下累计频数的计算,依据向上累计频数可以看出,第二组累计频数为 23,小于 25.5,而第三组累计频数为 40,大于 25.5,说明中位数位于第三组。

最后,该组对应的变量值 21 岁即为该班学生年龄的中位数。依据向下累计频数确定中位数所在组时,原理相同。

③ 组距数列中位数的确定

组距数列求中位数,要先利用公式 $\frac{\sum f}{2}\left[准确地讲应该是\ \frac{\sum f + 1}{2},简化起见取\ \frac{\sum f}{2}\right]$ 和各组的向上累计频数或向下累计频数确定中位数所在的组,然后利用公式求中位数的值。

下限公式:

$$M_e \approx L + \frac{\frac{\sum f_i}{2} - S_{m-1}}{f_m} \times i \tag{4-20}$$

上限公式:

$$M_e \approx U - \frac{\frac{\sum f_i}{2} - S_{m+1}}{f_m} \times i \tag{4-21}$$

式中:L 表示中位数所在组的下限;U 表示中位数所在组的上限;S_{m-1} 表示中位数所在的组以

前各组频数之和; S_{m+1} 表示中位数所在的组以后各组频数之和; f_m 表示中位数所在组的频数; i 表示中位数所在组的组距。

例 4-14 某百货公司日商品销售额如表 4-9 所示,计算该百货公司日商品销售额的中位数。

表 4-9 某百货公司日商品销售额

日商品销售额/万元	频数/天	向上累计频数
25～30	4	4
30～35	6	10
35～40	15	25
40～45	9	34
45～50	6	40
合计	40	—

解:首先,依据所给数据计算:

$$中位数的位置 \frac{\sum f}{2} = \frac{40}{2} = 20$$

其次,进行向上累计频数或向下累计频数的计算,依据向上累计频数可以看出,第二组累计频数为 10,小于 20,而第三组累计频数为 25,大于 20,说明中位数位于第三组。

最后,运用下限公式求出中位数的值。

$$M_e \approx L + \frac{\frac{\sum f}{2} - S_{m-1}}{f_m} \times i = 35 + \frac{20 - 10}{15} \times 5 \approx 38.33(万元)$$

式(4-20)和式(4-21)计算中位数的结果是一致的,计算中位数时只要采取其中之一即可,用此方法计算的中位数是总体各单位变量值实际中位数的近似值。

(3) 中位数的优缺点

中位数具有以下优点:一是中位数作为一种位置平均数,概念较为清晰,只要排列变量顺序,就可以比较容易地加以确定;二是中位数不受变量数列中极端数值的影响,遇有极大值或极小值时,用中位数来表示现象的一般水平更具有代表性;三是组距数列出现开口组时,中位数不受影响;四是当某些标志表现不能表现为数值但可以定序时,不能计算数值平均数,但可以确定中位数。

当然中位数也有局限性:一是中位数不能像算术平均数那样可以进行代数运算;二是除了分布数列的中间部分数值外,其他数值的变化都不对中位数产生影响,因此中位数的灵敏度较低。

3. 四分位数

(1) 四分位数的概念

分位数有四分位数、十分位数和百分位数,本书主要介绍四分位数。四分位数是将按大小顺序排列后的所有变量值或数据,等分成四个部分的三个数,记为 Q_1、Q_2、Q_3。第一个四分位数 Q_1 称为下四分位数,第二个四分位数 Q_2 就是中位数,第三个四分位数 Q_3 称为上四分位数。四分位数是通过这三个点将全部数据等分为四部分,其中每部分包含 25% 的数据。很显然,下四分位数即为处在 25% 位置上的数据,上四分位数即为处在 75% 位置上的数据。

（2）四分位数的确定

根据掌握的资料不同，四分位数的确定有以下三种情况。

① 未经分组的原始数据四分位数的确定

根据未分组数据计算四分位数时，要先对数据进行排序，然后确定四分位数的位置，最后确定四分位数的具体数值。上下四分位数位置的确定公式为

$$\begin{cases} Q_1 \text{ 的位置} = \dfrac{n+1}{4} \\ Q_3 \text{ 的位置} = \dfrac{3(n+1)}{4} \end{cases} \tag{4-22}$$

式中：n 为数据个数。

如果位置是整数，那么四分位数就是该位置对应的值；当四分位数的位置不是整数时，可根据四分位数的位置，按比例分摊四分位数两侧数值的差值。

例 4-15　某生产小组有 8 名工人，其日产量（件）资料按大小排序如下：18、30、32、32、35、37、38、40。求上下四分位数。

解：
$$Q_1 \text{ 的位置} = \frac{n+1}{4} = \frac{8+1}{4} = 2.25$$

说明下四分位数 Q_1 位于第 2 个变量值和第 3 个变量值之间，且处于距离第 2 个变量值 0.25 的位置上。代入具体数值计算：
$$Q_1 = 30 + (32-30) \times 0.25 = 30.5 \text{（件）}$$
$$Q_3 \text{ 的位置} = \frac{3(n+1)}{4} = \frac{3 \times (8+1)}{4} = 6.75$$

说明上四分位数 Q_3 位于第 6 个变量值和第 7 个变量值之间，且处于距离第 6 个变量值 0.75 的位置上。代入具体数值计算：
$$Q_3 = 37 + (38-37) \times 0.75 = 37.75 \text{（件）}$$

② 单项数列四分位数的确定

由于分组资料已经将各组标志值按大小顺序排列，因此单项数列四分位数在确定时按照以下步骤进行：第一，依据公式 $\dfrac{\sum f+1}{4}$、$\dfrac{3\left(\sum f+1\right)}{4}$ 确定四分位数的位置；第二，计算累计频数；第三，依据向上累计频数或向下累计频数确定四分位数所在的组；第四，因为分组数据是单项数列，因此四分位数所在组对应的变量值即为所求的四分位数。

例 4-16　某车间 150 名工人的日装配量如表 4-10 所示，要求确定工人日装配量的上下四分位数。

表 4-10　某车间 150 名工人的日装配量

日装配量/件	工人数/人	向上累计频数	向下累计频数
22	10	10	150
23	10	20	140
24	40	60	130

续表

日装配量/件	工人数/人	向上累计频数	向下累计频数
25	50	110	90
26	40	150	40
合计	150	—	—

解：首先，依据所给数据计算，则

$$Q_1 \text{ 的位置} = \frac{\sum f + 1}{4} = \frac{150 + 1}{4} = 37.75$$

$$Q_3 \text{ 的位置} = \frac{3\left(\sum f + 1\right)}{4} = \frac{3 \times (150 + 1)}{4} = 113.25$$

其次，进行向上累计频数或向下累计频数的计算，依据向上累计频数可以看出，第二组累计频数为 20，小于 37.75，而第三组累计频数为 60，大于 37.75，说明 Q_1 位于第三组；同理可得出 Q_3 位于第五组。

最后，确定四分位数的值。$Q_1 = 24$ 件，$Q_3 = 26$ 件，依据向下累计频数确定四分位数所在组时，原理相同。

③ 组距数列四分位数的确定

组距数列求四分位数，要先利用公式 $\dfrac{\sum f}{4} \Big/ \dfrac{3\sum f}{4}$，以及各组的向上累计频数或向下累计频数确定 Q_1 和 Q_3 所在的组，然后利用公式求具体的值。

下四分位数公式：

$$Q_1 \approx L_{Q_1} + \frac{\dfrac{\sum f}{4} - S_{Q_1 - 1}}{f_{Q_1}} \times i \tag{4-23}$$

上四分位数公式：

$$Q_3 \approx L_{Q_3} + \frac{\dfrac{3\sum f}{4} - S_{Q_3 - 1}}{f_{Q_3}} \times i \tag{4-24}$$

例 4-17　某百货公司日商品销售额资料如表 4-9 所示，计算该百货公司日商品销售额的上下四分位数。

解：首先，依据所给数据计算，则

$$Q_1 \text{ 的位置} = \frac{\sum f}{4} = \frac{40}{4} = 10$$

$$Q_3 \text{ 的位置} = \frac{3\sum f}{4} = \frac{3 \times 40}{4} = 30$$

其次，进行向上累计频数或向下累计频数的计算，依据向上累计频数可以看出，第二组累计频数为 10，说明 Q_1 位于第二组；同理可得 Q_3 位于第四组。

最后，运用公式求具体的值，该车间日产量的下四分位数为

$$Q_1 \approx L_{Q_1} + \frac{\dfrac{\sum f}{4} - S_{Q_1-1}}{f_{Q_1}} \times i = 30 + \frac{10-4}{6} \times 5 = 35(万元)$$

该车间日产量的上四分位数为

$$Q_3 \approx L_{Q_3} + \frac{\dfrac{3\sum f}{4} - S_{Q_3-1}}{f_{Q_3}} \times i = 40 + \frac{30-25}{9} \times 5 \approx 42.78(万元)$$

4.1.3 众数、中位数和算术平均数之间的关系

众数、中位数和算术平均数分别从不同的角度反映了一组数据的集中趋势,在实际应用中选择哪一种,可以根据数据分布的特征和研究目的来决定。例如,城镇居民家庭人均可支配收入是右偏分布,所有调查户的算术平均数会偏高,此时城镇居民家庭人均可支配收入的中位数更能代表家庭收入的一般水平。再如,如果了解人们购买饮料时的品牌偏好,若众数存在,用众数来反映集中趋势要好于中位数和算术平均数。

对于同一组数据计算的众数、中位数、算术平均数三者之间具有以下关系:

(1) 在对称分布中,众数、中位数和算术平均数都是同一数值,即 $M_o = M_e = \overline{x}$;

(2) 在右偏分布中,众数<中位数<算术平均数,即 $M_o < M_e < \overline{x}$;

(3) 在左偏分布中,众数>中位数>算术平均数,即 $M_o > M_e > \overline{x}$。

对于一个具体的分布曲线,曲线的最高峰对应的数据点为所有数据的众数,算术平均数靠近曲线的尾部,中位数在两者之间,具体如图 4-1 所示。

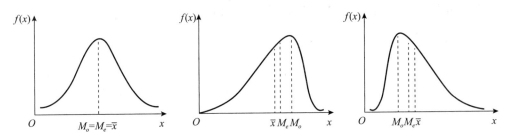

图 4-1   众数、中位数和算术平均数之间的关系

根据经验,在轻微偏态时,不论是左偏还是右偏,众数与中位数的距离约等于中位数与算术平均数的 2 倍,即

$$|M_e - M_o| = 2|\overline{x} - M_e| \tag{4-25}$$

利用这个公式,我们可以运用已知的两个测度来推算另一个测度。

4.2 分布离散程度的测度

集中趋势表示的是一组数据分布的中心位置或一般水平的代表值,而离散程度反映的则是一组数据分布的离散和差异程度。

分布离散程度的测度也称为标志变异指标,是研究一组数据差异程度大小的指标,是衡量

社会经济活动的稳定性、均衡性及风险程度的重要指标。

描述数据离散程度的测度值主要有：极差、内距、平均差、方差和标准差、标准分数、离散系数等。

4.2.1 极差

极差(range)也称全距，是一组数据最大值减去最小值之差，用 R 表示，它是数据离散或差异程度的最简单测度值，其计算公式为

$$R = \max(x_i) - \min(x_i) \tag{4-26}$$

极差是测定变量分布离中趋势最简单的方法，在实际中也有众多的应用，如每天天气预报中最高温与最低温之间的温差、股票市场中各种股票每天最高成交价与最低成交价之间的价差、人体血压收缩压与舒张压之间的压差等。但由于极差只考虑了两个极端变量值之间的差距，没有利用全部变量值的信息，没有考虑变量分布的情况，所以不能充分反映全部变量值之间的实际差异程度，因而在应用上有一定的局限性。

4.2.2 内距

内距(inter-quartile range)也称四分位差，是四分位数中第三个四分位数与第一个四分位数之差，通常用 IQR 来表示，其计算公式为

$$内距 = 上四分位数 - 下四分位数 = Q_3 - Q_1 \tag{4-27}$$

内距反映了中间 50% 数据的离散程度，其数据越小，说明中间的数据越集中；数值越大，说明中间的数据越分散。此外，由于中位数处于数据的中间位置，因此，内距的大小在一定程度上也说明了中位数对一组数据的代表程度。

内距是在一定程度上对极差的一种改进，避免了极端值的干扰。当一组数据中极端值较突出时，可采用内距来反映数据的离散程度。但它仍然只利用了两个位置的信息，并没有考虑全部数据的差异情况，因此它对数据差异的反映也是不够充分的。内距是依据数据顺序来计算的一种变异指标，属于一种顺序统计量，适用于定序数据和定量数据，尤其是当用中位数来测度数据集中趋势时，对应的离散程度就特别适合用内距来描述。

4.2.3 平均差

平均差(average deviation)是总体各单位的标志值与其算术平均数离差绝对值的平均数，用 $A.D.$ 表示。平均差能综合反映总体中各单位标志值的差异程度，平均差越大，表明各标志值与算术平均数的差异程度越大，该算术平均数的代表性就越小；平均差越小，表明各标志值与算术平均数的差异程度越小，该算术平均数的代表性就越大。因为离差有正有负，还可能是零，所以为了避免相加过程中的正负抵消，计算平均差时要取离差的绝对值。

平均差的计算由于依据的资料条件不同，可分为简单算术平均差和加权算术平均差两种形式。

1. 简单算术平均差

对于未经分组的原始资料，先求得各单位值与其算术平均数离差的绝对值，再将离差的绝对值之和除以项数，其计算公式为

$$A.D. = \frac{\sum |x_i - \overline{x}|}{n} \tag{4-28}$$

例 4-18 甲生产小组工人的日产量(件)资料如下：48、49、50、51、52。计算甲生产小组工人日产量的平均差。

解：甲生产小组工人的平均日产量，则

$$\overline{x} = \frac{\sum x}{n} = \frac{48 + 49 + 50 + 51 + 52}{5} = 50(件)$$

相关计算见表 4-11。

表 4-11 甲组日产量平均差的计算表

日产量/件	离差$(x_i - \overline{x})$	离差绝对值$|x_i - \overline{x}|$
48	−2	2
49	−1	1
50	0	0
51	1	1
52	2	2
合计	—	6

甲生产小组工人日产量的平均差：

$$A.D. = \frac{\sum |x_i - \overline{x}|}{n} = \frac{6}{5} = 1.2(件)$$

2. 加权算术平均差

在总体各单位资料已经分组的条件下，采用加权算术平均差，其计算公式为

$$A.D. = \frac{\sum |x_i - \overline{x}| f_i}{\sum f_i} \tag{4-29}$$

例 4-19 某种农产品的亩产量和播种面积如表 4-12 所示，计算其平均差。

表 4-12 某种农产品的亩产量和播种面积

亩产量/千克	种植面积/亩
200～300	20
300～400	60
400～500	80
500～600	40
合计	200

解：根据已知条件有表 4-13。

表 4-13 某种农产品的亩产量和播种面积资料及其加权算术平均差的计算表

亩产量/千克	种植面积/亩	组中值	每组总产量	离差	离差绝对值	离差绝对值×频数
	f_i	x_i	$x_i f_i$	$(x_i - \overline{x})$	$|x_i - \overline{x}|$	$|x_i - \overline{x}| f_i$
200～300	20	250	5 000	−170	170	3 400
300～400	60	350	21 000	−70	70	4 200

续表

亩产量/千克	种植面积/亩	组中值	每组总产量	离差	离差绝对值	离差绝对值×频数
	f_i	x_i	$x_i f_i$	$(x_i - \overline{x})$	$\lvert x_i - \overline{x} \rvert$	$\lvert x_i - \overline{x} \rvert f_i$
400～500	80	450	36 000	30	30	2 400
500～600	40	550	22 000	130	130	5 200
合计	200	—	84 000	—	—	15 200

该农产品的平均亩产量：

$$\overline{x} = \frac{\sum xf}{\sum f} = \frac{84\ 000}{200} = 420(\text{kg})$$

该农产品亩产量的平均差：

$$A.D. = \frac{\sum \lvert x_i - \overline{x} \rvert f_i}{\sum f_i} = \frac{15\ 200}{200} = 76(\text{kg})$$

4.2.4　方差和标准差

方差(variance)是各变量值或数据与其均值离差平方的平均数，总体方差用 σ^2 表示，样本方差用 s^2 表示。

标准差(standard deviation)是方差的算术平方根，总体标准差用 σ 表示，样本标准差用 s 表示。方差和标准差是测定标志变异程度最常用、最主要的方法。

1. 总体方差、标准差的计算

对于未分组的数据，总体方差、标准差的计算公式为

$$\text{总体方差 } \sigma^2 = \frac{\sum (x_i - \overline{x})^2}{n} \tag{4-30}$$

$$\text{总体标准差 } \sigma = \sqrt{\frac{\sum (x_i - \overline{x})^2}{n}} \tag{4-31}$$

对于分组数据，总体方差、标准差的计算公式为

$$\text{总体方差 } \sigma^2 = \frac{\sum (x_i - \overline{x})^2 f_i}{\sum f_i} \tag{4-32}$$

$$\text{总体标准差 } \sigma = \sqrt{\frac{\sum (x_i - \overline{x})^2 f_i}{\sum f_i}} \tag{4-33}$$

注意：组距数列需要用各组的组中值代替其具体的变量值。

例 4-20　某班英语考试成绩如表 4-14 所示，计算方差和标准差。

表 4-14　某班英语考试成绩

成绩/分	人数/人
60 以下	7

续表

成绩/分	人数/人
60～70	21
70～80	25
80～90	19
90～100	8
合计	80

解：根据已知条件有表 4-15。

表 4-15　某班英语考试成绩方差计算表

成绩/分	人数/人	组中值	每组总分数	离差	离差的平方	离差的平方×频数
	f_i	x_i	$x_i f_i$	$(x_i - \overline{x})$	$(x_i - \overline{x})^2$	$(x_i - \overline{x})^2 f_i$
60 以下	7	55	385	-20	400	2 800
60～70	21	65	1 365	-10	100	2 100
70～80	25	75	1 875	0	0	0
80～90	19	85	1 615	10	100	1 900
90～100	8	95	760	20	400	3 200
合计	80	—	6 000	—	—	10 000

该班英语考试成绩的平均分为

$$\overline{x} = \frac{\sum xf}{\sum f} = \frac{6\ 000}{80} = 75（分）$$

该班英语考试成绩的方差为

$$\sigma^2 = \frac{\sum (x_i - \overline{x})^2 f_i}{\sum f_i} = \frac{10\ 000}{80} = 125（分）$$

该班英语考试成绩的标准差为

$$\sigma = \sqrt{\frac{\sum (x_i - \overline{x})^2 f_i}{\sum f_i}} = \sqrt{\frac{10\ 000}{80}} \approx 11.18（分）$$

计算结果表明，该班英语考试成绩的方差为 125 分，成绩的标准差为 11.18 分。

2. 样本方差、标准差的计算

对于未分组的数据，样本方差、标准差的计算公式为

$$样本方差\ s^2 = \frac{\sum (x_i - \overline{x})^2}{n-1} \tag{4-34}$$

$$样本标准差\ s = \sqrt{\frac{\sum (x_i - \overline{x})^2}{n-1}} \tag{4-35}$$

对于分组数据,样本方差、标准差的计算公式为

$$样本方差\ s^2 = \frac{\sum (x_i - \overline{x})^2 f_i}{\sum f_i - 1} \tag{4-36}$$

$$样本标准差\ s = \sqrt{\frac{\sum (x_i - \overline{x})^2 f_i}{\sum f_i - 1}} \tag{4-37}$$

可以发现,样本方差和标准差计算公式的分母均为数据的个数减 1,称样本方差和样本标准差均有 $n-1$ 个自由度。

方差和标准差一般都是根据样本资料计算的,因此,总体方差和标准差的公式很少使用。方差与标准差用于测度数据的离散程度,其作用实质上是一致的,但标准差的计量单位与测度数据的计量单位相同,计算结果的实际意义要比方差更容易理解。因此,在社会经济现象的统计分析中,标准差比方差的应用更为普遍,经常被用作测度数据与均值差距的标准尺度。

4.2.5　标准分数

标准分数(standard score),也称为标准化值,是某个数据与其平均数的离差除以标准差后的值。设样本数据的标准分数为 z,则计算公式为

$$z_i = \frac{x_i - \overline{x}}{s} \tag{4-38}$$

标准分数可以用于测度每个数值在该组数据中的相对位置。例如,某班统计学的平均考试成绩为 85 分,标准差为 10 分,A 同学考试成绩为 95 分,那么依据标准分数,A 同学的成绩距离平均成绩有 1 个标准差的距离,这里的 1 就是 A 同学统计学考试成绩的标准分数。标准分数说的是某个数据与平均数相比相差多少个标准差。

将一组数据化为标准化得分的过程称为数据的标准化,式(4-38)就是统计上常用的标准化公式。在对多个具有不同量纲的变量进行处理时,常常需要对各变量的数据进行标准化处理,也就是把一组数据转化为平均数为 0、标准差为 1 的新数据。实际上,标准分数只是将原始数据进行了线性变换,并没有改变某个数值在该组数据中的位置,也没有改变该组数据分布的形状。

4.2.6　离散系数

前面介绍的极差、内距、平均差、方差和标准差都是反映一组数据离散程度的绝对值,一方面,其数值的大小取决于变量值本身水平的高低,也就是与变量的均值大小有关。变量值绝对水平越高,离散程度的测度值自然也就越大,反之,也就越小。另一方面,它们与变量值的计量单位相同,采用不同计量单位计量的变量值,其离散程度的测度值也就不同。因此,对于均值不等、计量单位不同的不同组别的变量值,是不能用上述反映离散程度的测度值直接比较其离散程度的,为了消除变量值水平高低和计量单位不同的影响,需要计算并比较离散系数。

离散系数是各种绝对变异指标与其算术平均数对比后得到的相对数,用于反映总体各单位标志值差异的相对程度,常用百分数表示。例如,极差与算术平均数对比得到极差系数,平均差与算术平均数对比得到平均差系数,标准差与算术平均数对比得到标准差系数。其中,最常用的是标准差系数,它是一组数据的标准差与相应的均值之比,是测度数据离散程度的相对指标。其计算公式为

$$V_\sigma = \frac{\sigma}{\overline{x}} \times 100\% \quad 或 \quad V_s = \frac{s}{\overline{x}} \times 100\% \qquad\qquad (4\text{-}39)$$

式中：V_σ 表示总体离散系数；V_s 表示样本离散系数。

离散系数是一个无名数，主要用于对不同组别数据的离散程度进行比较。离散系数大说明该组数据的离散程度也大，离散系数小说明该组数据的离散程度也小。

例 4-21　某车间有甲、乙两个生产组，甲组平均每个工人的日产量为 36 件，标准差为 9.6 件，乙组工人的日产量资料如表 4-16 所示。要求：比较甲、乙两个生产组平均日产量的代表性的大小。

表 4-16　乙组工人的日产量

日产量/件	工人数/人
10～20	15
20～30	38
30～40	34
40～50	13
合计	100

解：根据已知条件有表 4-17。

表 4-17　乙组工人的日产量标准差计算表

日产量/件	工人数/人	组中值	日产量总量	离差	离差的平方	离差的平方×频数
	f_i	x_i	$x_i f_i$	$(x_i - \overline{x})$	$(x_i - \overline{x})^2$	$(x_i - \overline{x})^2 f_i$
10～20	15	15	225	-14.5	210.25	3 153.75
20～30	38	25	950	-4.5	20.25	769.50
30～40	34	35	1 190	5.5	30.25	1 028.50
40～50	13	45	585	15.5	240.25	3 123.25
合计	100	—	2 950	—	—	8 075.00

乙组工人的平均日产量为

$$\overline{x} = \frac{\sum xf}{\sum f} = \frac{2\ 950}{100} = 29.5（件）$$

乙组工人日产量的标准差为

$$\sigma = \sqrt{\frac{\sum (x_i - \overline{x})^2 f_i}{\sum f_i}} = \sqrt{\frac{8\ 075}{100}} = 8.99（件）$$

因此，乙组工人日产量的离散系数为

$$V_乙 = \frac{\sigma}{\overline{x}} \times 100\% = \frac{8.99}{29.5} \times 100\% \approx 30.47\%$$

甲组工人日产量的离散系数为

$$V_甲 = \frac{\sigma}{\overline{x}} \times 100\% = \frac{9.6}{36} \times 100\% \approx 26.67\%$$

计算结果表明 $V_甲 < V_乙$，所以甲组工人日产量的平均数更具有代表性。

4.3　分布偏态与峰度的测度

集中趋势和离散程度是数据分布的两个重要特征，但要全面了解数据分布的特点，我们还需要知道数据分布的形状是否对称、偏斜的程度，以及分布的扁平程度等。偏态和峰度就是对分布形状的测度。

4.3.1　偏态及其测度

偏态(skewness)一词由统计学家卡尔·皮尔逊(K. Pearson)于 1895 年首次提出，是对数据分布偏斜的方向及程度的测度。通过计算偏态系数可以对偏态进行考查，偏态系数用 SK 表示。

在前面已经提到，利用众数、中位数和算术平均数之间的关系，就可以大体上判断数据分布是对称、左偏还是右偏。显然判断偏态的方向并不困难，但要测度偏斜的程度则需要计算偏态系数。

根据未分组的原始数据计算偏态系数 SK 时，其计算公式为

$$SK = \frac{n}{(n-1)(n-2)} \sum \left(\frac{x_i - \overline{x}}{s} \right)^3 \tag{4-40}$$

一般情况下，$SK > 0$ 为右偏，$SK < 0$ 为左偏，$SK = 0$ 为对称分布。偏态系数通常取值在 -3 到 $+3$ 之间。SK 越接近于 0，偏斜程度就越低。

根据分组数据计算偏态系数 SK 时，其计算公式为

$$SK = \frac{\sum\limits_{i=1}^{k} (x_i - \overline{x})^3 f_i}{s^3 \sum f_i} \tag{4-41}$$

从式(4-41)中可以看到，偏态是数据与其均值离差的三次方，除以该组数据标准差的三次方，当数据分布为对称分布时，离差三次方后正负离差可以相互抵消，此时 $SK = 0$；当数据分布为偏态分布时，正负离差不能相互抵消，此时如果 $SK > 0$，说明正离差较大，数据的分布为右偏分布，反之，则为左偏分布。

4.3.2　峰度及其测度

峰度(kurtosis)一词由统计学家皮尔逊于 1905 年首次提出，是指数据分布的尖峭或峰凸程度。通过计算峰度系数可以对峰度进行考查，峰度系数用 K 表示。

根据未分组的原始数据计算峰度系数 K 时，其计算公式为

$$K = \frac{n(n+1)}{(n-1)(n-2)(n-3)} \sum \left(\frac{x_i - \overline{x}}{s} \right)^4 - \frac{3(n-1)^2}{(n-2)(n-3)} \tag{4-42}$$

根据分组数据计算峰度系数 K 时，其计算公式为

$$K = \frac{\sum_{i=1}^{k} (x_i - \overline{x})^4 f_i}{s^4 \sum f_i} - 3 \tag{4-43}$$

用峰度系数说明数据分布的尖峰和扁平程度,是通过与标准正态分布的峰度系数进行比较而言的,如果一组数据服从标准正态分布,则峰度系数的值为0。数据分布的峰度系数 $K>0$ 为尖峰分布,表明数据的分布更为集中;数据分布的峰度系数 $K<0$ 为平峰分布,表明数据的分布相对分散。更进一步,当 K 接近 -1.2 时,变量分布曲线就趋向于一条水平线,表示各组分配的频数接近相同。当 $K<-1.2$ 时,则变量分布曲线为 U 形曲线,表示变量分布的次数是"中间少,两头多",如图4-2所示。

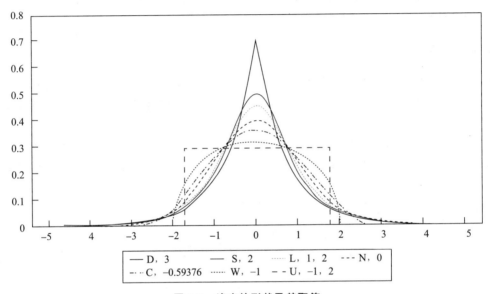

图 4-2 峰度的形状及其取值

需要注意的是,式(4-43)中也可以不减3,此时的比较标准是3,当 $K>3$ 为尖峰分布, $K<3$ 为平峰分布。

例 4-22 某市随机抽取的100户家庭按年收入分组如表4-18所示,试计算偏态系数和峰度系数,并描述数据的分布形状特征。

表 4-18 某市随机抽取的 100 户家庭年收入

年收入/千元	家庭数/户
10 以下	15
10~20	20
20~30	34
30~40	10
40~50	8
50~60	7

续表

年收入/千元	家庭数/户
60 以上	6
合计	100

解：根据已知条件有表 4-19。

表 4-19　某市随机抽取的 100 户家庭年收入数据偏态及峰度计算表

年收入/千元	家庭数/户	组中值	年收入总量	离差的三次方×频数	离差的四次方×频数
	f_i	x_i	$x_i f_i$	$(x_i-\overline{x})^3 f_i$	$(x_i-\overline{x})^4 f_i$
10 以下	15	5	75	$-161\,907.915$	3 578 164.922
10～20	20	15	300	$-35\,431.22$	428 717.762
20～30	34	25	850	-314.874	661.235 4
30～40	10	35	350	4 930.39	38 950.081
40～50	8	45	360	45 882.712	821 300.544 8
50～60	7	55	385	152 023.473	4 241 454.897
60 以上	6	65	390	326 639.634	12 379 642.13
合计	100	—	2 710	331 822.2	21 488 891.57

该市随机抽取的 100 户家庭年收入的均值：

$$\overline{x}=\frac{\sum xf}{\sum f}=\frac{2\,710}{100}=27.1(千元)$$

该市随机抽取的 100 户家庭年收入的标准差：

$$s=\sqrt{\frac{\sum(x_i-\overline{x})^2 f_i}{\sum f_i-1}}=\sqrt{\frac{27\,659}{100-1}}=16.715(件)$$

该市随机抽取的 100 户家庭年收入的偏态系数：

$$SK=\frac{\sum(x_i-\overline{x})^3 f_i}{s^3 \sum f_i}=\frac{331\,822.2}{16.715^3\times100}\approx0.711$$

该市随机抽取的 100 户家庭年收入的峰度系数：

$$K=\frac{\sum(x_i-\overline{x})^4 f_i}{s^4 \sum f_i}-3=\frac{21\,488\,891.57}{16.715^4\times100}-3\approx-0.247$$

计算结果表明：偏态系数为正值，说明 100 户家庭的年收入的分布为右偏分布，即中低收入的家庭是多数，而收入较高的家庭是少数；而峰度系数为负值，说明 100 户家庭的年收入的分布为平峰分布，数据分布比较分散。

4.4　茎叶图和箱线图

4.4.1　茎叶图

茎叶图又称"枝叶图",它的基本思路是将数据中在变化不大的数位上的数,作为主干(树茎),数据中在变化大的数位上的数作为分枝(树叶),列在主干的后面。通过编制好的茎叶图,可以观察到每个树茎后面有几片树叶,从而了解总体的分组及数据分布的状况。组距是10(或5)的等距分组茎叶图的编制比较容易,此时"叶"是一组数据个位上的数,"茎"是一组数据其他数位上的数。确定好树茎,在其后对齐排列上树叶,茎叶图就形成了。

例 4-23　某购物网站 35 天的销售额如表 4-20 所示,要求绘制销售额的茎叶图。

表 4-20　某购物网站 35 天的销售额　　　　　　　　　　　　　单位:万元

161	167	168	175	176	177	179
182	185	186	187	188	189	191
193	194	195	196	197	198	199
202	203	205	206	207	209	213
214	215	217	219	223	225	227

解:根据已知数据,绘制茎叶图如图 4-3 所示。

树茎	树叶
16	1 7 8
17	5 6 7 9
18	2 5 6 7 8 9
19	1 3 4 5 6 7 8 9
20	2 3 5 6 7 9
21	3 4 5 7 9
22	3 5 7

图 4-3　某购物网站 35 天销售额(茎叶图)

将茎叶图逆时针方向旋转 90 度,就是一个直方图,可以整理出各组的频数,计算出各组数据的频率,虽然茎叶图是与直方图相类似的统计图,但是茎叶图保留了原始的数据资料,而直方图却丢失了原始数据的信息。若茎叶图扁而宽,说明数据的分布较集中,差异不大;若茎叶图长而窄,说明数据较分散,差异较大。

4.4.2　箱线图

箱线图是利用一组数据的最小值、下四分位数、中位数、上四分位数与最大值绘制的反映数据分布状况的图形。利用箱线图可以粗略地看出一组数据分散的程度、对称性等,考查一组数据分布的特征。

箱线图由一个箱子和两条线段组成。绘制箱线图首先要计算一组数据的最小值、下四分位数、中位数、上四分位数和最大值,然后连接两个四分位数画出一个长方形的箱子,最后将最小值和最大值与箱子相连。

根据箱线图的形状,可以考查数据分布的特征。图 4-4 是四种常见分布的箱线图。从图中可以看出,对于对称分布,中位数位于上下四分位数的中央,箱线图的方盒关于中位线对称。异常值集中在较小值一侧,则分布呈左偏态;异常值集中在较大值一侧,则分布呈右偏态。

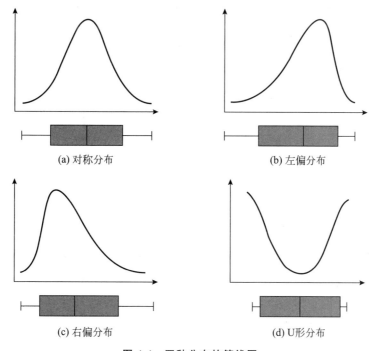

(a) 对称分布　　　　　　　　　(b) 左偏分布

(c) 右偏分布　　　　　　　　　(d) U形分布

图 4-4　四种分布的箱线图

4.5　Excel 在统计数据描述中的应用

关于数据集中趋势、离散程度、偏态和峰度等有关指标的计算,大多都可以由 Excel 中的描述统计工具来实现。

例 4-24　随机抽取 10 名成年人,得到他们的身高数据如下:166、169、172、177、180、170、172、174、168、173。运用 Excel 输出 10 名成年人身高的集中趋势、离散程度、偏态和峰度等相关指标。

Excel 中描述统计工具的操作步骤如下。

(1) 选择"工具"下拉菜单。

(2) 选择"数据分析"选项。

（3）在分析工具中选择"描述统计"，然后单击"确定"。

（4）在"输入区域"中输入需要计算的数据，在"输出选项"中选择输出区域、汇总统计等。输出结果见图 4-5。

	A	B	C	D	E	F
1						
2	166			列1		
3	169					
4	172			平均	172.1	
5	177			标准误差	1.328742	
6	180			中位数	172	
7	170			众数	172	
8	172			标准差	4.201851	
9	174			方差	17.65556	
10	168			峰度	0.046633	
11	173			偏度	0.530423	
12				区域	14	
13				最小值	166	
14				最大值	180	
15				求和	1721	
16				观测数	10	
17				最大(1)	180	
18				最小(1)	166	
19				置信度(95.0%)	3.005823	
20						

图 4-5　描述统计输出结果

 **本章小结**

数据分布特征的描述有以下三个方面：一是变量分布的集中趋势，反映变量分布中各变量值向中心值靠拢或聚集的程度；二是变量分布的离散程度，反映变量分布中各变量值远离中心值的程度；三是变量分布的形状，反映变量分布的偏斜程度和陡峭程度。

变量分布的集中趋势用平均指标来反映，平均指标的具体表现称为平均数，平均数因计算方法不同可分为数值平均数和位置平均数两类。数值平均数主要包括算术平均数、调和平均数和几何平均数，位置平均数主要包括众数、中位数和四分位数。在实际中，平均指标具有重要的作用。

数据分布的离散程度用离散指标来反映，离散指标就是反映变量值变动范围和差异程度的指标，也称为变异指标或标志变动度指标。常用的离散指标主要有极差、内距、平均差、方差和标准差、标准分数、离散系数等，它们分别具有不同的特点与用途。

数据分布的形状要用形状指标来反映，形状指标就是反映变量分布的具体形状，即左右是否对称、偏斜程度与陡峭程度如何的指标。形状指标有两个方面：一是反映变量分布偏斜程度的指标，称为偏度系数；二是反映变量分布陡峭程度的指标，称为峰度系数。

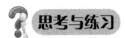 **思考与练习**

思考题

1. 一组数据分布的数值特征可以从哪几个方面进行描述？

2. 说明算术平均数、众数、中位数的特点及应用场合。

3. 数值平均数和位置平均数有何异同？

4. 离散系数在实际中是如何被应用的？

练习题

一、填空题

1. 对于右偏分布,算术平均数、中位数和众数之间,_____的取值最大。

2. 在某城市随机抽取 13 个家庭,调查得到每个家庭的人均月收入数据如下:1 080、750、1 080、850、960、2 000、1 250、1 080、760、1 080、950、1 080、660,则其众数为_____,中位数为_____。

3. 某百货公司连续几天的销售额如下:257、276、297、252、238、310、240、236、265,则其下四分位数是_____。

4. 美国 10 家公司在电视广告上的花费如下(百万美元):72、63.1、54.7、54.3、29、26.9、25、23.9、23、20。样本数据的中位数为_____。

5. 各变量值与其_____的离差之和等于零。

6. 各变量值与其_____的离差平方和最小。

7. 一个总体由 5 个元素组成:3、7、8、9、13。该总体的方差为_____。

8. 度量集中趋势最常见的指标是_____,用所有数据的和除以数据个数即可得到。

9. 已知一组数据的均值是 500,变异系数为 0.3,则方差为_____。

10. 箱线图由一组数据的最大值、最小值、_____、_____和_____绘制而成。

11. 各标志值的次数 f 的多少对平均数的大小的影响具有_____的作用,所以次数又称为_____。

二、单项选择题

1. 几个被平均的标志值的平均数为 A,如果每个标志值都增加 20,则新的平均数为( )。

　　A. A　　　　　　B. 20　　　　　　C. $A+20$　　　　　　D. $A-20$

2. 服装厂为了解某类服装的代表性尺寸,应选用的最合适的指标是( )。

　　A. 算术平均数　　B. 几何平均数　　C. 中位数　　　　D. 众数

3. 某寝室 11 名同学的英语成绩分别为 70、71、76、78、83、86、85、81、90、93、97,则英语成绩的上四分位数为( )。

　　A. 86　　　　　　B. 74.75　　　　　C. 90　　　　　　D. 92.3

4. 根据下列数据:3、5、12、10、8、22、30,计算其中位数为( )。

　　A. 9　　　　　　 B. 10　　　　　　 C. 12　　　　　　D. 11

5. 某组数据的四分之一分位数是 45,中位数是 65,四分之三分位数是 85,则该组数据的分布是( )。

　　A. 右偏的　　　　B. 对称的　　　　C. 左偏的　　　　D. 无法确定

6. 在某公司进行的计算机水平测试中,新员工的平均得分是 80 分,中位数是 86 分,则新员工得分的分布形状是( )。

　　A. 右偏的　　　　B. 对称的　　　　C. 左偏的　　　　D. 无法确定

7. 一组数据呈微偏分布,且知其均值为 510,中位数为 516,则可以推算众数为( )。

　　A. 528　　　　　　B. 526　　　　　　C. 513　　　　　　D. 512

8.（   ）是测定标志变异程度最常用的、最主要的方法。

    A. 方差和标准差   B. 极差   C. 内距   D. 离散系数

9. 某班学生的统计学平均成绩是 70 分，最高分是 96 分，最低分是 62 分。根据这些信息，可以计算的离散程度的测度指标是（   ）。

    A. 方差   B. 极差   C. 标准差   D. 离散系数

10. 两组数据的平均数不等，但标准差相等，则（   ）。

    A. 平均数小的，离散程度大   B. 平均数大的，离散程度大

    C. 平均数小的，离散程度小   D. 两组数据的离散程度相同

11. 与直方图相比，茎叶图（   ）。

    A. 适用于描述大批量数据的分布   B. 保留了原始数据的信息

    C. 不能有效地展示数据的分布   D. 适用于描述分类数据

12. 已知某班学生的平均年龄是 17.8 岁，18 岁的人最多，则该分布是（   ）。

    A. 正态分布   B. 左偏分布   C. 右偏分布   D. 无法判断

13. 离散趋势测度指标中最易受极端数值影响的是（   ）。

    A. 全距   B. 标准差   C. 离散系数   D. 平均差

14. 假如学生的考试成绩用优秀、良好、中等、及格和不及格来表示，那么全班考试成绩的水平应该用什么平均数来说明（   ）。

    A. 可以用算术平均数   B. 只能用众数

    C. 可以用众数或中位数   D. 只能用中位数

15. 根据下列数据的茎叶图（图 4-6），计算的中位数和众数是（   ）。

树茎	树叶
9	2 888
10	1 346 799
11	257

图 4-6　茎叶图

    A. 104 和 98   B. 94 和 98   C. 105 和 98   D. 15 和 10

三、多项选择题

1. 准确测度偏斜程度，需要计算偏态系数，下面描述正确的是（   ）。

    A. 偏态系数＝0，为对称分布   B. 偏态系数＞0，为右偏分布

    C. 偏态系数＜0，为右偏分布   D. 偏态系数＜0，为左偏分布

    E. 偏态系数＞0，为左偏分布

2. 度量数据取值离散程度的统计量有（   ）。

    A. 中位数   B. 极差   C. 偏态系数   D. 标准差

    E. 离散系数

3. 描述数据集中趋势的测度值有（   ）。

    A. 算术平均数   B. 众数   C. 中位数   D. 调和平均数

    E. 几何平均数

4. 标志变异指标有（   ）。

    A. 全距   B. 平均差   C. 标准差   D. 标准差系数

  E. 离散系数

5. 一组数据的分布特征的测度有( )。

  A. 集中趋势测度   B. 累计次数

  C. 偏态与峰度测度   D. 离散程度测度

  E. 直方图

6. 在右偏分布中( )。

  A. $\overline{x}<M_o$ B. $M_e>M_o$ C. $M_e<M_o$ D. $\overline{x}>M_o$

  E. $\overline{x}>M_e$

7. 通过观察箱线图可以了解到一组数据的( )。

  A. 均值、最大值和最小值   B. 上四分位数和下四分位数

  C. 集中趋势   D. 离散程度

  E. 峰度

8. 在左偏分布中( )。

  A. $\overline{x}<M_o$ B. $M_e>M_o$ C. $M_e<M_o$ D. $\overline{x}>M_o$

  E. $\overline{x}>M_e$

9. 关于众数,下列说法正确的有( )。

  A. 众数一定大于中位数   B. 众数可以不存在

  C. 众数是数值平均数   D. 众数不易受极端数值的影响

  E. 正态分布中,分布最高点对应的数值即众数

10. 偏态系数是对数据偏斜程度的测度,下列描述正确的是( )。

  A. 偏态系数等于 0 为对称分布

  B. 偏态系数大于 0 为左偏分布

  C. 偏态系数小于 0 为右偏分布

  D. 一般人均收入次数分配的偏态系数大于零

  E. 一般人均收入次数分配的偏态系数小于零

四、判断题

1. 根据组距式数列计算的平均数、标准差等,都是近似值。   ( )

2. 根据一变量数列的计算结果,算术平均数大于众数,则次数分布曲线向左偏斜。( )

3. 众数是总体中出现最多的次数。   ( )

4. 任何平均数都受到变量数列中的极端值的影响。   ( )

5. 中位数和众数都容易受到极端值的影响。   ( )

6. 任何变量数列都存在众数。   ( )

7. 对于右偏分布,均值、中位数和众数之间的关系是:中位数>均值>众数。 ( )

8. 对于左偏分布,均值、中位数和众数之间的关系是:均值>中位数>众数。 ( )

9. 中位数把变量数列分成两半,一半数值比它大,另一半数值比它小。   ( )

10. 在分布偏态测定中,偏态系数的值越小,表示偏斜的程度越大。   ( )

11. 当数据呈高度偏态时,中位数比均值更具有代表性。   ( )

12. 在次数分配中,当某一组的变量值较小而权数较大时,计算出来的平均数偏小。

                           ( )

13. 甲地职工工资的标准差为 30 元,乙地职工工资的标准差为 40 元,乙地职工工资的差

异程度大于甲地。   （   ）

14. 总体方差与样本方差的计算公式不同。   （   ）

15. 茎叶图和直方图,都能给出数据的分布状况和每一个原始数据。   （   ）

五、计算题

1. 随机抽取 10 个网络用户,得到他们的年龄数据见表 4-21(单位:周岁)。

表 4-21   网络用户抽样

19	16	29	25	20
23	25	36	24	18

（1）计算众数、中位数、上四分位数、下四分位数和样本均值。

（2）计算年龄数据的极差和标准差。

2. 甲企业职工平均工资为 5 000 元,标准差为 2 000 元,乙企业职工工资资料如表 4-22 所示。

表 4-22   乙企业职工工资资料

按按月工资分组/元	乙企业职工人数/人
2 000 以下	2
2 000~4 000	10
4 000~6 000	16
6 000~8 000	8
8 000 以上	4
合计	40

要求:比较两厂职工平均工资的代表性。

3. 某蔬菜在农贸市场销售资料如表 4-23 所示。

表 4-23   某蔬菜在农贸市场销售资料

时间	价格/(元/千克)	甲市场的销售额/元	乙市场的销售量/千克
早	3	750	125
中	3.2	400	250
晚	3.6	450	125

试分析哪个市场的平均价格高,说明原因。

4. 菜市场上某鱼摊大鲫鱼每条约重 0.4 千克,售价为每千克 20 元,小鲫鱼每条约重 0.25 千克,售价为每千克 12 元。某顾客向摊主提出大、小鲫鱼各买一条,一起称重,价格为每千克 16 元。摊主应允,问这次买卖谁占了便宜,为什么?

5. 某公司工人工资情况如表 4-24 所示。

表 4-24   某公司工人工资情况

按月工资分组/元	频率/%
3 000 以下	5

续表

按月工资分组/元	频率/%
3 000~4 000	25
4 000~5 000	40
5 000~6 000	20
6 000 以上	10
合计	100

要求:计算该公司工人的平均工资。

6. 在某品牌的节能灯泡中随机抽出 430 只进行测试,使用时数资料如表 4-25 所示。

表 4-25 某品牌节能灯泡的测试情况

按使用时数分组/小时	次数/只
2 000 以下	10
2 000~2 500	30
2 500~3 000	60
3 000~3 500	200
3 500~4 000	70
4 000~4 500	40
4 500 以上	20

计算使用时数的中位数、众数、上下四分位数和均值。

7. 某企业 360 名工人日产量的资料如表 4-26 所示。

表 4-26 某企业 360 名工人日产量

工人按日产量分组/件	7月工人数/人	8月工人数/人
20 以下	30	18
20~30	78	30
30~40	108	72
40~50	90	120
50~60	42	90
60 以上	12	30
合计	360	360

分别计算 7、8 月的平均日产量,比较哪个月份的平均日产量更多并说明其原因。

8. 在某地区抽取 120 家企业按利润额进行分组,结果如表 4-27 所示。

表 4-27 某地区 120 家企业按利润分组

按利润额分组/万元	企业数/个
200~300	19

续表

按利润额分组/万元	企业数/个
300~400	30
400~500	42
500~600	18
600 以上	11
合计	120

计算 120 家企业利润额的均值和标准差。

9. 一种产品的人工组装方法有两种,随机抽取 10 名工人,让他们在相同的时间内分别采用两种方法进行组装,结果如表 4-28 所示。

表 4-28   10 位工人相同时间内组装产品数量   单位:件

组装方法	10 位工人相同时间内的组装产品数量
A	141 149 135 133 142 135 140 142 137 146
B	147 141 145 137 142 136 142 142 139 139

试评价两种人工组装方法的优劣。

10. 甲、乙两组工人按日产量分组资料如表 4-29 所示。

表 4-29   两组工人按日产量分组资料

甲 组		乙 组	
日产量/件	工人数/人	日产量/件	工人数/人
20 以下	4	20	6
20~30	8	25	8
30~40	10	28	10
40~50	12	30	12
50 以上	6	35	4

要求:

(1) 计算甲、乙两组平均日产量分别是多少?

(2) 计算甲、乙两组日产量的标准差分别是多少?

(3) 试说明甲、乙两组的平均日产量哪个代表性高。

第 **5** 章

概率、概率分布与抽样分布

引 例

大数据告诉你,彩票中奖的概率有多大

众所周知,彩票的中奖概率极其低,尤其是特等奖,几乎几千万人中才能有那么一个幸运儿中奖。但是看着众多中大奖的新闻,很多人还是抱着试一试的态度购买彩票,希望自己可以成为下一个天选之人。

彩票发展至今已有三十余年,彩票的种类也越来越多,玩法花样百出。不仅有双色球、大乐透这种传统彩票,还有一些刮刮乐等娱乐玩法的卡片式彩票。2021 年 1—12 月累计,我国共销售彩票 3 732.85 亿元,同比增加 393.35 亿元,增长 11.8%。

据测算,在我国众多彩票玩法中,超级大乐透玩法的中奖概率是最低的,超级大乐透玩法的中大奖概率仅有 2 142 万分之一。另一种比较热门的彩票就是双色球,头奖中出的概率虽然稍微高一些,但也仅为 1 772 万分之一。

彩票中奖是可遇不可求的,购买者千万不能贪心,不要幻想一次下注就成为富翁,要认真谨慎地对待每一次投注,切不可陷入“贪心不足蛇吞象”的误区。量力而行,限额投注,用极少的资金投注,用平常心等待大奖的光临,才是真正的赢家。中彩的人总是少数,法国人就有这样的谚语:“中彩的机会比空难的还少。”学一点儿概率知识,你就不会跟彩票较劲了。

在现实生活中,有很多事件的成功具有不确定性。例如,一笔新投资盈利的可能性有多大;一项工程按期完成的可能性有多大;飞船飞行在轨道上,遭遇空间碎片的可能性有多大;等等,这种不确定性可以用概率来度量。考虑到后几章学习推断统计的需要,本章主要介绍几种常用的概率分布模型及样本统计量的概率分布。

5.1 随机事件及其概率

5.1.1 随机事件的相关概念

1. 随机现象

现实生活中存在着大量的不确定现象。例如,掷一枚均匀硬币,可能出现正面也可能出现反面;走到某十字路口时,可能正好是红灯,也可能正好是绿灯,还可能正好是黄灯;一位顾客在超市排队等候付款的时间;一种新的产品在未来市场的占有率;等等。以上现象的共同特点是:条件无法决定结果,在一次试验或观察中出现什么结果具有偶然性。在基本条件不变的情况下,试验或观察的结果不确定的现象称为随机现象。

虽然随机现象每次的结果具有偶然性,但在大量观察或多次重复试验后其结果常常会呈现某种规律。例如,多次重复抛掷同一颗骰子,每个点出现的次数大约占抛掷次数的 1/6,我们称这种规律为统计规律。概率论提供了研究统计规律的思想方法与分析工具。

2. 随机试验

对随机现象进行观测又称随机试验。其实,在不确定的现象中,还有一类无法重复观察或

试验的现象。例如,我们无法确定 2080 年会不会爆发世界大战、2025 年元宵节时哈尔滨是否会下雪等。本章重点讨论可重复的随机试验。

利用随机试验可以研究随机现象的特点和其取值的规律,随机试验具有以下三个特点。

(1) 可以在相同的条件下重复进行。

(2) 每次试验的可能结果可能不止一个,但试验的所有可能结果在试验之前是确切知道的。

(3) 在试验结束之前,不能确定该次试验的确切结果。

典型的随机试验有投掷硬币、掷骰子、抽扑克牌及轮盘游戏等。例如,投掷一枚均匀的硬币观察其结果的试验就是随机试验。这样的试验可以重复进行,能知晓试验的所有结果,即出现正面或反面,试验结束之前不能确定该次试验的结果是正面还是反面。

3. 随机事件

(1) 随机事件的含义

在随机试验中,可能出现也可能不出现,而在大量重复试验中具有某种规律性的事件,称作随机事件(简称"事件")。随机事件通常用大写英文字母 A、B、C 等表示。例如,在抛掷一枚均匀硬币的试验中,"正面朝上"是一个随机事件,可用 $A = \{正面朝上\}$ 表示。

(2) 随机事件的种类

随机试验中的每一种可能出现的试验结果称为这个试验的一个样本点,记作 ω_i。全体样本点组成的集合称为这个试验的样本空间,记作 Ω,即 $\Omega = \{\omega_1, \omega_2, \cdots, \omega_n\}$。例如,在掷一枚骰子的试验中,$\Omega = \{1 \, 点, 2 \, 点, 3 \, 点, 4 \, 点, 5 \, 点, 6 \, 点\}$。

仅含一个样本点的随机事件称为基本事件,含有多个样本点的随机事件称为复合事件。例如,掷一枚骰子"出现点数 5"是一个基本事件,但"出现的点数小于 5"则为复合事件,因为它可以分解成"出现点数 1""出现点数 2""出现点数 3""出现点数 4"四个基本事件。

5.1.2　事件的概率

明天降水的可能性多大? 购买一只股票第二天上涨的可能性有多大? 这种对随机事件发生可能性大小的度量就是概率(probability)。例如,天气预报说某地明天降水的概率是 80%,这里的 80% 就是对降水这一随机事件发生的可能性大小的一种数值度量。

随机事件 A 的概率记作 $P(A)$,$0 \leqslant P(A) \leqslant 1$。如果一个随机事件的概率接近于 0,说明这个随机事件几乎不可能发生;如果一个随机事件的概率接近于 1,则说明这个随机事件几乎一定会发生。

基于对概率的不同解释,概率的定义有所不同,主要有:古典定义、统计定义和主观定义,下面分别予以介绍。

1. 概率的古典定义

求一个随机事件发生的可能性的大小,这起源于赌博,如掷硬币、掷骰子等。这些活动都比较简单,有两个重要的共同点:

(1) 结果有限。基本空间中只包含有限个元素。例如,在掷硬币的试验中,只能出现"正面朝上"和"反面朝上"两种结果。

(2) 各种结果出现的可能性被认为是相同的。例如,掷硬币,出现正面或反面的机会被认为是相等的。

具有上述两个特点的随机试验所研究的问题称为古典概率。

概率的古典定义是:如果样本空间包含有限个样本点 n,并且每个样本点出现的可能性相同。事件 A 包含 m 个样本点,则随机事件 A 的概率 $P(A)$ 为

$$P(A) = \frac{\text{事件 } A \text{ 中包含的基本事件数}}{\text{样本空间中基本事件总数}} = \frac{m}{n} \tag{5-1}$$

例 5-1 假设有 100 件产品,其中有 5 件次品。现从这 100 件中任取 2 件,求抽到的 2 件均为合格品的概率是多少? 抽到的 2 件均为次品的概率是多少?

解:由于这 100 件产品中任意一件被抽到的机会是均等的,而且从 100 件产品中抽出 2 件相当于从 100 个样本点中取 2 个的组合,共有 C_{100}^2 种可能,用 A 表示"抽到的 2 件均为合格品", B 表示"抽到的 2 件均为次品",根据式(5-1)可计算出这两个事件的概率:

$$P(A) = \frac{C_{95}^2 C_5^0}{C_{100}^2} \approx 0.902\ 5, \quad P(B) = \frac{C_{95}^0 C_5^2}{C_{100}^2} \approx 0.002\ 5$$

古典概率的应用要求样本空间,即出现的结果是有限的并且是已知的。例如,投掷一枚骰子样本空间为{1点,2点,3点,4点,5点,6点},每个点出现的概率均为 1/6;由于事件小于等于 2 点,包含 1 点、2 点两个样本点,因此该事件出现的概率为 1/3。用古典概率法计算概率,要求样本空间是已知的、有限的。实际问题中的样本空间往往是无限的或未知的,因而古典概率的应用具有一定的局限性。

2. 概率的统计定义

若在相同条件下重复进行的 n 次试验,事件 A 发生了 m 次,当试验次数 n 很大时,事件 A 发生的频率 m/n 稳定地在某一常数 p 上下波动,而且这种波动的幅度一般会随着试验次数的增加而减小,则定义 p 为事件 A 发生的概率,记为

$$P(A) = p \approx \frac{m}{n} \tag{5-2}$$

例 5-2 某工厂为节约用电,规定每天的用电量指标为 1 000 度。按照上个月的用电记录,30 天中有 12 天的用电量超过规定指标,若第二个月仍没有具体的节电措施,试问该厂第一天用电量超过指标的概率。

解:由于每天的用电量并不相等,超过用电指标的概率也不相等,因此,不能采用古典概率法计算。但上个月 30 天的记录可以看作是重复进行了 30 次试验,试验 A 表示用电超过指标出现了 12 次。根据概率的统计定义,事件 A 的概率为

$$P(A) = p \approx \frac{m}{n} = \frac{12}{30} = 0.4$$

统计概率的特点通常是利用过去历史的稳定数据或频率作为该事件发生概率的判断。例如,在相同条件下抽出 1 000 件产品,有不合格品 20 件,则可近似地认为,该产品不合格品出现的概率为 2%。抽出的产品越多,这个比例就越接近于真实的产品不合格率。在日常工作与生活中,统计概率的应用较为普遍。

3. 概率的主观定义

古典概率和统计概率都属于客观概率,也有其一定的局限性,在实际应用中要求在相同的条件下进行大量重复试验。而事实上很多现象并不能进行大量重复试验,特别是一些社会经济

现象无法重复。有些现象即使能重复试验,也很难保证试验条件完全一样。因而,人们提出主观概率的概念。

　　所谓主观概率,是指对一些无法重复的试验,只能根据以往的经验,人为确定这个事件的概率。例如,某企业想投资一个新的项目,那么投资成功的可能性有多大呢? 由于这是一个新项目,没有对这种项目投资的经验,只能在综合分析多方面信息的基础上,主观给出一个概率。比如投资成功的概率为 0.7,则投资失败的概率为 0.3。主观概率法是工商活动中决策者常用的一种判断方法。

　　当然,主观概率也并非由个人随意猜想或胡乱编造,人们的经验、专业知识、对事件发生的众多条件或影响因素的分析等,都是确定主观概率的依据。

　　在例 5-2 中,若第二个月采用了节电措施,预计超过用电指标的概率大大降低,因此上个月超过用电指标的概率就不适用了。想要预计下个月超过用电指标的概率,要请该厂管理用电的工程师根据采用节电措施后的情况进行预测。该工程师根据该厂过去的用电情况和采取节电措施后可节电的程度判断,用电量超过指标的概率为 10%,这就属于主观概率。

5.2　随机变量的概率分布

　　现实生活中,有时需要研究一项试验结果的某些取值。例如,抽查 100 件产品,观察其中的次品数 X,国庆长假一个旅游景点的游客人数 X,等等。这里,X 取哪些值,以及 X 取这些值的概率是多少,事先都是不知道的。但是,如果知道了一个随机变量的概率分布模型,就很容易确定一系列事件发生的概率。

5.2.1　随机变量

1. 随机变量的含义

随机变量是某次随机试验所有可能结果的数值性描述。用大写英文字母 X、Y、Z 等表示随机变量,用小写英文字母 x、y、z 等表示随机变量的取值。由于试验的每一个可能结果就是样本空间中的一个样本点,因此也可以把随机变量理解为样本空间中每一个样本点的函数。如果样本点是用文字表示的,可以将其“数量化”,用数量标识或数字代码来表示。例如,用 1 表示正面朝上、0 表示反面朝上,就可以将投掷硬币的可能结果“数量化”,同理也可以用 1、2、3、4、5、6 来表示投掷一枚骰子的可能结果 1 点、2 点、3 点、4 点、5 点和 6 点,只是此时定义的数值没有实质的大小含义。表 5-1 是一些试验对应的随机变量 X 及 X 的取值。

表 5-1　一些试验对应的随机变量 X 及 X 的取值

随 机 试 验	随机变量 X	X 的取值
抽查 100 件产品	取到次品的个数	$0,1,2,3,\cdots,100$
抽查一批电子元件	使用寿命	$x \geqslant 0$
某电话用户每次通话的时间	通话时间	$x > 0$

2. 随机变量的分类

根据随机变量取值的不同,可以把它们分为离散型随机变量和连续型随机变量。

(1) 离散型随机变量

如果一个随机变量的取值为有限个或可数个,该随机变量称为离散型随机变量。离散型随机变量仅取数轴上有限个或可列个孤立的点。例如,一批产品中取到次品的个数、单位时间内某交换台收到的呼叫次数等都是离散型随机变量。

(2) 连续型随机变量

如果一个随机变量是在数轴上的一个或多个区间内取任意值,该随机变量称为连续型随机变量。连续型随机变量的取值无法一一列举。例如,某地区女性健康成人的身高和体重、一批电子元件的使用寿命等都是连续型随机变量。

随机变量的各种可能的取值都有一定的概率与之对应,随机变量所有可能值的集合及其相对应的概率叫作随机变量的概率分布。

5.2.2　离散型随机变量的概率分布

1. 离散型随机变量的概率函数及概率分布

离散型随机变量 X 的取值为 $x_1, x_2, x_3, \cdots$,取这些值的概率为 $P(X=x_i)=p_i (i=1,2,3\cdots)$,将它们用表格的形式表现出来,就是离散型随机变量的概率分布。离散型随机变量的概率分布如表 5-2 所示。

表 5-2　离散型随机变量的概率分布

$X=x_i$	x_1	x_2	x_3	$\cdots$
$P(X=x_i)=p_i$	p_1	p_2	p_3	$\cdots$

$P(X=x_i)=p_i (i=1,2,3\cdots)$ 就是离散型随机变量的概率函数。

离散型随机变量的概率分布具有以下性质:

(1) $p_i > 0$

(2) $\sum_{i=1}^{n} p_i = 1 \quad (i=1,2,3\cdots)$ 　　　　　　　　　　　　　　　　　　(5-3)

例 5-3　投掷一枚骰子出现的点数 X 是离散型随机变量,其概率分布如表 5-3 所示。

表 5-3　掷一枚骰子出现点数的概率分布

$X=x_i$	1	2	3	4	5	6
$P(X=x_i)=p_i$	$\frac{1}{6}$	$\frac{1}{6}$	$\frac{1}{6}$	$\frac{1}{6}$	$\frac{1}{6}$	$\frac{1}{6}$

通过概率分布表可以容易地计算出各种结果的概率,如掷骰子结果为 3 点的概率为 1/6,为双数的概率为 1/2。

离散型随机变量的概率分布表,还可以用条形图直观地表示出来,如上述概率分布可以表示为图 5-1。图中以变量值为横坐标,取各个值的概率为纵坐标,条形的高度为变量取该值的概率。

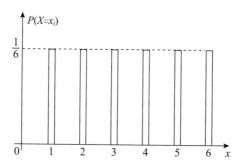

图 5-1 掷一枚骰子出现点数的概率分布图

例 **5-4** 一部电梯在一周内发生故障的次数 X 及相应的概率如表 5-4 所示。

表 5-4 一部电梯在一周内发生故障的次数及相应的概率

$X=x_i$	0	1	2	3
$P(X=x_i)=p_i$	0.1	0.25	0.35	α

计算：(1) 确定 α 的值；(2)正好发生两次故障的概率；(3)最多发生两次故障的概率。

解：(1) 由于 $\sum p_i=1$，即 $0.1+0.25+0.35+\alpha=1$，因此，$\alpha=0.3$。

(2) $P(X=2)=0.35$。

(3) $P(X\leqslant 2)=0.1+0.25+0.35=0.7$。

2. 离散型随机变量的数学期望和方差

与第 4 章介绍的平均数和方差类似，对于随机变量也可以用类似的统计量来描述。描述随机变量集中程度的统计量称为数学期望(或期望值)，而描述其离散程度的统计量称为方差。它们是对随机变量的一种概括性度量，离散性随机变量概率分布给出了随机变量的所有可能取值和取不同值的概率，如果要深入分析和了解随机变量取值的特征，还需要知道该随机变量 X 取值的数学期望和方差，两者分别反映随机变量取值的集中趋势和离散程度。

(1) 数学期望

离散型随机变量 X 的数学期望是 X 所有可能取值 $x_i(i=1,2,3\cdots)$ 与其相应的概率 $P(X=x_i)=p_i(i=1,2,3\cdots)$ 乘积之和，用 μ 或 $E(X)$ 表示，即

$$\mu=E(X)=\sum_{i=1}^{\infty} x_i p_i \tag{5-4}$$

可见数学期望就是随机变量所有取值的加权平均，权数就是其取不同值的概率。数学期望具有下述性质(证明略)。

① 设 C 是常数，则

$$E(C)=C \tag{5-5}$$

② 设 K 是常数，X 是随机变量，则

$$E(KX)=KE(X) \tag{5-6}$$

③ 设 $X_1,X_2,\cdots,X_n$ 为个随机变量，则有

$$E(X_1+X_2+\cdots+X_n)=E(X_1)+E(X_2)+\cdots E(X_n) \tag{5-7}$$

(2) 方差

方差是随机变量的另一个重要的数字特征。例如，一批灯泡其平均寿命 $E(X)=1\,000$ 小

时,但仅由这一指标还不能判定这批灯泡质量的好坏。事实上,可能其中绝大部分灯泡的寿命都在 950~1 050 小时(质量稳定);也可能其中约一半是高质量的,寿命大约有 1 300 小时,另一半却是质量很差的,寿命大约只有 700 小时(质量不稳定)。因此,为了正确评价灯泡质量,除了考查灯泡平均寿命指标,还需要考查各个灯泡的寿命 X 与该批灯泡寿命 $E(X)=1 000$ 小时的离差的平均水平。若这个值较小,则表示质量比较稳定,质量较好;反之,质量较差。同样,在检查棉纱质量时,不仅需要知道纤维的平均长度,还要知道纤维长短的均匀度等。

离散型随机变量 X 的方差是其每一个随机变量取值与数学期望离差平方的数学期望,用 σ^2 或 $D(X)$ 表示,即

$$\sigma^2 = D(X) = \sum_{i=1}^{\infty} (x_i - \mu)^2 p_i \tag{5-8}$$

计算方差的简便公式为

$$\sigma^2 = D(X) = E(X^2) - [E(X)]^2 \tag{5-9}$$

方差具有以下性质(证明略)。

① 设 C 是常数,则

$$D(C) = 0 \tag{5-10}$$

② 设 K 是常数,X 是随机变量,则

$$D(KX) = K^2 D(X) \tag{5-11}$$

③ 设 $X_1, X_2, \cdots, X_n$ 为 n 个相互独立的随机变量(n 个随机变量中任何一个随机变量的取值都不受其他随机变量取值的影响)则有

$$D(X_1 + X_2 + \cdots + X_n) = D(X_1) + D(X_2) + \cdots + D(X_n) \tag{5-12}$$

离散型随机变量 X 的标准差等于其方差的算术平方根,用 σ 或 $\sqrt{D(X)}$ 表示。

例 5-5　一家手机制造商声称,它生产的 100 部手机中的次品数 X 及相应的概率如表 5-5 所示。

表 5-5　100 部手机中的次品数及相应的概率

次品数 $X=x_i$	0	1	2	3
概率 $P(X=x_i)=p_i$	0.75	0.12	0.08	0.05

要求:计算该手机次品数概率分布的数学期望和方差。

解:$\mu = E(X) = \sum x_i p_i = 0 \times 0.75 + 1 \times 0.12 + 2 \times 0.08 + 3 \times 0.05 = 0.43$

$\sigma^2 = D(X) = \sum (x_i - \mu)^2 p_i$

$= (0 - 0.43)^2 \times 0.75 + (1 - 0.43)^2 \times 0.12 + (2 - 0.43)^2 \times 0.08 + (3 - 0.43)^2 \times 0.05$

$= 0.705 1$

3. 常用的离散型随机变量的概率分布

如果能将一个离散型随机变量的概率分布用公式表达出来,就能根据这一分布计算出随机变量任意一个取值的概率。二点分布、二项分布、泊松分布和超几何分布都是离散型随机变量的概率分布,下面依次进行介绍。

(1)二点分布

只有两个可能结果的随机试验称为伯努利(Bernoulli)试验。在实际问题中有许多随机试验只有两个可能结果,如男与女、合格与不合格、出现与不出现。一般,我们把特别关注的结果

看作"成功",另一个看作"失败",用数值"1"和"0"表示。若一次伯努利试验的结果为离散型随机变量 X,则 X 的概率分布称为二点分布,也称伯努利分布。用 π 表示"1"出现的概率;则($1-\pi$)就是表示"0"出现的概率,如表 5-6 所示。

表 5-6　伯努利试验的概率分布

$X=x_i$	1	0
$P(X=x_i)=p_i$	π	$1-\pi$

二点分布也可以表示为

$$P(X=x)=\pi^x(1-\pi)^{1-x} \qquad (x=1,0) \tag{5-13}$$

式中:π 是 X 的取值为 1 时的概率;$1-\pi$ 是 X 的取值为 0 时的概率。

根据离散型随机变量数学期望和方差的计算公式,二点分布的数学期望和方差为

$$\mu=E(X)=\sum_{i=1}^{\infty}x_1 p_i=1\times\pi+0\times(1-\pi)=\pi \tag{5-14}$$

$$\sigma^2=D(X)=\sum_{i=1}^{\infty}(x_i-\mu)^2 p_i=(1-\pi)^2\pi+(0-\pi)^2(1-\pi)=\pi(1-\pi) \tag{5-15}$$

（2）二项分布

将伯努利试验重复 n 次,n 为固定的数值,该试验称为 n 重伯努利试验。若设 n 重伯努利试验中,"成功"的次数为离散型随机变量 X,则 X 的分布函数称为参数为(n,π)的二项分布,记作 $X\sim B(n,\pi)$。二项分布的概率函数为

$$P(X=x)=C_n^x\pi^x(1-\pi)^{n-x} \quad (x=0,1,2,\cdots n) \tag{5-16}$$

式中:$C_n^x=\dfrac{n!}{x!(n-x)!}$;$\pi$ 的含义与式(5-13)中的相同;x 表示 n 重伯努利试验中"成功"的次数。

显然,当 $n=1$ 时二项分布就是二点分布,二项分布的数学期望和方差分别为

$$\mu=E(X)=n\pi, \quad \sigma^2=D(X)=n\pi(1-\pi) \tag{5-17}$$

"成功"次数在 n 次试验中占的比例 $\dfrac{X}{n}$ 也是随机变量,该随机变量的均值和方差分别为

$$\mu=E\left(\frac{X}{n}\right)=\frac{1}{n}E(X)=\frac{1}{n}n\pi=\pi \tag{5-18}$$

$$\sigma^2=D\left(\frac{X}{n}\right)=\frac{1}{n^2}D(X)=\frac{1}{n^2}n\pi(1-\pi)=\frac{1}{n}\pi(1-\pi) \tag{5-19}$$

例 5-6　已知 100 件产品中有 5 件次品,现从中任取 1 件,有放回地取 3 次,计算在所取得 3 件中恰有 2 件次品的概率。

解:因为是有放回地取 3 次,因此这 3 次试验的条件是完全相同的,由此可知,它属于 n 重伯努利试验。根据题意,每次试验取到次品的概率为

$$\pi=\frac{5}{100}=0.05$$

设 X 为所取得 3 件产品中的次品数,则 $X\sim(3,0.05)$,于是有

$$P(x=2)=C_3^2(0.05)^2(1-0.05)^{3-2}=0.007\,125$$

下面以例 5-6 为例,说明利用 Excel 计算二项分布概率值的操作步骤。

① 进入 Excel 表格界面，用鼠标单击某一空白单元格（为概率值计算结果的输出）。

② 在菜单栏中选择"公式"，然后单击 $f(x)$（插入函数）选项。

③ 在弹出的"插入函数"对话框的"或选择类别"窗口中选择"统计"，并在"选择函数"窗口中单击 BINOM. DIST 选项，然后单击"确定"。

④ 在 Number_s 后填入试验成功次数（本例为"2"）；在 Trials 后填入试验次数（本例为"3"）；在 Probability_s 后填入每次试验的成功概率（本例为"0.05"）；在 Cumulative 后填"0"（或FALSE），表示计算成功次数恰好等于指定数值的概率，输入 1（或 TRUE）表示计算成功次数小于或等于指定数值的累积概率。单击"确定"。概率值如图 5-2 所示。

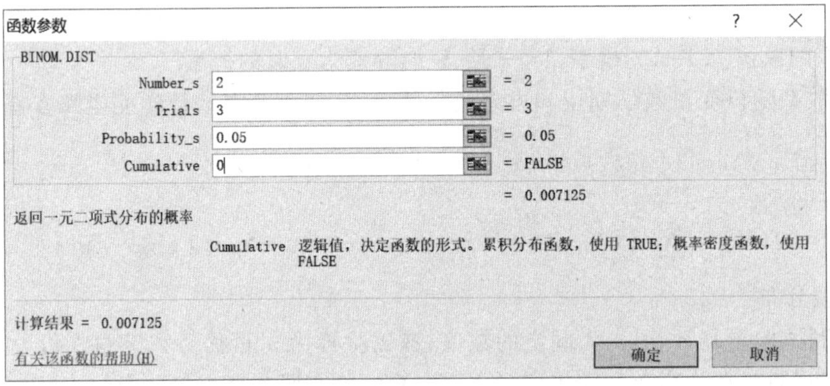

图 5-2　利用 Excel 计算二项分布概率值

可以证明，n 越来越大时，二项分布越来越近似于正态分布。当 $\pi=0.5$ 时，即使 n 较小，二项分布与正态分布近似程度也很高；当 π 趋于 0 或 1 时，二项分布将呈现出偏态，但当 n 变大时，这种偏斜就会消失。一般来说，只要当 n 大到使 $n\pi$ 和 $n(1-\pi)$ 都大于或等于 5 时，二项分布就趋于正态分布。

（3）泊松分布

泊松分布是用来描述在一指定时间范围内或在指定的面积或体积之内某一事件出现的次数的分布，如某企业每月发生事故的次数、单位时间内到达某一服务柜台需要服务的顾客人数、人寿保险公司每天收到的死亡声明的份数、某种仪器每月出现故障的次数等。这类只取非负整数的随机变量 X 服从的概率分布称为泊松分布，其计算公式为

$$P(X=x)=\frac{\lambda^x e^{-\lambda}}{x!} \quad (x=0,1,2,\cdots \quad \lambda>0) \tag{5-20}$$

式中：λ 是一定区间单位内随机变量 X 的平均数；$e=2.718\,28$。

泊松分布的数学期望和方差分别为：$E(X)=\lambda, D(X)=\lambda$。

例 5-7　假定某企业职工在周一请事假的人数 X 服从泊松分布，设周一请事假的平均数为 2.5 人，计算在给定的某周一正好请假是 5 人的概率。

解：已知 $\lambda=2.5, x=5$，则

$$P(X=x)=\frac{\lambda^x e^{-\lambda}}{x!}=\frac{2.5^5 e^{-2.5}}{5!}=0.067$$

下面以例 5-7 为例，说明利用 Excel 计算泊松分布概率值的操作步骤。

① 进入 Excel 表格界面，用鼠标单击某一空白单元格（为概率值计算结果的输出）。

② 在菜单栏中选择"公式"，然后单击 $f(x)$（插入函数）选项。

③ 在弹出的"插入函数"对话框的"或选择类别"窗口中选择"统计"，并在"选择函数"窗口中单击 POISSON. DIST 选项，然后单击"确定"。

④ 在 X 后填入事件的次数（本例为"5"）；在 Mean 后填入均值（本例为"2.5"）；在 Cumulative 后填"0"（或 FALSE），表示计算成功次数恰好等于指定数值的概率，输入 1（或 TRUE）表示计算成功次数小于或等于指定数值的累积概率。单击"确定"。概率值如图 5-3 所示。

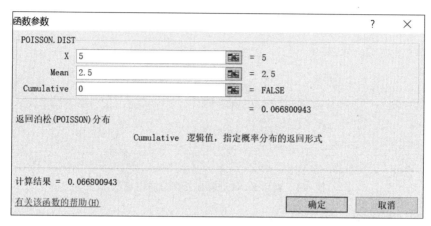

图 5-3　利用 Excel 计算泊松分布概率值

（4）超几何分布

二项分布要求 n 重伯努利试验之间是独立的，每次试验中成功的概率相等。因此，从理论上讲，二项分布只适合于重复抽样。但在实际抽样中，很少采用重复抽样。不过，当总体的单位数目 N 很大而样本量 n 相对 N 来说很小时，二项分布仍然适用。

如果采用不重复抽样，各次试验并不独立，成功的概率也互不相等，而且总体单位的数目 N 很小或样本量 n 相对 N 来说较大时，二项分布就不再适用。这时，样本中"成功"的次数则服从超几何概率分布（hypergeometric distribution），记作 $X \sim H(n, N, M)$。对于 $X = x$ 时有

$$P(X = x) = \frac{C_M^x C_{N-M}^{n-x}}{C_N^n} \quad [x = 0, 1, \cdots, \min(M, n)] \tag{5-21}$$

式中：n 为试验次数；N 为总体单位的个数；M 为总体中代表成功单位的个数。

例 5-8　如果将例 5-6 中的"有放回"改为"无放回"，计算在所取得 3 件中恰有 2 件次品的概率。

解：如果是无放回，则各次试验的条件就不同了，取到次品的概率也不相同，很明显，这种情况属于超几何分布。设 X 为所取得 3 件产品中的次品数，则 $X \sim (3, 100, 5)$，于是有

$$P(x = 2) = \frac{C_5^2 C_{95}^1}{C_{100}^3} = 0.005\ 9$$

下面以例 5-8 为例，说明利用 Excel 计算超几何分布概率值的操作步骤。

① 进入 Excel 表格界面，用鼠标单击某一空白单元格（为概率值计算结果的输出）。

② 在菜单栏中选择"公式"，然后单击 $f(x)$（插入函数）选项。

③ 在弹出的"插入函数"对话框的"或选择类别"窗口中选择"统计"，并在"选择函数"窗口中单击 HYPGEOM. DIST 选项，然后单击"确定"。

④ 在 Sample_s 后填入试验成功次数(本例为"2");在 Number_sample 后填入样本量(本例为"3");在 Population_s 后填入总体中成功的次数(本例为"5");在 Number_pop 后填入总体单位的个数(本例为"100");在 Cumulative 后填"0"(或 FALSE),表示计算成功次数恰好等于指定数值的概率,输入 1(或 TRUE)表示计算成功次数小于或等于指定数值的累积概率。单击"确定"。概率值如图 5-4 所示。

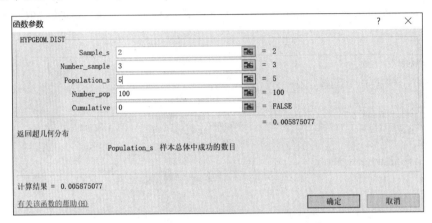

图 5-4　利用 Excel 计算超几何分布概率值

5.2.3　连续型随机变量的概率分布

1. 连续型随机变量分布函数

由于连续型随机变量的值在某一区间内有无限多个,因此无法一一列举,其概率分布不可能采用离散型变量的表示方法。通常采用另一种函数来描述,这个函数记为 $f(x)$,称为概率密度函数。

概率密度函数应满足以下条件:

(1) $f(x) \geqslant 0$;

(2) $\int_{-\infty}^{+\infty} f(x) \mathrm{d}x = 1$。

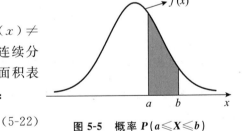

需要指出的是,$f(x)$ 并不是一个概率,即 $f(x) \neq P(X=x)$,$f(x)$ 称为概率密度函数,而 $P(X=x)$ 在连续分布的条件下为零。在连续分布的情况下,以曲线下的面积表示概率,如随机变量 X 在 a 和 b 之间的概率可以写成:

$$P(a \leqslant X \leqslant b) = \int_{a}^{b} f(x) \mathrm{d}x \tag{5-22}$$

即图 5-5 中阴影部分的面积。

图 5-5　概率 $P(a \leqslant X \leqslant b)$

连续型随机变量的概率也可以用分布函数 $F(x)$ 来表示,分布函数定义为

$$F(x) = P(X \leqslant x) = \int_{-\infty}^{x} f(t) \mathrm{d}t \quad (-\infty < x < +\infty) \tag{5-23}$$

分布函数也是建立在密度函数 $f(x)$ 的基础之上的,因此,$P(a \leqslant X \leqslant b)$ 也可以写成

$$\int_{a}^{b} f(x) \mathrm{d}x = F(b) - F(a) \tag{5-24}$$

显然,连续型随机变量的概率密度是其分布函数的导数,即

$$f(x) = F'(x) \tag{5-25}$$

2. 连续型随机变量的数学期望和方差

数学期望 $\mu = E(X)$ 和方差 $\sigma^2 = D(X)$ 仍然是对连续型随机变量取值特征的重要描述,两者分别反映连续型随机变量取值的集中趋势和离散程度。其公式为

$$E(X) = \int_{-\infty}^{+\infty} x f(x) \mathrm{d}x = \mu \tag{5-26}$$

$$D(X) = \int_{-\infty}^{+\infty} [x - E(X)]^2 f(x) \mathrm{d}x = \sigma^2 \tag{5-27}$$

3. 正态分布

正态分布是连续型随机变量分布中最常见也是最重要的一种分布形式,在实践中有着广泛的应用。在自然界和社会经济生活中,有很多现象都服从正态分布,如人的身高、体重、智力;产品的加工尺寸;等等。在抽样推断中,正态分布也是最常见的分布形式,在样本足够大时,很多统计数据都近似服从正态分布。德国数学家卡尔·弗里德里希·高斯(Carl Friedrich Gauss)在研究误差理论时曾用正态分布来刻画误差,因此有时正态分布也称高斯分布。

（1）正态分布的定义及图形特点

如果随机变量 X 的概率密度函数为

$$f(x) = \frac{1}{\sqrt{2\pi\sigma^2}} \mathrm{e}^{-\frac{1}{2\sigma^2}(x-\mu)^2} \quad (-\infty < x < \infty) \tag{5-28}$$

式中:μ 是正态随机变量 X 的均值;σ^2 是正态随机变量 X 的方差,且 $\sigma > 0$;$\pi = 3.141\,592\,6$;$\mathrm{e} = 2.718\,28$。

则称 X 为正态随机变量,或称 X 服从参数为"μ, σ^2"的正态分布,记作 $X \sim N(\mu, \sigma^2)$。

可以看出,正态分布有两个参数:一个是均值,另一个是方差(或标准差)。只要这两个参数确定了,正态分布就确定了,变量取值在某一区间的概率也就确定了。μ 为均值,σ 为标准差的正态分布的概率密度函数曲线,如图 5-6 所示。

正态分布的密度函数 $f(x)$ 对应的曲线具有如下特点。

① 正态曲线是关于 $x = \mu$ 对称的单峰钟形曲线,峰值在 $x = \mu$ 处,如图 5-6 所示。

② 正态曲线的两个参数均值 μ 和标准差 σ 一旦确定,曲线的形式将随之确定。

③ μ 可以取任意实数,其决定曲线的位置,标准差 σ 相同、均值 μ 不同的正态曲线,在坐标轴上体现为水平移位,如图 5-7 所示。

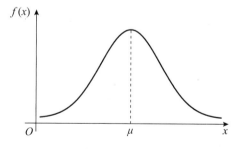

图 5-6　正态分布概率密度函数曲线

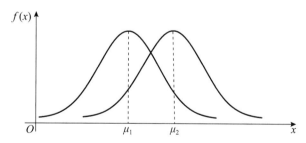

图 5-7　μ 不同 σ 相同的正态概率密度函数曲线图

④ 正态分布的标准差 σ 是大于零的实数,σ 越大,曲线越扁平;σ 越小,曲线越陡峭,如图 5-8 所示。

⑤ 当 X 的取值向横轴左右两个方向无限延伸时,正态概率密度函数曲线的两个尾端将无限地接近横轴,但理论上永远不会与之相交。

经验法则总结了正态分布在一些常用区间上的概率值,如图 5-9 所示。正态随机变量落入其均值左右各 1 个标准差内的概率是 68.27%;正态随机变量落入其均值左右各 2 个标准差内的概率是 95.45%;正态随机变量落入其均值左右各 3 个标准差内的概率为 99.73%。根据经验法则,绝大多数正态随机变量的取值均在其均值左右三个标准差之间,此时全距为 6σ,落在 $\mu \pm 3\sigma$ 之外不到千分之三,是小概率事件,一般认为不可能发生。一旦正态分布的小概率事件发生,有理由认为数值不是来自这一正态总体而是由其他因素所致的,这一准则被广泛应用于产品的质量检查。

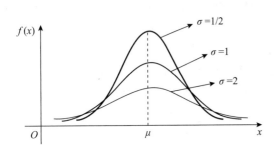

图 5-8 μ 相同 σ 不同的正态概率密度函数曲线图   图 5-9 正态分布在常用区间取值的概率

（2）标准正态分布

如果正态分布的随机变量均值为 0,标准差为 1,则称该随机变量服从标准正态分布,记为 $Z \sim N(0,1)$。标准正态分布的密度函数用 $\varphi(z)$ 表示:

$$\varphi(z) = \frac{1}{\sqrt{2\pi}} e^{-\frac{z^2}{2}} \quad (-\infty < z < +\infty) \tag{5-29}$$

附录 1 给出了 $z \geq 0$ 时标准正态分布取值的概率,根据连续型随机变量概率分布的定义,结合标准正态密度函数的性质,就可以计算出标准正态分布在 z 取任意数值时的概率。设标准正态随机变量的分布函数为 $\Phi(z)$,则有

$$P(a \leq z \leq b) = \Phi(b) - \Phi(a) \tag{5-30}$$

$$P(|z| \leq a) = 2\Phi(a) - 1 \tag{5-31}$$

$$\Phi(-z) = 1 - \Phi(z) \tag{5-32}$$

如果 X 是非标准正态分布,即 $X \sim N(\mu, \sigma^2)$,可以证明 $z = \dfrac{X - \mu}{\sigma}$ 是标准正态分布。这样,就解决了一般的正态分布在任意区间取值概率的计算问题:

$$P(X \leq a) = \Phi\left(\frac{a - \mu}{\sigma}\right) \tag{5-33}$$

$$P(a \leq X \leq b) = \Phi\left(\frac{b - \mu}{\sigma}\right) - \Phi\left(\frac{a - \mu}{\sigma}\right) \tag{5-34}$$

例 5-9 计算:(1) $P(0 \leq z \leq 1.5)$;(2) $P(-1.2 \leq z \leq 1.5)$;(3) $P(|z| \leq 1.2)$。

解:本题计算需要借助附录 1。

(1) $P(0 \leq z \leq 1.5) = \Phi(1.5) - \Phi(0) = 0.933\ 193 - 0.5 = 0.433\ 193$

(2) $P(-1.2 \leq z \leq 1.5) = \Phi(1.5) - \Phi(-1.2) = \Phi(1.5) - 1 + \Phi(1.2)$

$= 0.933\ 193 - 1 + 0.884\ 930 = 0.818\ 123$

（3） $P(|z|\leqslant1.2)=2\Phi(1.2)-1=2\times0.884\,930-1=0.769\,86$

例 5-10 已知某产品长度服从均值为120mm，标准差为2mm的正态分布。现随机抽取一件产品，求该产品长度在119～121mm 的概率。

解：用 X 表示产品长度，则 $X\sim N(120,2^2)$。

为了能查表计算，我们要首先将问题标准化，$Z=\dfrac{X-120}{2}$ 是标准正态分布，则

$$P(119\leqslant X\leqslant121)=\Phi\left(\frac{121-120}{2}\right)-\Phi\left(\frac{119-120}{2}\right)$$
$$=\Phi(0.5)-\Phi(-0.5)=2\Phi(0.5)-1$$

查附录1：$\Phi(0.5)=0.691\,5$。

因此，$P(119\leqslant X\leqslant121)=38.3\%$。

故该产品长度在119～121mm 的概率为38.3%。

下面以例 5-10 为例，说明$[P(X\leqslant121)]$利用 Excel 计算正态分布概率值的操作步骤。

① 进入 Excel 表格界面，用鼠标单击某一空白单元格（为概率值计算结果的输出）。

② 在菜单栏中选择"公式"，然后单击 $f(x)$（插入函数）选项。

③ 在弹出的"插入函数"对话框的"或选择类别"窗口中选择"统计"，并在"选择函数"窗口中单击 NORM. DIST 选项，然后单击"确定"。

④ 在 X 后填入区间点（本例为"121"）；在 Mean 后填入均值（本例为"120"）；在 Standard_dev 后填入标准差（本例为"2"）；在 Cumulative 后填"1"（或 TRUE），表示计算正态分布小于或等于指定数值的累积概率。单击"确定"。概率值如图 5-10 所示。

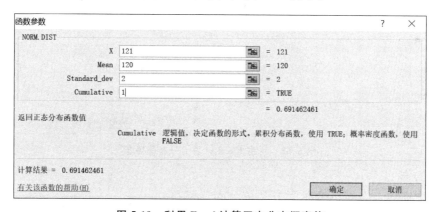

图 5-10 利用 Excel 计算正态分布概率值

4. 由正态分布导出的几个重要分布

（1）t 分布

t 分布的提出者是威廉·戈塞（William Gosset），由于他经常用笔名"student"发表文章，用 t 表示样本均值经标准化后的新随机变量，因此 t 分布也被称为学生 t 分布。

设随机变量 $Z\sim N(0,1)$，$X\sim\chi^2(n)$，且 Z 与 X 独立，则称 $T=\dfrac{Z}{\sqrt{X/n}}$ 为自由度为 n 的 t 分布，记为 $T\sim t(n)$。

t 分布是一种类似正态分布的对称分布，但它通常要比正态分布平坦和分散。一个特定的

t 分布依赖于被称为自由度的参数。随着自由度的增大，t 分布也逐渐趋于正态分布，如图 5-11 所示。

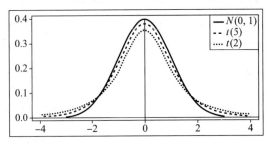

图 5-11　不同自由度的 t 分布

例 5-11　利用 Excel 计算：自由度为 10，t 值大于 2 的概率。

解：① 进入 Excel 表格界面，用鼠标单击某一空白单元格（为概率值计算结果的输出）。

② 在菜单栏中选择"公式"，然后单击 $f(x)$（插入函数）选项。

③ 在弹出的"插入函数"对话框的"或选择类别"窗口中选择"统计"，并在"选择函数"窗口中单击 T. DIST. RT 选项，然后单击"确定"。

④ 在 X 后填入概率的数值（本例为"2"）；在 Deg_freedom 后填入自由度（本例为"10"）。单击"确定"。概率值如图 5-12 所示。

图 5-12　利用 Excel 计算 t 分布概率值

（2）χ^2 分布

n 个独立标准正态随机变量平方和的分布称为具有 n 个自由度的 χ^2 分布，记为 $\chi^2(n)$。

设 Z 为标准正态随机变量，令 $X = Z^2$，则 X 服从自由度为 1 的 χ^2 分布，即 $X \sim \chi^2(1)$。一般地，对于 n 个独立标准正态随机变量 $Z_1^2, Z_2^2, \cdots,$ Z_n^2，则随机变量 $X = \sum Z_i^2$ 的分布为具有 n 个自由度的 χ^2 分布，记为 $X \sim \chi^2(n)$。

$\chi^2(n)$ 分布的形状取决于其自由度 n 的大小，通常为不对称右偏分布，但随着自由度的增大逐渐趋于对称，如图 5-13 所示。

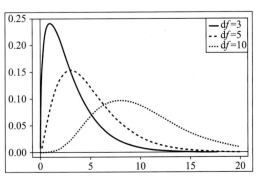

图 5-13　不同自由度的 χ^2 分布

例 **5-12**　利用 Excel 计算：自由度为 15，χ^2 值小于 10 的概率。

解：① 进入 Excel 表格界面，用鼠标单击某一空白单元格（为概率值计算结果的输出）。

② 在菜单栏中选择"公式"，然后直接单击 $f(x)$（插入函数）选项。

③ 在弹出的"插入函数"对话框的"或选择类别"窗口中选择"统计"，并在"选择函数"窗口中单击 CHISQ. DIST 选项，然后单击"确定"。

④ 在 X 后填入概率的数值（本例为"10"）；在 Deg_freedom 后填入自由度（本例为"15"）；在 Cumulative 后填"1"（或 TRUE），表示函数为累积分布函数。单击"确定"。概率值如图 5-14 所示。

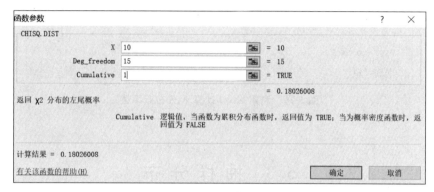

图 5-14　利用 Excel 计算 χ^2 分布概率值

（3）F 分布

F 分布是为纪念统计学家罗纳德·费希尔（Ronald Fisher），以其姓氏的第一个字母来命名的。它是两个 χ^2 分布的比。设 $U \sim \chi^2(n_1)$，$V \sim \chi^2(n_2)$，且 U 和 V 相互独立，则 $F = \dfrac{U/n_1}{V/n_2}$ 服从自由度 n_1 和 n_2 的 F 分布，记为 $F \sim F(n_1, n_2)$。

F 分布的图形类似 χ^2 分布，其形状取决于两个自由度。不同自由度的 F 分布，如图 5-15 所示。

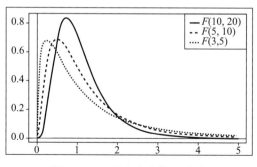

图 5-15　不同自由度的 F 分布

例 **5-13**　利用 Excel 计算：分子自由度为 10，分母自由度为 8，F 值大于 3 的概率。

解：① 进入 Excel 表格界面，用鼠标单击某一空白单元格（为概率值计算结果的输出）。

② 在菜单栏中选择"公式"，然后单击 $f(x)$（插入函数）选项。

③ 在弹出的"插入函数"对话框的"或选择类别"窗口中选择"统计"，并在"选择函数"窗口中单击 F. DIST. RT 选项，然后单击"确定"。

④ 在 X 后填入概率的数值（本例为"3"）；在 Deg_freedom1 后填入分子自由度（本例为

"10")；在 Deg_freedom2 后填入分母自由度（本例为"8"）。单击"确定"。概率值如图 5-16 所示。

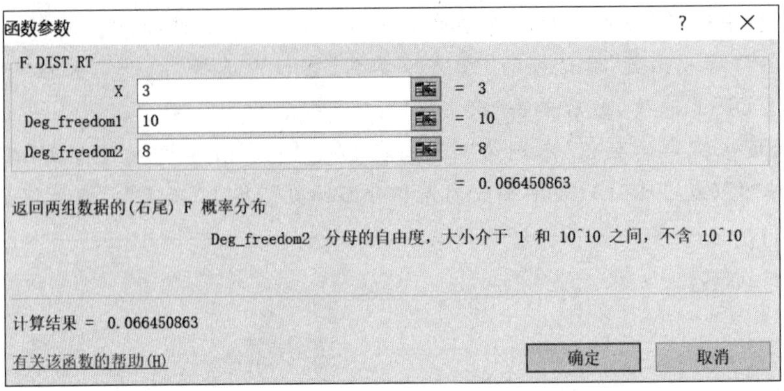

图 5-16　利用 Excel 计算 *F* 分布概率值

5.3　抽　样　分　布

5.3.1　抽样的基本概念

1. 样本容量和样本个数

（1）样本容量

样本容量是指一个样本中所包含的单位数，也称为样本量，用字母 n 表示。在抽样调查中，样本容量过大，可能会造成人力、物力、财力等资源的浪费；样本容量过小，可能造成样本代表性较差。故在抽样设计中，应根据抽样误差的要求和调查的具体情况慎重确定样本容量。一般地，样本容量大于等于 30 的样本称为大样本，小于 30 的样本称为小样本。

例如，某公司采购了 10 万台微型计算器，按产品技术规定，使用寿命小于 4 000 小时即为次品，且次品率大于 1% 就不接受这批产品。从 10 万台产品中按随机原则，抽取一部分（假如 100 件）产品组成一个样本，由样本（100 件产品）的次品率推断整批产品的次品率，这时样本容量 $n = 100$。

（2）样本个数

样本个数是指在一个抽样方案中所有可能被抽取的样本的总数量，确切地说，它是可能的样本个数。样本个数除了与样本容量有关外，与抽样方式（重复抽样和不重复抽样）、取样要求（是否考虑顺序）也密切相关。例如，用简单随机抽样方式从由 A、B、C、D 构成的总体中抽取样本容量为 2 的样本，不重复抽样方法（无顺序要求）的样本个数为 6 个，即 AB、AC、AD、BC、BD、CD。

2. 重复抽样和不重复抽样

（1）重复抽样

重复抽样也称为放回抽样，是指从总体中随机抽取一个单位，对其进行观测并记录相关信息后又放回总体中参加下一次的抽选。重复抽样每次都是从全部总体单位中抽选，每个单位被抽中的机会在各次抽选中是完全相同的，且有很多次被抽中的可能。

（2）不重复抽样

不重复抽样也称为不放回抽样，是指从总体中抽出一个单位之后不再放回参加下一次抽选，下一次抽选时只能从剩余的总体单位中进行抽取。在不重复抽样过程中，总体单位数依次减少，每个单位被抽中的机会只有一个。

3. 总体分布、样本分布与抽样分布

（1）总体分布

总体分布即为总体中各总体单位的观察值所形成的分布。在实际问题中，我们真正关心的并不是总体或总体单位本身，而是总体的某项数量指标（或某几项数量指标）。用 X 表示数量指标，由于从总体中抽取总体单位是随机抽取的，因此 X 是随机的。我们可以把总体和数量指标 X 可能取值的全体组成的集合等同起来。对总体的研究就归结为对表示总体某个数量指标 X 的研究，而所谓总体的分布及数字特征就是指表示总体数量指标的随机变量 X 的分布及数字特征。通常情况下，总体分布是未知的，可以假定其服从某种分布。

（2）样本分布

样本分布即为一个样本中各观察值的分布，样本是由从总体中随机抽取的部分总体单位构成的，其中包含了总体的部分信息。当样本容量 n 逐渐增大时，样本分布也就逐渐接近总体的分布。

（3）抽样分布

抽样分布是指样本统计量的概率分布，它是由样本统计量的所有可能取值形成的相对频数分布。但现实中不可能将所有可能的样本都抽取出来，因此样本统计量的概率分布实际上是一种理论分布。抽样分布是进一步学习参数估计、假设检验等内容的基础。

某地区随机抽取 500 人组成一个样本，根据这 500 人的平均收入推断该地区所有人口的平均收入。这里 500 人的平均收入就是一个样本统计量。样本统计量是根据样本数据计算的用于推断总体的某个量，是对样本特征的某个概括性度量。显然，样本统计量是样本的函数。由于统计量的取值会因样本不同而变化，因此样本统计量是一个随机变量。就一个样本而言，关心的统计量通常有样本均值、样本方差、样本比例等。样本统计量通常用英文字母表示，比如，样本均值用 $\overline{x}$ 表示，样本比例用 p 表示、样本方差用 s^2 表示，等等。

下面用例 5-14 来详细解释抽样分布的概念。

例 5-14　设一个总体含有 5 个元素（个体），取值分别为：$x_1=2$，$x_2=4$，$x_3=6$，$x_4=8$，$x_5=10$。从该总体中采取重复抽样方法抽取样本量为 $n=2$ 的所有可能样本，写出样本均值 $\overline{x}$ 的抽样分布。

解：从总体中采取重复抽样方法抽取样本量为 $n=2$ 的随机样本，共有 $5^2=25$ 个可能的样本。计算出每一个样本的均值 $\overline{x}$，结果如表 5-7 所示。

表 5-7　25 个可能的样本及其均值 $\overline{x}$

样本序号	样本元素 1	样本元素 2	样本均值 $\overline{x}$
1	2	2	2
2	2	4	3
3	2	6	4
4	2	8	5

续表

样本序号	样本元素1	样本元素2	样本均值 $\bar{x}$
5	2	10	6
6	4	2	3
7	4	4	4
8	4	6	5
9	4	8	6
10	4	10	7
11	6	2	4
12	6	4	5
13	6	6	6
14	6	8	7
15	6	10	8
16	8	2	5
17	8	4	6
18	8	6	7
19	8	8	8
20	8	10	9
21	10	2	6
22	10	4	7
23	10	6	8
24	10	8	9
25	10	10	10

可以看出，样本 $\bar{x}$ 是离散型随机变量。列出样本均值 $\bar{x}$ 的所有可能取值和取不同值的概率即为 $\bar{x}$ 的抽样分布，如表 5-8 所示。

表 5-8   样本均值 $\bar{x}$ 的抽样分布

样本均值 $\bar{x}$ 的取值	频数/次	$\bar{x}$ 取值的概率
2	1	1/25
3	2	2/25
4	3	3/25
5	4	4/25
6	5	5/25
7	4	4/25
8	3	3/25
9	2	2/25
10	1	1/25
合计	25	1

将样本均值 $\overline{x}$ 的分布绘制成图,如图 5-17 所示。通过比较总体分布和样本均值的分布,不难看出它们的区别。尽管总体为均匀分布,但样本均值的分布在形状上是近似正态分布的。

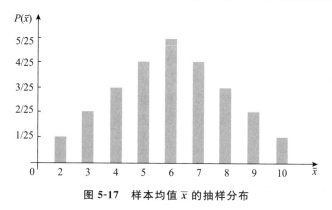

图 5-17　样本均值 $\overline{x}$ 的抽样分布

在上例中,样本均值的分布与总体的分布是不一致的。那么抽样分布在什么情形下与总体的分布是一致的? 什么条件下与总体的分布是不一致的? 它遵循怎样的变化规律? 抽样分布的均值和方差与总体的均值和方差之间有什么关系? 这些是我们要继续探讨的问题。

5.3.2　样本统计量的抽样分布

1. 样本均值的抽样分布

(1) 样本均值抽样分布的形式

① 总体为正态分布时的样本均值的抽样分布形式

在这种情形下,为了研究 $\overline{x}$ 抽样分布的形式,我们需要了解正态分布的线性组合的定理,其基本内容为:如果随机变量 $Y_1,Y_2,\cdots,Y_n$ 都服从正态分布且相互独立,$C_1,C_2,\cdots,C_n$ 是常数,则 $C_1Y_1,C_2Y_2,\cdots,C_nY_n$ 也是正态分布。现在我们设 $X_1,X_2,\cdots,X_n$ 是来自正态分布总体 $X\sim N(\mu,\sigma^2)$ 的样本且相互独立,显然每个 $X_1,X_2,\cdots,X_n$ 都与总体有相同的分布和特征值 (μ,σ^2),根据正态分布线性组合的定理,样本均值 $\overline{x}=\dfrac{X_1+X_2+\cdots+X_n}{n}$ 也是正态分布,并且这一结论与样本容量 n 的大小无关。利用数学期望和方差的性质有下述等式成立:

$$E(\overline{x})=E\left(\frac{X_1+X_2+\cdots+X_n}{n}\right)=\mu \tag{5-35}$$

$$\sigma_{\overline{x}}^2=D(\overline{x})=D\left(\frac{X_1+X_2+\cdots+X_n}{n}\right)=\frac{\sigma^2}{n} \tag{5-36}$$

式中:$E(\overline{x})$ 表示 $\overline{x}$ 抽样分布的均值;$\sigma_{\overline{x}}^2$ 表示 $\overline{x}$ 抽样分布的方差。

② 总体为非正态分布时的样本均值的抽样分布形式

在这种情形下,为了研究样本均值 $\overline{x}$ 抽样分布的形式,我们需要了解数理统计中的重要定理——中心极限定理。中心极限定理所表述的实质内容是:从均值为 μ、方差为 σ^2 的总体中,抽取容量为 n 的随机样本,当 n 充分大时$(n\geqslant30)$,样本均值 $\overline{x}$ 的抽样分布近似服从均值为 μ、方差为 $\dfrac{\sigma^2}{n}$ 的正态分布。

中心极限定理说明,不论总体分布的形式如何,可能是左偏的,可能是右偏的,或是均匀的,等等,只要样本容量充分大$(n\geqslant30$ 称为大样本$)$,样本均值 $\overline{x}$ 的分布就是正态分布。

（2）样本均值抽样分布的数学期望和方差

从统计推断的角度看，我们所关心的 $\overline{x}$ 抽样分布的特征主要是该分布的数学期望 $E(\overline{x})$ 和方差 $\sigma_{\overline{x}}^2$。这两个特征一方面与总体分布的均值和方差有关，另一方面也与抽样方法是重复抽样还是不重复抽样有关，设总体分布的均值和方差分别为 μ 和 σ^2。

无论是重复抽样还是不重复抽样，样本均值的期望值总是等于总体的均值，即

$$E(\overline{x}) = \mu \tag{5-37}$$

而样本均值 $\overline{x}$ 抽样分布方差 $\sigma_{\overline{x}}^2$ 的计算方法与抽样方法有关。

如果是重复抽样，样本均值的方差为总体方差的 $1/n$，即

$$\sigma_{\overline{x}}^2 = = \frac{\sigma^2}{n} \tag{5-38}$$

如果是不重复抽样，样本均值的方差等于采用重复抽样方法时的方差与修正系数 $\frac{N-n}{N-1}$ 的乘积，即

$$\sigma_{\overline{x}}^2 = = \frac{\sigma^2}{n}\left(\frac{N-n}{N-1}\right) \tag{5-39}$$

在实际应用中，如果对无限总体进行不重复抽样（N 未知）；或者对有限总体进行不重复抽样，但是 $n/N \leqslant 5\%$ 时，式(5-39)中的修正系数可以忽略不计。

综合上述内容，$\overline{x}$ 抽样分布的形式和特征如表 5-9 所示。

表 5-9 $\overline{x}$ 抽样分布的形式和特征

项　目	总体是正态分布 $X \sim N(\mu, \sigma^2)$		总体是非正态分布 (μ, σ^2)	
样本量 n	大样本、小样本均可		$n \geqslant 30$	
$\overline{x}$ 分布的形式	正态分布		正态分布	
$\overline{x}$ 分布的特征及表示方法	重复抽样	不重复抽样	重复抽样	不重复抽样
	$\overline{x} \sim N\left(\mu, \frac{\sigma^2}{n}\right)$	$\overline{x} \sim N\left[\mu, \frac{\sigma^2}{n}\left(\frac{N-n}{N-1}\right)\right]$	$\overline{x} \sim N\left(\mu, \frac{\sigma^2}{n}\right)$	$\overline{x} \sim N\left[\mu, \frac{\sigma^2}{n}\left(\frac{N-n}{N-1}\right)\right]$

例 5-15　已知某产品长度服从均值为 120mm，标准差为 2mm 的正态分布。现随机重复抽样抽取 4 件产品，试求：

（1）描述样本平均长度抽样分布的形式；

（2）样本平均长度的数学期望和方差；

（3）样本平均长度小于 121 的概率。

解：（1）因为每件产品长度服从均值为 120mm，标准差为 2mm 的正态分布，所以重复抽样抽取 4 件样本的平均长度也服从正态分布。

（2）
$$E(\overline{x}) = \mu = 120$$

$$\sigma_{\overline{x}}^2 = \frac{\sigma^2}{n} = \frac{2^2}{4} = 1$$

（3）对正态随机变量 $\overline{x}$ 标准化：$Z = \dfrac{\overline{x} - E(\overline{x})}{\sigma_{\overline{x}}} = \dfrac{\overline{x} - 120}{1}$ 是标准正态分布，则

$$P(\overline{x} < 121) = \Phi\left(\frac{121 - 120}{1}\right) = \Phi(1) \approx 84.13\%$$

例 5-16　某汽车电瓶商声称其生产的电瓶具有均值为 60 个月、标准差为 6 个月的寿命分布。现质检部门决定检验该厂的说法是否正确,为此采用重复抽样随机抽取了 50 块该厂生产的电瓶进行寿命试验。假定该厂商的说法正确,试求:

(1) 50 块电瓶平均寿命的抽样分布;

(2) 50 块电瓶组成的样本,其平均寿命不超过 57 个月的概率。

解:(1) 尽管我们对电瓶的寿命分布情形不甚了解,但 $n=50$,为大样本,根据中心极限定理,可知 50 块电瓶平均寿命的抽样分布为正态分布。

(2)
$$E(\overline{x})=\mu=60$$
$$\sigma_{\overline{x}}^2=\frac{\sigma^2}{n}=\frac{6^2}{50}=0.72$$
$$\sigma_{\overline{x}}\approx0.85$$

将样本均值 $\overline{x}$ 标准化:$Z=\dfrac{\overline{x}-E(\overline{x})}{\sigma_{\overline{x}}}=\dfrac{\overline{x}-60}{0.85}$ 是标准正态分布,则

$$P(\overline{x}\leqslant57)=\varPhi\left(\frac{57-60}{0.85}\right)=\varPhi(-3.53)=1-\varPhi(3.53)\approx0.021\%$$

2. 样本比例的抽样分布

在社会经济生活中,人们经常要研究比例,如产品的合格率、某企业产品的市场占有率、某电视节目的收视率、民众对某项政策的支持率等。总体中具有某种特征的单位占全部单位的比例称作总体比例,记为 π;样本中具有此种特征的单位占全部样本单位的比例称作样本比例,记为 p。设总体有 N 个总体单位,具有某种属性的总体单位个数为 N_0,具有另一种属性的总体单位个数为 N_1,则总体比例 $\pi=\dfrac{N_0}{N}$,或 $\dfrac{N_1}{N}=1-\pi$。相应地,样本比例 $p=\dfrac{n_0}{n}$,或 $\dfrac{n_1}{n}=1-p$。

(1) 样本比例抽样分布的形式

样本比例还可以理解为 n 次重复的伯努利试验中"成功"的次数 X 与试验次数 n 的比值,即 $p=\dfrac{X}{n}$。由于在 n 次重复的伯努利试验中"成功"的次数 X 的概率分布是二项分布,此分布在 $n\pi$ 和 $n(1-\pi)$ 均不小于 5 时趋于正态分布(π 为总体的比例),所以在 $n\pi$ 和 $n(1-\pi)$ 均不小于 5 时,样本比例 p 的抽样分布的形式也趋于正态分布。

(2) 样本比例抽样分布的数学期望和方差

与 $\overline{x}$ 抽样分布的特征相同,考查样本比例 p 抽样分布的特征,主要关注的是样本比例抽样分布的数学期望 $E(p)$ 和方差 σ_p^2。这两个特征一方面与总体分布的比例 π 和方差 $\pi(1-\pi)$ 有关;另一方面还与采用的抽样方法有关。

无论是重复抽样还是不重复抽样,样本比例抽样分布的数学期望总是等于总体的比例,即
$$E(p)=\pi \tag{5-40}$$
而样本比例 p 抽样分布的方差 σ_p^2 的计算方法与抽样方法有关。

如果是重复抽样,σ_p^2 等于总体方差的 $1/n$,即
$$\sigma_p^2=\frac{\pi(1-\pi)}{n} \tag{5-41}$$

如果是不重复抽样,σ_p^2 等于重复抽样条件下样本比例抽样分布的方差与修正系数 $\dfrac{N-n}{N-1}$ 的

乘积,即

$$\sigma_p^2 = \frac{\pi(1-\pi)}{n}\left(\frac{N-n}{N-1}\right) \tag{5-42}$$

在实际应用中,如果对无限总体进行不重复抽样(N 未知);或者对有限总体进行不重复抽样,但是 $n/N \leqslant 5\%$ 时,式(5-42)中的修正系数可以忽略不计。

例 5-17 某企业生产的某种产品,其不合格品率为 5%,采用重复抽样的方法抽取 200 件该产品,试求:

(1) 样本不合格品率抽样分布的形式;

(2) 样本不合格品率抽样分布的数学期望和标准差;

(3) 样本不合格品率在 $3\% \sim 4\%$ 的概率。

解:已知:$\pi = 5\%$,$n = 200$。

(1) $n\pi = 200 \times 5\% = 10$, $n(1-\pi) = 200 \times (1-5\%) = 190$

二者均大于 5,因此样本不合格品率的抽样分布近似为正态分布。

(2)   样本不合格品率的数学期望 $E(p) = \pi = 5\%$

样本不合格品率的标准差 $\sigma_p = \sqrt{\dfrac{\pi(1-\pi)}{n}} = \sqrt{\dfrac{5\% \times (1-5\%)}{200}} \approx 0.0154$

(3) 将样本比例 p 标准化:$Z = \dfrac{p - E(p)}{\sigma_p} = \dfrac{p - 5\%}{0.0154}$ 是标准正态分布,则

$$P(3\% \leqslant p \leqslant 4\%) = \Phi\left(\frac{4\% - 5\%}{0.0154}\right) - \Phi\left(\frac{3\% - 5\%}{0.0154}\right)$$
$$= \Phi(-0.65) - \Phi(-1.30)$$
$$= 1 - \Phi(0.65) - 1 + \Phi(1.30) = 16.10\%$$

3. 样本方差的抽样分布

要用样本方差 s^2 去推断总体的方差 σ^2,就必须知道样本方差的抽样分布。

在重复选取容量为 n 的样本时,由样本方差的所有可能取值形成的相对频数分布,称为样本方差的抽样分布。统计证明,对于来自正态总体的简单随机样本,比值 $\dfrac{(n-1)s^2}{\sigma^2}$ 的抽样分布服从自由度为 $n-1$ 的 χ^2 分布,即

$$\chi^2 = \frac{(n-1)s^2}{\sigma^2} \sim \chi^2(n-1) \tag{5-43}$$

4. 两个样本统计量的抽样分布

在实际问题中,我们有时会研究两个总体,分别记为总体 1 和总体 2。所关注的总体参数主要有两个总体均值之差($\mu_1 - \mu_2$)、两个总体比例之差($\pi_1 - \pi_2$)和两个总体的方差之比 $\dfrac{\sigma_1^2}{\sigma_2^2}$ 等。相应地,用于推断这些参数的统计量分别是两个样本均值之差($\bar{x}_1 - \bar{x}_2$)、两个样本比例之差($p_1 - p_2$)和两个样本的方差之比 $\dfrac{s_1^2}{s_2^2}$ 等。因此,需要分别研究两个总体参数推断样本统计量的抽样分布。

(1) 两个样本均值之差的抽样分布

从两个总体中分别独立地抽取容量为 n_1 和 n_2 的样本,在重复选取容量为 n_1 和 n_2 的样本

时,由两个样本均值之差的所有可能取值形成的概率分布,称为两个样本均值之差的抽样分布。

为推断两个总体的均值之差,需要独立地从两个总体中分别抽取样本。假定从总体 1 中抽取容量为 n_1 的样本,其样本均值为 $\overline{x}_1$;从总体 2 中抽取容量为 n_2 的样本,样本均值为 $\overline{x}_2$。当两个总体都为正态分布时,两个样本均值之差 $(\overline{x}_1 - \overline{x}_2)$ 的抽样分布服从正态分布,其分布的均值为两个总体均值之差,即

$$E(\overline{x}_1 - \overline{x}_2) = \mu_1 - \mu_2 \tag{5-44}$$

分布的方差为各自的方差之和,即

$$\sigma^2_{\overline{x}_1 - \overline{x}_2} = \frac{\sigma_1^2}{n_1} + \frac{\sigma_2^2}{n_2} \tag{5-45}$$

两个总体为非正态分布,当 $n_1 \geqslant 30$,$n_2 \geqslant 30$,两个样本均值之差的抽样分布仍然可以用正态分布来近似。

(2) 两个样本比例之差的抽样分布

从两个服从二项分布的总体中分别独立地抽取容量为 n_1 和 n_2 的样本,在重复选取容量为 n_1 和 n_2 的样本时,由两个样本比例之差的所有可能取值形成的概率分布,称为两个样本比例之差的抽样分布。

设两个总体都服从二项分布,分别从两个总体中抽取容量为 n_1 和 n_2 的独立样本,当两个样本都为大样本时,则两个样本比例之差的抽样分布可用正态分布近似,其分布的均值为两个总体比例之差,即

$$E(p_1 - p_2) = \pi_1 - \pi_2 \tag{5-46}$$

分布的方差为各自的方差之和,即

$$\sigma^2_{p_1 - p_2} = \frac{\pi_1(1 - \pi_1)}{n_1} + \frac{\pi_2(1 - \pi_2)}{n_2} \tag{5-47}$$

(3) 两个方差比的抽样分布

从两个正态总体中分别独立地抽取容量为 n_1 和 n_2 的样本,在重复选取容量为 n_1 和 n_2 的样本时,由两个样本方差比的所有可能取值形成的相对频数分布,称为两个样本方差比的抽样分布。

设两个总体都为正态分布,即 $x_1 \sim N(\mu_1, \sigma_1^2)$,$x_2 \sim N(\mu_2, \sigma_2^2)$,分别从两个总体中抽取容量为 n_1 和 n_2 的独立样本,两个样本方差比 $\dfrac{s_1^2}{s_2^2}$ 的抽样分布,服从 F 分布,即

$$\frac{s_1^2}{s_2^2} \sim F(n_1 - 1, n_2 - 1) \tag{5-48}$$

5.3.3 样本统计量的标准误差

样本统计量的标准误差也称为标准误,指的是样本统计量分布的标准差,是衡量抽样误差的核心指标,在参数估计和假设检验中,标准误是用于衡量样本统计量与总体参数之间差距的重要尺度,一般用 SE 或 σ 表示。

1. 样本均值的标准误差

样本均值的标准误差计算公式为

$$\sigma_{\overline{x}} = \frac{\sigma}{\sqrt{n}} \tag{5-49}$$

当总体均值的标准差 σ 未知时,可用样本均值的标准差 s 代替计算,这时计算的标准误差称为估计标准误差。由于实际应用中总体标准差 σ 总是未知的,所计算的标准误差实际上都是估计标准误差,因此实际计算中估计标准误差就简称为标准误差。

2. 样本比例的标准误差

样本比例的标准误差计算公式为

$$\sigma_p = \sqrt{\frac{\pi(1-\pi)}{n}} \tag{5-50}$$

同样地,当总体比例的方差 $\pi(1-\pi)$ 未知时,可用样本比例的方差 $p(1-p)$ 代替计算。

 本章小结

对随机现象、随机事件、基本事件、样本空间这些概念的理解和掌握是本章学习的前提。概率的定义有古典概率、统计概率和主观概率三种。

随机变量是对随机现象的试验结果的数量化描述。随机变量分为离散型随机变量和连续型随机变量两类。随机变量的主要特征有数学期望和方差。数学期望(均值)是对随机变量集中趋势的度量,方差和标准差反映随机变量可能取值的离散程度。

比较常见的离散型随机变量的概率分布有:二点分布、二项分布、泊松分布和超几何分布。连续型随机变量概率分布是通过概率密度函数与 x 围成的面积定义的,许多常见的随机现象均服从或近似服从正态分布,所有正态分布都可以转变为标准正态分布。

抽样分布的概念和性质是本章的重点。只有理解并掌握了抽样分布,才能学好参数估计、假设检验等内容。要熟练掌握不同条件下样本均值和样本比例抽样分布的形式和特征。

 思考与练习

思考题

1. 举例说明概率的含义。
2. 举例说明离散型随机变量和连续型随机变量的区别。
3. 简述正态分布曲线的特点。
4. 解释样本统计量的概率分布。

练习题

一、填空题

1. 设 $(x_1, x_2, \cdots, x_n)$ 为来自 $N(\mu, \sigma^2)$ 的简单随机重复抽样的样本,在 σ^2 已知时,样本均值 $\overline{x} = $ _____。

2. 从 $\pi = 0.5$ 的总体中,重复抽取一个容量为 100 的简单随机样本,p 的标准差为 _____。

3. 随机变量 X 若服从标准正态分布,其方差为 _____。

4. 中心极限定理表明,如果容量为 n 的样本来自正态分布的总体,则样本均值的抽样分布趋于 _____。

5. 从均值等于 20、标准差等于 16 的总体中,随机抽取样本容量为 64 的样本。$E(\overline{x}) = $

_____,$\sigma_{\overline{x}}=$_____,根据_____定理,$\overline{x}$ 的抽样分布近似为_____。

6. 根据经验法则,正态分布随机变量落入其均值左右 1 个标准差的概率是_____;正态分布随机变量落入其均值左右 2 个标准差的概率是_____。

二、单项选择题

1. 一项试验中所有可能结果的集合称为(　　)。

    A. 事件　　　　　　　B. 简单事件　　　　C. 样本空间　　　　D. 基本事件

2. 抛掷一枚骰子,并考查其结果。其点数为 1 点或 2 点或 3 点或 4 点或 5 点或 6 点的概率为(　　)。

    A. 1　　　　　　　　B. 1/6　　　　　　　C. 1/4　　　　　　　D. 1/2

3. 一项关于大学生体重状况的研究发现,男生的平均体重为 60 千克,标准差为 5 千克,则男生中至少有(　　)人的体重在 50~70 千克。

    A. 68%　　　　　　B. 75%　　　　　　C. 89%　　　　　　D. 95%

4. 飞机离开登机口到起飞的等待时间通常是右偏的,均值为 10 分钟,标准差为 8 分钟。假设随机重复抽取 100 架飞机,则等待时间的均值的抽样分布是(　　)。

    A. 右偏的,均值为 10 分钟,标准差为 0.8 分钟

    B. 正态分布,均值为 10 分钟,标准差为 0.8 分钟

    C. 右偏的,均值为 10 分钟,标准差为 8 分钟

    D. 正态分布,均值为 10 分钟,标准差为 8 分钟

5. 中心极限定理表明,如果容量为 n 的样本来自正态分布的总体,则样本均值的分布为(　　)。

    A. 非正态分布　　　　　　　　　　B. 正态分布

    C. 只有当 $n<30$ 时为正态分布　　　D. 只有当 $n>30$ 时为正态分布

6. 智商的得分服从均值为 100、标准差为 16 的正态分布。从总体中抽取一个容量为 n 的样本,样本均值的标准差为 2,样本容量为(　　)。

    A. 16　　　　　　　B. 64　　　　　　　C. 8　　　　　　　D. 无法确定

7. 总体是某个果园的所有橘子,从此总体中抽取容量为 36 的样本,并计算每个样本的均值,则样本均值的期望值(　　)。

    A. 无法确定　　　　　　　　　　　B. 小于总体均值

    C. 大于总体均值　　　　　　　　　D. 等于总体均值

8. 总体的均值为 75,标准差为 12,在总体中抽取容量为 36 的样本,则样本均值大于 78 的概率为(　　)。[$\Phi(1.5)=0.933\ 2$]

    A. 0.066 8　　　　　B. 0.901 3　　　　　C. 0.433 2　　　　　D. 0.098 7

9. 从服从正态分布的无限总体中抽取容量为 4、16、36 的样本,当样本容量增大时,样本均值的标准差(　　)。

    A. 保持不变　　　　B. 无法确定　　　　C. 增加　　　　　　D. 减少

10. 当抽样单位数增加 3 倍时,随机重复抽样下样本均值抽样分布的标准差比原来(　　)。

    A. 减少 1/2　　　　B. 增加 1/2　　　　C. 减少 1/3　　　　D. 增加 1/3

11. 已知 $\Phi(1.1)=0.864\ 3$,下列各项正确的是(　　)。

    A. $\Phi(-1.1)=0.864\ 3$　　　　　　B. $P(0<z<1.1)=0.864\ 3$

C. $\Phi(-1.1)=0.728\ 6$　　　　　D. $P(|z|<1.1)=0.728\ 6$

12. 正态随机变量的概率密度函数为(　　)。

A. $f(x)=\dfrac{1}{\sqrt{2\pi\sigma^2}}e^{\frac{1}{2\sigma^2}(x-\mu)^2}$　　　　B. $f(x)=\dfrac{1}{\sqrt{2\pi\sigma^2}}e^{-\frac{1}{2\sigma^2}(x-\mu)^2}$

C. $f(x)=\dfrac{1}{\sqrt{2\pi}}e^{-\frac{1}{2\sigma^2}(x-\mu)^2}$　　　　D. $f(x)=\dfrac{1}{\sqrt{2\pi\sigma^2}}e^{-\frac{1}{2\sigma}(x-\mu)^2}$

13. 抽样分布是(　　)。

A. 样本数量的分布　　　　　　　B. 样本统计量的概率分布

C. 一个样本各观测值的分布　　　D. 总体中各观测值的分布

14. 假定 10 亿人口的大国和 100 万人口的小国的居民年龄的变异程度相同,用重复抽样方法抽取本国 1% 的人口组成样本,则平均年龄抽样分布的标准差(　　)。

A. 两者相同　　　　　　　　　　B. 前者大于后者

C. 前者小于后者　　　　　　　　D. 无法确定

15. 与标准正态分布相比,t 分布的特点是(　　)。

A. 对称分布　　　　　　　　　　B. 非对称分布

C. 比正态分布平坦和分散　　　　D. 比正态分布集中

16. 指出下面的分布中不是离散型随机变量的概率分布的是(　　)。

A. 二点分布　　　B. 二项分布　　　C. 泊松分布　　　D. 正态分布

17. 某大学的一家快餐店记录了过去 5 年每天的营业额,每天营业额的均值为 2 500 元,标准差为 400 元。因为某些节日的营业额偏高,所以每日营业额的分布是右偏的。假设从这 5 年中随机抽取 100 天,并计算这 100 天的平均营业额,则样本均值的抽样分布是(　　)。

A. 正态分布,均值为 2 500 元,标准差为 40 元

B. 左偏分布,均值为 2 500 元,标准差为 40 元

C. 右偏分布,均值为 2 500 元,标准差为 400 元

D. 正态分布,均值为 2 500 元,标准差为 400 元

18. 假定某公司职员每周的加班津贴服从均值为 50、标准差为 10 元的正态分布,那么全公司中每周的加班津贴在 40~60 元的职员比例为(　　)。

A. 0.977 2　　　　B. 0.022 8　　　　C. 0.682 6　　　　D. 0.317 4

19. 假定某公司职员每周的加班津贴服从均值为 50 元、标准差为 10 元的正态分布,那么全公司中每周的加班津贴超过 70 元的职员比例为(　　)。

A. 0.977 2　　　　B. 0.022 8　　　　C. 0.682 6　　　　D. 0.317 4

20. 从两个非正态总体中分别抽取两个样本($n_1\geq30$,$n_2\geq30$),则两个样本均值之差的抽样分布近似服从(　　)。

A. 正态分布　　　B. χ^2 分布　　　C. F 分布　　　D. t 分布

三、多项选择题

1. 样本均值的抽样分布(　　)。

A. 是容量相同的所有可能样本的样本均值的概率分布

B. 是一种理论概率分布

C. 是推断总体均值的理论基础

D. 在大样本情况下,一定服从正态分布

　　E. 在小样本情况下,一定服从 t 分布

2. 已知 $\Phi(1.1)=0.864\ 3$,下列各项正确的有(　　)。

　　A. $\Phi(-1.1)=0.864\ 3$　　　　　　　B. $\Phi(-1.1)=0.135\ 7$

　　C. $\Phi(-1.1)=0.728\ 6$　　　　　　　D. $P(0<z<1.1)=0.364\ 3$

　　E. $P(|z|<1.1)=0.728\ 6$

3. 了解某市全部成年人口的就业情况,随机抽取样本量足够大的样本(　　)。

　　A. 样本就业率是随机变量

　　B. 总体就业率是随机变量

　　C. 样本就业率的分布可用正态分布近似

　　D. 样本就业率与样本量无关

　　E. 样本就业率的数学期望等于总体的就业率

4. 关于正态分布曲线,下列说法正确的是(　　)。

　　A. μ 决定曲线的位置　　　　　　　B. σ 越大曲线越"陡峭"

　　C. 偏度为 0　　　　　　　　　　　　D. 峰度为 0

　　E. σ 越大曲线越"扁平"

5. 离散型随机变量有(　　)。

　　A. 合格品件数　　　　　　　　　　　B. 人数

　　C. 合格品率　　　　　　　　　　　　D. 平均使用时数

　　E. 企业数

6. 连续型随机变量有(　　)。

　　A. 体重　　　　　　　　　　　　　　B. 班级数

　　C. 产量　　　　　　　　　　　　　　D. 销售额

　　E. 合格品件数

7. 正态曲线具有的性质是(　　)。

　　A. σ 越大曲线越扁平　　　　　　　B. σ 越大曲线越陡峭

　　C. 曲线关于 $x=\mu$ 对称　　　　　　　D. 曲线形式由 μ 唯一确定

　　E. 曲线下的总面积等于 1

8. 总体的均值为 μ,方差为 σ^2,关于 $\bar{x}$ 抽样分布的形式,下列说法正确的是(　　)。

　　A. 总体是正态分布,样本容量 $n<30$ 时为正态分布

　　B. 与抽样方法无关

　　C. 总体分布未知,样本容量 $n>30$ 时为正态分布

　　D. 由 μ、σ^2 唯一确定

　　E. 总体是非正态分布,样本容量 $n<30$ 时为非正态分布

四、判断题

1. 正态分布总体有两个参数,一个是均值 $\bar{x}$,另一个是均方差 σ,这两个参数确定以后,一个正态分布也就确定了。　　　　　　　　　　　　　　　　　　　　　　　　　　(　　)

2. 当研究目的一旦确定,总体也就相应确定,而从总体中抽取的抽样总体则是不确定的。

　　　　　　　　　　　　　　　　　　　　　　　　　　　　　　　　　　　　　(　　)

3. 随机变量 X 若服从标准正态分布,其方差为 0。　　　　　　　　　　　　　(　　)

4. 抽样分布就是样本分布。　　　　　　　　　　　　　　　　　　　　　　　　(　　)

5. 重复抽样样本均值抽样分布的标准差大于不重复抽样样本均值抽样分布的标准差。

( )

6. 概率密度曲线位于 x 轴上方并且与 x 轴之间的面积为 1。 ( )

7. 若随机变量 $X \sim N(\mu, \sigma^2)$, $z \sim N(0,1)$, 则 $Z = \dfrac{X - \mu}{\sigma}$。 ( )

8. 总体是二点分布, 从总体中随机抽取样本容量为 100 的样本, 样本比例的抽样分布也是二点分布。 ( )

五、计算题

1. 离散型随机变量 X 有 4 个可能取值, 相关资料如表 5-10 所示。

表 5-10　X 的取值及概率

$X = x_i$	1	2	3	4
$P(X = x_i)$	0.2	0.2	α	0.1

计算:

(1) 确定 α 的值;

(2) X 小于或等于 3 的概率;

(3) 随机变量 X 的数学期望和方差。

2. 人的智商测试结果服从正态分布。一项关于儿童智商的研究结果表明, 甲国儿童的平均智商为 108, 标准差为 15; 乙国儿童的平均智商为 105, 标准差为 12。要求:

(1) 比较甲、乙两国儿童智商的差异程度;

(2) 粗略估计一下, 甲国有百分之几的儿童的智商在 78～138;

(3) 粗略估计一下, 乙国有百分之几的儿童的智商在 93～117。

3. 某小组 5 名学生的日消费额(单位:元)为 35、40、45、50、55。采用重复抽样方法, 从 5 人中随机抽 2 人构成样本。计算样本平均消费额抽样分布的均值和标准差。

4. 某糖果厂用自动包装机包糖, 已知每包糖服从均值为 500 克、标准差为 24 克的正态分布。某日开工后随机抽查了 36 包糖, 试计算:

(1) 样本均值低于 492 克的概率;

(2) 样本均值在 492～508 的概率。

5. 某社区有 10 000 户家庭, 采用重复抽样方法从中抽出 400 户家庭, 其中有 80 户家庭了解家庭急救知识, 计算样本家庭急救知识普及率的均值和方差。

6. 采用重复抽样的方法, 从均值为 30、标准差为 14 的总体中随机抽出一个样本容量为 49 的样本。要求:

(1) 求 $\bar{x}$ 抽样分布的均值和标准差;

(2) 描述 $\bar{x}$ 抽样分布的形式, 指出 $\bar{x}$ 抽样分布的形式与哪些因素有关;

(3) 计算标准正态 z 统计量对应于 $\bar{x} = 16$ 的值;

(4) 计算标准正态 z 统计量对应于 $\bar{x} = 33$ 的值。

7. 某城市居民家庭人均月收入是右偏分布, 其分布的均值为 4 000 元, 标准差 700 元。采用重复抽样方法随机抽出 49 户家庭。要求:

(1) 计算 49 户家庭, 平均家庭人均月收入抽样分布的均值和标准差;

(2) 指出 49 户家庭, 平均家庭人均月收入抽样分布的形式;

(3) 指出 49 户家庭, 平均家庭人均月收入在 3 800～4 200 元的概率;

（4）计算样本平均家庭人均月收入大于 4 000 元的概率；

（5）计算样本平均家庭人均月收入小于 3 800 元的概率；

（6）计算样本平均家庭人均月收入在 3 850～4 260 元的概率。

8. 某企业零件加工不合格品率达到 6%，从加工零件中随机抽取 36 件。要求：

（1）计算样本不合格品率抽样分布的均值和标准差；

（2）确定样本不合格品率抽样分布的形式；

（3）计算样本不合格品率在 2% 以下的概率。

9. 某市的人口普查结果显示，该市人口老龄化的比例为 14.7%。现从该市随机抽取了 400 名市民，他们的老龄化率为 10%～16% 的概率为多少？

10. 已知某产品的加工时间服从均值为 20 分钟、标准差为 2 分钟的正态分布，要求：

（1）计算加工时间在 22 分钟以上产品所占百分比；

（2）随机观察一件产品的加工过程，计算加工时间在 19～21 分钟的概率。

第 **6** 章

参 数 估 计

引例

2020 年人口普查之后，2021 年进行人口变动情况抽样调查

2021 年 10 月 8 日，国家统计局发布公告，为准确、及时地监测和反映我国人口发展变化情况，为党和政府制订国民经济和社会发展计划以及人口有关政策提供基础依据，国家统计局决定在全国范围内组织开展 2021 年人口变动情况抽样调查。

公告显示，此次调查范围为被抽中的我国大陆地区的城镇和乡村地域。调查登记对象为本社区（村）被抽中住房内具有中华人民共和国国籍的人，调查以户为单位进行，既调查家庭户，也调查集体户。其中，应在户中登记的人包括：一是调查标准时点居住在本户的人；二是户口在本户，但调查标准时点未居住在本户的人。

调查的内容主要有：姓名、公民身份证号、性别、年龄、民族、受教育程度、迁移流动、工作、婚姻生育、死亡、住房情况等。调查标准时点是 2021 年 11 月 1 日零时，现场工作时间是 10 月 10 日—11 月 15 日。

调查采取以下方式：由政府统计调查机构派调查员到住户家中进行登记，或由住户自主填报。调查员入户登记时，应当出示县级以上人民政府统计机构颁发的工作证件。

以黑龙江省为例，2021 年 5‰人口变动抽样调查显示，全省人口出生率为 3.59‰，死亡率为 8.70‰，人口自然增长率为 -5.11‰。年末常住总人口 3 125.0 万人，比上年减少 46.0 万人。其中，城镇人口 2 052.8 万人，乡村人口 1 072.2 万人。常住人口城镇化率为 65.7%，比上年提高 0.1 个百分点。0～14 岁人口占全省总人口的比重为 9.8%，65 岁及以上人口占全省总人口的比重为 16.8%。

2020 年，我国开展了第七次全国人口普查，全国 1%人口抽样调查每 10 年进行一次，一般在两次人口普查之间尾数逢"5"的年份进行，是周期性人口普查制度中的有机组成部分。全国 1%人口抽样调查采取分层、整群、概率与规模成比例的抽样方法，最终抽样单位为调查小区，标准时点在调查小区范围内的人口都是调查登记的对象。2015 年的全国 1%人口抽样调查约抽取 1 400 万人，约占全国总人口的 1%。全国 1%人口抽样调查的内容、组织实施形式都与人口普查相似。

资料来源：国家统计局官网. 国家统计局公告（2021 年第 3 号）. http://www.stats.gov.cn/tjgz/tzgb/202110/t20211008_1822733.html，2021-10-08；黑龙江省统计学局官网.2021 年黑龙江省国民经济和社会发展统计公报.http://tjj.hlj.gov.cn/tjj/c106779/202203/c00_30324976.shtml，2022-03-16.

根据统计量的信息对总体参数进行估计是推断统计的重要内容，统计推断就是根据随机样本的实际数据，对总体的数量特征做出具有一定可靠程度的估计和推断。统计推断是一个过程，它能从样本数据得出与总体参数值有关的结论，主要由参数估计和假设检验两部分构成。参数估计都包含哪几方面的内容？如何进行参数估计？如何评价估计量的质量？如何确定样本容量？这些正是本章要介绍的主要内容。

6.1　参数估计的基本原理

6.1.1　估计量与估计值

对于要研究的总体,如果总体单位不多且能准确掌握每一个总体单位的数据,那么我们只需要做描述统计,就可以考查总体的数量特征,如总体均值、比例、方差、峰度、偏度等。实际工作中的现实情况比较复杂,数据往往是大量的、无限的,不可能也没有必要一一测定,这就需要我们从总体数据中抽取一部分数据进行综合分析,进而推断总体的数量特征。

参数估计就是用样本统计量来估计总体参数。例如,用样本均值 $\overline{x}$ 估计总体均值 μ,用样本方差 s^2 估计总体方差 σ^2,用样本比例 p 估计总体比例 π,等等。若将总体参数笼统地用一个符号 θ 来表示,参数估计就是用样本统计量来估计总体参数 θ,用来估计总体参数的统计量的名称,称为估计量,一般用 $\hat{\theta}$ 来表示,如样本均值 $\overline{x}$、样本比例 p、样本方差 s^2 等都可以是估计量,用来估计总体参数时计算出来的估计量的具体数值,称为估计值。需要说明的是估计量是随机变量,估计值是具体数值,估计量常用于理论研究,估计值多用于实际应用和计算。例如,要了解某高校 5 万名在校学生的平均身高,我们可以把这 5 万名学生的身高加起来再除以学生人数 5 万,这 5 万名学生的平均身高是客观存在的,但却是不知道的,叫作参数,用 θ 表示,即总体参数的值是在原理上可以从整个总体中计算出来的,但往往未知。在实际中,我们通常会从学生中抽出一个随机样本,根据样本计算的平均身高就是一个估计量,用 $\hat{\theta}$ 表示。样本是随机抽取的,若根据样本数据计算的学生的平均身高是 172cm,这个 172cm 就是估计量的具体数值,称为估计值。

6.1.2　点估计与区间估计

参数估计的方法有点估计和区间估计两种。

1. 点估计

点估计就是指直接用样本统计量 $\hat{\theta}$ 的某个取值作为相应总体参数 θ 的估计值。例如,用样本均值 $\overline{x}$ 的值直接作为总体均值 μ 的估计值,用样本比例 p 的值直接作为总体比例 π 的估计值,用样本方差 s^2 的值直接作为总体方差 σ^2 的估计值。比如,要估计某班学生统计学考试的平均分数,从全班学生中随机抽取一个样本,若根据此样本计算的平均分数为 88 分,用 88 分作为该班学生统计学考试平均分数的一个估计值,就是点估计。又如,要估计一批乳制品的合格率,根据随机抽出的样本计算的产品合格率为 98%,若将 98% 直接作为该批乳制品合格率的估计值,这也是点估计。点估计的优点在于它能够明确地估计总体参数,直观、简单,但是在实际抽样调查中一次随机抽取一个样本,计算出的估计值会因样本的不同而不同,有可能等于,也有可能不等于总体参数的值,甚至会产生很大的差异,与真值的误差也无从知晓。点估计也无法指出对总体参数给予正确估计的概率有多大,一般只能作为一种大致的估计。

2. 区间估计

区间估计是在点估计的基础上,根据一定的置信水平,估计总体参数的取值范围。简单来说,区间估计就是通过样本来估计总体参数可能位于的区间。用样本统计量来估计总体参数,要达到 100％的准确率而没有任何误差,几乎是不可能的,在估计总体参数时就必须考虑估计误差,区间估计通过一个范围,很现实地考虑了误差问题。与点估计不同,进行区间估计时,根据样本统计量的抽样分布能够对样本统计量与总体参数的接近程度给出一个概率度量。估计量是随机变量,其数值随抽取样本的不同而不同,利用点估计值构造的区间是一个随机区间,这个随机区间有可能包含总体真值,也有可能不包含总体真值。如果我们既构造了区间,又指出构造的所有可能区间中包含总体参数真值的区间所占的比重,就达到了区间估计的目的。

通过前面的学习,我们了解到在一定的条件下,样本均值 $\bar{x}$ 的抽样分布近似服从正态分布,其分布的期望值等于总体均值,即 $E(\bar{x})=\mu$,样本均值抽样分布的标准差为 $\sigma_{\bar{x}}=\dfrac{\sigma}{\sqrt{n}}$。根据正态分布的经验法则,$\bar{x}$ 落在区间 $(\mu-\sigma_{\bar{x}},\mu+\sigma_{\bar{x}})$、$(\mu-2\sigma_{\bar{x}},\mu+2\sigma_{\bar{x}})$ 和 $(\mu-3\sigma_{\bar{x}},\mu+3\sigma_{\bar{x}})$ 内的概率分别为 68.27％、95.45％和 99.73％。实际上只要对正态随机变量 $\bar{x}$ 标准化,通过查标准正态分布表,就可以求出样本均值 $\bar{x}$ 落在总体均值 μ 的两侧 $m(m>0)$ 倍抽样标准差范围内的概率。样本均值 $\bar{x}$ 落在总体均值 μ 的两侧 1.645 倍的标准差的概率是 90％、样本均值 $\bar{x}$ 落在总体均值 μ 的两侧 1.96 倍的标准差的概率是 95％,样本均值 $\bar{x}$ 落在总体均值 μ 的两侧 2.58 倍的标准差范围内的概率是 99％。

在实际进行区间估计时,情况恰好相反,$\bar{x}$ 是已知的、μ 是未知的、需要进行估计的。由于 $\bar{x}$ 与 μ 的距离是对称的,即不等式 $\mu-m\sigma_{\bar{x}}\leqslant\bar{x}\leqslant\mu+m\sigma_{\bar{x}}(m>0)$ 与不等式 $\bar{x}-m\sigma_{\bar{x}}\leqslant\mu\leqslant\bar{x}+m\sigma_{\bar{x}}$ 是等价的,如果能够指出,某个 $\bar{x}$ 落在 μ 的任意倍数的标准差范围内的概率,那么也能说明 μ 落在以 $\bar{x}$ 为中心的任意倍数的标准差范围内的概率。这意味着我们可以实现区间估计的设想,即不但可以利用 $\bar{x}$ 和 $\sigma_{\bar{x}}$ 来构造 μ 所属的区间范围,而且能够指出,采用这种方法构造的所有可能区间中包含总体真值 μ 的区间所占的比例,这个比例就是 $\bar{x}$ 落在总体均值 μ 的两侧任意倍数的标准差范围内的概率。

根据样本统计量构造出一个随机区间来估计总体参数,并以一定的概率保证总体参数在所估计的区间内。该区间通常是由样本统计量的点估计值加减允许误差(又称估计误差、边际误差、抽样极限误差等)得到。例如,总体均值区间估计的一般形式为 $\bar{x}\pm$允许误差。类似地,总体比例区间估计的一般形式为 $p\pm$允许误差。允许误差通常由标准分数乘以样本统计量抽样分布的标准差构成。

在区间估计中,依据样本统计量所构造的总体参数的估计区间称为置信区间,区间的最小值称为置信下限,最大值称为置信上限。统计学家在某种程度上确信这个区间会包含真正的总体参数,所以给它取名为置信区间。若设总体参数为 θ,θ_L 和 θ_U 是由样本确定的两个统计量,对于给定的 $\alpha(0<\alpha<1)$,若满足 $P(\theta_L<\theta<\theta_U)=1-\alpha$,则称随机区间 (θ_L,θ_U) 为参数 θ 的置信度为 $1-\alpha$ 的置信区间,$\theta_L、\theta_U$ 分别称为置信下限和置信上限。样本统计量是随机变量,构造的置信区间也是一个随机区间。一般地,如果将构造置信区间的步骤重复很多次,在构造的所有可能区间中包含总体参数真值的区间次数所占的比例称为置信水平(置信度或置信系数),一般用 $1-\alpha$ 表示。举例说明,如果抽取 100 个样本来估计总体均值,那么由这 100 个样本构造的 100 个区间中,若有 95 个区间包含总体均值,另外 5 个区间不包含总体均值,则置信水平为 95％,即 $1-\alpha$ 为 95％,α 称为风险值,是构造的所有可能区间中不包含总体真值的区间次数所占的比例,此例中,α 的值为 5％。

不难理解置信区间范围越大,置信水平越高,推断的准确程度会随之降低。人们的愿望是让置信水平理想一些,在构造区间时一般先给出设想的置信水平,比较常用的置信水平及正态分布曲线下右侧面积为 $\alpha/2$ 时的 z 值（$z_{\alpha/2}$），如表 6-1 所示。

表 6-1　常用的置信水平的 $z_{\alpha/2}$ 值

置信水平	α	$\alpha/2$	$z_{\alpha/2}$
90%	0.10	0.05	1.645
95%	0.05	0.025	1.96
99%	0.01	0.005	2.58

当置信水平固定时，置信区间的宽度随样本量的增大而减小。也就是说，较大的样本所提供的有关总体的信息要比较小的样本多。当样本量给定时，置信区间的宽度随着置信水平的增大而增大，区间比较宽，才会使这一区间有更大的可能性包含总体参数的真值，置信度（可靠度）也就越高。窄的置信区间比宽的置信区间提供更多有关总体参数的信息，精确度更高。在样本量一定的条件下，置信度和精确度往往是矛盾的。如果置信度增大，则置信区间必然增大，精确度便降低，如果提高精确度，则置信度必然减小。

之前我们讨论过，置信区间是一个随机区间，它会随抽取样本的不同而不同，而且不是所有的区间都包含总体参数的真值，置信水平为 95% 的置信区间可以告诉我们，按照同样的方法构造的置信区间涵盖总体参数的概率大约是 95%。这个概率不是用来描述某个特定的区间包含总体参数真值的可能性，而是针对随机区间而言的。一个特定的区间"总是包含"或"绝对不包含"参数的真值，不存在以多大的概率包含总体参数的问题，但是，从概率可以知道，在多次抽样得到的区间中大概有多少个区间包含参数的真值。在实际问题中，进行估计时往往只抽取一个样本，所构造的是与该样本联系的一定置信水平下的置信区间，我们希望这个区间是大量包含总体参数真值的区间中的一个，但它也可能是少数几个不包含参数真值的区间中的一个。

6.1.3　评价估计量的标准

在参数估计中，用于估计总体参数 θ 的样本估计量 $\hat{\theta}$ 有很多，要估计总体某一指标，并非只能用一个样本指标，对于同一总体参数可能会有不同的估计量，例如，对于总体均值的估计，可以用样本均值，也可以用样本众数、样本中位数作为估计量，那么如何对估计量做出选择呢？这就需要一定的评价标准，评价估计量的标准通常有以下三个。

1. 无偏性

无偏性是指估计量抽样分布的数学期望等于被估计的总体参数。如果估计量的数学期望等于被估计的总体参数，则该估计量称作该总体参数的无偏估计量。总体参数 θ 的估计量 $\hat{\theta}$ 是随机变量，每次抽样后得到的估计值与总体参数的真值之间总存在一定的误差，其误差为 $\hat{\theta}-\theta$，我们自然希望所有误差的期望值为零，即 $E(\hat{\theta}-\theta)=0$，也就是说 $E(\hat{\theta})=\theta$，这时称 $\hat{\theta}$ 为 θ 的无偏估计量，称 $\hat{\theta}$ 具有无偏性。点估计量无偏和有偏的情形用图 6-1、图 6-2 分别表示如下。

不同的样本有不同的估计值，虽然从一个样本来看，估计值与总体参数真实值之间可能有误差，但是从所有可能样本来看，估计值的均值等于总体参数的真实值，即估计是无偏的。通过前面的学习，我们知道 $E(\overline{x})=\mu$、$E(p)=\pi$，还可以证明 $E(s^2)=\sigma^2$，因此样本均值 $\overline{x}$、样本比例 p 和样本方差 s^2 分别是总体均值 μ、总体比例 π 和总体方差 σ^2 的无偏估计量。s^2 的表达式中，分母是 $n-1$ 而不是 n，正是为了满足无偏性。

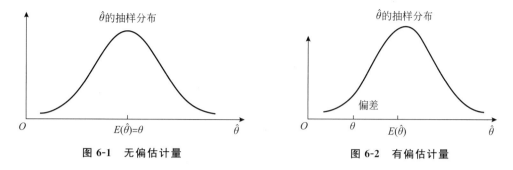

图 6-1　无偏估计量　　　　　　　　　　**图 6-2　有偏估计量**

2. 有效性

假定由 n 个个体组成的一个简单随机样本给出了总体同一参数的两个不同的无偏估计量，此时，我们倾向于采用标准误差较小的估计量，因为它给出的估计值与总体参数更接近，称有较小标准差的估计量比其他估计量相对有效。

对于同一总体参数的两个无偏估计量 $\hat{\theta}_1$ 和 $\hat{\theta}_2$，如果 $D(\hat{\theta}_1) < D(\hat{\theta}_2)$，则称 $\hat{\theta}_1$ 是比 $\hat{\theta}_2$ 更有效的估计量。在无偏估计条件下，估计量的方差越小，波动越小，稳定性越好，估计量越有效。图 6-3 中 $\hat{\theta}_1$ 和 $\hat{\theta}_2$ 均为无偏估计量，但是 $\hat{\theta}_1$ 更有效。

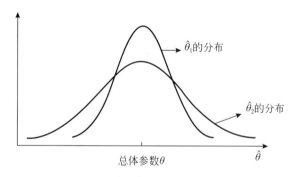

图 6-3　两个无偏估计量的抽样分布

3. 一致性

一般来讲，随着样本容量的增大，估计量的值将与总体参数越来越接近。无偏性、有效性都是在样本容量 n 一定的条件下进行讨论的，很显然，我们希望 n 越大时，对总体参数 θ 的估计越接近。样本均值 $\bar{x}$ 抽样分布的标准差为 $\sigma_{\bar{x}} = \dfrac{\sigma}{\sqrt{n}}$。由于 $\sigma_{\bar{x}}$ 与样本容量有关，较大的样本容量 n 使得样本均值抽样分布的标准差较小，可以得出大样本容量给出的估计量与总体均值更接近，如图 6-4 所示。

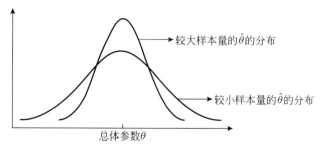

图 6-4　两个不同样本容量的样本统计量的抽样分布

6.2 一个总体参数的区间估计

当面临一个总体的问题时,人们关心的是总体均值 μ、总体比例 π 和总体方差 σ^2 等,在本节内容中介绍如何用样本统计量来构造总体参数的置信区间。

6.2.1 总体均值的区间估计

在对一个总体均值进行区间估计时,需要考虑几个方面的内容,总体分布是否为正态分布,总体方差是否已知,用于构造估计量的样本是大样本还是小样本等。

1. 正态总体、总体方差已知,或非正态总体、总体方差已知、大样本

在大部分应用中,样本容量 $n \geq 30$ 就可以认为样本容量足够大,称为大样本。若总体服从正态分布且总体方差 σ^2 已知,或者总体不服从正态分布但是抽取的样本为大样本且总体方差已知,以上两种情况下样本均值 $\bar{x}$ 的抽样分布均为正态分布,其数学期望为 $E(\bar{x}) = \mu$,方差为 $\sigma_{\bar{x}}^2 = \dfrac{\sigma^2}{n}$。样本均值经过标准化以后的随机变量则服从标准正态分布,即

$$z = \frac{\bar{x} - \mu}{\sigma / \sqrt{n}} \sim N(0,1) \tag{6-1}$$

根据式(6-1)及正态分布的性质可以构造出总体均值 μ 在 $1 - \alpha$ 置信水平下的置信区间为

$$\bar{x} \pm z_{\alpha/2} \frac{\sigma}{\sqrt{n}} \tag{6-2}$$

在上面的公式中,$\bar{x} + z_{\alpha/2} \dfrac{\sigma}{\sqrt{n}}$ 为置信上限,$\bar{x} - z_{\alpha/2} \dfrac{\sigma}{\sqrt{n}}$ 为置信下限;$1 - \alpha$ 是置信水平,是事先确定的;α 是风险值(显著性水平),是总体均值不包括在置信区间内的概率;$z_{\alpha/2}$ 是标准正态分布上侧面积为 $\alpha/2$ 时的 z 值;$z_{\alpha/2} \dfrac{\sigma}{\sqrt{n}}$ 是估计总体均值时的允许误差,允许误差通常用 E 来进行表示,又称误差范围、边际误差、抽样极限误差等,也可以写成 $z_{\alpha/2} \sigma_{\bar{x}}$。

例 6-1 某工厂生产的特种零件的长度服从正态分布,从某天生产的 500 个特种零件中随机抽取 100 个,测得其平均长度为 28cm。已知总体标准差为 0.15cm,要求以 95% 的置信水平估计该 500 个特种零件平均长度的置信区间。

解:已知 $n = 100, \bar{x} = 28, \sigma = 0.15, 1 - \alpha = 95\%$,查标准正态分布表可得 $z_{\alpha/2} = 1.96$。根据式(6-2),则

$$\bar{x} \pm z_{\alpha/2} \frac{\sigma}{\sqrt{n}} = 28 \pm 1.96 \times \frac{0.15}{\sqrt{100}} = 28 \pm 0.029\,4$$

所以,该 500 个零件的平均长度的置信水平为 95% 的置信区间为 (27.970 6, 28.029 4)。

2. 正态总体、总体方差未知、大样本,或非正态总体、总体方差未知、大样本

如果总体服从正态分布但是总体方差 σ^2 未知,或者总体不服从正态分布,只要是在大样本条件下,式(6-2)中的总体方差 σ^2 可以用样本方差 s^2 代替,这时总体均值 μ 在 $1 - \alpha$ 置信水平下

的置信区间为

$$\bar{x} \pm z_{a/2} \frac{s}{\sqrt{n}} \tag{6-3}$$

例 6-2 要了解管理系学生统计学考试的平均分数。从管理系学生中随机抽取 64 人，计算得出这 64 人的平均分数为 85 分，标准差为 10 分。要求以 90%的置信水平估计全系学生统计学考试的平均分数。

解：已知 $n=64, \bar{x}=85, s=10, 1-\alpha=90\%$，查标准正态分布表可得 $z_{a/2}=1.645$。根据式(6-3)，则

$$\bar{x} \pm z_{a/2} \frac{s}{\sqrt{n}} = 85 \pm 1.645 \times \frac{10}{\sqrt{64}} = 85 \pm 2.06$$

所以，以 90%的置信水平估计管理系学生统计学考试的平均分数的置信区间为(82.94，87.06)。

3. 正态总体、总体方差未知、小样本

如果总体服从正态分布，无论样本容量如何，样本均值的抽样分布都服从正态分布，此时，即使在小样本的情况下，只要总体方差已知，也可以根据式(6-2)来建立总体均值的置信区间。但是，在实际中经常会遇到总体方差 σ^2 未知，而且还是小样本的情况，那么就要考虑用样本方差 s^2 代替总体方差 σ^2，需要注意的是，此时随机变量的分布发生了变化，样本均值经过标准化之后的随机变量服从自由度为 $(n-1)$ 的 t 分布，即

$$t = \frac{\bar{x} - \mu}{s/\sqrt{n}} \sim t(n-1) \tag{6-4}$$

此种情况下，要采用 t 分布来建立总体均值 μ 的置信区间。虽然 t 分布的数学推导是以假设抽样总体服从正态分布为依据的，但是研究表明，在许多总体分布显著偏离正态分布的情况下，利用 t 分布的效果还是相当不错的。

t 分布是类似正态分布的一种对称分布，它比正态分布要平坦和分散。t 分布是由一些相似的概率分布组成的分布族，一个特定的 t 分布依赖被称为自由度的参数。随着自由度的增大，t 分布也逐渐趋于标准正态分布。

根据 t 分布来建立的总体均值 μ 在 $1-\alpha$ 置信水平下的置信区间为

$$\bar{x} \pm t_{a/2} \frac{s}{\sqrt{n}} \tag{6-5}$$

式中，$t_{a/2}$ 是自由度为 $(n-1)$；t 分布中右侧面积为 $\alpha/2$ 时的 t 值，该值可通过查 t 分布表获得。

例 6-3 为了估计黄金时段一分钟一次广告的平均费用，抽取 15 个电视台作为一个样本，数据见表 6-2，假设估计黄金时段一分钟一次广告的费用近似服从正态分布，方差未知，计算以 95%的置信水平估计总体均值的置信区间。

表 6-2　费用样本　　　　　　　　　　单位：元

21 400	9 400	34 100	74 800	25 400
18 600	12 400	8 900	396 000	128 000
52 800	11 200	86 000	144 000	48 000

解:已知 $n=15,1-\alpha=95\%$,查 t 分布表可得 $t_{0.025}(15-1)=2.1448$。

$$\overline{x}=\frac{\sum x}{n}=\frac{21\,400+9\,400+\cdots+48\,000}{15}=71\,400$$

$$s=\sqrt{\frac{\sum(x-\overline{x})^2}{n-1}}=\sqrt{\frac{(21\,400-71\,400)^2+(9\,400-71\,400)^2+\cdots+(48\,000-71\,400)^2}{15-1}}$$

$$=99\,501.7$$

根据式(6-5),则

$$\overline{x}\pm t_{\alpha/2}\frac{s}{\sqrt{n}}=71\,400\pm2.1448\times\frac{99\,501.7}{\sqrt{15}}=71\,400\pm55\,145$$

所以,以 95% 的置信水平估计一分钟一次的广告平均费用的置信区间为 $(16\,255,126\,545)$。

我们将总体均值的区间估计做一个总结,如表 6-3 所示。

表 6-3   总体均值区间估计的计算公式

总体分布	样本容量	σ 已知	σ 未知
正态分布	大样本 $(n\geqslant30)$	$\overline{x}\pm z_{\alpha/2}\dfrac{\sigma}{\sqrt{n}}$	$\overline{x}\pm z_{\alpha/2}\dfrac{s}{\sqrt{n}}$
	小样本 $(n<30)$		$\overline{x}\pm t_{\alpha/2}\dfrac{s}{\sqrt{n}}$
非正态分布	大样本 $(n\geqslant30)$		$\overline{x}\pm z_{\alpha/2}\dfrac{s}{\sqrt{n}}$

6.2.2   总体比例的区间估计

实际应用中,我们也常常遇到估计总体中具有某种特征的元素所占比例的问题,我们只研究大样本条件下,重复抽样时对总体比例 π 进行区间估计的方法。当样本容量足够大时,样本比例 p 的抽样分布可用正态分布近似,在进行总体比例估计时,确定样本容量足够大的一般经验规则是 $np\geqslant5$ 和 $n(1-p)\geqslant5$,此时 p 的数学期望等于总体比例 π,即 $E(p)=\pi$;而 p 的方差在重复抽样条件下为 $\sigma_p^2=\dfrac{\pi(1-\pi)}{n}$。样本比例经过标准化以后的随机变量则服从标准正态分布,即

$$z=\frac{p-\pi}{\sqrt{\pi(1-\pi)/n}}\sim N(0,1) \tag{6-6}$$

根据式(6-6)及正态分布的性质与总体均值的区间估计类似,在样本比例 p 的基础上加减允许误差 $z_{\alpha/2}\sigma_p$,即可得到总体比例 π 在 $1-\alpha$ 置信水平下的置信区间:

$$p\pm z_{\alpha/2}\sqrt{\frac{\pi(1-\pi)}{n}} \tag{6-7}$$

用式(6-7)计算总体比例 π 的置信区间时,π 值应该是已知的。但在实际中,π 值常常是未知的,因为是大样本,我们可以用样本比例 p 来代替 π。这时总体比例 π 在 $(1-\alpha)$ 置信水平下的置信区间可表示为

$$p\pm z_{\alpha/2}\sqrt{\frac{p(1-p)}{n}} \tag{6-8}$$

式中,$p+z_{\alpha/2}\sqrt{\dfrac{p(1-p)}{n}}$ 为置信上限;$p-z_{\alpha/2}\sqrt{\dfrac{p(1-p)}{n}}$ 为置信下限;$z_{\alpha/2}$ 是标准正态分布上侧

面积为 $\alpha/2$ 时的 z 值；$z_{\alpha/2}\sqrt{\dfrac{p(1-p)}{n}}$ 为估计总体比例时的允许误差。

例 6-4　电视台要估计某电视节目的收视率。采用重复抽样方法随机抽取了 1 000 个家庭，其中 600 个家庭收看了电视节目。试以 95% 的置信水平估计收看该电视节目的家庭所占比例的置信区间。

解：已知 $n=1\,000$，$n_1=600$，$p=\dfrac{n_1}{n}=\dfrac{600}{1\,000}=60\%$，$1-\alpha=95\%$，查标准正态分布表可得 $z_{\alpha/2}=1.96$。根据式(6-8)，则

$$p \pm z_{\alpha/2}\sqrt{\frac{p(1-p)}{n}}=60\% \pm 1.96 \times \sqrt{\frac{60\% \times (1-60\%)}{1\,000}}=60\% \pm 3.04\%$$

所以，以 95% 的置信水平估计收看该电视节目的家庭所占比例的置信区间为 $(56.96\%, 63.04\%)$。

6.3　两个总体参数的区间估计

6.3.1　两个总体均值之差的置信区间

在实际应用中，经常会遇到这样的问题，某报业集团需要对旗下两份报纸的销售额进行比较，以确定加大对哪一份报纸的资金投入，这就需要对来自两个总体的均值的差异进行比较。我们只讨论大样本条件下的估计方法，如果两个样本是从两个总体中独立抽取的，即一个样本中的元素与另一个样本中的元素相互独立，则称为独立样本。如果两个总体都服从正态分布且总体方差已知，或者两个总体不服从正态分布，但这两个样本都为大样本且总体方差已知，根据抽样分布的理论知识可知，两个样本均值之差的抽样分布近似服从：

$$(\overline{x}_1-\overline{x}_2) \sim N\left(\mu_1-\mu_2, \frac{\sigma_1^2}{n_1}+\frac{\sigma_2^2}{n_2}\right) \tag{6-9}$$

两个样本均值之差经过标准化以后服从标准正态分布，可以得到两个总体均值之差 $\mu_1-\mu_2$ 在 $1-\alpha$ 置信水平下的置信区间为

$$(\overline{x}_1-\overline{x}_2) \pm z_{\alpha/2}\sqrt{\frac{\sigma_1^2}{n_1}+\frac{\sigma_2^2}{n_2}} \tag{6-10}$$

若总体均不服从正态分布且方差未知，从这两个总体中随机抽取两个独立的样本，在两个样本容量 n_1 和 n_2 都足够大时，可以用两个样本的标准差 s_1 和 s_2 分别代替两个总体的标准差 σ_1 和 σ_2。

例 6-5　储户在两家银行的存款额均服从正态分布，主管部门想了解两家银行的平均存款之间的差异，为此在两家银行独立抽取了两个随机样本，有关数据如表 6-4 所示，构造置信水平为 90% 的置信区间，推算两家银行平均存款额之差的取值范围。

表 6-4　甲、乙两银行的相关信息

银行甲	银行乙
$n_1=52$	$n_2=47$
$\overline{x}_1=55\,000$	$\overline{x}_2=46\,000$
$\sigma_1^2=750$	$\sigma_2^2=850$

解:已知信息如表 6-3 所示,根据式(6-10),则

$$(\overline{x}_1 - \overline{x}_2) \pm z_{\alpha/2}\sqrt{\frac{\sigma_1^2}{n_1} + \frac{\sigma_2^2}{n_2}} = (55\,000 - 46\,000) \pm 1.645\sqrt{\frac{750}{52} + \frac{850}{47}} = 9\,000 \pm 9.379$$

所以,以 90% 的置信水平估计两家银行的存款额之差的置信区间为 $(8\,990.621, 9\,009.379)$。

6.3.2　两个总体比例之差的置信区间

假设分别从两个总体中随机抽取容量为 n_1 和 n_2 的样本,如果两个样本的容量足够大,则两个样本的比例 p_1 和 p_2 均服从正态分布,两个样本比例之差 $p_1 - p_2$ 的抽样分布也服从正态分布,即

$$(p_1 - p_2) \sim N\left[\pi_1 - \pi_2, \frac{\pi_1(1-\pi_1)}{n_1} + \frac{\pi_2(1-\pi_2)}{n_2}\right] \tag{6-11}$$

通常总体比例 π_1 和 π_2 未知,可以用样本比例 p_1 和 p_2 来代替。在实际应用中,除了要求 n_1 和 n_2 都大于或等于 30 之外,一般还要求 $n_1 p_1$、$n_1(1-p_1)$、$n_2 p_2$、$n_2(1-p_2)$ 都大于或等于 5,且总体比例 π_1 和 π_2 不要太接近 0 或 1。根据正态分布建立的两个总体比例之差 $\pi_1 - \pi_2$ 在 $1-\alpha$ 置信水平下的置信区间为

$$(p_1 - p_2) \pm z_{\alpha/2}\sqrt{\frac{p_1(1-p_1)}{n_1} + \frac{p_2(1-p_2)}{n_2}} \tag{6-12}$$

例 6-6　某公司进行一项拥有家用汽车用户特点的调查。从甲地区拥有轿车的家庭中随机抽取 300 户家庭,其中,年均收入超过 80 000 元的有 240 户;从乙地区拥有轿车的家庭中随机抽取 200 户家庭,其中,年均收入超过 80 000 元的有 46 户。对甲、乙两地区拥有轿车的家庭年均收入超过 80 000 元的比例之差构造置信水平为 95% 的置信区间。

解:已知 $p_1 = \dfrac{240}{300} = 80\%$,$p_2 = \dfrac{46}{200} = 23\%$,$1-\alpha = 95\%$,查标准正态分布表可得 $z_{\alpha/2} = 1.96$。

由于 $n_1 p_1 = 300 \times 80\% = 240$,$n_1(1-p_1) = 300 \times 20\% = 60$。

$n_2 p_2 = 200 \times 23\% = 46$,$n_2(1-p_2) = 200 \times 77\% = 154$ 均大于 5,都为大样本。

因此,$p_1 - p_2$ 也服从正态分布,根据式(6-12),则

$$\begin{aligned}
(p_1 - p_2) &\pm z_{\alpha/2}\sqrt{\frac{p_1(1-p_1)}{n_1} + \frac{p_2(1-p_2)}{n_2}} \\
&= (80\% - 23\%) \pm 1.96\sqrt{\frac{0.8 \times 0.2}{300} + \frac{0.23 \times 0.77}{200}} \\
&= 57\% \pm 7.38\%
\end{aligned}$$

所以,甲、乙两地区家庭中拥有家用轿车的年均收入超过 80 000 元的比例之差在置信水平为 95% 的置信区间为 $(49.62\%, 64.38\%)$。

6.4　样本容量的确定

我们知道,在一定的样本容量下,抽样估计结论的置信度(可靠度)和精确度存在矛盾,精确度提高必然要以牺牲置信度为条件,若要增加估计的置信度,置信区间就会扩大,估计的精确度

就降低了。同时,在抽样过程中,增大样本容量可以相应减少抽样误差,但增大样本容量受到人力、物力、财力等条件的限制,如果样本容量过大,则有可能超过抽样成本的预算。实际进行抽样调查之前,样本单位数是不知道的,样本容量的确定是抽样之前要解决的首要问题。抽的样本太多,会浪费资源和时间;抽的样本太少,会降低估计的精确度,达不到预期的效果。因此,应该为满足统计研究的目的和要求,在给定的可容忍的误差范围内,确定一个适当的样本容量。

6.4.1　影响样本容量的主要因素

1. 总体的变异程度

在其他条件相同的情况下,有较大方差的总体,样本容量应该大一些,反之则应该小一些。例如,在对正态总体均值的估计中,抽样平均误差为 $\dfrac{\sigma}{\sqrt{n}}$,它反映了样本均值相对于总体均值的离散程度。所以,当总体方差较大时,样本容量也要增大,这样才会使抽样平均误差 $\dfrac{\sigma}{\sqrt{n}}$ 较小,以保证估计的精确度。

2. 允许误差的大小

允许误差反映的是抽样误差的可能范围,说明了估计的精确度。在其他条件不变的情况下,如果要求估计的精度高,允许误差就会小些,则样本容量就要大一些;如果要求的精度不高,允许误差就可以大些,则样本容量可以小一些。

3. 置信水平 $1-\alpha$ 的大小

置信水平 $1-\alpha$ 说明了估计的可靠程度。在其他条件不变的情况下,如果要求较高的置信水平,就要增大样本容量,反之,则可以减小样本容量。

4. 抽样方法不同

在相同的条件下,重复抽样的抽样平均误差比不重复抽样的抽样平均误差大,需要的样本容量也就不同,重复抽样需要更大的样本容量。

6.4.2　估计总体均值时样本容量的确定

总体均值的置信区间由两部分组成:样本均值 $\bar{x}$ 和允许误差。在重复抽样或无限总体抽样条件下,允许误差为 $z_{\alpha/2}\dfrac{\sigma}{\sqrt{n}}$,对于正态总体方差已知或非正态总体、总体方差已知且为大样本时,总体均值的置信区间公式为 $\bar{x}\pm z_{\alpha/2}\dfrac{\sigma}{\sqrt{n}}$。从估计量 $\bar{x}$ 的取值到点 $\bar{x}+z_{\alpha/2}\dfrac{\sigma}{\sqrt{n}}$ 的距离和从估计量 $\bar{x}$ 的取值到点 $\bar{x}-z_{\alpha/2}\dfrac{\sigma}{\sqrt{n}}$ 的距离实际上为置信区间长度的一半,这段距离表示在一定的置信水平 $1-\alpha$ 下,用样本均值估计总体均值时所允许的最大误差,即允许误差 E,可以表示为

$$E=z_{\alpha/2}\frac{\sigma}{\sqrt{n}} \tag{6-13}$$

式(6-13)反映了允许误差 E、可靠性系数 $z_{\alpha/2}$、总体标准差 σ 和样本容量 n 之间的相互制约关系。若规定在一定的置信水平下允许误差为 E,可以推导出样本容量 n 的计算公式为

$$n=\frac{(z_{\alpha/2})^2\sigma^2}{E^2} \tag{6-14}$$

式中:E 代表在给定的置信水平下可以接受的允许误差;$z_{\alpha/2}$ 是与区间估计的置信水平所对应的 z 值,给定置信水平该值即可确定;σ 是总体的标准差。在实际应用中,如果 σ 未知,可以用以前相同或类似的样本的标准差代替;也可以选择一个初始样本,以该样本的样本标准差代替;或者用经验数值来代替。

通过式(6-14)可以看出,样本容量 n 与置信水平所对应的 $z_{\alpha/2}$ 的平方成正比,在其他条件不变的情况下,置信水平越大,需要的样本容量就越大;样本容量与总体方差成正比,置信水平越大,总体差异越大,需要的样本量就越多;样本容量 n 与允许误差成反比,可以接受的允许误差越大,需要的样本量越少。增大允许误差,也就是扩大置信区间的宽度,降低估计的精确度,可以减小样本容量。为确定样本容量,需要知道允许误差 E、与给定置信水平对应的 z 值和总体方差 σ^2。为了保证置信水平和准确程度的要求,n 的计算结果为小数时,不论小数点后的数大于 5 还是小于 5 都要进位,即见尾进位,或称为样本量的圆整法则。若计算结果 $n=68.01$ 个,则选取的样本量为 69 个,若计算结果 $n=84.72$ 个,则选取的样本量为 85 个。

例 6-7　据调查,2022 年某市从事教育行业的员工月薪标准差约为 5 000 元,若想要以置信水平为 95% 的置信区间估计员工的平均月薪,如果要求估计的允许误差不超过 300 元,应该抽取多大的样本容量?

解:已知 $\sigma=5\,000$,$E=300$,$1-\alpha=95\%$,查标准正态分布表可得 $z_{\alpha/2}=1.96$。根据式(6-14),则

$$n=\frac{(z_{\alpha/2})^2\sigma^2}{E^2}=\frac{(1.96)^2\times5\,000^2}{300^2}=1\,067.11\approx1\,068$$

所以,应至少抽取 1 068 人组成样本。

6.4.3　估计总体比例时样本容量的确定

估计总体比例时样本容量的确定与总体均值区间估计确定样本容量的方法类似,在重复抽样或无限总体抽样条件下,总体比例 π 区间估计的允许误差为 $z_{\alpha/2}\sqrt{\dfrac{\pi(1-\pi)}{n}}$,设允许误差为 E,可以表示为

$$E=z_{\alpha/2}\sqrt{\frac{\pi(1-\pi)}{n}} \tag{6-15}$$

如果置信水平确定、允许误差 E、π 已知,就可以推导出重复抽样条件下样本容量的计算公式为

$$n=\frac{(z_{\alpha/2})^2\pi(1-\pi)}{E^2} \tag{6-16}$$

在估计比例时,计算样本容量需要用到总体比例 π,但是在实际应用中,总体比例 π 的值一般未知,这时可以利用相关资料代替:一是利用历史资料;二是利用试验性的调查,选取一个初始样本,以该样本的比例作为总体比例 π 的估计值;三是若上述方法都不存在或不适用,出于保险的原则,通常取 $\pi=0.5$,因为 π 为 0.5 时 $\pi(1-\pi)$ 的值最大,虽然这样计算出的样本容量可能比实际需要的容量大一些,但可以保证希望达到的允许误差。

例 6-8　根据以往的资料,某种电子产品的合格率为 94%,现在要求允许误差为 5%,置

信水平为 99%，进行区间估计应该抽取多少个电子产品组成样本？

解：已知 $\pi = 94\%$，$E = 5\%$，$1 - \alpha = 99\%$，查标准正态分布表可得 $z_{\alpha/2} = 2.58$。根据式(6-16)，则

$$n = \frac{(z_{\alpha/2})^2 \pi(1-\pi)}{E^2} = \frac{2.58^2 \times 0.94 \times (1-0.94)}{0.05^2} = 150.17 \approx 151$$

所以，应该抽取 151 个电子产品组成样本进行调查。

 **例 6-9**　某生产电动牙刷的公司想要估计拥有电动牙刷的家庭所占的比例，该公司希望对总体比例的估计误差不超过 5%，要求置信水平为 95%，这时应取多大容量的样本？

解：已知 $E = 5\%$，$1 - \alpha = 95\%$，查标准正态分布表可得 $z_{\alpha/2} = 1.96$，总体比例 π 未知，未提供其他信息，取 $\pi = 0.5$。根据式(6-16)，则

$$n = \frac{(z_{\alpha/2})^2 \pi(1-\pi)}{E^2} = \frac{1.96^2 \times 0.5 \times (1-0.5)}{0.05^2} = 384.16 \approx 385$$

所以，为了以 95% 的置信水平保证估计误差不超过 5%，应抽取 385 户家庭进行调查。

本章小结

本章介绍总体参数估计及样本容量确定的方法。参数估计的方法有点估计和区间估计两种。点估计就是用样本估计量的估计值直接作为总体参数。区间估计是在点估计的基础上，根据一定的置信水平，估计总体参数的取值范围。评价估计量的标准有无偏性、有效性和一致性。对于一个总体，其参数主要有总体均值、总体比例和总体方差，对于两个总体，其参数则主要是两个总体均值之差、两个总体比例之差。

估计一个总体均值的置信区间时，要考虑两种情况：一是正态总体、方差已知，或非正态总体、总体方差已知、大样本，在这种情况下，可以用正态分布构造总体均值的置信区间；二是正态总体、总体方差未知、大样本，或非正态总体、总体方差未知、大样本，只要在大样本条件下，就可以用正态分布构造总体均值的置信区间，总体方差可以用样本方差代替；三是正态总体、总体方差未知、小样本，可以用 t 分布来建立总体均值在一定置信水平下的置信区间。进行总体比例的区间估计时，通常是讨论大样本重复抽样的情况，用正态分布构造总体比例的置信区间。

进行两个总体均值之差的区间估计时，如果两个总体都服从正态分布且总体方差已知，或者两个总体不服从正态分布，但这两个样本都为大样本且总体方差已知，根据抽样分布的理论知识可知，两个样本均值之差的抽样分布近似服从正态分布。如果两个样本的容量足够大，则两个样本的比例均服从正态分布，两个样本比例之差的抽样分布也服从正态分布。

影响样本容量的因素主要包括：总体的变异程度、允许误差的大小、置信水平的大小及抽样方法。

 ## 思考与练习

思考题

1. 评估估计量的标准。
2. 简述常用的随机抽样和非随机抽样的种类。

3. 试说明点估计和区间估计。

4. 简述置信区间的含义。

5. 简述总体分布、样本分布和抽样分布的区别和联系。

6. 简述中心极限定理的含义。

练习题

一、填空题

1. 在其他条件不变的情形下,未知参数的 $1-\alpha$ 置信区间,α 越大则置信区间的长度越_____。

2. 评价估计量的主要标准有_____、_____和_____。

3. 总体均值的置信区间由两部分构成,一部分是_____,另一部分是_____。

4. 其他条件不变,提高抽样推断的准确程度,置信水平将_____。

5. 参数估计的方法有_____和_____两种。

6. 所谓参数估计就是用_____去估计_____。

7. 在区间估计中,由样本统计量所构造的总体参数的估计区间称为_____,它因样本不同而不同,是一个_____区间。

8. 若样本方差 s_{n-1}^2 的期望值等于总体方差 σ^2,则称 s_{n-1}^2 为 σ^2 的_____估计量。

9. 在 95% 的置信水平下,边际误差为 0.05 时,为了得到总体比例的区间估计,应采用的样本容量为_____。

10. 总体方差已知,对总体均值进行区间估计时,所用的样本容量为 150。当要求边际误差从 30 减少到 20,置信水平不变,则样本容量应取_____。

二、单项选择题

1. 当样本单位数充分大时,样本估计量充分地靠近总体指标的可能性趋于 1,称为抽样估计的(　　)。

    A. 无偏性　　　　　　B. 一致性　　　　　C. 有效性　　　　　D. 充分性

2. 根据某班学生考试成绩的一个样本,用 95% 的置信水平构造的该班学生平均考试分数的置信区间为 78~85 分。全班学生的平均分数(　　)。

    A. 肯定在这一区间内

    B. 有 95% 的可能性在这一区间内

    C. 有 5% 的可能性在这一区间内

    D. 可能在这一区间内,也可能不在这一区间内

3. 无偏估计是指(　　)。

    A. 样本统计量的值恰好等于待估计的总体参数

    B. 所有可能样本估计值的数学期望等于待估计的总体参数

    C. 样本估计值围绕待估计的总体参数使其误差最小

    D. 样本扩大到和总体单元相等时与总体参数一致

4. 将构造置信区间的步骤重复多次,其中包含总体参数真值的次数所占的比例是(　　)。

    A. 显著性水平　　　B. 置信区间　　　C. 置信水平　　　D. 临界值

5. 其他条件相同,95% 的置信区间比 90% 的置信区间(　　)。

    A. 要宽　　　　　　B. 要窄　　　　　C. 相同　　　　　D. 可能宽也可能窄

6. 小区写字楼的月租金的标准差为 80 元,要估计总体均值 95% 的置信区间,希望允许误差为 15 元,应抽取的样本量为(　　)。

  A. 100   B. 110   C. 120   D. 130

7. 要估计某年某城市有购车意愿的人的比例,要求允许误差不超过 0.03,置信水平为 90%,应抽取的样本量为(　　)。

  A. 552   B. 652   C. 757   D. 857

8. 在参数估计中利用 t 分布构造置信区间的条件是(　　)。

  A. 总体分布须服从正态分布且方差已知

  B. 总体分布为正态分布,方差未知,且为小样本

  C. 总体不一定是正态分布,但须是大样本

  D. 总体不一定是正态分布,但需要方差已知

9. 估计量是指(　　)。

  A. 总体参数的名称

  B. 用来估计总体参数的统计量的名称

  C. 总体参数的具体数值

  D. 用来估计总体参数计算出来的统计量的数值

10. 一个估计量的一致性是指(　　)。

  A. 该估计量的数学期望等于总体参数

  B. 该估计量的方差比其他估计量小

  C. 随着样本量的增大该估计量的值越来越接近被估计的总体参数

  D. 该估计量的方差比其他估计量大

11. 在其他条件不变的情况下,如果允许误差缩小为原来的 1/2,则样本容量(　　)。

  A. 扩大为原来的 2 倍   B. 扩大为原来的 4 倍

  C. 缩小为原来的 1/2   D. 缩小为原来的 1/4

12. 对正态总体均值进行区间估计时,其他条件不变,置信水平 $1-\alpha$ 越小,则置信上限与置信下限的差(　　)。

  A. 越大   B. 越小   C. 不变   D. 无法判断

13. 关于样本的大小,下列说法错误的是(　　)。

  A. 总体方差大,样本容量应该大   B. 要求可靠性越高,所需样本容量越大

  C. 总体方差小,样本容量应该大   D. 要求推断比较精确,样本容量应该大些

14. 区间估计比点估计的主要优点是(　　)。

  A. 指明了估计的置信度   B. 有更高的无偏性

  C. 能提供误差的信息   D. 能直接给出总体参数的估计值

15. 有 50 个调查者分别对同一个正态总体进行抽样,样本容量都是 100,总体方差未知。它们分别根据各自的样本数据得到总体均值的一个置信度为 90% 的置信区间。则这些置信区间中应该大约有(　　)个区间会覆盖总体均值。

  A. 45   B. 50   C. 90   D. 35

16. 甲、乙是两个无偏估计量,如果甲估计量的方差小于乙估计量的方差,则称(　　)。

  A. 甲是充分估计量   B. 甲、乙一样有效

  C. 乙比甲有效   D. 甲比乙有效

17. 区间估计表明的是一个（　　　）。

    A. 绝对可靠的范围　　　　　　　　　　B. 可能的范围

    C. 绝对不可靠的范围　　　　　　　　　D. 不可能的范围

18. 当正态总体的方差未知,且为小样本条件下,估计总体均值使用的分布是（　　　）。

    A. 正态分布　　　　　B. t 分布　　　　　C. χ^2 分布　　　　　D. F 分布

19. 当正态总体的方差已知时,且为小样本条件下,估计总体均值使用的分布是（　　　）。

    A. 正态分布　　　　　B. t 分布　　　　　C. χ^2 分布　　　　　D. F 分布

20. 当正态总体的方差已知时,且为大样本条件下,估计总体均值使用的分布是（　　　）。

    A. 正态分布　　　　　B. t 分布　　　　　C. χ^2 分布　　　　　D. F 分布

三、多项选择题

1. 估计量的评价标准包括（　　　）。

    A. 无偏性　　　　　B. 有效性　　　　　C. 准确性　　　　　D. 一致性

    E. 完整性

2. 抽样估计的抽样平均误差（　　　）。

    A. 是不可避免要产生的　　　　　　　　B. 是可以通过改进调查的方法消除的

    C. 是可以事先计算的　　　　　　　　　D. 只有调查结束之后才能计算

    E. 其大小是可控的

3. 确定样本容量时必须考虑的因素有（　　　）。

    A. 总体各单位标志值的变异程度　　　　B. 抽样推断的置信水平

    C. 抽样方法　　　　　　　　　　　　　D. 样本各单位标志值的变异程度

    E. 允许的误差范围

4. 进行区间估计时,影响区间宽度的因素有（　　　）。

    A. 数据的变异程度　　　　　　　　　　B. 抽样推断的置信水平

    C. 点估计值　　　　　　　　　　　　　D. 样本容量

    E. 总体参数

5. 以下论述正确的是（　　　）。

    A. 总体参数是确定的,样本统计量是随机的

    B. 总体平均数是常数

    C. 样本统计量是样本变量的函数

    D. 样本平均数是随机变量

    E. 样本比例是确定不变的

6. 抽样推断中,属于总体参数的有（　　　）。

    A. 统计量　　　　　B. 总体均值　　　　　C. 总体比例　　　　　D. 总体方差

    E. 总体标准差

7. 区间估计与点估计对比的优点是（　　　）。

    A. 指明了估计的置信度　　　　　　　　B. 有更高的无偏性

    C. 能提供误差的信息　　　　　　　　　D. 能直接给出总体参数的估计值

    E. 不等于总体参数的真值

四、判断题

1. 参数是描述总体特征的概括性数字度量,它是随机变量。　　　　　　　　　　　　　　　（　　　）

2. 随着样本容量的增大,估计量的值越来越接近被估计的总体参数,则这个估计量具有有效性。　　　　　　　　　　　　　　　　　　　　　　　　　　　　　　（　　）

3. 样本的统计量是随机变量,而总体的参数是常数。　　　　　　　　　　（　　）

4. 正态随机变量落入其均值左右一个标准差内的概率是 68.27%。　　　（　　）

5. 当正态总体方差已知时,在小样本情况下可以用正态分布对总体均值进行估计。（　　）

6. 一个无偏估计量意味着它非常接近总体参数。　　　　　　　　　　　　（　　）

7. 样本中位数和样本均值都是总体值的无偏估计量,但样本均值具有较小的方差。

　　　　　　　　　　　　　　　　　　　　　　　　　　　　　　　　　　（　　）

8. 参数是描述总体特征的概括性数字度量,它是随机变量。　　　　　　　（　　）

五、计算题

1. 为了解某银行营业厅办理某业务的办事效率,调查人员观察了该银行营业厅办理该业务的柜台办理每笔业务的时间,随机记录了 16 名客户办理业务的时间,测得平均办理时间为12 分钟,样本标准差为 4.1 分钟,假定办理该业务的时间服从正态分布,则:

(1) 此银行办理该业务的平均时间的置信水平为 95% 的区间估计是什么?

(2) 若样本容量为 40,而观测数据的样本均值和样本标准差不变,则置信水平为 95% 的置信区间是什么?

2. 某外贸企业出口一批酱油,与外商签订的合同规定每瓶酱油的平均重量不能低于 150 克。现按重复抽样随机抽取 100 瓶进行检验,检验结果如表 6-5 所示。

表 6-5　酱油检验结果

每瓶重量/克	瓶数/个
146~148	8
148~150	17
150~152	48
152~154	22
154~156	5
合计	100

已知:酱油重量服从正态分布,样本均值和样本标准差分别为 150.90 克和 3.83 克。

要求:

(1) 确定该批酱油平均重量 95% 的置信区间。

(2) 如果规定酱油重量低于 148 克属于不合格,确定该批酱油合格率 95% 的置信区间。

3. 某地对在该地就业的本科生毕业一年后的月工资进行了一次抽样调查,采用重复抽样的方法,随机抽取 100 名学生,经计算,其平均工资是 2 000 元,工资额的标准差为 100 元,在95% 的概率保证下,推算全部在该地就业的本科生毕业一年后的平均工资。

4. 从方差为 12.25 的正态总体中,随机抽取容量为 8 的样本,样本观测值分别为:10,8,12,15,6,13,5,11。求总体均值 95% 的置信区间。

5. 某电视台要了解某电视节目的收视率,随机选取 800 户城乡居民作为样本,调查结果有160 户收视该节目,试以 95% 的概率推断:

(1) 收视率的可能范围。

(2) 如果使收视率的允许误差缩小为原来的 1/2,则样本容量如何?

6. 某企业有职 1 000 人,按比例 20% 进行随机抽样,经计算,样本的平均家庭人均月支出 3 500 元,方差为 6 550 元。

计算:

(1) 在 95% 的概率保证情况下,推算全部职工的平均家庭月支出。

(2) 在上述条件下,如果要求极限误差减少 50%,抽样单位数最少应为多少?

7. 某企业对产品进行抽样检查(重复抽样),在 2 500 个抽样产品中,有 80% 的一等品。

要求:

(1) 一等品率抽样分布的方差;

(2) 以 90% 的置信水平,估计全部产品一等品率的范围。

8. 在 9 000 件产品中,采用重复抽样方法抽取 400 件进行检查,结果有 40 件三等品。如果要求置信水平为 95%,估计这批产品三等品产量的范围。

9. 某工厂生产一种新型灯泡 5 000 只,采用重复抽样的方法,随机抽取 100 只做耐用时间试验。测试结果,平均使用时数为 4 500 小时,标准差 300 小时。要求:

(1) 试在 90% 置信水平下,估计该新式灯泡平均寿命;

(2) 假定置信水平提高到 95%,允许误差缩小一半,试问应抽取多少只灯泡进行测试?

10. 某快餐店要估计顾客午餐的平均消费金额,随机抽取 49 位顾客组成样本。要求:

(1) 假定总体标准差为 15 元,求样本均值抽样分布的标准差;

(2) 在 95% 的置信水平下,求允许误差;

(3) 如果样本均值为 120 元,求总体均值 95% 的置信区间。

11. 某大学要了解学生每天上网的时间,采用重复抽样的方法,在全校学生中抽取 50 人,他们每天的上网时间如表 6-6 所示。

表 6-6   某大学 50 名学生每天的上网时间

上网时间/小时	人数/人
3 以下	7
3~5	37
5~7	5
7 以上	1
合计	50

求该校学生平均上网时间的置信区间,置信水平分别为 90%、95% 和 99%。

12. 某小区共有居民 500 户,采用重复抽样方法随机抽取 50 户,其中有 32 户对小区的各项管理较为满意。要求:

(1) 求 500 户居民对小区管理满意率的置信区间,置信水平为 95%;

(2) 如果小区管理者预计满意率能达到 80%,要求估计误差不超过 10%,在置信水平不变的情况下,应抽取多少户进行调查。

13. 某大学有学生 8 000 人,欲调查学生的人均月生活费情况,现抽取 80 名学生进行调查,得到月生活费在 2 000 元以上的有 42 名。以 95% 的置信水平计算全体学生中月生活费在 2 000 元以上的学生的比重的区间范围;如果允许误差减少为 5.5%,置信水平仍为 95%,需要抽取多少名学生?

第 **7** 章

假 设 检 验

引例

对方所声称的数据是否真实？怎样判断才是科学的？

某市 2020 届毕业生第一份工作的平均起薪为 5 290 元/月，现某研究机构质疑该平台所公布数据的真实性，故随机抽取 30 名 2020 届毕业生进行电话调查，统计其第一份工作的起薪如表 7-1 所示。

表 7-1   30 名 2020 届毕业生第一份工作起薪   单位：元/月

x_1	x_2	x_3	x_4	x_5	x_6	x_7	x_8	x_9	x_{10}
6 700	5 120	4 000	3 800	5 400	3 500	5 300	5 600	2 800	4 000
x_{11}	x_{12}	x_{13}	x_{14}	x_{15}	x_{16}	x_{17}	x_{18}	x_{19}	x_{20}
5 300	8 000	5 200	2 300	5 120	6 500	6 800	4 800	5 100	4 800
x_{21}	x_{22}	x_{23}	x_{24}	x_{25}	x_{26}	x_{27}	x_{28}	x_{29}	x_{30}
3 200	4 650	6 200	5 500	3 000	6 750	4 200	5 200	3 000	6 200

计算可得 30 名毕业生的平均起薪约为 4 937.67 元/月。不难发现，通过调查得到的平均薪资 4 937.67 元/月与该平台所声称的平均薪资 5 290 元/月并不相同，请问我们是否可以直接得出"该平台所报告的数据不正确"的结论？

通过前面的学习我们了解到，抽样的随机性可以造成样本统计量与总体参数之间的误差，所以实际上，在这个问题中我们探究的是 4 937.67 元/月与 5 290 元/月之间的差异 352.33 元/月是由什么原因造成的。第一种原因，是仅仅由抽样的随机性带来了两者间 352.33 元/月的误差，即研究机构与该平台得出平均薪资并没有差别，在这种情况下，我们不能说平台声称的数据是错误的；第二种原因，是抽样的随机性不会带来 352.33 元/月这么大的误差，所以我们说是该平台报告有错误才导致了这个差异。为了探究差异产生的原因，我们不能简单地通过一个随机抽取的样本的均值与报告所述的均值不相等就草率得出结论，而是应该通过假设检验的方法进行判断，来确定两者之间的差异是否可以用抽样的随机性解释。

在现实生活中，我们常常会遇到类似的问题，如"某批次零件的重量是否符合生产要求""某品牌降压药是否真的有效""更换新生产线后，生产效率是否有显著提高"等。这类问题往往都需要通过假设检验的统计方法，以科学地求得结论。本章将对假设检验这一推断统计方法做详细介绍。

7.1   假设检验概述

7.1.1   假设检验的基本概念

1. 假设检验的概念

在日常生活中，我们通常要解决这样一系列问题：先对某事提出"假设"，再通过一些方式对该"假设"进行判断，从而确定它是真的还是假的；同样，在研究领域中，研究者在提出一项新理论之前，首先也要提出一种假设，然后通过科学的方式判断该假设真实与否，从而对新理论进行验证。在统计学语言中,"假设"一词就是对未知的总体参数所做的假定,而假设检验就是利用已知的样本信息来检验事先对总体参数所做的假定是否真实的一种统计推断方法。当我们质疑总体参数的真实性时,就可以运用假设检验的方法,通过从样本中获得的信息来考查其是否正确,从而决定是否拒绝这一假设。

2. 原假设和备择假设

已知假设检验的第一步是"假设",那么该如何进行假设呢? 可以通过下面的例子进行介绍。

例 7-1　某品牌要求工厂生产台式电脑主机平均重量为 5.1 千克,现从产成品中随机抽取 100 个,测得其平均重量为 4.9 千克,假定已知总体标准差为 0.8 千克,试问工厂生产的台式电脑主机是否符合该品牌方的要求? ($\alpha = 0.05$)

解:在该案例中,5.1 千克是品牌所要求的台式电脑主机的平均重量,用 μ_0 表示;工厂生产的台式电脑主机的平均重量用 μ 表示,即我们要检验的参数。最初设立的假设叫作原假设,用 H_0 表示,所以也被称为零假设,表示为

$$H_0 : \mu = \mu_0$$

或

$$H_0 : \mu - \mu_0 = 0$$

在例 7-1 中原假设代表工厂生产的台式电脑主机符合该品牌方的要求,故表示为

$$H_0 : \mu = 5.1 \text{ 千克}$$

因为原假设不一定是事实,只是一种猜测,所以我们还需要设立一个与之相反的备择假设。备择假设也称替换假设或研究假设,与原假设相对立,用 H_1 表示,是推翻原假设时另一种可能成立的结论,表示为

$$H_1 : \mu \neq \mu_0$$

或

$$H_1 : \mu - \mu_0 \neq 0$$

在例 7-1 中,原假设是工厂生产的台式电脑主机平均重量达到了该品牌方的要求,那么备择假设就代表工厂生产的台式电脑与要求不符,故表示为

$$H_1 : \mu \neq 5.1 \text{ 千克}$$

不难发现,上述的原假设与备择假设是互斥的。如果肯定原假设,就意味着放弃备择假设;如果否定原假设,就意味着接受备择假设。在例 7-1 中,我们探讨的是工厂生产的台式电脑主机是否符合该品牌方的要求,即参数是否等于某个数值。而在现实中,我们研究的问题可能是某参数有没有超过或未达到某个数值,这时原假设和备择假设应该如何表示呢? 我们通过例 7-2 进行说明。

例 7-2　某品牌的袋装奶经常被指控存在容量不足的问题,有欺骗消费者之嫌。包装上标明的容量为 200mL。消费者协会从市场上随机抽取 100 袋该品牌的袋装奶,测试发现平均容量为 195mL。请问容量上的差异是生产过程中不可避免的正常波动,还是厂商有意为之? 消费者协会能否根据该样本数据,判定该袋装奶厂商欺骗了消费者呢?

解:在例 7-2 中,消费者协会希望知道该品牌袋装奶的平均容量是否少于标明的 200mL,即我们探讨的是该袋装奶的容量是否达到了 200mL 的预期,即实际袋装奶容量 μ 是否大于或等于 200mL,故原假设表示为

$$H_0 : \mu \geqslant 200 \text{mL}$$

备择假设与之互斥,如果有证据证明袋装奶容量小于 200mL,说明该品牌欺骗消费者,损害了消费者的利益,有关部门应采取相应措施,故备择假设应该表示为

$$H_1:\mu<200\text{mL}$$

通过上述例子可知,原假设通常是研究者想收集证据予以反对的假设;备择假设通常是研究者想收集证据予以支持的假设,备择假设通常用于支持自己的看法。

原假设和备择假设一共有三种情况,一般把期望出现的结论作为备择假设,并且等号写在原假设中。具体总结如下。

第一种:当研究者怀疑某参数是否等于某个值时,往往主张该参数不等于 μ_0,故此时原假设为 $H_0:\mu=\mu_0$,备择假设为 $H_1:\mu\neq\mu_0$。

第二种:当研究者怀疑某参数是否大于或等于某个值时,往往主张该参数小于 μ_0,故此时原假设为 $H_0:\mu\geqslant\mu_0$,备择假设为 $H_1:\mu<\mu_0$。

第三种:当研究者怀疑某参数是否小于或等于某个值时,往往主张该参数大于 μ_0,故此时原假设为 $H_0:\mu\leqslant\mu_0$,备择假设为 $H_1:\mu>\mu_0$。

7.1.2　假设检验的流程

1. 假设检验的基本形式

通过假设的形式提出问题后,我们就可以根据检验该假设是否成立来解决问题,所谓"检验",也就是需要对刚才提出的"假设"进行判断,我们需要通过从样本中获得的信息来检验该假设是否成立。如果样本信息能证明原假设是错误的,则拒绝原假设,认为备择假设正确;如果样本信息没有足够的证据证明原假设错误,则不拒绝原假设。需要注意的是,当不拒绝原假设时,我们不说"接受原假设",只能说"不拒绝原假设",因为没有证据证明原假设是真的。如果采用"接受原假设"的说法,则意味着证明了原假设是正确的。我们知道,原假设是在开始进行检验时被认定为真的,没有足够的证据拒绝原假设时,并不等于"证明"了原假设是真的。它仅仅意味着:没有足够的证据拒绝原假设,因此不能拒绝原假设。当拒绝原假设时,得出的结论是清楚的,比如在例 7-2 中,如果拒绝原假设,就可以说该品牌袋装奶的容量与包装所识别的不相符;如果不拒绝原假设,只能说样本提供的证据还不足以推翻原假设,这并不等于承认原假设是对的,因而不能说该品牌袋装奶的容量大于或等于 200mL。因此,当不拒绝原假设时,实际上并未给出明确的结论。

假设检验有双侧检验和单侧检验两种形式,其中单侧检验还分为左侧检验和右侧检验,其与原假设和备择假设的不同情况有关。

(1) 双侧检验:若研究者感兴趣的备择假设没有特定的方向,研究者只是关心参数是否等于某个值,即原假设为 $H_0:\mu=\mu_0$,备择假设为 $H_1:\mu\neq\mu_0$ 时,称为双侧检验或称双尾检验。比如在例 7-1 中,研究者关心的是工厂的生产台式电脑主机平均重量是否等于 5.1 千克,该检验就是双侧检验。

(2) 单侧检验:若研究者感兴趣的备择假设具有特定的方向性,并且含有符号">"或"<"的假设检验,称为单侧检验或单尾检验。

其中,由于研究者感兴趣的方向不同,单侧检验又可分为左侧检验和右侧检验。如果研究者感兴趣的备择假设的方向为"<",即原假设为 $H_0:\mu\geqslant\mu_0$ 而备择假设为 $H_1:\mu<\mu_0$,则称为左侧检验;如果研究者感兴趣的备择假设的方向为">",即原假设为 $H_0:\mu\leqslant\mu_0$ 而备择假设为 $H_1:\mu>\mu_0$,则称为右侧检验。比如在例 7-2 中,研究者感兴趣的是袋装奶的容量是否低于

200mL，即是否 $\mu < 200\text{mL}$，该检验就是单侧检验中的左侧检验。假设检验的基本形式总结如表 7-2 所示。

表 7-2　假设检验的基本形式

假　　设	双　侧　检　验	单　侧　检　验	
		左侧检验	右侧检验
原假设	$H_0:\mu=\mu_0$	$H_0:\mu\geqslant\mu_0$	$H_0:\mu\leqslant\mu_0$
备择假设	$H_1:\mu\neq\mu_0$	$H_1:\mu<\mu_0$	$H_1:\mu>\mu_0$

2. 假设检验的步骤

（1）根据所研究问题的情况列出原假设和备择假设。针对研究者所感兴趣的方面提出原假设和备择假设，确定假设检验的形式。以例 7-1 为例，原假设和备择假设分别为

$$H_0:\mu=5.1 \text{ 千克}$$

$$H_1:\mu\neq5.1 \text{ 千克}$$

（2）计算检验统计量。提出假设后，研究者需要提供证据来支持自己提出的备择假设。与参数估计一样，假设检验需要通过样本统计量进行统计推断。这种用以对原假设和备择假设做出判断的样本统计量就被称为检验统计量。在实际分析中，检验统计量就是通过压缩和概括所抽取样本的信息得到的。如果样本信息提供了充分的证据否定原假设，那么我们就对原假设提出拒绝，而倾向选择备择假设。

检验统计量实际上是总体参数的点估计量，比如，样本均值 $\bar{x}$ 就是总体均值 μ 的一个点估计量，但点估计量并不能直接作为检验的统计量，只有将其标准化后，才能用于度量它与原假设的参数值之间的差异程度。对点估计量标准化的依据则是：原假设 H_0 为真时点估计量的抽样分布。实际上，假设检验中所用的检验统计量都是标准化检验统计量，它反映了点估计（如样本均值 μ）与假设的总体参数（如假设的总体均值 μ_0）相比相差多少个标准差。为叙述方便，通常将标准化检验统计量简称为检验统计量。

对于总体均值和总体比例的检验，标准化的检验统计量可表示为

$$标准化检验统计量=\frac{点估计量-假设值}{点估计量的抽样标准差} \tag{7-1}$$

检验统计量具体还需要根据样本量的多少、总体标准差是否已知等条件来选择统计量的类型，这些需要考虑的因素与参数估计中确定统计量所考虑的因素是相同的。

在例 7-1 中，已经假定了总体 σ 已知，且样本量大（当 $n\geqslant30$ 时，称为大样本），这里采用 z 统计量，计算公式为

$$z=\frac{\bar{x}-\mu_0}{\sigma/\sqrt{n}} \tag{7-2}$$

（3）查看检验统计量的数值是否落入拒绝域。检验统计量是一个随机变量，它的具体数值随着不同的样本观测值而变化，但只要知道一组具体的样本观测值，就可以确定检验统计量的值。假设检验的基本原理就是找到拒绝域，也就是包含可以拒绝原假设的检验统计量的所有可能值，当计算得出的检验统计量落入拒绝域，研究者就可以拒绝原假设。

拒绝域与事先选定的显著性水平有一定关系，它是由显著性水平 α 围成的区域。在确定了显著性水平 α 之后，就可以根据 α 的值确定出拒绝域的具体边界值，这种根据给定的显著性水

平确定的拒绝域的边界值,称为临界值。将检验统计量的值与临界值进行比较,查看检验统计量是否落入拒绝域,就可做出拒绝或不拒绝原假设的判断。

拒绝域的位置则取决于检验是单侧检验还是双侧检验。在给定显著性水平 α 的条件下,拒绝域和临界值如图 7-1 所示。

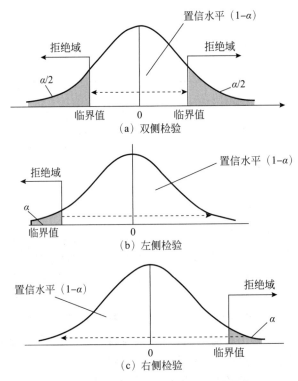

图 7-1　显著性水平、拒绝域和临界值

当样本量固定时,拒绝域的面积随 α 的减少而减少。α 值越小,临界值与原假设的参数值就越远。那么 α 是如何取值的呢? 英国统计学家费希尔把小概率的标准定为 0.05,人们也沿用了这个标准,把 0.05 或比 0.05 更小的概率看作是小概率。与在参数估计中一样,置信水平 $\alpha = 0.05$ 时,临界值 $z_{\alpha/2}$ 为 1.96;置信水平 $\alpha = 0.01$ 时,临界值 $z_{\alpha/2}$ 为 2.58。

在例 7-1 中,α 取值为 0.05 可知拒绝域的临界值为 -1.96 和 1.96,拒绝域如图 7-2 所示。

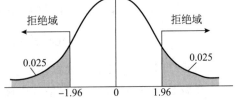

图 7-2　α 取值为 0.05 的拒绝域和临界值

将样本均值 $\overline{x} = 4.9, \mu_0 = 5.1, \sigma = 0.8, n = 100$ 代入式(7-2)可得

$$z = \frac{\overline{x} - \mu_0}{\sigma/\sqrt{n}} = \frac{4.9 - 5.1}{0.8/\sqrt{100}} = -2.5$$

(4) 进行统计决策。如果原假设成立,该检验统计量落入拒绝域的概率只有 0.05,这是小概率事件,所以若这个情况出现,我们有理由拒绝原假设,接受备择假设。

由图 7-2 可知,计算得出的 z 统计量 $-2.5 < -1.96$,落入拒绝域,故我们拒绝原假设,认为总体的平均重量不是 5.1 千克,即认为工厂生产的台式电脑主机不符合该品牌方的要求。

同样地,如果我们根据样本计算的 z 统计量大于 1.96,同样落入拒绝域,也拒绝原假设。

我们进行假设检验决策的原则如下：

若 $|z| < |z_{\alpha/2}|$，不拒绝原假设 H_0；

若 $|z| > |z_{\alpha/2}|$，拒绝原假设 H_0。

7.1.3　两类错误

1. 两类错误的概述

经过假设检验后，我们对原假设的判断有"原假设正确"和"原假设错误"两种结果，但统计量是随机变量，依据其所做的判断不保证完全正确，所以我们的决策结果有四种情况：

（1）原假设正确，判断结果是不拒绝原假设，此时决策是正确的；

（2）原假设正确，判断结果是拒绝原假设，此时决策犯了"弃真错误"；

（3）原假设错误，判断结果是拒绝原假设，此时决策是正确的；

（4）原假设错误，判断结果是不拒绝原假设，此时决策犯了"取伪错误"。

下面我们探讨两种错误情形。

在上述的第二种情形中，弃真错误也称为假设检验的"第一类错误"，就是原假设 H_0 为真时却被我们拒绝了，犯这种错误的概率用 α 表示，所以也叫 α 错误。产生第一类错误的原因是：在原假设正确时，通过样本数据计算得出的检验统计量不巧刚好落入小概率的拒绝域中，使得我们做出拒绝原假设的决策。因此，犯第一类错误概率的大小就等于显著性水平的大小即 α 值。想要控制犯第一类错误的概率，可以通过控制显著性水平大小即 α 值的方式来达成，设定的 α 越小，犯第一类错误的概率就越小。例如在例 7-1 中，$\alpha = 0.05$ 表示犯第一类错误的可能性为 5%，也就是说，如果进行 100 次判断，犯第一类错误的次数是 5 次；如果降低显著性水平，设定 $\alpha = 0.01$，这时犯第一类错误的概率就下降至 1%，也就是说，如果进行 100 次判断，犯第一类错误的次数只有 1 次。

在上述的第四种情形中，取伪错误也称为假设检验的"第二类错误"，就是原假设 H_0 为假时我们却没有拒绝，犯这种错误的概率用 β 表示，所以也叫 β 错误。产生第二类错误的原因是：在原假设错误时，通过样本数据计算得出的检验统计量并没有落入拒绝域，使得我们做出了不拒绝原假设的决策。

例如，在例 7-1 中，第一类错误是：原假设 $H_0: \mu = 5.1$ 千克是正确的，但被我们错误地拒绝了，我们错误地判断 $\mu \neq 5.1$ 千克，实际上工厂生产的台式电脑主机平均重量达到了该品牌方的要求但是我们却认为其没有达到，即在假设检验中拒绝了本来是正确的原假设；第二类错误是：原假设 $H_0: \mu = 5.1$ 千克是错误的，但没有被我们拒绝，我们错误地判断 $\mu = 5.1$ 千克，事实上工厂生产的台式计算机主机平均重量未达到该品牌方的要求，但是我们却认为其合格了，也就是在假设检验中没有拒绝本来是错误的原假设。

当原假设 H_0 为真时，我们会做出两种判断：一是错误地拒绝原假设，即犯了第一类错误；二是正确地不拒绝原假设。已知犯第一类错误的概率为 α，那么我们可以推出原假设 H_0 为真时正确地不拒绝原假设的概率为 $1 - \alpha$。

当原假设 H_0 为伪时，我们同样会做出两种判断：一是错误地没有拒绝原假设，即犯了第二类错误；二是正确地拒绝了原假设。已知犯第二类错误的概率为 β，那么我们就可以推出原假设 H_0 为伪时正确地拒绝原假设的概率为 $1 - \beta$。

由此可知，以上四种决策情况的概率可归纳为表 7-3。

表 7-3   决策结果的概率表

项　目	不拒绝 H_0	拒绝 H_0
H_0 正确	$1-\alpha$（判断正确）	α（第一类错误）
H_0 错误	β（第二类错误）	$1-\beta$（判断正确）

2. 两类错误之间的关系

在研究中，第一类错误和第二类错误都是检验决策错误的表现，我们希望犯这两种类型的错误的概率越小越好，即 α 和 β 越小越好，所以应对其大小加以控制。但对于一定的样本量 n，不能做到同时让这两类错误的概率都很小，因为犯第一类错误的概率和犯第二类错误的概率是密切相关的。在样本一定的条件下，如果减小第一类错误的概率，相应地就会增大第二类错误的概率；同样地，如果减小第二类错误的概率，就会增大第一类错误的概率。只有增大样本容量 n、减小抽样分布的离散性才能达到同时减小 α 和 β 的目的。它们之间的关系可以通过正态分布的统计予以检验，如图 7-3 所示。

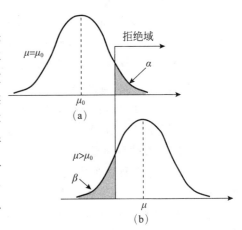

图 7-3 α 和 β 关系示意图

根据图 7-3(a)，如果原假设 $H_0:\mu=\mu_0$ 为真，由样本信息得到的结果应当落在 μ_0 附近，落入阴影中的概率为 α。当由样本信息得到的结果落入图 7-3(a)中的阴影部分，我们拒绝原假设，这时就犯了第一类错误，犯第一类错误的概率为 α。根据图中 7-3(b)，如果原假设 $H_0:\mu=\mu_0$ 为伪，被检验的参数 $\mu>\mu_0$，那么当由样本信息得到的结果落入阴影 β 中时，我们把 μ 看作 μ_0 而没有拒绝，这时便犯了第二类错误，犯第二类错误的概率为 β。不难发现，如果临界值水平左移，α 将变大而 β 将变小；如果临界值水平右移，α 将变小而 β 将变大，在假设检验中 α 和 β 存在着此消彼长的关系。

在假设检验中，控制第一类错误和控制第二类错误之间的哪个更有必要？一般来说，哪一种类型的错误带来的后果越严重、危害越大，就应当优先控制该类错误。我们通过两个例子来认识两类错误的本质。

例如，按照法律，在证明被告有罪之前应先假定他是无罪的。也就是原假设是 H_0：被告无罪；备择假设 H_1：被告有罪。法庭可能犯的第一类错误是：被告无罪但判他有罪；第二类错误是：被告有罪但判他无罪。第一类错误的性质是"冤枉了好人"，第二类错误的性质是"放过了坏人"。为了减小"冤枉好人"的概率，应尽可能不拒绝原假设，判被告无罪，这就有可能增大了"放过坏人"的概率；反过来，为了不"放过坏人"，增大拒绝原假设的概率，相应地就增加了"冤枉好人"的可能性，这就是 α 和 β 的关系。这就是在"一定证据下"的两难选择。法庭实际上控制两类错误概率的方法是：我们只能收集证据证明被告有罪，但是不能证明被告无罪，为被告辩护时只能提出"证据不足以证明被告有罪"。

又如，假设某人得了某种严重的疾病，即原假设是 H_0：患病；备择假设 H_1：未患病，而医生诊断为其未患病，这属于第一类错误，即原假设为真但被我们拒绝了；或实际上此人身体健康，而医生诊断其患病，这属于第二类错误，即原假设为假但我们没有拒绝。为了减小耽误治疗时机的概率，应尽可能不拒绝原假设，认为对方患病，这就有可能增大了"错误用药"的概率；反过来,为了不错误用药,增大拒绝原假设的概率,相应地就增加了耽误治疗时机的可能性,这就是 α 和 β 的关系。第一类错误的性质是"生病了而不进行治疗从而耽误治疗时机",第二类错误的性质是"未患病却吃错药承担药物副作用的后果"。不难看出第一种情况更严重,因为第一类错误耽误了患者的治疗时机,使患者的病情加重,严重的话甚至可能对患者的生命造成威胁,从而造成更严重的后果。

通过以上案例我们发现,在假设检验中人们通常遵循着这样的原则,即首先控制犯第一类错误原则。总的来说,控制第一类错误原则主要原因在于:第一,大家遵循一个统一的原则时能够方便讨论问题;第二,从实用的角度来说,原假设的内容往往是明确的,而备择假设的内容则总是模糊的。在前面例 7-1 中,原假设 $H_0: \mu = 5.1$ 千克的重量标准十分清楚,而备择假设 $H_1:$ $\mu \neq 5.1$ 千克的重量标准则比较模糊。我们不知道是 $\mu > 5.1$ 千克,还是 $\mu < 5.1$ 千克,而且两种假设中 μ 具体相差多少也不清楚。显然,对于一个含义清楚的假设和一个含义模糊的假设,我们更愿意接受前者。正是在这个背景下,我们就更为关心如果 H_0 为真,我们却把它拒绝了,犯这种错误的可能性有多大。而这正是 α 错误所表现的内容。

7.1.4 利用 P 值进行决策

我们知道在进行检验之前就已经确定了显著性水平 α,也就是说,检验之前事先就确定了拒绝域,不论检验统计量的值多大,只要它落入了拒绝域,我们就拒绝原假设 H_0,否则就不拒绝原假设 H_0。这种固定的显著性水平 α 的方法对检验结果的可靠性起到了一种度量的作用,但进行决策时面临的风险是笼统的。α 是犯第一类错误的上限控制值,它只能在一个大致的范围上提供检验结论的可靠性,但不能具体给出观测数据与原假设之间不一致的程度有多大。也就是说,仅从显著性水平上来进行比较,如果给定的 α 值相同,所有的检验结论可靠性都相同。以上文的例 7-1 为例,计算得出检验统计量 $z = -2.5$,落入拒绝域,我们拒绝原假设,并知道犯第一类错误的概率为 0.05;如果计算结果是检验统计量 $z = 2.0$,同样落入拒绝域,我们拒绝原假设犯第一类错误的概率也是 0.05,此时 0.05 是一个通用的风险概率。但其实根据不同的样本信息进行决策,面临的风险事实上应该是有差别的,为了更精确地反映决策的风险,可以利用 P 值进行决策,P 值能够反映出样本观测数据与原假设中假设的值 μ_0 的偏离程度。

P 值也是确定是否拒绝原假设的另一重要工具,它有效地补充了 α 提供的有限的关于检验可靠性的信息。当原假设 H_0 为真时,我们通过此样本信息所得到的该观测结果的概率,就称为 P 值,也称为观察到的显著性水平。

P 值与原假设真伪的概率无关,如果原假设是真的,则 P 值告诉我们这样的观测结果的概率会是多大。P 值越小,说明实际观测到的数据与 H_0 之间不一致的程度就越大,检验的结果也就越显著。为了更清楚地理解什么是 P 值,让我们回到前面的例子。在例 7-1 中,根据随机抽样测得的样本均值 $\bar{x} = 4.9$ 千克,与品牌方要求的总体均值 5.1 千克相差 0.2 千克,0.2 千克的差异究竟是大还是小?换句话说,如果原假设成立,随机抽取出 $n = 100$ 的样本,其均值等于 4.9 千克的概率有多大呢?我们把这个概率称为 P 值,也就是当原假设为真时样本观察结果或更极端结果出现的概率。如果 P 值很小,说明这种情况发生的概率很小,如果这种情况出现了,根据小概率原理,我们就有充分的理由拒绝原假设。故 P 值越小,拒绝原假设的理由就越充分。

不同检验形式的 P 值,可以用图 7-4 来表示。

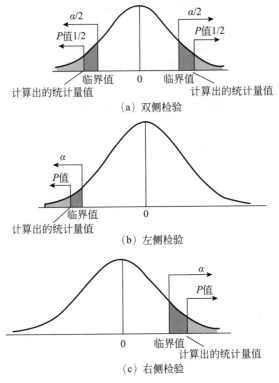

图 7-4　P 值示意图

在已知 P 值的条件下,将其与给定的显著性水平 α 进行比较,就可以确定是否应该拒绝原假设。从图 7-4 可以看出:单侧检验中,P 值位于抽样分布的一侧,而双侧检验中,P 值则位于分布的两侧。通常,在双侧检验中,将两侧面积的总和定义为 P 值,这样定义的好处是可以将 P 值直接与给定的显著性水平 α 比较(如果特别地将其中一侧的面积定义为 P 值,则需要将 P 值与 $\alpha/2$ 进行比较,若 P 值大于 $\alpha/2$ 则拒绝原假设)。

因此,不论是单侧检验还是双侧检验,在一般情况下用 P 值进行决策的准则都是:如果 P 值$<\alpha$,就拒绝 H_0;如果 P 值$>\alpha$,就不拒绝 H_0。

有关 P 值的具体计算,本书中将使用 Excel 软件,具体的计算方法及其应用将在下面进行介绍。

7.2　一个总体参数的检验

当研究一个总体时,我们假设检验的对象是总体均值 μ、总体比例 π 和总体方差 σ^2。在不同情况下,我们需要采取不同的检验统计量。在研究一个总体参数时,我们主要用以下三个检验统计量:z 统计量,t 统计量,χ^2 统计量。其中,对总体均值和总体比例进行检验时一般使用 z 统计量和 t 统计量,对总体方差进行检验时使用 χ^2 统计量。具体选择哪个统计量进行检验,还取决于样本量 n 的大小及总体标准差 σ 是否已知等因素。一个总体参数的检验统计量的确定具体情况可以归纳为图 7-5。

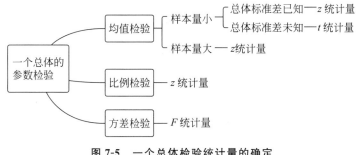

图 7-5　一个总体检验统计量的确定

7.2.1　一个总体均值的检验

在一个总体均值的假设检验问题中,选取哪个统计量进行检验取决于样本量大小及总体标准差 σ 是否已知等几种情况。接下来详细了解上述检验统计量的确定及一个总体均值检验的具体过程。

1. 样本量大($n \geqslant 30$),总体标准差 σ 已知或未知

样本量 $n \geqslant 30$,称为大样本。根据抽样分布的知识可知,如果总体为正态分布,则样本统计量服从正态分布;如果总体为非正态分布,则样本统计量渐近服从正态分布。因此,在样本量大的情况下,我们都把样本统计量看作是正态分布,其抽样标准差为 $\dfrac{\sigma}{\sqrt{n}}$,因而此时采用 z 统计量,记总体均值为 μ_0。

当总体标准差 σ 已知时,总体均值检验的统计量为

$$z = \frac{\overline{x} - \mu_0}{\dfrac{\sigma}{\sqrt{n}}} \tag{7-3}$$

当总体标准差 σ 未知时,可以用样本标准差 s 来近似代替总体标准差,此时总体均值的检验统计量为

$$z = \frac{\overline{x} - \mu_0}{\dfrac{s}{\sqrt{n}}} \tag{7-4}$$

例 7-3　某生产线生产一种电子设备配件,已知该厂制作的电子设备配件的直径渐进服从正态分布,且其总体均值为 0.081mm,现在厂家新购入一批生产线制造该配件,想要知道在显著性水平 $\alpha = 0.05$ 的条件下,新生产线制造的配件直径总体均值与旧生产线制造的有无显著性差异,故从新生产线制造的配件中抽取 200 个进行检测,得到这 200 个配件平均直径为 0.076mm,标准差为 0.025mm。请根据以上信息进行假设检验,并说一说你的结论。

解:通过题目我们可以知道,需要解决的问题是判断新生产线制造的配件直径总体均值与旧生产线制造的直径均值 0.081mm 是否有所不同,故提出原假设和备择假设为

$$H_0 : \mu = 0.081 \text{mm}$$

$$H_1 : \mu \neq 0.081 \text{mm}$$

根据题可知,$\mu_0 = 0.081 \text{mm}, s = 0.025 \text{mm}, \overline{x} = 0.076 \text{mm}$。因为 $n \geqslant 30$,所以使用 z 统计量进

行检验：

$$z = \frac{\overline{x} - \mu_0}{\frac{s}{\sqrt{n}}} = \frac{0.076 - 0.081}{\frac{0.025}{\sqrt{200}}} = -2.83$$

为了判断是否拒绝原假设，我们需要在确定的显著性水平下找到拒绝域，这里 α 取 0.05，临界值 $z_{\alpha/2} = \pm 1.96$，由于 $z = -2.83 < -1.96$，检验统计量落入拒绝域，故拒绝原假设 H_0，认为新生产线制造的配件直径总体均值与旧生产线制造的存在显著差异。

例 7-4 某销售公司定期对进货商所提供的产品进行检验，其中包括一种原材料 M，公司从原材料 M 中可以提取所需要的物质。该公司要求供货商提供的每件原材料 M 重量至少为 3 克，若重量小于 3 克则视为不合格。若原材料 M 不合格，则视为供货商违约，公司即可对供货商进行起诉，并对供货商采取相应的法律措施。现公司质检员对此批货物进行检查，已知这批原材料 M 总体重量的标准差为 0.18 克，从中随机抽取 36 件原材料 M，测得其重量如表 7-4 所示。

表 7-4 36 件原材料 M 的重量 单位：克

x_1	x_2	x_3	x_4	x_5	x_6	x_7	x_8	x_9	x_{10}	x_{11}	x_{12}
2.9	3.2	3.3	2.8	2.7	3.3	2.8	2.8	2.9	3.3	2.8	2.8
x_{13}	x_{14}	x_{15}	x_{16}	x_{17}	x_{18}	x_{19}	x_{20}	x_{21}	x_{22}	x_{23}	x_{24}
2.6	3.1	2.7	3	3.1	2.6	2.3	2.7	3	2.8	3.1	2.7
x_{25}	x_{26}	x_{27}	x_{28}	x_{29}	x_{30}	x_{31}	x_{32}	x_{33}	x_{34}	x_{35}	x_{36}
2.8	3	3	3.1	2.7	3.1	3.2	2.9	3.3	2.9	3	2.8

请问这批原材料 M 是否符合公司要求？可否以原材料重量不足对供货商进行起诉？取 $\alpha = 0.01$（$z_{0.01} = 2.33$）。

解：根据题意可知，该公司想要寻找原材料不符合要求的证据，故我们假设该批原材料符合要求，这是左侧检验问题。可得原假设和备择假设如下：

$$H_0: \mu \geqslant 3$$
$$H_1: \mu < 3$$

据题可知，样本量 $n = 36 \geqslant 30$，是大样本，且总体标准差已知，$\sigma = 0.18$ 克，故原材料 $\overline{x}$ 的抽样分布服从正态分布，故使用 z 统计量进行检验。

通过计算可得样本均值 $\overline{x} = 2.92$ 克（保留两位小数）。

已知 $n = 36$，$\sigma = 0.18$，$\mu_0 = 3$，可得检验统计量为

$$z = \frac{\overline{x} - \mu_0}{\frac{\sigma}{\sqrt{n}}} = \frac{2.92 - 3}{\frac{0.18}{\sqrt{36}}} = -2.67$$

已知 $\alpha = 0.01$，临界值 $z = -2.33$，$z = -2.67 < -2.33$，故检验统计量落入拒绝域。因此，我们拒绝原假设 $H_0: \mu \geqslant 3$，认为这批原材料 M 不符合要求，该公司可以以原材料重量不足对供货商进行起诉。

例 7-5 某食品公司推出一款新品"气泡冰冰茶"，要求新品"气泡冰冰茶"的容量是 200mL，标准差为 5mL。现在仓库质检员随机抽取了 50 瓶饮料进行检查，计算得到这 50 瓶饮

料的平均容量为 200.7mL。取显著性水平 $\alpha=0.05$,请问该公司生产的"气泡冰冰茶"的容量是否符合标准要求。

解:首先设立原假设。我们关心"气泡冰冰茶"的容量是否符合要求,即 μ 是否为 200mL。也就是说,$\mu>200$mL 或 $\mu<200$mL 都不符合要求,因而属于双侧检验问题。故提出原假设和备择假设为

$$H_0:\mu=200$$
$$H_1:\mu\neq200$$

根据样本信息可知,样本量 $n=50$ 为大样本,样本均值 $\overline{x}=200.7$mL,总体标准差已知 $\sigma=5$mL,总体均值 $\mu_0=200$mL,选用 z 统计量计算可得

$$z=\frac{\overline{x}-\mu_0}{\dfrac{\sigma}{\sqrt{n}}}=\frac{200.7-200}{\dfrac{5}{\sqrt{50}}}=0.99$$

临界值 $-z_{0.025}=-1.96$,上临界值 $z_{0.025}=1.96$,即拒绝域为 $|z|>\left|z_{\frac{\alpha}{2}}\right|$,由于 $z_{0.025}=0.99<z_{\frac{\alpha}{2}}=1.96$,所以不拒绝原假设,不能证明新品"气泡冰冰茶"不符合标准要求。

此题中的检验也可以利用 P 值进行。P 值可以利用 Excel 中的统计函数功能计算,具体的操作步骤如下。

① 进入 Excel 表格界面,单击"插入"下拉菜单。

② 直接单击功能栏中的 f_x。

③ 将 z 的绝对值 0.99 录入,计算得到的函数值为 0.838 912 94。该值代表在标准正态分布条件下,z 值 0.99 左边的面积为 0.838 912 94,如图 7-6 所示。

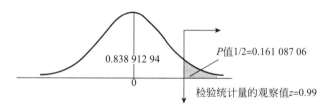

图 7-6　标准正态分布 z 值示意图

④ $z=0.99$ 右边和 $z=-0.99$ 左边的面积是一样的。因为这里是双侧检验,所以最后的 P 值为
$$P=2\times(1-0.838\ 912\ 94)=0.322\ 174\ 12$$

由于 P 值远大于 $\alpha=0.05$,故不拒绝 H_0,得到的结论与前面相同。

⑤ 在函数类别中选择"统计",并在函数名菜单下选择 NORMSDIST,然后单击"确定"。此时出现的界面如图 7-7 所示。

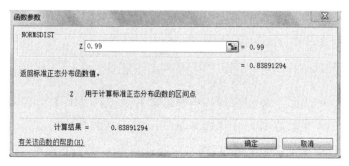

图 7-7　统计量的 P 值计算过程

2. 样本量小($n<30$),总体标准差 σ 已知或未知

样本量 $n<30$,我们称为小样本,x 的抽样分布主要依赖总体的分布。样本量小时,假设检验中要求假定总体是一个标准正态分布。在已知总体标准差 σ 的情况下,样本平均值 $\overline{x}$ 服从正态分布,标准差为 $\dfrac{\sigma}{\sqrt{n}}$。检验统计量为 $z=\dfrac{\overline{x}-\mu_0}{\dfrac{\sigma}{\sqrt{n}}}$。此时假设检验的过程与前面所介绍的一样,所以我们不再列举新的例子。

当样本容量为小样本($n<30$),假定总体是正态分布,而总体标准差 σ 未知的情况下,则需要用样本标准差 s 代替总体标准差 σ。在这种情况下,我们就需要利用 t 分布来对总体平均值做推断。此时利用 t 分布的检验统计量为

$$t=\frac{\overline{x}-\mu_0}{\dfrac{s}{\sqrt{n}}} \tag{7-5}$$

t 统计量服从自由度为 $n-1$ 的 t 分布。

例 7-6　某宠物用品公司推出一款电商专供的大包装猫粮,每袋猫粮重量的均值为 16 磅。现公司对该产品进行检查,要求每袋猫粮既能不少于重量要求的 16 磅以保证产品质量,又需要不超过 16 磅以保证对成本的控制防止亏损,故随机抽取 8 袋猫粮,其重量分别为:16.02 磅、16.22 磅、15.82 磅、15.92 磅、16.22 磅、16.32 磅、16.12 磅和 15.92 磅。假定猫粮总体重量服从正态分布,令 $\alpha=0.05$,请问该大包装猫粮是否符合公司要求?

解:由题可知,猫粮重量 μ 大于或小于 16 磅都是不合格的,所以该题为双侧假设检验问题。首先提出原假设和备择假设:

$$H_0:\mu=16$$
$$H_1:\mu\neq16$$

接下来整理样本数据信息,可得样本均值为

$$\overline{x}=\frac{\sum x_i}{n}=\frac{128.56}{8}=16.07(磅)$$

以及样本标准差为

$$s=\sqrt{\frac{\sum(x_i-\overline{x})^2}{n-1}}=\sqrt{\frac{0.22}{7}}=0.177(磅)$$

依据题意,样本量 $n=8<30$ 为小样本,总体标准差 σ 未知,故需要采用 t 统计量进行检验。计算检验 t 统计量为

$$t=\frac{\overline{x}-\mu_0}{\dfrac{s}{\sqrt{n}}}=\frac{16.07-16.00}{\dfrac{0.177}{\sqrt{8}}}=1.12$$

在显著性水平 $\alpha=0.05$ 下的双侧检验中的临界值为 $-t_{0.025}$ 和 $t_{0.025}$。根据 t 分布,自由度 $n-1=8-1=7$,查 t 分布临界值表可得临界值 $-t_{0.025}=-2.365$ 和 $t_{0.025}=2.365$,由于 $|t|=1.12<|t_{\frac{\alpha}{2}}|=2.365$,没有落在拒绝域中,故无法拒绝原假设 $H_0:\mu=16$,我们没有充分的证据证明猫粮重量不符合要求。

7.2.2　一个总体比例的检验

总体比例是指在总体中具有某种相同特征的个体所占的比重,如一批产品的合格率、一批种子的发芽率及对某项改革措施的赞成率等,这些特征可以是数值型的(如厚度、重量、规格等),也可以是品质型的(如性别、学历等级、职称高低等)。比例值总是介于 $0 \sim 1$ 或 $0 \sim 100\%$,通常用字母 π 表示总体比例,用字母 p 表示样本比例。而对总体比例的某一假设值用 π_0 来表示。

总体比例的检验与前面介绍的总体均值检验基本上是相同的,区别只在于参数和检验统计量的形式不同。在总体比例的检验中,通常采用 z 统计量。一般来说,我们只考虑大样本情形下的总体比例检验,因为小样本量的结果通常是十分不稳定的。例如,随机抽取 10 件商品进行检查,如果合格品有 4 件,则合格率为 40%;如果合格品有 5 件,则合格率为 50%。在该样本中一件商品的质量就能导致检查结果相差 10 个百分点,我们当然不希望存在这种不稳定性。

所以,在总体比例的检验问题中,检验统计量采用 z 统计量,计算公式为

$$z = \frac{p - \pi_0}{\sqrt{\dfrac{\pi_0(1 - \pi_0)}{n}}} \tag{7-6}$$

例 7-7　某服装品牌声称其客户群体中有 80% 为女性。为验证这一说法的真实性,现研究部门随机抽取了由 200 人组成的一个随机样本,调查发现其中有 146 个女性经常购买该品牌的服装。取显著性水平 $\alpha = 0.01$,请检验该品牌客户群体中女性的比例是否为 80%?

解:此问题的关键点在于证明该服装品牌所声称的说法是否属实,即客户群体中女性比例是否等于 80%,由此提出的原假设和备择假设为

$$H_0 : \pi = 80\%$$
$$H_1 : \pi \neq 80\%$$

根据抽样结果,计算样本比例为: $p = \dfrac{146}{200} = 73\%$,则检验统计量为

$$z = \frac{p - \pi_0}{\sqrt{\dfrac{\pi_0(1 - \pi_0)}{n}}} = \frac{0.73 - 0.8}{\sqrt{\dfrac{0.8 \times (1 - 0.8)}{200}}} = -2.475$$

根据显著性水平 $\alpha = 0.01$ 得 $z_{\frac{\alpha}{2}} = z_{0.005} = 2.58$。由于 $|z| = 2.475 < z_{\frac{\alpha}{2}} = 2.58$,所以不拒绝原假设 H_0,即在显著性水平为 0.01 的条件下,认为样本提供的证据表明该品牌的说法属实。

7.2.3　一个总体方差的检验

对于许多生产和生活领域而言,有时不仅需要检验总体的均值、比例,也需要检验正态总体的方差。例如,在对产品进行质量检验时,规格、重量、强度等就属于均值类型;产品合格率、废品率等就属于比例类型;而尺寸的方差、重量的方差或强度的方差等就属于方差类型。一般来说,与均值有关的指标也与方差有关。方差就意味着产品的质量或性能的稳定性,方差大则说明产品的质量或性能波动大、不稳定。所以,方差是否适度也是我们需要考虑的一个重要因素。因此,总体方差 σ^2 的检验也是假设检验的重要内容之一。

对总体方差进行检验的程序与均值检验、比例检验是一样的,它们之间的区别主要在于所使用的检验统计量不同。总体方差的检验,不论样本量 n 是大还是小,都要求总体服从正态分布,这是由检验统计量的抽样分布决定的。总体方差的检验所采用的检验统计量是 χ^2 统计量。

对一个方差为 σ^2 的正态总体反复抽样,计算每一个样本方差 s^2,由于 $s^2 = \dfrac{\sum (x_i - \overline{x})^2}{n-1}$,可得 $\sum (x_i - \overline{x})^2 = (n-1)s^2$,可以证明 $\sum (x_i - \overline{x})^2$ 除以总体方差 σ^2 将服从 χ^2 分布,即

$$\chi^2 = \frac{(n-1)s^2}{\sigma^2} \tag{7-7}$$

对于给定的显著性水平 α,双侧检验的拒绝域如图 7-8 所示。

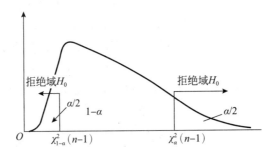

图 7-8   显著性水平为 α 时双侧检验临界值及拒绝域

单侧检验的拒绝域在分布一侧的尾部。右侧检验时临界点为 $\chi^2_\alpha (n-1)$,左侧检验时的临界点则为 $\chi^2_{1-\alpha} (n-1)$。一般来说,在实际应用中对总体方差进行检验时,通常是右侧检验问题。尤其是对于时间、重量、规格等,人们希望其越稳定越好,大的方差往往不被接受。针对这种情况,人们通常将"总体方差大于某一最大容许值"作为备择假设,其对立面为原假设,再利用右侧检验的检验程序进行判断。

例 7-8   食品公司采用自动生产线对零食进行装袋,每袋零食的重量为 640g,受某些不可控因素的影响,每袋零食的重量可能会存在差异。为了保证每袋零食重量的差异在合理范围内波动,既保证产品合规,又保证成本得到良好控制,也就需要零食重量具有一定的稳定性,即需要总体方差 σ^2 在合理范围内,公司提出了每袋零食重量的标准差不应超过和不应低于 4g 的生产标准。现公司质检员对其进行检查,随机抽取了由 10 袋零食组成的一个简单随机样本,并计算出样本重量标准差 $s = 3.8g$。请通过以上信息判断该零食重量标准差是否符合公司要求?($\alpha = 0.1$)

解: 根据题目可知,公司要求重量的标准差不应超过也不应低于 4g,故采用双侧检验,得到原假设和备择假设为

$$H_0 : \sigma^2 = 4^2$$
$$H_1 : \sigma^2 \neq 4^2$$

如果样本统计量 $\chi^2 > \chi^2_{\frac{\alpha}{2}} (n-1)$ 或 $\chi^2 < \chi^2_{1-\frac{\alpha}{2}} (n-1)$,则拒绝原假设。

计算检验统计量为

$$\chi^2 = \frac{(n-1)s^2}{\sigma^2} = \frac{(10-1) \times 3.8^2}{4^2} = 8.1225$$

根据显著性水平 $\alpha = 0.10$ 和自由度 $n-1 = 10-1 = 9$,查表得

$$\chi^2_{\frac{0.10}{2}}(n-1)=\chi^2_{0.05}(10-1)=16.919\ 0$$

$$\chi^2_{1-\frac{0.10}{2}}(n-1)=\chi^2_{0.95}(10-1)=3.325\ 1$$

由于 $\chi^2_{0.95}(9)=3.325\ 1<\chi^2=8.122\ 5<\chi^2_{0.05}(9)=16.919\ 0$，没有落入拒绝域，所以不能拒绝原假设 H_0，我们没有充分的证据证明该零食重量标准差不合标准。

7.3 两个总体参数的检验

在实际应用中，除了需要对一个总体的均值、比例和方差进行检验外，也常常需要比较两个总体的参数，检验它们之间是否存在显著差异。比如在生产同一种产品时，新机器和旧机器加工时间是否有明显差异；在同一年龄段人群中，高学历与低学历的职工收入是否存在显著差异；等等。为了解决这样的问题，我们可以利用两个总体参数来进行检验。

两个总体参数的检验主要包括两个总体均值之差 $(\mu_1-\mu_2)$ 的检验、两个总体比例之差 $(\pi_1-\pi_2)$ 的检验和两个总体方差比 σ_1^2/σ_2^2 的检验等，检验的程序可仿照一个总体参数的检验进行。

关于两个正态总体参数的检验，可以归纳为图 7-9。

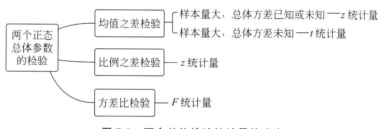

图 7-9 两个总体检验统计量的确定

7.3.1 两个总体均值之差的检验

两个总体均值之差的检验问题十分常见，如比较两个班级某学科考试平均成绩是否存在显著差异，检验男、女两组人的肺活量大小是否存在显著差异等都属于两个总体均值之差的检验问题。

1. 两个总体均值之差的检验（独立样本）

两个总体均值之差检验的统计量是以两个样本均值之差 $(\overline{x}_1-\overline{x}_2)$ 的抽样分布为基础构造出来的。对于大样本和小样本两种情形而言，由于两个样本均值之差经标准化后的分布不同，检验的统计量也略有差异。

（1）大样本的检验方法

在样本量大（$n\geqslant 30$）的情况下，两个样本均值之差 $(\overline{x}_1-\overline{x}_2)$ 的抽样分布近似服从正态分布，而 $\overline{x}_1-\overline{x}_2$ 经过标准化后则服从标准正态分布。

当两个总体的方差 σ_1^2、σ_2^2 已知时，则采用下面的检验统计量：

$$z=\frac{(\overline{x}_1-\overline{x}_2)-(\mu_1-\mu_2)}{\sqrt{\dfrac{\sigma_1^2}{n_1}+\dfrac{\sigma_2^2}{n_2}}} \tag{7-8}$$

当两个总体方差 σ_1^2、σ_2^2 未知时，可以分别用样本方差 s_1^2、s_2^2 替代，此时检验统计量为

$$z=\frac{(\overline{x}_1-\overline{x}_2)-(\mu_1-\mu_2)}{\sqrt{\dfrac{s_1^2}{n_1}+\dfrac{s_2^2}{n_2}}} \tag{7-9}$$

例 7-9　某市区商圈有两家大型超市，现对这两家超市的顾客进行研究。从两家超市抽取的顾客样本数据如表 7-5 所示。

表 7-5　A、B 两家超市的顾客样本数据

超市	被抽样的顾客数/人	样本平均年龄/岁	样本年龄的标准差/岁
A 超市	$n_1=36$	$\overline{x}_1=40$	$s_1=9$
B 超市	$n_2=49$	$\overline{x}_2=35$	$s_2=10$

请根据样本信息，在 $\alpha=0.05$ 的显著水平下检验 A 超市和 B 超市的顾客平均年龄是否存在显著性差异？

解：根据题意可知，$n_1=36$，$n_2=49$，$\overline{x}_1=40$ 岁，$\overline{x}_2=35$ 岁，$s_1=9$ 岁，$s_2=10$ 岁。

提出原假设和备择假设为

$$H_0:\mu_1-\mu_2=0$$
$$H_1:\mu_1-\mu_2\neq0$$

已知样本量大，总体方差未知，故计算检验统计量为

$$z=\frac{(\overline{x}_1-\overline{x}_2)-(\mu_1-\mu_2)}{\sqrt{\dfrac{s_1^2}{n_1}+\dfrac{s_2^2}{n_2}}}=\frac{(40-35)-0}{\sqrt{\dfrac{9^2}{36}+\dfrac{10^2}{49}}}=2.41$$

双侧检验的拒绝域为：$z>z_{\frac{\alpha}{2}}$ 或 $z<-z_{\frac{\alpha}{2}}$

根据 $\alpha=0.05$ 可知 $z_{\frac{\alpha}{2}}=1.96$，$z=2.41>z_{\frac{\alpha}{2}}=1.96$ 落入拒绝域，故拒绝原假设 H_0，即两家超市的顾客平均年龄存在显著性差异。

（2）小样本的检验方法

在两个样本都为独立小样本的情况下，对两个总体的均值之差进行检验时，需要假定两个总体都服从正态分布。主要有以下四种情况。

① 两个独立的小样本，两个总体都是正态分布，σ_1^2、σ_2^2 已知。

检验统计量为

$$z=\frac{(\overline{x}_1-\overline{x}_2)-(\mu_1-\mu_2)}{\sqrt{\dfrac{\sigma_1^2}{n_1}+\dfrac{\sigma_2^2}{n_2}}} \tag{7-10}$$

② 两个独立的小样本，两个总体都是正态分布，σ_1^2、σ_2^2 未知但相等，即 $\sigma_1^2=\sigma_2^2$。

检验统计量为

$$t=\frac{(\overline{x}_1-\overline{x}_2)-(\mu_1-\mu_2)}{s_p\sqrt{\dfrac{1}{n_1}+\dfrac{1}{n_2}}} \tag{7-11}$$

式中：

$$s_p = \sqrt{\frac{(n_1-1)s_1^2+(n_2-1)s_2^2}{n_1+n_2-2}} \tag{7-12}$$

自由度为

$$f = n_1+n_2-2 \tag{7-13}$$

③ 两个独立的小样本,两个总体都是正态分布,σ_1^2、σ_2^2 未知且不相等,即 $\sigma_1^2 \neq \sigma_2^2$。
样本容量相等,即 $n_1=n_2=n$。

检验统计量为

$$t = \frac{(\overline{x}_1-\overline{x}_2)-(\mu_1-\mu_2)}{\sqrt{\dfrac{s_1^2}{n_1}+\dfrac{s_2^2}{n_2}}} = \frac{(\overline{x}_1-\overline{x}_2)-(\mu_1-\mu_2)}{\sqrt{\dfrac{s_1^2+s_2^2}{n}}} \tag{7-14}$$

自由度为

$$f = \frac{\left(\dfrac{s_1^2}{n_1}+\dfrac{s_2^2}{n_2}\right)^2}{\dfrac{\left(\dfrac{s_1^2}{n_1}\right)^2}{n_1-1}+\dfrac{\left(\dfrac{s_2^2}{n_2}\right)^2}{n_2-1}} = \frac{\left(\dfrac{s_1^2+s_2^2}{n}\right)^2}{\dfrac{\left(\dfrac{s_1^2}{n}\right)^2+\left(\dfrac{s_2^2}{n}\right)^2}{n-1}} \tag{7-15}$$

④ 两个独立的小样本,两个总体都是正态分布,σ_1^2、σ_2^2 未知且不相等,即 $\sigma_1^2 \neq \sigma_2^2$。
样本容量不相等,即 $n_1 \neq n_2$。

检验统计量为

$$t = \frac{(\overline{x}_1-\overline{x}_2)-(\mu_1-\mu_2)}{\sqrt{\dfrac{s_1^2}{n_1}+\dfrac{s_2^2}{n_2}}} \tag{7-16}$$

自由度为

$$f = \frac{\left(\dfrac{s_1^2}{n_1}+\dfrac{s_2^2}{n_2}\right)^2}{\dfrac{\left(\dfrac{s_1^2}{n_1}\right)^2}{n_1-1}+\dfrac{\left(\dfrac{s_2^2}{n_2}\right)^2}{n_2-1}} \tag{7-17}$$

例 7-10 为估计两个不同的厂商生产同一件产品所需时间的差异,对两个不同的厂商分别进行多次操作试验,生产同一件产品所需的时间如表 7-6 所示。

表 7-6 两个厂商生产该产品所需时间的样本数据 单位:分钟

厂商一	28.3	30.1	29.0	37.6	32.1	28.8	36.0	37.2	38.5	34.4	28.0	30.0
厂商二	27.6	22.2	31.0	33.8	20.0	30.2	31.7	26.0	32.0	31.2	—	—

假设两个不同的厂商生产同一件产品所需时间均服从正态分布,且方差相同,试以 0.05 的显著水平,推断这两个不同厂商生产同一件产品所需平均时间有无显著差异。

解:由题可知,这是两个独立正态总体的均值比较问题。

若设第一个厂商生产一件产品所需时间均值为 $\overline{x}_1$,第二个厂商生产一件产品所需时间为 $\overline{x}_2$,则提出原假设和备择假设为

$$H_0: \mu_1 = \mu_2$$
$$H_1: \mu_1 \neq \mu_2$$

由 $n_1=12, n_2=10$，则

$$\overline{x}_1 = \frac{1}{n_1}\sum_{i=1}^{n_1} x_{1i} = 32.5$$

$$\overline{x}_2 = \frac{1}{n_2}\sum_{i=1}^{n_2} x_{2i} = 28.57$$

$$s_1^2 = \frac{1}{n_1-1}\sum_{i=1}^{n_1}(x_{1i}-\overline{x}_1)^2 = 15.996$$

$$s_2^2 = \frac{1}{n_2-1}\sum_{i=1}^{n_2}(x_{2i}-\overline{x}_2)^2 = 20.662$$

计算得

$$s_p = \sqrt{\frac{(n_1-1)s_1^2+(n_2-1)s_2^2}{n_1+n_2-2}} = \sqrt{\frac{(12-1)\times 15.996+(10-1)\times 20.662}{12+10-2}} = 4.254$$

检验统计量为

$$t = \frac{(\overline{x}_1-\overline{x}_2)-(\mu_1-\mu_2)}{s_p\sqrt{\frac{1}{n_1}+\frac{1}{n_2}}} = \frac{32.5-28.57}{4.254\times\sqrt{\frac{1}{12}+\frac{1}{10}}} = 2.158$$

在显著水平 $\alpha=0.05$ 下 H_0 的拒绝域为

$$\{|t|\geqslant t_{\frac{\alpha}{2}}(n_1+n_2-2)\} = \{|t|\geqslant t_{0.025}(20)\}$$

查表得临界值 $t_{0.025}(20)=2.086$，$t=2.158>2.086$，落入拒绝域，故在 0.05 的显著水平下应拒绝 H_0，可以认为两个不同的厂商生产同一件产品所需平均时间有显著差异。

例 7-11 A、B 两个不同的生产线同时生产同一件产品，已知两个不同的生产线生产的同一件产品直径分别服从正态分布，并且有 $\sigma_1^2=\sigma_2^2$。为比较两个不同的生产线的生产精度有无显著差异，分别独立抽取了 A 生产线生产的 8 个零件和 B 生产线生产的 7 个零件，通过测量得到表 7-7 所示的数据。在 $\alpha=0.05$ 的显著性水平下，样本数据是否提供证据支持"两个生产线生产的零件直径不一致"的看法？

表 7-7　A、B 生产线生产该零件的直径的样本数据　　　　　　单位：cm

A	20.5	19.8	19.7	20.4	20.1	20.0	19.0	19.9
B	20.7	19.8	19.5	20.8	20.4	19.6	20.2	—

解：提出的原假设和备择假设为

$$H_0:\mu_1-\mu_2=0$$
$$H_1:\mu_1-\mu_2\neq 0$$

已知 $\alpha=0.05, n_1=8, n_2=7$，则

$$\overline{x}_1 = \frac{1}{n_1}\sum_{i=1}^{n_1} x_{1i} = 19.925$$

$$\overline{x}_2 = \frac{1}{n_2}\sum_{i=1}^{n_2} x_{2i} = 20.143$$

$$s_1^2 = \frac{1}{n_1-1}\sum_{i=1}^{n_1}(x_{1i}-\overline{x}_1)^2 = 0.216$$

$$s_2^2=\frac{1}{n_2-1}\sum_{i=1}^{n_2}(x_{2i}-\overline{x}_2)^2=0.273$$

$$s_p=\sqrt{\frac{(n_1-1)s_1^2+(n_2-1)s_2^2}{n_1+n_2-2}}=\sqrt{\frac{(8-1)\times 0.216+(7-1)\times 0.273}{8+7-2}}=0.492$$

检验统计量为

$$t=\frac{(\overline{x}_1-\overline{x}_2)-(\mu_1-\mu_2)}{s_p\sqrt{\frac{1}{n_1}+\frac{1}{n_2}}}=\frac{19.925-20.143}{0.492\times\sqrt{\frac{1}{8}+\frac{1}{7}}}=-0.856$$

根据自由度$(n_1+n_2-2)=8+7-2=13$，查表得$\alpha=0.05$对应的t分布临界值分别是2.160 4和−2.160 4，检验统计量$t=-0.856$没有落入拒绝域，因而不拒绝原假设。也就是说，在0.05的显著性水平下，没有理由认为A、B两个生产线生产的零件直径不一致。

在有原始数据的情况下，上述检验可直接由Excel提供的检验程序进行。具体步骤如下。

① 将原始数据输入Excel工作表格。

② 选择“工具”中的“数据分析”选项。

③ 在“数据分析”对话框中选择“t-检验：双样本等方差假设”。

④ 当对话框出现后，在“变量1的区域”方框中输入第1个样本的数据区域；在“变量2的区域”方框中输入第2个样本的数据区域；在“假设平均差”方框中输入假定的总体均值之差的假定值；在“α”方框中输入给定的显著性水平（本例为0.05）；在“输出选项”选择计算结果的输出位置，然后单击“确定”（见图7-10、图7-11）。

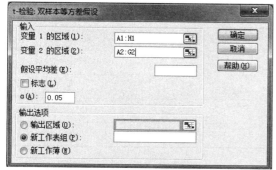

图7-10 Excel的检验过程

	A	B	C
1	t-检验：双样本等方差假设		
2			
3		变量 1	变量 2
4	平均	19.925	20.14285714
5	方差	0.216428571	0.272857143
6	观测值	8	7
7	合并方差	0.242472527	
8	假设平均差	0	
9	df	13	
10	t Stat	-0.854848035	
11	P(T<=t) 单尾	0.204056849	
12	t 单尾临界	1.770933383	
13	P(T<=t) 双尾	0.408113698	
14	t 双尾临界	2.160368652	

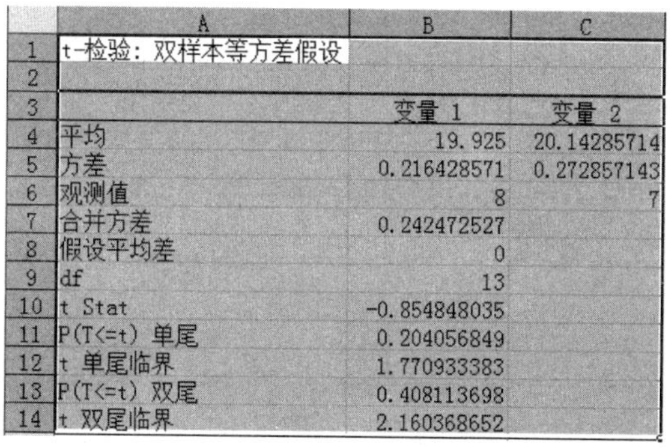

图7-11 例7-11中Excel输出的检验结果

不难看出，上述输出结果中的样本均值、样本方差、合并方差、检验统计量的值与前面由公式计算得到的结果基本一致（仅存在四舍五入的差别），例题属于双侧检验问题，所以只需要将检验统计量的值与输出结果中的“t双尾临界”值进行比较，或将“$P(T\leqslant t)$双尾”值0.408 113 698与$\alpha=0.05$进行比较，就可以得到完全相同的决策结果。

2. 两个总体均值之差的检验（匹配样本）

对两个总体参数进行检验时，我们假定样本是独立的。然而在一些情况下，样本之间可能存在相依关系，从而对它们所提供的有关总体均值的信息产生干扰，为了进一步提高效率，我们可以考虑选用匹配样本。下面首先介绍几个新的符号。

d_i表示第i个配对样本数据的差值，$i=1,\cdots,n$。

$\overline{d}$表示配对样本数据差值的平均值，则

$$\overline{d} = \frac{\sum\limits_{i=1}^{n} d_i}{n_d} \tag{7-18}$$

s_d^2 表示样本数据差值的方差,则

$$s_d^2 = \frac{\sum\limits_{i=1}^{n} (d_i - \overline{d})^2}{n_d - 1} \tag{7-19}$$

检验统计量为

$$t = \frac{\overline{d} - d_0}{\frac{s_d}{\sqrt{n_d}}} \sim t(n-1) \tag{7-20}$$

例 7-12 假定某个厂商可以通过两种不同的生产线来完成某种产品的生产。为了使产量最大化,公司想知道使用哪一种生产线能够使完成单件产品所需要的时间较短。令 μ_1 表示"采用第一种生产线完成生产任务所需的平均时间",μ_2 表示"采用第二种生产线完成生产任务所需的平均时间"($\alpha = 0.05$)。

假定现在抽取了 6 名工人组成一个简单随机样本,每个工人都提供一对数据值如表 7-8 所示。

表 7-8　6 名工人使用两种生产线生产同一产品所用的时间　　　单位:小时

工人	第一种生产线	第二种生产线	完成时间差异 d
1	6.0	5.4	0.6
2	5.0	5.2	-0.2
3	7.0	6.5	0.5
4	6.2	5.9	0.3
5	6.0	6.0	0
6	6.4	5.8	0.6

解:由于没有先验数据,我们可以尝试性地假设两种生产方法完成任务所需的时间相同。由此可建立零假设和备择假设:

$$H_0: \mu_1 - \mu_2 = 0$$
$$H_1: \mu_1 - \mu_2 \neq 0$$

我们想检验两种方法的完成时间有无差异,令 μ_d 表示"工人总体中差异值的平均数",则可将原来的假设改成:

$$H_0: \mu_d = 0$$
$$H_1: \mu_d \neq 0$$

由

$$\overline{d} = \frac{\sum d}{n} = \frac{1.8}{6} = 0.3$$

$$s_d = \sqrt{\frac{\sum (d - \overline{d})^2}{n-1}} = 0.335$$

计算检验统计量的值：

$$t = \frac{\overline{d} - \mu_d}{\frac{s_d}{\sqrt{n}}} = \frac{0.3}{\frac{0.335}{\sqrt{6}}} = 2.19$$

$\alpha = 0.05$，可查表得 $t_{0.025}(5) = 2.5706$，$t = 2.19 < t_{0.025} = 2.571$，没有落入拒绝域，不能拒绝 H_0，即可以认为两种生产方式的完成时间没有差异。

例 7-13　某软件公司开发研制出一种新型杀毒软件，为比较消费者对新旧杀毒软件的满意程度，该公司随机抽选一组消费者(8 人)进行调查。每个消费者先试用一种杀毒软件，然后试用另一种杀毒软件，两种杀毒软件的试用顺序是随机的，而后每个消费者要对两种杀毒软件分别进行评分(0～10 分)，评分结果如表 7-9 所示。

表 7-9　消费者样本对新旧杀毒软件的评分的样本数据　　　　　　　　　　单位：分

旧杀毒软件	5	4	7	3	5	8	5	6
新杀毒软件	6	6	7	4	3	9	7	6

取显著性水平 $\alpha = 0.05$，该公司是否有证据认为消费者对杀毒软件的评分存在显著差异？用 Excel 进行解答。

解：原假设与备择假设为

$$H_0 : \mu_d = 0$$
$$H_1 : \mu_d \neq 0$$

选用配对样本 t 检验(成对双样本均值分析)。

利用 Excel 进行检验，将旧杀毒软件的 8 个数据输入工作表中的 A1:A8，新旧杀毒软件的 8 个数据输入工作表中的 B1:B8。之后具体步骤如下。

① 选择"公式"下拉菜单，并选择"其他函数"选项。

② 选择"其他函数"选项，选择"统计"选项，找到 T.TEST 函数。

③ 当出现对话框后在 Array1 方框内键入数据区域 A1:H1，在 Array2 方框内键入数据区域 A2:H2，在 Tails 方框内键入分布的尾数(这里为 2)，在 Type 框内键入用于定义 t-检验的类型(这里为 1，代表成对检验)，如图 7-12 所示。

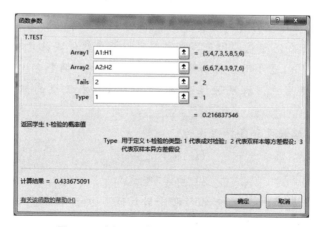

图 7-12　例 7-13 中 Excel 的 T.TEST 函数

④ 单击"确定",得到 P 值$=0.216\ 838>\alpha=0.05$,故不拒绝原假设,认为消费者对两种杀毒软件的评分无显著差异。

7.3.2 两个总体比例之差的检验

假设两个总体服从二项分布,在这两个总体中,具有某特征的数量比例分别为 π_1 和 π_2,π_1 和 π_2 未知,但可以知道样本比例 p_1 和 p_2,则用 p_1 和 p_2 代替 π_1 和 π_2。

有以下两种情况。

(1) 检验两个总体比例相等的假设,即原假设和备择假设为

$$H_0:\pi_1-\pi_2=0$$
$$H_1:\pi_1-\pi_2\neq0$$

在原假设成立的条件下,最佳方差是 $p(1-p)$,其中 p 是将两个样本合并后得到的比例估计量,即

$$p=\frac{x_1+x_2}{n_1+n_2}=\frac{n_1p_1+n_2p_2}{n_1+n_2} \tag{7-21}$$

式中,x_1 表示样本 n_1 中具有某种特征的单位数;x_2 表示样本 n_2 中具有某种特征的单位数。在大样本条件下,得到两个总体比例之差的检验统计量为 z 统计量,表达式为

$$z=\frac{p_1-p_2}{\sqrt{p(1-p)\left(\dfrac{1}{n_1}+\dfrac{1}{n_2}\right)}} \tag{7-22}$$

(2) 检验两个总体比例之差不为零的假设,即原假设和备择假设为

$$H_0:\pi_1-\pi_2=d_0(d_0\neq0)$$
$$H_1:\pi_1-\pi_2\neq d_0$$

检验统计量为

$$z=\frac{(p_1-p_2)-(\pi_1-\pi_2)}{\sqrt{\dfrac{p_1(1-p_1)}{n_1}+\dfrac{p_2(1-p_2)}{n_2}}}=\frac{(p_1-p_2)-d_0}{\sqrt{\dfrac{p_1(1-p_1)}{n_1}+\dfrac{p_2(1-p_2)}{n_2}}} \tag{7-23}$$

例 7-14　一杀毒软件公司准备对公司的某类型杀毒软件实施计时收费的措施,为了解青年用户与老年用户对这一措施的看法是否存在差异,分别抽取了 200 名青年用户和 200 名老年用户进行调查,其中的一个问题是:"你是否赞成某类型杀毒软件实施计时的措施?"其中青年用户表示赞成的比例为 27%,老年用户表示赞成的比例为 35%。调查者认为,青年用户中表示赞成的比例显著低于老年用户。取显著性水平 $\alpha=0.05$,样本提供的证据是否支持调查者的看法?

解:根据题意,提出原假设和备择假设为

$$H_0:\pi_1-\pi_2\geqslant0$$
$$H_1:\pi_1-\pi_2<0$$

已知 $\alpha=0.05$,青年用户样本 $n_1=200$,老年用户样本 $n_2=200$,$p_1=0.27$,$p_2=0.35$,$p=\frac{x_1+x_2}{n_1+n_2}=\frac{200\times0.27+200\times0.35}{200+200}=0.31$,则检验统计量为

$$z = \frac{p_1 - p_2}{\sqrt{p(1-p)\left(\frac{1}{n_1} + \frac{1}{n_2}\right)}} = \frac{0.27 - 0.35}{\sqrt{0.31 \times (1 - 0.31) \times \left(\frac{1}{200} + \frac{1}{200}\right)}} = -1.729\ 76$$

临界值 $z_a = -1.645$，$z = -1.729\ 76 < z_a = -1.645$，落入拒绝域，故拒绝原假设 H_0，认为青年用户中表示赞成的比例显著低于老年用户。

7.3.3 两个总体方差比的检验

在实际应用中，经常要对两个总体的方差进行比较。两个总体方差是否相等，通常是根据两个方差之比 $\frac{\sigma_1^2}{\sigma_2^2}$（或 $\frac{\sigma_2^2}{\sigma_1^2}$）是否等于 1 来进行推断的，如比较两个生产线运作的稳定性或比较两种理财产品的风险等，都属于两个总体方差比的检验问题。在讨论两个总体均值之差的检验时，需要假定两个总体方差相等或不相等。在实际应用中，我们往往事先不知道两个总体方差是否相等，故在进行两个总体均值之差的检验之前，可以先对两个总体方差知否相等进行检验，从而获得所需要的信息。

一般用两个样本方差的比值 $\frac{s_1^2}{s_2^2}$ 来比较两个未知的总体方差 σ_1^2 和 σ_2^2。也就是说，$\frac{s_1^2}{s_2^2}$ 约等于 1 时，两个总体方差 σ_1^2 和 σ_2^2 很接近；$\frac{s_1^2}{s_2^2}$ 与 1 相差较远时，两个总体方差 σ_1^2 和 σ_2^2 有较大差异。我们知道在两个总体服从正态分布时，两个方差之比服从 F 分布，即

$$F = \frac{s_1^2 / \sigma_1^2}{s_2^2 / \sigma_2^2} \tag{7-24}$$

在原假设 $\sigma_1^2 = \sigma_2^2$ 条件下，检验统计量为

$$F = \frac{s_1^2}{s_2^2} \tag{7-25}$$

F 统计量的分子自由度为 $n_1 - 1$，分母自由度为 $n_2 - 1$。

在进行检验时，为了保证拒绝域总发生在抽样分布的右侧，将检验统计量的值与右侧的 $\alpha/2$ 分位数进行比较从而较易做出判断，在单侧检验时，通常是用较大的样本方差除以较小的样本方差（实际上顺序是任意的），此时 $F > 1$，拒绝域在 F 分布的右侧，原假设和备择假设为

$$H_0 : \sigma_1^2 \leqslant \sigma_2^2$$
$$H_1 : \sigma_1^2 > \sigma_2^2$$

单侧检验的临界点为 $F_a(n_1 - 1, n_2 - 1)$；双侧检验的拒绝域在 F 分布的两侧，两个临界点为 $F_{a/2}(n_1 - 1, n_2 - 1)$，$F_{1-a/2}(n_1 - 1, n_2 - 1)$。

一般来说，在 F 分布表只给出 $F_{a/2}$ 的位置时，可以推算出 $F_{1-a/2}$ 的位置，公式为

$$F_{1-a/2} = \frac{1}{F_{a/2}(n_2 - 1, n_1 - 1)} \tag{7-26}$$

此时 $F_{1-a/2}$ 的自由度为 $(n_2 - 1, n_1 - 1)$。

例 7-15 一百货大楼准备购进某种型号的零件，公司打算在两个不同的厂商之间选择一家购买。这两家厂商生产的零件平均使用寿命差别不大，价格也很相近，考虑的主要因素就是零件使用寿命的方差。如果方差相同，公司就选择从规模比较大的一家厂商进货。为此，百货大楼的采购员对两个不同厂商提供的样品进行了检测，得到的数据如表 7-10 所示。检验两个

不同的厂商的某型号零件使用寿命的方差是否有显著差异($\alpha=0.05$)。

表 7-10　两个厂商生产某零件的使用寿命的样本数据　　　　　　单位:天

样本 1	568	555	617	636	681
	589	584	529	539	540
	496	562	607	596	646
样本 2	628	569	622	711	596
	637	650	480	617	632
	563	580	630	706	688
	723	651	569	709	624

解:通过样本信息可以通过计算得出两个样本的方差分别为 $s_1^2=2\,431.429$,$s_2^2=3\,675.461$。

题意检验 σ_1^2 和 σ_2^2 是否相等,采用双侧检验,提出原假设和备择假设为

$$H_0:\sigma_1^2=\sigma_2^2$$
$$H_1:\sigma_1^2\neq\sigma_2^2$$

检验统计量为

$$F=\frac{s_1^2}{s_2^2}=\frac{2\,431.429}{3\,675.461}=0.662$$

查表得一个临界值为 $F_{\alpha/2}(n_1-1,n_2-1)=F_{0.025}(14,19)=2.62$(由于自由度 $n_1-1=14$ 数值表中没有,故取 15)。查表得 $F_{0.025}(19,14)=2.84$(由于自由度 19 数值表中没有,故取 20),可得另一个临界值为 $F_{1-\alpha/2}=\dfrac{1}{F_{\alpha/2}(n_2-1,n_1-1)}=\dfrac{1}{F_{0.025}(19,14)}=\dfrac{1}{2.84}=0.352$,故两个临界点 $F_{1-\alpha/2}=0.352$ 和 $F_{\alpha/2}=2.62$,样本统计量 $F=0.662$,故不能拒绝原假设,认为这两个厂商生产的零件使用寿命的方差没有显著差异。

 **本章小结**

本章介绍了统计学中假设检验的基本概念。假设检验的基本概念包括假设的提出(原假设和备择假设)、假设的三种形式(双侧检验、左单侧检验和右单侧检验)、检验统计量与拒绝域的选取和计算、两类错误(α 错误与 β 错误)、显著性水平及 P 值。其中,我们首先通过研究者感兴趣的方向提出原假设与备择假设,并确定检验方向;根据对现有数据的了解情况选取合适的检验统计量并在一定的显著性水平下找到拒绝域,通过观察检验统计量的值是否落入拒绝域来判断是否应该拒绝原假设;两类错误分别是原假设为真却错误地拒绝原假设的"弃真错误"与原假设为伪却错误地不拒绝原假设的"取伪错误",了解到两类错误之间此消彼长的关系;除了根据检验统计量对原假设进行推断外,还可以根据另一种重要工具 P 值与显著性水平 α 的大小关系进行判断,P 值的大小代表该样本数据信息发生的概率的大小。

由于研究的总体个数不同,假设检验可以分为一个总体参数的假设检验和两个总体参数的假设检验。

由于检验参数不同,一个总体参数的假设检验分为均值、比率、方差的假设检验,两个总体

参数的假设检验分为均值之差、比例之差、方差之比的假设检验。

　　对于一个总体均值的假设检验,大致需要考虑两种情况:一是大样本,此时无须正态总体的假定前提,检验统计量在总体方差已知或未知的情况下都近似服从标准正态分布;二是小样本,在总体方差未知时需要假定总体服从正态分布,检验统计量服从 t 分布。对于一个总体比率的假设检验,通常是在大样本条件下进行的,以检验统计量近似服从标准正态分布为理论基础。对于一个总体方差的假设检验,则是以总体服从正态分布为前提、以检验统计量的 χ^2 分布为基础的。

　　对于两个总体均值之差的假设检验,需要考虑两类情况:一是独立样本,在大样本条件下依据正态分布建立拒绝域,在小样本条件下则依据 t 分布建立拒绝域(方差未知时还需要假定两个总体服从正态分布);二是匹配样本,同样,在大样本条件下依据检验统计量近似服从正态分布来建立拒绝域,在小样本条件下则以 t 分布为基础(方差未知时还需要假定两个总体的差值总体服从正态分布)。对于两个总体比率之差的假设检验,通常也是在大样本条件下进行的,检验统计量近似服从正态分布是建立拒绝域的理论基础。对于两个总体方差比的假设检验,则是依据 F 分布来进行的。

 思考与练习

思考题

1. 假设检验与参数估计有哪些相同点和不同点?

2. 假设检验中原假设和备择假设是根据什么提出的?

3. 假设检验中的显著性水平是什么意思? P 值是什么意思? 两者有什么区别?

4. 两种类型的错误分别是什么? 两者存在什么样的关系? 请解释说明其含义。

5. 如何根据 P 值对假设检验做出决策?

练习题

一、填空题

1. 假设检验是统计推断的基本内容之一,它事先对总体参数做出一个规定或假设,然后利用_____提供的信息,以一定的_____来检验假设是否成立。

2. 根据总体个数的不同,假设检验可以分为_____和_____。

3. 要进行假设检验,必须设立_____和_____。

4. 假设检验可能存在两类错误,第一类是_____,也称为_____或_____;第二类是_____,也称为_____或_____。

5. 大样本指的是样本量 n 的范围是_____,小样本指的是样本量 n 的范围是_____。

6. 根据检验形式的不同,假设检验分为单侧检验和双侧检验,其中单侧检验还分为_____和_____。

7. 当原假设的符号为"$\leqslant$",备择假设的符号为"$>$"时,此时假设检验是_____。

8. 犯第一类错误的概率大小是_____。

9. 在对一个总体的均值进行假设检验时,如果样本量小,总体标准差未知,应该使用_____作为检验统计量。

二、单项选择题

1. 在假设检验中,显著性水平 α 的意义是(　　　)。

A. H_0 正确,检验后拒绝 H_0 的概率   B. H_0 错误,检验后拒绝 H_0 的概率

C. H_0 正确,检验后接受 H_0 的概率   D. H_0 错误,检验后接受 H_0 的概率

2. 对正态总体的数学期望 μ 进行假设检验,如果在显著水平 $\alpha = 0.05$ 下应接受假设 H_0:$\mu = \mu_0$,则在显著水平 $\alpha = 0.1$ 下,下列结论中正确的是(　　)。

A. 必拒绝 H_0 B. 可能接受,也可能不接受 H_0

C. 必接受 H_0 D. 不接受,也不拒绝 H_0

3. 某公司制作的一款工艺品重量服从正态分布,其重量的标准均值为 2g。某天测得 25 件工艺品重量的均值 $\overline{x} = 1.45$g,检验与原来设计的标准均值相比是否有所变化,要求 $\alpha = 0.05$,则下列正确的假设形式是(　　)。

A. $H_0: \mu = 2, H_1: \mu \neq 2$ B. $H_0: \mu \leqslant 2, H_1: \mu > 2$

C. $H_0: \mu < 2, H_1: \mu \geqslant 2$ D. $H_0: \mu \geqslant 2, H_1: \mu < 2$

4. 下列假设检验中,属于右侧检验的是(　　)。

A. $H_0: \mu > \mu_0, H_1: \mu \leqslant \mu_0$ B. $H_0: \mu \geqslant \mu_0, H_1: \mu < \mu_0$

C. $H_0: \mu \leqslant \mu_0, H_1: \mu > \mu_0$ D. $H_0: \mu = \mu_0, H_1: \mu \neq \mu_0$

5. 生产某件宠物用品,要求其高度 μ 在 800mm 以上,如果对此进行假设检验,则原假设为(　　)。

A. $H_0: \mu \geqslant 800$ B. $H_0: \mu \leqslant 800$ C. $H_0: \mu = 800$ D. $H_0: \mu \neq 800$

6. 在对总体均值进行检验时,用 t 统计量检验的条件是(　　)。

A. 正态总体,方差已知,大样本   B. 非正态总体,方差未知,大样本

C. 正态总体,方差已知,小样本   D. 正态总体,方差未知,小样本

7. 在假设检验中,接受原假设时,(　　)。

A. 可能会犯第一类错误   B. 能会犯第二类错误

C. 可能会犯第一、第二两类错误   D. 不会犯错误

8. 在假设检验中,$1 - \alpha$ 是指(　　)。

A. 拒绝了一个真实的原假设的概率   B. 接受了一个真实的原假设的概率

C. 拒绝了一个错误的原假设的概率   D. 接受了一个错误的原假设的概率

9. 在假设检验中,$1 - \beta$ 是指(　　)。

A. 拒绝了一个正确的原假设的概率   B. 接受了一个正确的原假设的概率

C. 拒绝了一个错误的原假设的概率   D. 接受了一个错误的原假设的概率

10. 进行假设检验时,在其他条件不变的情况下,增加样本量,检验结论犯两类错误的概率会(　　)。

A. 都减小   B. 都增大

C. 都不变   D. 一个增大一个减小

11. 设样本 $X_1, X_2, \cdots, X_9$ 来自 $N(\mu, 0.04)$,在显著性水平 $\alpha = 0.05$ 条件下,对于假设 $H_0: \mu \leqslant 0.5, H_1: \mu > 0.5$ 检验,若总体均值的真实值为 $\mu = 0.65$,则此时的检验统计量的值为(　　)。

A. 2.25   B. 11.25   C. -2.25 D. -11.25

12. 若假设形式为 $H_0: \mu = \mu_0, H_1: \mu \neq \mu_0$,当随机抽取一个样本时,其均值 $\overline{x} = \mu_0$,则(　　)。

A. 肯定接受原假设   B. 有 $1 - \alpha$ 的可能接受原假设

C. 有可能接受原假设   D. 有可能拒绝原假设

13. 设 Z_c 为检验统计量的计算值，总体方差 σ^2 已知，检验的假设为 $H_0: \mu \leqslant \mu_0, H_1: \mu > \mu_0$，当 $Z_c = 1.645$ 时，拒绝域为（　　）。

    A. $(0, 1.645)$　　　　B. $(-\infty, 1.645)$　　C. $(1.645, +\infty)$　　　D. $(-1.645, 0)$

14. 在大样本情况下，当总体方差 σ^2 未知时，检验总体均值所使用的统计量是（　　）。

    A. $z = \dfrac{\overline{x} - \mu_0}{\sigma/n}$　　　　B. $z = \dfrac{\overline{x} - \mu_0}{\sigma^2/n}$　　　C. $t = \dfrac{\overline{x} - \mu_0}{s/n}$　　　D. $z = \dfrac{\overline{x} - \mu_0}{s/\sqrt{n}}$

15. 两个样本均值经过 z 检验判定有显著性差别，P 值越小，说明（　　）。

    A. 两样本均值差别越大　　　　　　　　B. 两总体均值差别越小

    C. 越有理由认为两总体均值有差别　　　D. 越有理由认为两样本均值有差别

三、多项选择题

1. 根据原假设的情况，假设检验中的临界值（　　）。

    A. 只能有一个，不可能有两个　　　　B. 只会为正值

    C. 有时为一个，有时有两个　　　　　D. 有时会有负值

    E. 总是以零为中心，呈对称分布

2. 下列关于 β 错误，说法正确的有（　　）。

    A. 是在原假设真实的条件下发生的

    B. 是在原假设不真实的条件下发生的

    C. 取决于原假设与实际值之间的差距

    D. 原假设与实际值之间的差距越大，犯 β 错误的可能性越小

    E. 原假设与实际值之间的差距越小，犯 β 错误的可能性越大

3. 已知总体服从正态分布，现抽取一小样本，拟对总体方差进行双侧假设检验，取 $\alpha = 0.05$，则原假设的拒绝区域为（　　）。

    A. $\left(0, \chi^2_{0.975}(n-1)\right]$　　　　　　　　B. $\left[\chi^2_{0.975}(n-1), +\infty\right)$

    C. $\left(0, \chi^2_{0.025}(n-1)\right]$　　　　　　　　D. $\left(-\infty, \chi^2_{0.975}(n-1)\right]$

    E. $\left[\chi^2_{0.025}(n-1), +\infty\right)$

4. 对于两个总体均值之差的检验，利用检验统计量 $t = \dfrac{(\overline{x}_1 - \overline{x}_2) - (\mu_1 - \mu_2)}{s_p \sqrt{\dfrac{1}{n_1} + \dfrac{1}{n_2}}}$ 进行检验，必须满足的条件有（　　）。

    A. t 分布的自由度为 $n_1 + n_2 - 1$　　　B. t 分布的自由度为 $n_1 + n_2 - 2$

    C. 两个总体方差已知　　　　　　　　　D. 两个总体都为正态总体

    E. 两个总体的方差未知，但相等

5. 关于假设检验，以下表述正确的有（　　）。

    A. 目的是验证关于总体特征的事先猜测

    B. 依据是样本信息

    C. 路径是判断事先猜测与真实情况是否存在系统性偏差

    D. 双侧检验与单侧检验的效果相同

    E. 以一定的概率为保证

6. 关于原假设与备择假设，下列表述正确的有（　　）。

    A. 原假设与备择假设只能有一个正确　　B. 原假设不轻易被否定

C. 备择假设是希望能成立的假设   D. 原假设是希望被肯定的假设

E. 原假设一旦被接受,它就一定正确

7. 假设检验的评判规则取决的因素有(   )。

A. 样本统计值与原假设值之间的差距   B. 显著性水平

C. 总体方差或标准差   D. 样本容量大小

E. 临界值法还是 P 值法

8. 假设检验的基本步骤包括(   )。

A. 提出原假设与备择假设   B. 计算检验统计值

C. 根据抽样分布确定接受域与拒绝域   D. 确定显著性水平

E. 做出接受或拒绝原假设的判断

9. 关于假设检验的两类错误,以下表述正确的有(   )。

A. α 错误是弃真错误,β 错误是纳伪错误

B. α 错误是纳伪错误,β 错误是弃真错误

C. 在样本容量既定的情况下,α 和 β 不能同时增大或减小

D. 一般原则是,先控制 α,再使 β 尽量小

E. $\alpha+\beta=1$

四、判断题

1. 所谓小概率原理是指发生概率很小的事件,在试验中不可能发生。   (   )

2. 在总体方差未知情况下对一个总体的均值进行检验,一定要用 t 统计量。   (   )

3. 假设检验的基本思想可以利用小概率事件原理来解释。   (   )

4. 拒绝原假设说明原假设是错误的,备择假设是正确的。   (   )

5. 犯弃真错误的概率等于 α,犯取伪错误的概率为 $\beta=1-\alpha$。   (   )

6. 对两个总体比例的相等性进行检验,在 $\alpha=0.05$ 的显著性水平上拒绝了原假设,这表示原假设为真的概率小于 0.05。   (   )

7. 在进行假设检验时,只要总体服从正态分布,就应该使用 z 检验统计量。   (   )

8. 为了解某英文培训班是否能真实有效提高学生成绩,对其学生培训前后的英语成绩进行检验,这属于配对样本的检验。   (   )

五、计算题

1. 某企业生产的袋装食品采用自动打包机包装,每袋标准重量为 100 克。现从某天生产的一批产品中按重复抽样随机抽取 50 包进行检查,测得每包重量如表 7-11 所示。

表 7-11   袋装食品每包重量

每包重量/克	包 数
96~98	2
98~100	3
100~102	34
102~104	7
104~106	4
合计	50

采用假设检验方法检验该批食品的重量是否符合标准要求($\alpha=0.05$,写出检验的具体步骤)。

2. 某厂生产的电子管寿命 x 服从正态分布 $N(\mu,\sigma^2)$,以 $\mu_0=1\,000$ 小时为 μ 的标准值,σ^2 为未知参数,现随机抽取其中的 16 只,计算得到样本均值 $\overline{x}=946$,样本方差 $s^2=120^2$。$[t_{0.025}(15)=2.13]$ 试在显著性水平 $\alpha=0.05$ 下,检验这批电子管的寿命与 1\,000 小时是否有显著差异。

3. 中秋节期间,某市饮食业协会在该市居民家庭中随机抽取了 100 户进行调查,在节日期间全家到饭店聚餐的家庭有 25 户。已知该市去年中秋节期间全家到饭店聚餐的家庭比例为 20%,在 0.05 的显著性水平下,问今年该市居民家庭中秋节期间全家到饭店聚餐的比例是否比去年有所增加？（附:$z_{0.05}=1.645,z_{0.025}=1.96$)

4. 某卷烟厂向化验室送去 A 和 B 两种烟草,化验尼古丁的含量是否相同,从 A 和 B 中各随机抽取重量相同的五例进行化验,测得尼古丁的含量如表 7-12 所示。

表 7-12　两种烟草的尼古丁含量　　　　　　　　　　　　单位:mg

A	24	25	26	21	24
B	27	28	24	31	26

据经验知,尼古丁含量服从正态分布。

（1）若已知 A,B 两种烟草尼古丁含量的方差分别为 5 和 8,问两种烟草的尼古丁含量是否有差别($\alpha=0.05$)？

（2）若未知两种烟草尼古丁含量的方差,问两种烟草的尼古丁含量是否有差别($\alpha=0.05$)？

5. 某厂生产某种元件,规定厚度为 5mm。已知元件的厚度服从正态分布。现从某批产品中随机抽取 50 件,测得其平均厚度为 4.91mm,标准差为 0.2mm,问在 0.05 的显著性水平下,该批元件的厚度是否符合规定的要求？

6. 已知某品牌保健品某维生素含量服从正态分布 $N(5.2,0.11^2)$。某天从生产的产品中随机抽查了 10 瓶,某维生素的平均含量为 5.02,问在 0.05 的显著性水平下,该天生产的保健品的某维生素含量是否处于产品质量控制状态？

7. 某鞋厂与外商签订的合同规定,皮鞋的优质率不得低于 95%。现从某批 20\,000 双皮鞋中随机抽查 45 双,发现有 3 双没有达到优质的标准,问在 0.05 的显著性水平下,外商是否应该接受该批皮鞋？

8. 在某高校医院针对教工的健康调查中,随机抽取 200 名 45 岁以上的教工,发现有 20 名超过两年没有进行过体检,随机抽取 300 名 45 岁以下的教工,发现有 50 名超过两年没有进行过体检。根据以上抽样结果,能否认为年轻教工超过两年没有进行过体检的比例高于年纪大的教工($\alpha=0.05$)？

9. 某品牌手机广告宣称某款手机的电板充足电后可连续待机 150 小时。电板待机时间服从正态分布。现检测 10 台该款手机,足电电板的待机时间（小时）分别为:143、145、148、151、155、156、156、158、160 和 161,问在 0.05 的显著性水平下该广告是否真实可信？

10. A、B 两厂生产同种材料,抗压强度服从正态分布,并且已知 $S_A=63$,$S_B=57$。从 A 厂生产的材料中随机抽取 81 件,测得平均抗压强度为每平方厘米 1\,070 千克;从 B 厂生产的材料中随机抽取 64 件,测得平均抗压强度为每平方厘米 1\,020 千克。问在 0.05 的显著性水平下,是否可以认为两厂生产的材料平均抗压强度没有显著差异？

11. 随机调查 339 名 50 岁以上的人,其中 205 名吸烟者中有 43 人患慢性支气管炎,134 名不吸烟者中有 13 人患慢性支气管炎。问在 0.05 的显著性水平下,调查数据能否支持"吸烟容易患慢性支气管炎"的观点?

12. 有人说大学期间,女生外语学习能力比男生强。现随机抽取 27 名男生和 23 名女生,在他们接受 1 小时若干种外语的统一强化训练后,对其进行了简单的百分制测试,结果女生平均成绩为 66 分,男生平均成绩为 63 分,全部测试学生成绩的标准差为 6 分。问在 0.05 的显著性水平下,你能得到什么结论?

13. 某产品设计使用寿命为 300 小时。已知产品使用寿命服从正态分布,标准差为 50 小时。现随机抽取 64 件产品进行检测,发现平均使用寿命为 290 小时。问在 0.05 的显著性水平下,双侧检验和单侧检验犯 β 类错误的概率分别为多少?检验功效分别为多少?

14. 在 13 题中,该厂后来进行了工艺改造,希望产品的使用寿命达到 315 小时。为了验证工艺改造效果,该厂拟进行一次抽样调查。建立假设为 $H_0: \bar{x} = 300, H_1: \bar{x} = 315$。规定:如果接受 H_0,可靠程度要达到 95%,如果接受 H_1,犯错误的概率应不超过 12%。问应抽取多少件产品进行检测?

15. 为了研究两个不同地区居民的收入状况,现在两个地区分别抽取 20 名居民进行调查,获取其人均收入数据如表 7-13 所示。

表 7-13 居民人均收入数据

地区	样本数据(人均收入:元)					均值	方差
地区 1	539	681	636	607	555	595.8	10 484.91
	496	540	568	529	562		
	589	646	617	596	584		
	410	799	775	428	759		
地区 2	709	569	622	630	569	629.25	3 675.46
	637	711	706	617	480		
	632	580	628	624	688		
	723	651	569	650	563		

要求:

(1) 在显著性水平 $\alpha = 0.05$ 下,能否认为地区 2 的人均收入水平高于地区 1?

(2) 在显著性水平 $\alpha = 0.05$ 下,两个地区人均收入方差是否相等?

(3) 请问这两个问题的分析结果的现实统计意义是什么?

16. 为了检验医药公司所生产的降压药功效是否显著,随机抽取 15 位高血压患者,分别对其服用该药前与服用该药五分钟后的高压血压进行测量,得到表 7-14 所示数据。

表 7-14 高血压患者血压测量数据   单位:mmHg

时段	x_1	x_2	x_3	x_4	x_5	x_6	x_7	x_8	x_9	x_{10}	x_{11}	x_{12}	x_{13}	x_{14}	x_{15}
服药前	120	136	160	98	115	110	180	190	138	128	146	157	123	119	187
服药后	118	122	143	99	105	180	175	205	112	136	149	156	104	101	187

假定服用该种降压药前后的高压血压服从正态分布,请问该降压药的是否有显著的功效($\alpha = 0.05$)?

17. 某体育学院男生 100 米跑的平均成绩为 12 秒,标准差为 0.3 秒。在采用一种新的教学训练方法 3 个月后,随机抽查 25 名男生进行测试,结果 100 米跑的平均成绩为 11.89 秒。在 0.05 的显著性水平下,是否可以认为新的教学训练方法已使男生 100 米跑的成绩明显提高了?

18. 某研究机构猜测,至少 80% 的行人在过马路时曾有闯红灯、不走斑马线等违章行为。为了证实这一说法,随机询问了 200 名行人,结果有 146 人如实承认有过交通违章行为。问分别在 0.05、0.01 的显著性水平下,该研究机构的猜测是否成立?

19. 从某高校一年级男生中随机调查 10 名同学,他们的体重(千克)分别为 55、61、62、65、66、68、68、70、75 和 83。

要求:

(1) 在 0.05 的显著性水平下,该校一年级男生体重的方差是否大于 55?

(2) 若随机调查 12 名二年级男生,其体重方差为 65,问在同样的显著性水平下,两个年级的男生体重方差是否有差异?

第**8**章

相关与回归分析

✍📖引例

裙 边 理 论

经济运行周期性出现经济扩张与经济紧缩的交替更迭、循环往复。有意思的是,女人裙子的长短、打扮的开放与保守,似乎也与经济的更替有着密切联系。1929—1933 年全球经济大萧条时,女人的裙子又皱又长,她们打扮得也极端保守。而第二次世界大战后,世界经济日趋繁荣,裙子的长度也渐渐变短。到了 20 世纪 60 年代,经济更加繁荣,时尚界则延续 50 年代末的青春势力,推出了撼动全球的"迷你裙",把女人裙摆拉到了最高点。纽约大都会博物馆服装馆馆长哈罗德·柯达认为:"设计师会掌握社会脉搏,了解普通百姓最关心的问题,当他感觉人们心理遇到困境、悲观情绪滋长,所设计的衣服就会朝着保守低调的方向发展,如长袖、高领、长裙。"这就是"裙边理论"——经济繁荣,裙子变短,经济萧条,裙子变长。它从一个侧面反映了经济周期与裙边长度存在着一定的相关关系。而如何对具有相关关系现象间数量变化的规律性进行测定,就需要进行回归分析。

相关分析与回归分析是研究现象之间关系的最常用的一种定量分析工具,是现代统计学中非常重要的内容,已经广泛应用到企业管理、金融分析、商业决策及自然科学等众多研究领域。在本章中,我们将介绍相关分析与回归分析的基本理论与方法,帮助大家找出现象间的依存关系。

资料来源:张兆丰.统计学[M].北京:机械工业出版社,2009.

8.1　相关与回归分析概述

8.1.1　函数关系与相关关系

世界是普遍关联的有机整体,在社会生活与自然界中,客观现象之间总是普遍联系、相互制约着,每一个现象的运动、变化和发展,与其周围的现象都可能相互依存或相互影响,如人的寿命与性格之间、企业销售额与销售量之间、经济发展与财政政策之间等,从数量上研究这些现象之间的关系,探寻其变化规律,是统计学的重要内容之一。人们可以通过变量之间的关系进行分析,通过得出的结论指导我们在生活和工作中做出相应决策。我们把各种数量之间的依存关系归纳为两种类型,一种是函数关系(function relation),另一种是相关关系(correlation)。

1. 函数关系

函数关系指的是当一个或几个相互联系的变量取一定数值时,另一个变量都有确定的值与之相对应,而且这种关系可用确定的数学表达式表示出来。我们称这种变量之间的依存关系为确定性函数关系。例如,某辆汽车的行驶路程 s、行驶速度 v 与行驶时间 t 之间的关系,可以用数学公式 $s=vt$ 清晰地表达出来,这就是一种函数关系。汽车的行驶路程是随着它的行驶速度与时间的变化而发生变化的,我们通常把影响因素的变量称为自变量,把被影响因素的变量称为因变量。上例中,s 是因变量,v 和 t 是自变量。类似的变量之间的函数关系在自然科学中是普遍存在的,如数学中的 $L=2\pi R$、化学中的 $\rho=m/v$、物理中的 $P=F/S$ 等,这些定理和公式揭示了变量之间存在的函数关系,将复杂的东西简洁地表达出来,帮助我们进一步了解自然与宇宙。

2. 相关关系

相关关系也称统计关系,是指当一个或几个相互联系的变量取一定数值时,另一变量取值并不确定,但有确定的概率分布与其对应,也就是说,变量之间存在一定的依存关系,但这种关系又不是确定的或严格依存的,我们称这种变量之间随机性的依存关系为相关关系。例如,我们针对人类的身高和体重来进行分析,从收集来的一组身高和体重数据来看:每一个身高值都有一个体重值与之对应,但这种关系是不确定的,身高越高的人不一定体重就越重,也就是说,知道某人的身高后,并不能准确地推断出他的体重。但是如果有经验的话,是能推断出此人体重的范围概率的。因此,我们把人的体重与身高的关系判定为相关关系。相关关系大量存在于自然界和社会经济生活中,如某地固定资产投资额与生产总值、家庭收入与消费支出、农作物产量与气温值之间的关系都属于相关关系。

3. 函数关系与相关关系的区别与联系

函数关系与相关关系彼此有所不同,在函数关系中,自变量是影响因变量数值的唯一因素,如圆的面积只受圆的半径影响。而在相关关系中,变量之间的关系往往不那么简单,影响一个变量的因素非常多,如企业成本费用支出除了受企业收入总额的影响外,还受企业规模、人员、预算等因素的影响。相关关系的范围比函数关系的范围更广,函数关系可以说是相关关系的一个特例。

函数关系与相关关系是两种不同类型的关系,但是它们之间并不存在严格的界限,它们之间也是有联系的。本来具有函数关系的变量,当存在观测误差时,其函数关系往往以相关的形式表现出来。而具有相关关系的变量之间的联系,如果我们对其有了深刻的规律性认识,并且能够把影响因变量变动的因素全部纳入方程,这时的相关关系也可能转化为函数关系。另外,相关关系也具有某种变动规律性,所以,相关关系经常可以用一定的函数形式去近似地描述。若变量之间存在相关关系,一般可分为三种情况:一是因果关系,像产量和施肥量之间的关系;二是依存关系,像某城市货运量与该城市 GDP 之间的关系;三是统计关系,像白酒销售量与居民的期望寿命之间的关系。客观现象的函数关系可以用数学分析的方法去研究,而研究客观现象的相关关系必须借助统计学中的相关与回归分析方法。

8.1.2   相关关系的种类与描述

1. 相关关系的种类

现象之间的相互关系是很复杂的,它们以不同方向、不同程度相互作用着,并表现出不同的类型。

(1) 单相关与复相关

根据相关关系涉及变量的多少,相关关系可分为单相关和复相关。在具有相关关系的变量中,两个变量之间的相关关系称为单相关,又称一元相关。例如,职工的生活水平与工资之间的关系就是一种单相关。如果研究的相关关系中涉及三个或三个以上变量,就称为复相关,又称多元相关。例如,在研究施肥量、降雨量、温度、管理水平、土地的状况对农作物产量的影响时,这几个因素之间的关系就是复相关。

(2) 线性相关与非线性相关

根据相关关系表现形式的不同,相关关系分为线性相关和非线性相关。对于两个具有相关关系的现象进行实际调查,获得一系列配对的数据,将一种现象的数量与另一种现象的数量,一一对应在直角坐标系中可显示为一系列的点。如果这些点的分布大致散布在一条直线的周围,则称这两种数量关系为线性相关或直线相关。反之,若现象的一系列点(也称为相关点)的分布并不表现为直线变动关系,而近似于某种曲线方程的关系,则称这种相关关系为非线性相关或曲线相关。例如,产品的平均成本与产品总产量就是一种非线性相关。常见的相关曲线有抛物线、指数曲线等。实际上,绝大多数相关关系属于非线性相关关系。线性相关关系分析既是最简单的相关关系形式,又是相关分析的研究基础。

（3）正相关与负相关

根据相关现象变化的方向不同,相关关系可分为正相关和负相关。两个现象存在相关关系,当一个现象的数量增加(或减少),另一个现象的数量也随之增加(或减少)时,即两种数量变动的方向一致,就称这种相关关系为正相关。例如,社会商品零售额与居民收入水平之间的数量关系就是正相关关系。当一个现象的数量由小变大,而另一个现象的数量由大变小,即两种相关变量的变动方向恰好相反,就称这种关系为负相关。例如,商品流转的规模越大,流通费用水平则越低;吸烟时间越长,肺病患者痊愈率就越低,这就是负相关关系。必须注意的是,许多现象正负相关的关系仅在一定范围内存在。例如,施肥量在一定的限度内,粮食产量会随着施肥量的增加而提高,这是正相关。但是施肥量超过了生物学上所允许的限量,粮食产量就会随着施肥量的增加而下降,表现为负相关。

（4）完全相关、不完全相关与不相关

根据相关关系的密切程度,相关关系可分为完全相关、不完全相关和不相关。当一个现象的数量变化完全由另一个现象的数量变化所确定时,称这两种现象间的关系为完全相关。例如,圆的周长决定于它的半径。在这种情况下,相关关系即成为函数关系,也可以说函数关系是相关关系的一个特例。当两个现象彼此互不影响,其数量变化各自独立时,称为不相关现象。例如,离婚率的上升与工厂机器数量之间的关系是不相关的。不相关也可以看作是相关关系的特例。两个现象之间的关系介于完全相关和不相关之间,称为不完全相关。例如,农作物产量与土地状况之间的关系就属于不完全相关,而大多数的社会经济现象之间的关系都是这种不完全相关关系。

在统计中,对客观经济现象间存在的相互依存关系进行分析研究的统计方法,称为相关分析法。相关分析的目的在于研究相互关系的密切程度及其变化规律,以便做出判断,进行必要的预测和控制。确定相关关系的密切程度可以通过绘制相关表、相关图来完成。

2. 相关表

当对现象总体中的两种相关变量做相关分析,以研究其相互依存关系时,如果将实际调查取得的一系列成对变量值的资料有序地排列在一张表格上,这张表格就是相关表。通过对表中数据的观察,可以直观地判断现象之间大致上有无相关性。

从表 8-1 中可以看出,随着固定资产投资额的

表 8-1　2012—2021 年某市固定资产投资额与生产总值

单位:万元

年份	固定资产投资额 x	生产总值 y
2012	788.7	3 645.22
2013	799.4	4 078.58
2014	910.9	4 545.62
2015	961	4 891.56
2016	1 150.4	5 323.35
2017	1 430.1	5 962.65
2018	1 852.9	7 208.05
2019	2 543.2	9 086.04
2020	3 920.6	11 275.18
2021	3 991.7	12 058.62

增加,生产总值也是增加的,两者之间存在一定的正相关关系。

3. 相关图

相关表能在一定程度上反映出两个变量间是否存在相关关系、正相关还是负相关,但难以反映出变量间是线性相关还是曲线相关,也不能反映出变量关系的密切程度。如果把两个变量的对应值在直角坐标系上表现出来,则形成了相关图。相关图又称散点图,它是用直角坐标系的 x 轴代表一个变量,y 轴代表另一个变量,将两个变量间相对应的变量值用坐标点的形式描绘出来,用于表明相关点分布状况的图。它能较直观地看出变量间的相关形式,即是直线相关还是曲线相关,如果是曲线相关,大致能看出是哪一种曲线。图 8-1 显示了单相关的几种典型类型。一般在进行详细的定量分析之前,可以先利用它与现象之间存在的相关关系的方向、形式及密切程度做大致的判断。根据表 8-1 的资料可以绘制相关图,如图 8-2 所示。

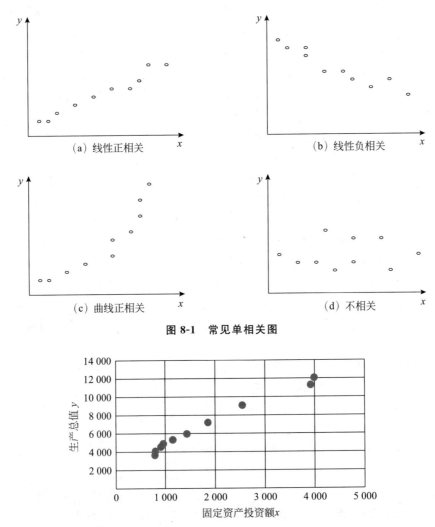

图 8-1　常见单相关图

图 8-2　某市生产总值与固定资产投资额相关图

利用 Excel 的图表功能绘制相关图的步骤。

(1) 将表 8-1 的数据输入 Excel 工作表。A2～A11 为固定资产投资额,B2～B11 为生产总值,如图 8-3 所示。

	A	B
1	固定资产投资额 x	生产总值 y
2	788.7	3645.22
3	799.4	4078.58
4	910.9	4545.62
5	961	4891.56
6	1150.4	5323.35
7	1430.1	5962.65
8	1852.9	7208.05
9	2543.2	9086.04
10	3920.6	11275.18
11	3991.7	12058.62

图 8-3　某市生产总值与固定资产投资额对照表

（2）选中图 8-3 的 A1～B11，单击"插入"→"图表"，或单击常用工具栏的"图表"按钮，在弹出的"插入图表"对话框的"图表类型"中选择"XY 散点图"，在"子图表类型"中选择第二种散点图，单击"确定"按钮，如图 8-4 所示，即可得到图 8-2。

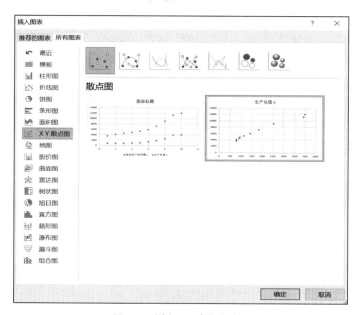

图 8-4　"插入图表"对话框

8.1.3　相关分析与回归分析

1. 相关分析与回归分析的含义

相关分析与回归分析是研究现象之间相关关系的两种基本方法。所谓相关分析，就是用一个指标来表示现象间相互依存关系的密切程度。所谓回归分析，是指对具有相关关系的两个或两个以上变量之间数量变化的一般关系进行测定，选择一个合适的数学模型，以便从一个已知量推测另一个未知量，为预测提供一种方法。回归分析是关于变量间客观存在的相关关系描述模型及其性质讨论和应用的统计方法的总称。

回归分析中两个变量之间不是对等关系，必须根据研究对象的性质和目的，确定自变量和因变量。回归分析中的回归方程，是利用自变量的给定值来推算因变量值，它反映的是变量值之间具体的变动关系。有些现象因果关系不明显，x、y 两个变量可以互换，从方程式看，存在着两个回归方程：一个是以 x 为自变量，y 为因变量，求出的回归方程称"y 倚 x 回归方程"；另一个是以 y 为自变量，x 为因变量，求出的回归方程称"x 倚 y 回归方程"。线性回归方程中的回归系数也有正负,回归系数为正,表示两变量之间的变动方向相同,为负则表示两变量之间的变动方向相反。回归分析中的自变量是给定的数值,不是随机的,而因变量是随机的。当将给定的自变量值代入回归方程,可以得出因变量的估计值,这个估计值是许多可能数值的均值,存在着估计标准误差。

2. 相关分析与回归分析的联系与区别

(1) 相关分析与回归分析的联系

① 相关分析是回归分析的基础和前提。通常,只有在确定了现象之间存在的相关关系及其形式后,才能有针对性地进行回归分析。如果相关关系不显著,就没有必要进行回归分析,即使勉强进行回归分析,其实际意义也不大。

② 回归分析是相关分析的深入和继续。在相关分析的基础上进行回归分析,可以帮助估计、预测和控制,二者结合起来,才能够发挥相关分析更大的作用。

③ 利用回归系数求出相关系数,是相关系数的一种计算方法;反之,从相关系数出发,也可方便地计算出回归系数。在统计检验方面,凡是回归模型代表性强的,相关关系就显著,若是回归模型代表性差,相关关系就不显著。或者,如果相关系数通过了显著性检验,那么回归方程的代表性就好,相关系数的值就越大,回归分析的效果就越理想;否则,回归方程的代表性和回归分析的效果就较差,甚至毫无价值可言。

(2) 相关分析与回归分析的区别

① 相关分析主要是描述两个变量之间线性关系的密切程度,它只是变量间相关关系的反映和描述性解释,回归分析不仅可以揭示变量 x 对变量 y 的影响大小,还可以由回归方程进行预测和控制。例如,父辈的身高会影响子女的身高,究竟二者的关系有多大,计算相关系数就可以得到说明,那么回归的意思是指,高个子父辈其子女的身材也高,但高过父辈身高的情况普遍比较少,矮个子父辈的子女的身高相对较低,但他们的子女的身高又有普遍超过他们身高的倾向,人的身高总是趋向某个平均数,据此不难看出,相关与回归的原始含义是不同的。

② 相关分析中,变量 x、变量 y 处于平等的地位;回归分析中,变量 y 称为因变量,处在被解释的地位,x 称为自变量,用于预测因变量的变化。

③ 相关分析中所涉及的变量 x 和 y 都是随机变量;回归分析中,因变量 y 是随机变量,自变量 x 一般是确定变量。

以上所述的相关分析与回归分析的关系,主要是从狭义的相关与回归概念方面来讲的,而且仅着眼于现象之间简单的线性关系。从广义上理解,相关分析和回归分析基本上融于一体。相关分析和回归分析只是定量分析的手段,通过相关分析和回归分析虽然可以从数量上反映现象之间的联系形式及其密切程度,但是无法准确地判断现象内在联系的有无,也无法单独以此来确定何种现象为因,何种现象为果。只有以实质性科学理论为指导,并结合实际经验来进行分析研究,才能正确判断事物的内在联系和因果关系。如果对本来没有内在联系的现象仅凭数据就进行相关分析和回归分析,那么这就可能是一种"伪相关"或"伪回归",这样不仅没有实际的意义,而且会导致荒谬的结论。因此,在应用相关回归方法对客观现象进行研究时,一定要始终注意把定性分析和定量分析结合起来,在定性分析的基础上开展定量分析。

8.2 一元线性相关分析

相关表和相关图虽然能够较为直观地展现变量之间的相关关系,但对变量相关关系及相关程度的描述还不够精确。在统计学中,对不同类型的变量数据,常采用各种相关系数来具体度量变量间相关的程度,比较常用的主要有简单线性相关系数和等级相关系数。

8.2.1 简单线性相关系数

简单线性相关系数是测定两个变量之间是否存在线性相关关系,以及其相关方向和密切程度的统计指标,通常简称为相关系数。在各种类型的相关分析中,只有两个变量的线性相关关系的分析是最简单的。

1. 简单线性相关系数的计算

根据总体资料计算的相关系数,称为总体相关系数,用记号 ρ 表示。

$$\rho = \frac{Cov(X,Y)}{\sqrt{Var(X)Var(Y)}} \tag{8-1}$$

式中:$Var(X)$ 是变量 X 的方差;$Var(Y)$ 是变量 Y 的方差;$Cov(X,Y)$ 是变量 X 和 Y 的协方差。

总体相关系数 ρ 反映了总体两个变量 X 和 Y 的线性相关程度,对于特定的总体来说,X 和 Y 的数值是既定的,总体相关系数 ρ 是客观存在的特定数值。然而,通常不可能去直接观测总体的两个变量 X 和 Y 的全部数值,所以总体相关系数一般是未知的。通常可能做到的是从总体中随机抽取一定数量的样本,通过 X 和 Y 的样本观测值去估计样本相关系数。变量 X 和 Y 的样本相关系数通常用 r_{xy} 表示,或简记为 r,可用式(8-2)估计:

$$r_{xy} = \frac{\sum (x-\overline{x})(y-\overline{y})/n}{\sqrt{\sum (x-\overline{x})^2/n}\sqrt{\sum (y-\overline{y})^2/n}} = \frac{\sum (x-\overline{x})(y-\overline{y})}{\sqrt{\sum (x-\overline{x})^2}\sqrt{\sum (y-\overline{y})^2}} \tag{8-2}$$

式中:x 和 y 分别是变量 X 和 Y 的样本观测值;$\overline{x}$ 和 $\overline{y}$ 分别是变量 X 和 Y 样本值的平均值。

为了便于计算,样本相关系数也可用以下公式计算:

$$r = \frac{n\sum xy - \sum x \sum y}{\sqrt{n\sum x^2 - \left(\sum x\right)^2}\sqrt{n\sum y^2 - \left(\sum y\right)^2}} \tag{8-3}$$

习惯上,将上述方法所计算的相关系数称为 Pearson 相关系数,它是由著名统计学家卡尔·皮尔逊(Karl Pearson)最早提出来的。样本相关系数 r 是根据从总体中抽取的随机样本的观测值 x 和 y 计算出来的,它是对总体相关系数 ρ 的估计。可以证明,这样计算的样本相关系数是总体相关系数的一致估计。

2. 相关系数的性质

为解释相关系数各数值的含义,首先需要对相关系数的性质有所了解。相关系数的性质可总结如下。

r 的取值范围是 $[-1,1]$,即 $-1 \leqslant r \leqslant 1$。若 $0 < r \leqslant 1$,表明 x 与 y 之间存在正线性相关关系;若 $-1 \leqslant r < 0$,表明 x 与 y 之间存在负线性相关关系;若 $r=1$,表明 x 与 y 之间为完全正线

性相关关系;若 $r = -1$,表明 x 与 y 之间为完全负线性相关关系。可见当 $|r| = 1$ 时,y 的取值完全依赖于 x,二者之间为函数关系;当 $r = 0$ 时,二者之间不存在线性相关关系。

r 具有对称性。x 与 y 之间的相关系数 r_{xy} 和 y 与 x 之间的相关系数 r_{yx} 相等,即 $r_{xy} = r_{yx}$。

r 的数值与 x 和 y 的原点及尺度无关。改变 x 和 y 的数据原点及计量尺度,并不改变 r 的数值。

r 仅仅是 x 与 y 之间线性关系的一个度量,它不能用于描述非线性关系。这意味着,$r = 0$ 只表示两个变量之间不存在线性相关关系,并不说明变量之间没有任何关系,它们之间可能存在非线性相关关系。变量之间的非线性相关程度较大,可能会导致 $r = 0$。因此,当 $r = 0$ 或很小时,不能轻易得出两个变量之间不存在相关关系的结论,而应结合散点图做出合理的解释。

r 虽然是两个变量之间线性关系的一个度量,却不意味着 x 与 y 一定有因果关系。

了解相关系数的性质有助于对其实际意义做出解释。根据实际数据计算出的 r 的取值一般在 $-1 \sim 1$,若 $|r|$ 趋近于 1,说明两个变量之间的线性关系越强;若 $|r|$ 趋近于 0,说明两个变量之间的线性关系越弱。一个具体的 r 的取值,根据经验可将相关程度分为以下几种情况:$|r| \geqslant 0.8$ 时,可视为高度线性相关;$0.5 \leqslant |r| < 0.8$ 时,可视为显著线性相关或中度线性相关;$0.3 \leqslant |r| < 0.5$ 时,可视为低度线性相关;当 $|r| < 0.3$ 时,说明两个变量之间的线性相关程度极弱,可视为微弱线性相关。

例 8-1 某企业为评价本企业的盈利能力,对其下属 10 家子公司的成本投入与利润产出进行了调查,调查结果见表 8-2。试计算成本与利润的相关系数。

表 8-2　成本与利润的相关系数计算表

序号	成本 x	利润 y	xy	x^2	y^2
1	165	9	1 485	27 225	81
2	90	5.2	468	8 100	27.04
3	143	7.8	1 115.4	20 449	60.84
4	112	5.9	660.8	12 544	34.81
5	81	4.5	364.5	6 561	20.25
6	132	7.2	950.4	17 424	51.84
7	123	7.1	873.3	15 129	50.41
8	113	8	904	12 769	64
9	150	8.3	1 245	22 500	68.89
10	130	6.1	793	16 900	37.21
合计	1 239	69.1	8 859.4	159 601	496.29

将表格中数据代入公式:

$$r = \frac{n \sum xy - \sum x \sum y}{\sqrt{n \sum x^2 - \left(\sum x \right)^2} \sqrt{n \sum y^2 - \left(\sum y \right)^2}}$$

$$= \frac{10 \times 8\ 859.4 - 1\ 239 \times 69.1}{\sqrt{10 \times 159\ 601 - 1\ 239^2} \sqrt{10 \times 496.29 - 69.1^2}}$$

$$\approx 0.88$$

相关系数大于 0.8,说明成本与利润高度线性正相关。

利用 Excel 的图表功能计算相关系数,步骤如下。

(1) 将表 8-2 的数据输入 Excel 工作表,如图 8-5 所示。

(2) 单击"工具"→"数据分析"命令,在弹出的"数据分析"对话框中选择"相关系数",然后单击"确定",如图 8-6 所示。

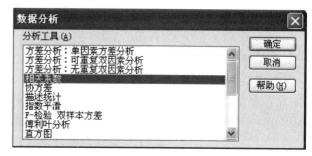

图 8-5　成本与利润对照表　　　　　　　　　图 8-6　"数据分析"对话框

(3) 在出现"相关系数"对话框的"输入区域"中输入 A2:B11;"分组方式"中选择"逐列",在"输出区域"中选择 E3,也可根据需要选择其他区域,如图 8-7 所示。

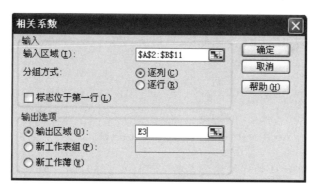

图 8-7　"相关系数"对话框

(4) 单击"确定",相关系数呈现在 E3 单元格,如图 8-8 所示。结果显示,相关系数为 0.880 304。

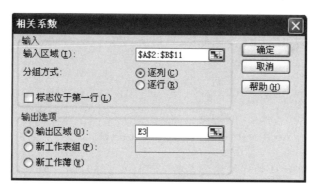

图 8-8　相关系数计算结果

3. 简单线性相关系数的检验

一般情况下,总体相关系数 ρ 是未知的,通常将样本相关系数 r 作为 ρ 的近似估计值。但

由于 r 是根据样本数据计算出来的,因此会受到抽样波动的影响。由于抽取的样本不同,r 的取值也就不同,因此 r 是一个随机变量。能否根据样本相关系数说明总体的相关程度呢? 这就需要考查样本相关系数的可靠性,也就是进行显著性检验。

(1) r 的抽样分布

为了对样本相关系数 r 的显著性进行检验,需要考查 r 的抽样分布。r 的抽样分布随总体相关系数 ρ 和样本量 n 而变化。当样本数据来自正态总体时,随着 n 的增大,r 的抽样分布趋于正态分布,尤其是在总体相关系数 ρ 很小或接近 0 时,趋于正态分布的趋势非常明显。而当 ρ 远离 0 时,除非 n 非常大,否则 r 的抽样分布呈现一定的偏态。因为 r 是在 ρ 的周围分布的,当 ρ 的数值接近 $+1$ 或 -1 时,比如 $\rho=0.96$,r 的值可能以 0.96 为中心朝两个方向变化,又由于 r 的取值范围在 $-1\sim+1$,所以一方的变化以 $+1$ 为限,全距是 0.04,而另一方的变化以 -1 为限,全距是 1.96,两个方向变化的全距不等,因此 r 的抽样分布也不可能对称。但当 ρ 等于 0 或接近 0 时,两个方向变化的全距接近相等,所以 r 的抽样分布也就接近对称。

总之,当 ρ 为较大的正值时,r 呈现左偏分布;当 ρ 为较大的负值时,r 呈现右偏分布。只有当 ρ 接近 0,而样本量 n 很大时,才能认为 r 是接近正态分布的随机变量。然而,以样本 r 来估计总体 ρ 时,总是假设 r 为正态分布,但这一假设常常会带来一些严重后果。

(2) r 的显著性检验

如果对 r 服从正态分布的假设成立,则可以应用正态分布来检验。但从上面对 r 抽样分布的讨论可知,对 r 的正态性假设具有很大的风险,因此通常情况下不采用正态检验,而采用费希尔提出的 t 检验,该检验可以用于小样本,也可以用于大样本。检验的具体步骤如下。

① 提出假设。

$$H_0:\rho=0, \quad H_1:\rho\neq0$$

② 计算检验的统计量。

$$t=\frac{r\sqrt{n-2}}{\sqrt{1-r^2}}\sim t(n-2) \tag{8-4}$$

③ 进行决策。由所估计的样本相关系数 r 可计算 t 统计量。给定显著性水平 α,查 t 分布表得自由度为 $(n-2)$ 的临界值 $t_{\frac{\alpha}{2}}$,若 $|t|\geqslant t_{\frac{\alpha}{2}}$,表明相关系数 r 在统计上是显著的、不为 0,应否定 $\rho=0$ 而接受 $\rho\neq0$ 的假设,表示总体的两个变量间线性相关性显著;若 $|t|<t_{\frac{\alpha}{2}}$,表明相关系数 r 在统计上不显著的、不为 0,应接受 $\rho=0$ 的假设,表示总体的两个变量间线性相关性不显著。

例 8-2 假设根据 6 对样本观测数据计算出某公司的股票价格与大盘指数的样本相关系数 $r=0.6$。试问是否可以根据 5% 的显著性水平认为该公司的股票与大盘指数之间存在一定程度的线性相关关系?

解:已知 $H_0:\rho=0,H_1:\rho\neq0$,将其代入公式 $t=\frac{r\sqrt{n-2}}{\sqrt{1-r^2}}\sim t(n-2)$,计算出 r 的 t 检验值为

$$t=\frac{0.6\sqrt{6-2}}{\sqrt{1-0.6^2}}=1.5$$

查表可知,显著性水平为 5%、自由度为 4 的临界值 $t_{\frac{\alpha}{2}}=2.776$,上式中的 t 值小于 2.776,因此 r 不能通过显著性检验。也就是说,尽管根据样本观测值计算的 r 达到 0.6,但是由于样

本单位过少,这一结论并不可靠,它不足以证明该公司的股票价格与大盘指数之间存在一定程度的线性相关关系。

8.2.2　等级相关系数

等级相关系数又称顺序相关系数,是由心理学家与统计学家斯皮尔曼(Spearman)最早提出来的,一般用 r_s 来表示,称为斯皮尔曼等级相关系数。对于样本容量为 n 的随机变量 x 和 y,如果 x 和 y 的取值分别都可以分为 $1,2,\cdots,n$ 这样 n 个等级,而且样本的 n 个单位分别不重复地属于 x 和 y 的不同等级,没有两个单位取相同等级的情况,并且用 d_i 表示第 i 个样本单位属于 x 的等级与 y 的等级的级差,则 Spearman 等级相关系数 r_s 为

$$r_s = 1 - \frac{6\sum d_i^2}{n(n^2-1)} \tag{8-5}$$

数学上可以证明,Spearman 等级相关系数是简单线性相关系数的特例。样本等级相关系数的取值范围是 $-1 \leqslant r_s \leqslant 1$。当 $r_s = 1$ 时,所有个体在两个变量上的等级顺序完全一致,即样本等级资料完全线性正相关;当 $r_s = -1$ 时,样本等级资料完全线性负相关;当 $r_s = 0$ 时,两个变量在等级顺序上不存在线性相关;当 $0 < r_s < 1$ 时,r_s 越接近 1,两个变量等级顺序的正线性相关程度越高;当 $-1 < r_s < 0$ 时,r_s 越接近 -1,两个变量等级顺序的负线性相关程度越高。

等级相关系数主要适用于分析变量值表现为等级的变量之间的相关关系。对于变量值表现为数值而不是等级的变量,也可以把它划分为若干个等级,再用等级相关的方法来研究。如果无法假定其总体分布,或者其中有一个变量只能用等级表现时,有时也可以用等级相关系数分析其相关性。例如,把年龄按生命过程阶段划分,比用实际年龄更便于研究生命过程的统计规律。具体方法是可以按实际观察值大小排序把观察值的取值范围划分为若干等级区间,并赋予每个观察值秩次而将其划分为若干等级,然后计算等级相关系数。

例 8-3　某公司 8 位员工的学历及其年终能力考核结论如表 8-3 所示,求学历与能力的等级相关系数。

表 8-3　企业员工学历与能力考核的等级相关系数计算表

员工序号	学历	等级 x	能力考核	等级 y	$d=x-y$	d_i^2
1	硕士	1	良好	3.5	-2.5	6.25
2	本科	4	优秀	1	3	9
3	本科	4	良好	3.5	0.5	0.25
4	本科	4	良好	3.5	0.5	0.25
5	本科	4	一般	6.5	-2.5	6.25
6	本科	4	良好	3.5	0.5	0.25
7	专科	7.5	一般	6.5	1	1
8	专科	7.5	较差	8	-0.5	0.25
合计	—	36	—	36	0	23.5

(1) 公司 8 位员工按学历高低排列分别为:硕士、本科、本科、本科、本科、本科、专科、专科。

其中 5 个本科原来应该列为第 2、3、4、5、6 等级,平均数为 4,2 个专科原来应该列为第 7、8 等级,平均数为 7.5,因此这 8 个人的学历等级可以定为:1、4、4、4、4、4、7.5、7.5。

(2) 计算 x 和 y 两个序数数列的每对观测值的等级之差:

$$r_s = 1 - \frac{6\sum d_i^2}{n(n^2-1)} = 1 - \frac{6 \times 23.5}{8 \times 63} = 0.720\ 2$$

结果表明,学历与能力之间有比较显著的相关性。

需要注意的是,等级相关系数不能解释为线性相关系数。Spearman 等级相关系数是以变量的取值没有相同等级为前提的。但现实中,观察结果常常会出现相同的等级,这时,需要计算这几个观察结果所在位次的简单算术平均数作为它们相应的等级。在这种情况下,应用 Spearman 等级相关系数计算公式所得到的结果显然只是近似的。若相同等级不是太多,可以近似应用上述公式,否则应加以修正。

8.3　一元线性回归分析

8.3.1　一元线性回归模型

1. 回归模型与回归方程

(1) 回归模型

在回归分析中,被预测或被解释的变量,称为因变量,用 y 表示;用来预测或用来解释因变量的一个或多个变量,称为自变量,用 x 表示。

描述因变量 y 如何依赖自变量 x 和误差项 μ 的方程,称为回归模型。

对于只涉及一个自变量的一元线性回归模型可表示为

$$y = \alpha + \beta x + \mu \tag{8-6}$$

在一元线性回归模型中,y 由两部分构成:①x 的线性函数 $\alpha + \beta x$,反映了由 x 的变化而引起的 y 的线性变化;②误差项 μ,反映了除 x 和 y 之间的线性关系之外的随机因素对 y 的影响,是不能由 x 和 y 之间的线性关系解释的变异性。其中,α 和 β 称为模型的参数。式(8-6)被称为理论回归模型,随机误差项 μ 是无法直接观测的,对这一模型通常需要对其性质做一些基本假定。

假定 1:零均值假定。在给定 x 的条件下,μ_i 的条件期望为零,即

$$E(\mu_i \mid x_i) = 0 \tag{8-7}$$

假定 2:同方差假定。在给定 x 条件下,μ_i 的条件方差为某个常数 σ^2,即

$$Var(\mu_i \mid x_i) = E[\mu_i - E(\mu_i \mid x_i)]^2 = E(\mu_i^2) = \sigma^2 \tag{8-8}$$

假定 3:无自相关假定。随机误差项 μ 的逐次值互不相关,即

$$Cov(\mu_i, \mu_j) = E[\mu_i - E(\mu_i)][\mu_j - E(\mu_j)] = E(\mu_i, \mu_j) = 0 \quad (i \neq j) \tag{8-9}$$

假定 4:随机误差项 μ 与自变量 x_i 不相关的假定,即

$$Cov(\mu_i, x_i) = E[\mu_i - E(\mu_i)][x_i - E(x_i)] = 0 \tag{8-10}$$

假定 5:正态性假定。假定 μ_i 服从均值为零、方差为 σ^2 的正态分布,即

$$\mu_i \sim N(0, \sigma^2)$$

正态性假定不影响对参数的点估计,所以有时不列入基本假定,但这对确定所估计参数的分布性质是需要的,且根据中心极限定理,当样本容量趋于无穷大时,μ 的分布会趋近于正态分布,所以正态性假定有合理性。

注意:并不是参数估计的每一具体步骤都要用到所有的假定,但对全部假定有完整的认识,对学习统计学是有益的。完全满足以上基本假定的线性回归模型,又称为古典线性回归模型。

(2) 回归方程

描述因变量 y 的期望值如何依赖于自变量 x 的方程,称为回归方程。一元线性回归方程的图示是一条直线,因此也称为直线回归方程。一元线性回归方程的形式为

$$E(y) = \alpha + \beta x \tag{8-11}$$

式中:α 为回归直线在 y 轴上的截距,是当 $x=0$ 时 y 的期望值;β 为直线的斜率,它表示当 x 每变动 1 个单位时,y 的平均变动值。

(3) 估计的回归方程

在实际的分析工作中,总体的数据一般是不能被全部掌握的,常用的方法是用对应的样本数据对总体进行估计。于是我们可以设定样本回归模型和样本回归方程。

样本回归模型为

$$y_i = \hat{\alpha} + \hat{\beta} x_i + e_i \tag{8-12}$$

式中:$\hat{\alpha}$ 为总体参数 α 的估计量;$\hat{\beta}$ 为总体参数 β 的估计量;e_i 为总体参数 μ 的估计量。

样本回归方程为

$$\hat{y}_i = \hat{\alpha} + \hat{\beta} x_i \tag{8-13}$$

式中:$\hat{y}$ 为总体 $E(y)$ 的估计量。

由式(8-12)和式(8-13),显然有

$$y_i - \hat{y}_i = e_i \tag{8-14}$$

一元线性回归分析的基本方法是,根据样本数据,采用最小二乘法得到样本回归方程,用样本的 $\hat{\alpha}$ 和 $\hat{\beta}$ 对总体的 α 和 β 进行估计。在这个过程中要注意的是,总体方程中的 α 和 β 是客观存在的,是我们想要知道的参数,但往往是未知的;而样本方程中的 $\hat{\alpha}$ 和 $\hat{\beta}$ 是可以通过样本数据采用最小二乘法得到的,但它们会随样本的变化而变化,即它们是样本统计量,是随机变量。

2. 回归线与回归函数

一元线性回归分析中只有两个变量,将变量区分为自变量 x 和因变量 y。由于自变量 x 与因变量 y 之间不是确定性的函数关系,而是不确定性的相关关系,当自变量 x 取某一固定值时,y 的取值并不确定,y 的不同取值会形成一定的分布,这是 y 在 x 取某一固定值时的条件分布。例如,设想对于自变量(学历)的每一个固定值都相应有因变量(收入)的某种分布。当然不是所有具有本科学历的人都会严格地具有相同的收入,不过这些收入是在某个均值周围分布的。所以,对于 x 的每一个取值,如果 y 所形成的条件分布确定其期望或均值,称为 y 的条件期望或条件均值,可以用 $E(y|x_i)$ 表示。如图 8-9 所示,对于 x 的每一个取值 x_i,都有 y 的条件期望 $E(y|x_i)$ 与之对应,y 的条件期望是随 x 的变化而变化的。在坐标图上,这些由 y 的条件期望 $E(y|x_i)$ 的点随 x 变化的轨

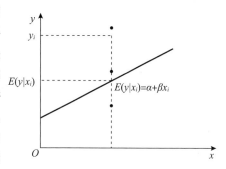

图 8-9　一元线性回归函数

迹所形成的直线或曲线,称为回归线。

如果因变量 y 的条件期望 $E(y|x_i)$ 随自变量 x 的变化而有规律变化,可以把 y 的条件期望 $E(y|x_i)$ 表示为 x 的某种函数 $E(y|x_i)=f(x_i)$,这个函数就称为回归函数。如果其函数形式是只有一个自变量的线性函数,如 $E(y|x_i)=\alpha+\beta x_i$,就称为一元线性回归函数。如果其函数形式是有多个自变量的线性函数,如 $E(y|x_i)=\alpha+\beta_1 x_{1i}+\beta_2 x_{2i}+\cdots+\beta_k x_{ki}$,就称为多元线性回归函数。

(1) 总体回归函数

假如已知所研究的经济现象总体中因变量 y 和自变量 x 的每个观测值(通常这是不可能的),便可以计算总体因变量 y 的条件期望 $E(y|x_i)$,并将其表现为自变量 x 的某种函数,这个函数称为总体回归函数(简记为 PRF)。假如 y 的条件期望 $E(y|x_i)$ 是自变量 x 的线性函数,可表示为

$$E(y|x_i)=\alpha+\beta x_i \tag{8-15}$$

$E(y|x_i)$ 强调的是由 x 决定 y 的期望值,α 表示 y 的截距,β 表示回归线的斜率,又叫回归系数。为加深理解,我们通过一个例子来给大家做进一步说明。

大家在学习经济学这门课时,都接触过消费函数,一般用 $y=\alpha+\beta x$ 表示。其中,y 表示消费支出,x 表示可支配收入,α 称为基础消费水平的常数项,β 表示边际消费倾向。这种类型的消费函数认为,可支配收入是决定消费支出的主要因素,而且它们之间是线性关系,在坐标轴中,可以用一条直线来表示,这种确定性的消费函数作为理论分析的一种抽象是允许的。但是,在现实经济生活中,这种确定性的消费函数很难成立,在消费收入一定的情况下,全国亿万个家庭的消费支出显然不会完全相等,因为除了收入之外,还有很多其他因素影响消费支出,一些家庭虽然收入相同,但消费习惯、地理位置、气候条件等都会使消费支出出现差异。所以,我们只能说,平均来看,消费支出和可支配收入的关系能够用直线反映,但是实际的 y 的观测值不一定在这条回归线上,只是散布在该直线的周围,各实际观测值 y_i 与条件期望 $E(y|x_i)$ 是有偏差的,这个偏差即为随机误差项,或称为随机扰动项,一般用 μ 表示。如果总体回归函数是只有一个自变量的线性函数,则有

$$\mu_i=y_i-E(y|x_i)=y_i-\alpha-\beta x_i$$

即

$$y_i=\alpha+\beta x_i+\mu_i$$

(2) 样本回归函数

在现实问题研究中,由于所要研究的现象的总体单位数一般是很多的,在许多场合甚至是无限的,因此无法掌握因变量 y 总体的全部取值。我们可能做到的只是对应于自变量 x 的选定水平,对因变量 y 的某些样本进行观测,然后通过对样本观测获得的信息去估计总体回归函数。

对从总体中抽取的样本数据进行观测,对应于自变量 x 的一定值,取得的因变量 y 的样本观测值也可计算其条件期望,y 的样本观测值的条件期望随自变量 x 而变动的轨迹,称为样本回归线。如果把因变量 y 的样本条件期望表示为自变量 x 的某种函数,这个函数称为样本回归函数(简记为 SRF)。

显然,样本回归函数的函数形式应与设定的总体回归函数的函数形式一致,如图 8-10 所示。

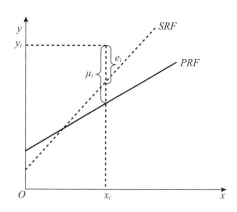

图 8-10　总体回归函数与样本回归函数

如果样本回归函数为线性函数，可表示为

$$\hat{y}_i = \hat{\alpha} + \hat{\beta} x_i \tag{8-16}$$

式中：$\hat{y}_i$ 是与 x_i 相对应的 y 的样本条件期望；$\hat{\alpha}$ 和 $\hat{\beta}$ 分别是样本回归函数的参数。

因变量 y 的实际观测值 y_i 并不完全等于样本条件期望 $\hat{y}_i$，二者之偏差称为残差项或剩余项，用 e_i 表示，则

$$y_i = \hat{\alpha} + \hat{\beta} x_i + e_i \tag{8-17}$$

由图 8-10 可以看出，样本回归函数与总体回归函数的关系是显而易见的。如果能够获得 $\hat{\alpha}$ 和 $\hat{\beta}$ 的数值，显然 $\hat{\alpha}$ 和 $\hat{\beta}$ 是对总体回归函数参数 α 和 β 的估计。$\hat{y}_i$ 是对总体条件期望 $E(y \mid x_i)$ 的估计，残差 e_i 在概念上类似总体回归模型中的随机误差 μ_i。但是必须明确样本回归函数与总体回归函数是有区别的。首先，总体回归函数虽然未知，但它是确定的；而由于从总体中每次抽样都能获得一个样本，就都可以拟合一条样本回归线，因此样本回归线是随抽样的样本而变化的，可以有许多条。所以，样本回归线还不是总体回归线，至多只是未知总体回归线的近似表现。其次，总体回归函数的参数 α 和 β 是确定的常数；而样本回归函数的参数 $\hat{\alpha}$ 和 $\hat{\beta}$ 是随抽取的样本而变化的随机变量。最后，总体回归模型中的 μ_i 是不可直接观测的，而样本回归模型中的 e_i 是只要估计出样本回归的参数就可以计算的数值。

由于样本对总体总是存在代表性误差，因此样本回归函数总会过高或过低估计总体回归函数。我们需要寻求一种规则和方法，使得到的样本回归函数的参数 $\hat{\alpha}$ 和 $\hat{\beta}$ 能够"尽可能地接近"总体回归函数中的参数 α 和 β。

8.3.2　一元线性回归的最小二乘估计

对于一元线性回归模型 $y = \alpha + \beta x + \mu$ 来说，用于描述 x 和 y 的 n 对观测值关系的直线有多条，究竟用哪条直线来代表两个变量之间的关系，需要有一个明确的原则。我们自然会想到距离各观测点最近的一条直线，用这条直线来代表 y 与 x 的关系，带来的总随机误差最小，满足这个条件的回归方程所表示的线性函数就是 y 与 x 之间关系的较为合理的一个估计。

在一元线性回归中，对于样本回归函数和既定的样本观测值，用不同的估计方法可能得到不同的样本回归参数的估计值 $\hat{\alpha}$ 和 $\hat{\beta}$，用样本回归函数所估计的 $\hat{y}_i$ 也可能不同。人们总是希望所估计的 $\hat{y}_i$ 偏离实际观测值 y_i 的残差 e_i 越小越好。可是因为 e_i 可正可负，残差直接的代数和会相互抵消，为此可以取残差平方和 $\sum e_i^2$ 作为衡量 $\hat{y}_i$ 与 y_i 偏离程度的标准，这就是所谓

的最小二乘准则,即 $\sum (y_i - \hat{y}_i)^2$ 最小。

对于 $y = \alpha + \beta x + \mu$,用 $\hat{\alpha}$ 和 $\hat{\beta}$ 分别估计 α、β,则得

$$\hat{y} = \hat{\alpha} + \hat{\beta}x + e$$

式中:$\hat{\alpha} + \hat{\beta}x$ 为 y 的估计 $\hat{y}$,e 为回归残差或称为 μ 的估计。e 与 μ 的性质有所不同,e 是 μ 在样本中的反映,因而是能够观察的。直观地理解,如果 $\hat{\alpha}$、$\hat{\beta}$ 是 α 和 β 的优良估计,则一定满足:

$$\sum |e| = \sum |y - \hat{y}| = \min$$

从数学意义上讲,上式等价于下式:

$$\sum e^2 = \sum (y - \hat{y})^2 = \min \tag{8-18}$$

但该式在数学处理上却方便得多。通常,由上式出发确定参数估计量的方法,称为最小二乘估计法,由最小二乘法导出的估计量,称为最小二乘估计量。

把 $\hat{y}$ 换成 $\hat{\alpha} + \hat{\beta}x$ 代入式(8-18)得

$$\sum e^2 = \sum (y - \hat{\alpha} - \hat{\beta}x)^2 = \min \tag{8-19}$$

对上式求关于 $\hat{\alpha}$、$\hat{\beta}$ 的导数得

$$\frac{\partial \sum (y - \hat{\alpha} - \hat{\beta}x)^2}{\partial \hat{\alpha}} = 2 \sum (y - \hat{\alpha} - \hat{\beta}x)(-1) \tag{8-20}$$

$$\frac{\partial \sum (y - \hat{\alpha} - \hat{\beta}x)^2}{\partial \hat{\beta}} = 2 \sum (y - \hat{\alpha} - \hat{\beta}x)(-x) \tag{8-21}$$

根据微积分中求极值定理,令以上两式等于 0,联立方程:

$$\begin{cases} 2 \sum (y - \hat{\alpha} - \hat{\beta}x)(-1) = 0 \\ 2 \sum (y - \hat{\alpha} - \hat{\beta}x)(-x) = 0 \end{cases}$$

经过处理得

$$\begin{cases} \sum y = n\hat{\alpha} + \hat{\beta} \sum x \\ \sum xy = \hat{\alpha} \sum x + \hat{\beta} \sum x^2 \end{cases} \tag{8-22}$$

由上式解出 $\hat{\alpha}$、$\hat{\beta}$,得

$$\begin{cases} \hat{\beta} = \dfrac{n \sum xy - \sum x \sum y}{n \sum x^2 - \left(\sum x \right)^2} \\ \hat{\alpha} = \dfrac{\sum y}{n} - \hat{\beta} \dfrac{\sum x}{n} = \overline{y} - \hat{\beta}\overline{x} \end{cases} \tag{8-23}$$

式中:$\overline{x}$ 和 $\overline{y}$ 分别为样本观测值 x_i 和 y_i 的平均值。

例 8-4 WZ 公司上半年的产品产量与单位成本如表 8-4 所示。

表 8-4　WZ 公司上半年产品产量与单位成本

月份	产量/千件	单位成本/元
1	2	73

续表

月份	产量/千件	单位成本/元
2	3	72
3	4	71
4	3	73
5	4	69
6	5	68

要求：

（1）配合回归方程。

（2）指出产量每增加 1 000 件时，单位成本平均变动多少？

（3）如果 7 月的产量是 6 000 件，请问单位成本是多少？

解：（1）设所求回归方程为 $y_i = \hat{\alpha} + \hat{\beta} x_i$，根据公式

$$\begin{cases} \hat{\beta} = \dfrac{n \sum xy - \sum x \sum y}{n \sum x^2 - \left(\sum x \right)^2} \\[2mm] \hat{\alpha} = \dfrac{\sum y}{n} - \hat{\beta} \dfrac{\sum x}{n} = \overline{y} - \hat{\beta} \overline{x} \end{cases}$$

，计算 $\hat{\alpha}$ 和 $\hat{\beta}$。

其中，$n = 6$，$\sum x = 21$，$\sum y = 426$，$\sum x^2 = 79$，$\sum xy = 1\,481$，将其代入公式

$$\hat{\beta} = \frac{n \sum xy - \sum x \sum y}{n \sum x^2 - \left(\sum x \right)^2} = \frac{6 \times 1\,481 - 21 \times 426}{6 \times 79 - 21^2} = -1.818$$

$$\hat{\alpha} = \frac{\sum y}{n} - \hat{\beta} \frac{\sum x}{n} = \frac{426}{6} + 1.818 \times \frac{21}{6} = 77.36$$

所求的回归方程为

$$\hat{y} = \hat{\alpha} + \hat{\beta} x = 77.36 - 1.818 x$$

（2）产量每增加一个单位即 1 000 件时，单位成本平均减少 1.818 元。

（3）当产量为 6 000 件时，即 $x = 6$，代入回归方程

$$\hat{y} = 77.36 - 1.818 x = 77.36 - 1.818 \times 6 = 66.45 (\text{元/件})$$

所以，当产量为 6 000 件时，单位成本为 66.45 元/件。

利用 Excel“数据分析”进行一元回归分析的步骤如下。

（1）将表 8-4 的数据输入 Excel 表，产量数据输入至 A2：A7，单位成本数据输入至 B2：B7，单击“工具”→“数据分析”命令。

（2）在“数据分析”对话框中，在“分析工具”中选择“回归”，单击“确定”，如图 8-11 所示。

（3）在出现的“回归”对话框中，在“Y 值输入区域”中输入 B2：B7；在“X 值输入区域”中输入 A2：A7；在“残差”中选中“残差图”和“线性拟合图”；在“输出选项”中选择“新工作表组”，如图 8-12 所示。

单击“确定”，结果如图 8-13 所示。结果显示自变量 X 的系数为 $-1.818\,181$，常数项为 77.363 64，估计标准误差为 0.977 008。方差分析表中的 Significance$=0.012\,021$，小于显著性

水平 0.05, 显示方程显著。最下面表中变量 X 的 P-value=0.012 021, 小于显著性水平 0.05, 显示变量 X 显著。

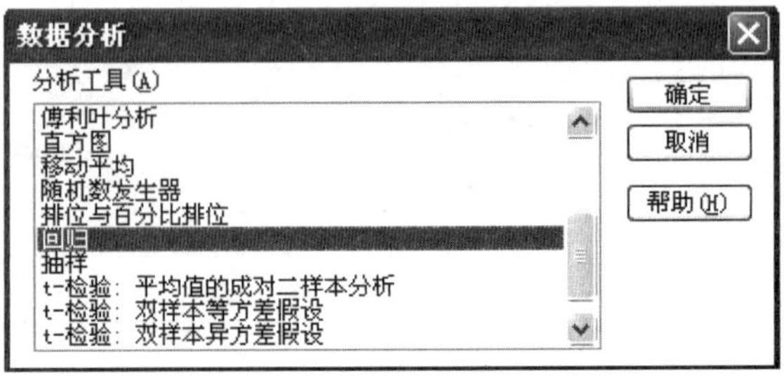

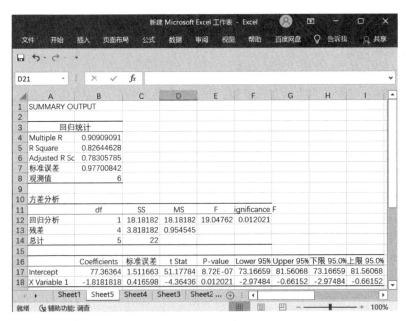

图 8-11 "数据分析"对话框

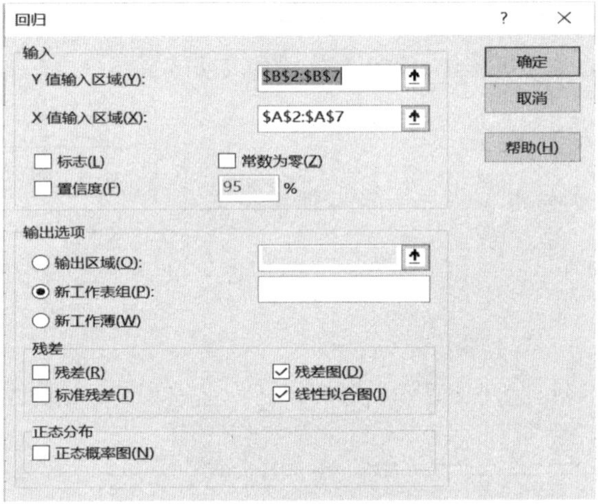

图 8-12 "回归"对话框

图 8-13 回归结果输出

8.3.3 一元线性回归模型的检验

回归模型估计出来之后,还要对其进行检验。尽管从统计性质上已知,如果有足够多的重复抽样,参数的估计值的期望(均值)就等于其总体的参数真值,但在一次抽样中,估计值不一定就等于该真值。那么,在一次抽样中,参数的估计值与真值的差异有多大、是否显著,就需要进一步进行统计检验。

1. 判定系数

样本回归直线是对样本观测值的一种拟合。不同估计方法可拟合出不同的回归线,从散点图上看,样本回归直线与样本观测值总是一定程度上存在或正或负的偏离。拟合优度检验,是对样本回归直线与样本观测值之间拟合程度的检验。拟合程度是指样本观测值聚集在样本回归直线周围的紧密程度。

判断拟合优度最常用的数量尺度是样本判定系数(又称可决系数),对样本回归拟合优度的度量是建立在对因变量总离差平方和分解的基础上的。

对于样本中的第 i 次观测值,因变量的观测值 y_i 和因变量的估计值 $\hat{y}_i$ 之间的离差称为第 i 个残差。第 i 个残差表示用 $\hat{y}_i$ 去估计 y_i 的误差。于是,对于第 i 次观测值,它的残差是 $y_i - \hat{y}_i$。这些残差或误差的平方和是一个用最小二乘法来极小化的量。这个量也称为误差平方和,记作 SSE。应用估计的回归方程去估计样本中因变量的值将产生一个误差,SSE 的数值就是对这一误差的度量。对于样本中的第 i 次观测值,离差 $y_i - \overline{y}$ 给出了利用样本平均值进行估计时产生误差的一个度量,这些离差对应的平方和称为总离差平方和,记作 SST。我们把 SST 看作观测值在样本均值直线 $\overline{y}$ 周围聚集程度的度量,而把 SSE 看作观测值在回归线周围聚集程度的度量。为了度量在估计的回归线 $\hat{y}$ 上的值与直线 $\overline{y}$ 的偏离有多大,我们需要计算另一个平方和,这个平方和称为回归平方和,记作 SSR。

回顾已经估计的样本回归模型:

$$y_i = \hat{\alpha} + \hat{\beta} x_i + e_i = \hat{y}_i + e_i$$

如果以平均值 $\overline{y}$ 为基准,说明观测值 y_i 和估计值 $\hat{y}$ 对 $\overline{y}$ 的偏离程度,上式可用离差表示为

$$(y_i - \overline{y}) = (\hat{y}_i - \overline{y}) + e_i \tag{8-24}$$

式(8-24)中各变量的关系如图 8-14 所示。

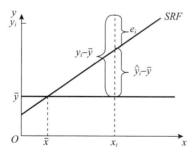

图 8-14 离差分解图

将式(8-24)两边同时取平方并对所有观测值加总,得

$$\sum (y_i - \overline{y})^2 = \sum (\hat{y}_i - \overline{y})^2 + \sum (y_i - \hat{y}_i)^2 + 2 \sum (\hat{y}_i - \overline{y})(y_i - \hat{y}_i)$$
$$= \sum (\hat{y}_i - \overline{y})^2 + \sum (y_i - \hat{y}_i)^2 \tag{8-25}$$

式中：因变量的样本观测值 y_i 与其平均值 $\overline{y}$ 的离差平方和 $\sum (y_i - \overline{y})^2$，称为总离差平方和（$SST$）；因变量的样本估计值 $\hat{y}_i$ 与其平均值 $\overline{y}$ 的离差平方和 $\sum (\hat{y}_i - \overline{y})^2$，称为回归平方和（$SSR$），是由回归线做出解释的离差平方和；因变量观测值 y_i 与估计值 $\hat{y}_i$ 之差的平方和 $\sum (y_i - \hat{y}_i)^2$ 称为残差平方和（SSE），是未由回归线做出解释的离差平方和。

将式（8-25）两边同除以 $\sum (y_i - \overline{y})^2$，得

$$\frac{\sum (y_i - \overline{y})^2}{\sum (y_i - \overline{y})^2} = \frac{\sum (\hat{y}_i - \overline{y})^2}{\sum (y_i - \overline{y})^2} + \frac{\sum (y_i - \hat{y}_i)^2}{\sum (y_i - \overline{y})^2}$$

$$1 = \frac{\sum (\hat{y}_i - \overline{y})^2}{\sum (y_i - \overline{y})^2} + \frac{\sum (y_i - \hat{y}_i)^2}{\sum (y_i - \overline{y})^2} \tag{8-26}$$

式中：$\sum (\hat{y}_i - \overline{y})^2 / \sum (y_i - \overline{y})^2$ 是由样本回归线做出解释的离差平方和在总离差平方和中占的比重；$\sum (y_i - \hat{y}_i)^2 / \sum (y_i - \overline{y})^2$ 是未由回归线做出解释的离差平方和在总离差平方和中占的比重。

显然，如果样本回归线对样本观测值拟合程度越好，各样本观测值与样本回归线靠得越近，由样本回归线做出解释的离差平方和在总离差平方和中占的比重也将越大，反之拟合程度越差，这部分所占比重越小。所以 $\sum (\hat{y}_i - \overline{y})^2 / \sum (y_i - \overline{y})^2$ 可以作为综合度量样本回归方程对样本观测值拟合优度的指标，即决定系数，一般用 r^2 表示。

$$r^2 = \frac{\sum (\hat{y}_i - \overline{y})^2}{\sum (y_i - \overline{y})^2} \tag{8-27}$$

或

$$r^2 = 1 - \frac{\sum (y_i - \hat{y}_i)^2}{\sum (y_i - \overline{y})^2} \tag{8-28}$$

判定系数 r^2 具有如下特性：

（1）判定系数 r^2 具有非负性；

（2）判定系数 r^2 的取值范围为 $0 \leqslant r^2 \leqslant 1$；

（3）判定系数是样本观测值的函数，它也是一个随机变量；

（4）在一元线性回归中，判定系数在数值上是简单线性相关系数的平方，因此容易证明判定系数 r^2 也可表示为

$$r^2 = \frac{\left[\sum (x_i - \overline{x})(y_i - \overline{y}) \right]^2}{\sum (x_i - \overline{x})^2 \sum (y_i - \overline{y})^2} \tag{8-29}$$

虽然判定系数在数值上等于简单线性相关系数的平方，但是应注意二者是有区别的。判定系数是就估计的回归方程而言，度量回归方程对样本观测值的拟合程度；相关系数是就两个变量而言，说明两个变量的线性依存程度。判定系数度量的是自变量与因变量不对称的因果关系；相关系数度量的是不考虑是否有因果关系的相关关系。判定系数有非负性，取值范围为 $0 \leqslant r^2 \leqslant 1$；相关系数可正可负，取值范围为 $-1 \leqslant r \leqslant 1$。

2. 估计标准误差

判定系数可以用于度量回归直线的拟合程度，相关系数也可以起到类似的作用。而残差平

方和则可以说明实际观测值 y_i 与回归估计值 $\hat{y}_i$ 之间的差异程度。对于一个变量的诸多观测值,我们可以用标准差来测度各观测值在其平均数周围的分散程度。与之类似的一个量可以用来测度各实际观测点在直线周围的散布情况,这个量就是估计标准误差。

残差均方(MSE)的平方根,称为估计量的标准差或标准误差,用 s_y 来表示,它是对误差项 μ 的标准差 σ 的估计。

估计标准误差的计算公式为

$$s_y = \sqrt{\frac{\sum (y_i - \hat{y}_i)^2}{n-2}} = \sqrt{\frac{SSE}{n-2}} = \sqrt{MSE} \tag{8-30}$$

上面的公式计算比较烦琐,还可以在算术上简化为

$$s_y = \sqrt{\frac{\sum y^2 - \hat{a}\left(\sum y\right) - \hat{\beta}\left(\sum xy\right)}{n-2}}$$

从估计标准误差的实际意义看,它反映了用估计的回归方程预测因变量 y 时预测误差的大小。若各观测点越靠近直线,s_y 越小,回归直线对各观测点的代表性就越好,根据估计的回归方程进行预测也就越准确;若各观测点全部落在直线上,则 $s_y = 0$,此时用自变量来预测因变量是没有误差的。可见,s_y 也从另一个角度说明了回归直线的拟合优度。

3. 显著性检验 t 检验

回归分析中的显著性检验一般包括回归系数及回归方程的检验两部分。在一元线性回归模型中,因为只有一个解释变量,所以对 β 的检验和对整个方程的检验是等价的,因此这里只介绍对回归系数的 t 检验。t 检验也称偏检验,检验的是自变量对因变量的影响程度是否显著的问题,是为了根据样本回归估计的结果对总体回归函数的回归系数的有关假设进行的检验,以检验总体回归系数是否等于某特定的数值。对 α 和 β 的检验方法相同,但通常对检验 $\beta = \beta^*$ 是否成立更为关注。

以对 β 的检验为例,回归系数显著性检验的基本步骤如下。

(1) 提出假设

对回归系数显著性检验的假设一般为

$$H_0: \beta = \beta^*, \quad H_1: \beta \neq \beta^*$$

式中:H_0 表示原假设;H_1 表示备择假设;β^* 是假设的总体回归系数的真值,取某特定的值。在简单线性回归中,人们最关心的是自变量 x 对因变量 y 是否有显著线性影响,因此在对回归系数做假设检验时经常取 $\beta^* = 0$。若不拒绝 $H_0: \beta = 0$ 的原假设,表明 x 对 y 没有显著的线性影响;若拒绝 $H_0: \beta = 0$ 的原假设,表明 x 对 y 存在显著的线性影响。

(2) 计算统计量

当 σ^2 未知,且样本量较小时,只能用 $\hat{\sigma}^2 = \sum e_i^2 \big/ (n-2)$ 去代替 σ^2,此时可计算以下服从 t 分布的 t 统计量:

$$t^* = \frac{\hat{\beta} - \beta^*}{Se(\hat{\beta})} \sim t(n-2) \tag{8-31}$$

(3) 确定显著水平 α

显著水平的大小应根据犯哪一类错误可能带来损失的大小确定。一般情况下可取 0.05。

（4）确定临界值

t 检验的临界值是由显著水平和自由度决定的。这时应该注意，原假设和备择假设设定的方式不同，据以判断的接受域和拒绝域也不相同。例如，对于 $H_0:\beta=\beta^*$ 和 $H_1:\beta\neq\beta^*$ 进行的是双侧检验，临界值为 $-t_{\alpha/2}(n-2)$ 和 $t_{\alpha/2}(n-2)$；又如，对于 $H_0:\beta\leqslant\beta^*$ 和 $H_0:\beta>\beta^*$ 进行的是单侧检验，临界值为 $t_{\alpha}(n-2)$。

（5）检验结果的判断

对于双侧检验，如果计算的 t 统计量的绝对值大于临界值，即 $|t^*|>t_{\alpha/2}(n-2)$，则拒绝原假设 $H_0:\beta=\beta^*$，而不拒绝备择假设 $H_1:\beta\neq\beta^*$；反之，如果计算的 t 统计量的绝对值小于临界值，则不拒绝原假设 $H_0:\beta=\beta^*$。对于单侧检验，如果计算的 t 统计量大于临界值，即 $t^*>t_{\alpha}(n-2)$，则拒绝原假设 $H_0:\beta\leqslant\beta^*$；反之，则不拒绝原假设。

8.3.4 一元线性回归的估计与预测

1. 被解释变量的期望值估计

（1）点估计。由前面所学可知 $E(y_i)=\alpha+\beta x_i$，用 $\hat{\alpha}$、$\hat{\beta}$ 估计 α 和 β 得

$$E(\hat{y}_i)=E(\hat{\alpha}+\hat{\beta}x_i) \quad (i=1,2,\cdots,n)$$

而 $\hat{y}_i=\hat{\alpha}+\hat{\beta}x_i$，所以一般地我们就用 $\hat{y}_i=\hat{\alpha}+\hat{\beta}x_i$ 作为 $E(y_i)$ 的点估计。将给定的某个解释变量的值 x_0，代入 $\hat{y}_i=\hat{\alpha}+\hat{\beta}x_i$ 中得到被解释变量的期望值估计：

$$\hat{y}_0=\hat{\alpha}+\hat{\beta}x_0 \tag{8-32}$$

（2）被解释变量期望值的区间估计。

$$\hat{y}_i=\hat{\alpha}+\hat{\beta}x_i, \quad \hat{\alpha}=\overline{y}-\hat{\beta}\,\overline{x}$$

则有 $\hat{y}_i=\overline{y}+\hat{\beta}(x_i-\overline{x})$

由于

$$E(\hat{y}_i)=E(\hat{\alpha}+\hat{\beta}x_i)$$
$$=E(\hat{\alpha})+E(\hat{\beta}x_i)$$
$$=E(\hat{\alpha})+x_iE(\hat{\beta})$$

且

$$Var(\hat{y}_i)=Var[\overline{y}+\hat{\beta}(x_i-\overline{x})]$$
$$=Var(\overline{y})+Var[\hat{\beta}(x_i-\overline{x})]$$
$$=\frac{\sigma^2}{n}+(x_i-\overline{x})^2\times\frac{\sigma^2}{\sum_{i=1}^{n}(x_i-\overline{x})^2}$$
$$=\sigma^2\left[\frac{1}{n}+\frac{(x_i-\overline{x})^2}{\sum_{i=1}^{n}(x_i-\overline{x})^2}\right]$$

另外，$\overline{y}$、$\hat{\beta}$ 皆服从正态分布，因此有

$$\hat{y}_i=\hat{\alpha}+\hat{\beta}x_i \quad \sim N\left\{\alpha+\beta x_i,\sigma^2\left[\frac{1}{n}+\frac{(x_i-\overline{x})^2}{\sum_{i=1}^{n}(x_i-\overline{x})^2}\right]\right\}$$

进一步地有

$$\frac{\hat{y}_i - (\alpha + \beta x_i)}{\sigma \sqrt{\dfrac{1}{n} + \dfrac{(x_i - \overline{x})^2}{\sum\limits_{i=1}^{n}(x_i - \overline{x})^2}}} \sim N(0,1)$$

于是：

$$\frac{\hat{y}_i - (\alpha + \beta x_i)}{\sigma \sqrt{\left[\dfrac{1}{n} + \dfrac{(x_i - \overline{x})^2}{\sum\limits_{i=1}^{n}(x_i - \overline{x})^2}\right]\dfrac{SSE}{n-2}}} \sim t(n-2)$$

在给定的置信水平 $1-\alpha$ 下，$E(y_i)$ 的估计区间：

$$\left\{ \hat{y}_i - t_{\frac{\alpha}{2}}(n-2) \times \sqrt{\frac{SSE}{n-2}\left[\frac{1}{n} + \frac{(x_i - \overline{x})^2}{\sum\limits_{i=1}^{n}(x_i - \overline{x})^2}\right]}, \right.$$

$$\left. \hat{y}_i + t_{\frac{\alpha}{2}}(n-2) \times \sqrt{\frac{SSE}{n-2}\left[\frac{1}{n} + \frac{(x_i - \overline{x})^2}{\sum\limits_{i=1}^{n}(x_i - \overline{x})^2}\right]} \right\}$$

对于给定的解释变量的值 x_0，解释变量期望值估计的估计区间为

$$\left\{ \hat{y}_0 - t_{\frac{\alpha}{2}}(n-2) \times \sqrt{\frac{SSE}{n-2}\left[\frac{1}{n} + \frac{(x_0 - \overline{x})^2}{\sum\limits_{i=1}^{n}(x_i - \overline{x})^2}\right]}, \right.$$

$$\left. \hat{y}_0 + t_{\frac{\alpha}{2}}(n-2) \times \sqrt{\frac{SSE}{n-2}\left[\frac{1}{n} + \frac{(x_0 - \overline{x})^2}{\sum\limits_{i=1}^{n}(x_i - \overline{x})^2}\right]} \right\}$$

2. 解释变量的点值估计

（1）被解释变量点值的点估计。被解释变量点值的点估计，仍可用式(8-32)来给出。

（2）被解释变量点值的区间估计。

因为

$$E(y_i - \hat{y}_i) = E(y_i) - E(\hat{y}_i)$$
$$= \alpha + \beta x_i - (\alpha + \beta x_i)$$
$$= 0$$
$$Var(y_i - \hat{y}_i) = Var(y_i) + Var[\hat{y}_i]$$
$$= \sigma^2 + \sigma^2\left[\frac{1}{n} + \frac{(x_i - \overline{x})^2}{\sum\limits_{i=1}^{n}(x_i - \overline{x})^2}\right]$$
$$= \sigma^2\left[1 + \frac{1}{n} + \frac{(x_i - \overline{x})^2}{\sum\limits_{i=1}^{n}(x_i - \overline{x})^2}\right]$$

所以有

$$y_i - \hat{y}_i \sim N\left(0, \sigma^2\left[1 + \frac{1}{n} + \frac{(x_i - \overline{x})^2}{\sum\limits_{i=1}^{n}(x_i - \overline{x})^2}\right]\right)$$

进一步地：

$$\frac{y_i - \hat{y}_i}{\sigma\sqrt{\left[1 + \frac{1}{n} + \frac{(x_i - \overline{x})^2}{\sum\limits_{i=1}^{n}(x_i - \overline{x})^2}\right]}} \sim N(0, 1)$$

另外，同样可得

$$\frac{y_i - \hat{y}_i}{\sqrt{\frac{SSE}{n-2}\left[1 + \frac{1}{n} + \frac{(x_0 - \overline{x})^2}{\sum\limits_{i=1}^{n}(x_i - \overline{x})^2}\right]}} \sim t(n-2)$$

那么对于置信水平 $1-\alpha$，y_i 的预测区间为

$$\left\{\hat{y}_i - t_{\frac{\alpha}{2}}(n-2) \times \sqrt{\frac{SSE}{n-2}\left[1 + \frac{1}{n} + \frac{(x_i - \overline{x})^2}{\sum\limits_{i=1}^{n}(x_i - \overline{x})^2}\right]},\right.$$

$$\left.\hat{y}_i + t_{\frac{\alpha}{2}}(n-2) \times \sqrt{\frac{SSE}{n-2}\left[1 + \frac{1}{n} + \frac{(x_i - \overline{x})^2}{\sum\limits_{i=1}^{n}(x_i - \overline{x})^2}\right]}\right\}$$

在解释变量取值为 x_0 时，y_0 的预测区间为

$$\left\{\hat{y}_i - t_{\frac{\alpha}{2}}(n-2) \times \sqrt{\frac{SSE}{n-2}\left[1 + \frac{1}{n} + \frac{(x_0 - \overline{x})^2}{\sum\limits_{i=1}^{n}(x_i - \overline{x})^2}\right]},\right.$$

$$\left.\hat{y}_i + t_{\frac{\alpha}{2}}(n-2) \times \sqrt{\frac{SSE}{n-2}\left[1 + \frac{1}{n} + \frac{(x_0 - \overline{x})^2}{\sum\limits_{i=1}^{n}(x_i - \overline{x})^2}\right]}\right\}$$

显然可以看出，点值估计的精度比期望值低一些。

3. 回归控制分析

在前面讨论的回归估计（或预测）中，一般用某个解释变量的值 x_0，去估计解释变量 y_0 的值及其变化范围。回归控制分析是回归估计的逆问题，它要求在给出解释变量的取值范围时，确定解释变量的可能取值区间。

假定有 $y_0 \in (y'_0, y''_0)$，令

$$y'_0 = \hat{y}'_0 - t_{\frac{\alpha}{2}}(n-2) \times \sqrt{\frac{SSE}{n-2}\left[1 + \frac{1}{n} + \frac{(x_0 - \overline{x})^2}{\sum\limits_{i=1}^{n}(x_i - \overline{x})^2}\right]}$$

$$y''_0 = \hat{y}''_0 + t_{\frac{\alpha}{2}}(n-2) \times \sqrt{\frac{SSE}{n-2}\left[1 + \frac{1}{n} + \frac{(x_0 - \overline{x})^2}{\sum\limits_{i=1}^{n}(x_i - \overline{x})^2}\right]}$$

分别解出 x'_0、x''_0，便可得到回归控制的解释变量取值的变化范围 (x'_0, x''_0)。

当 n 比较大,上式可近似写成:

$$y'_0 = \hat{y}'_0 - t_{\frac{\alpha}{2}}(n-2) \times \sqrt{\frac{SSE}{n-2}}, \quad y''_0 = \hat{y}''_0 + t_{\frac{\alpha}{2}}(n-2) \times \sqrt{\frac{SSE}{n-2}}$$

式中: $\hat{y}'_0 = \hat{a} + \hat{\beta}x'_0, \quad \hat{y}''_0 = \hat{a} + \hat{\beta}x''_0$

解出的 x'_0、x''_0 分别为

$$x'_0 = \frac{1}{\hat{\beta}}\left[y'_0 - \hat{a} + t_{\frac{\alpha}{2}}(n-2) \times \sqrt{\frac{SSE}{n-2}}\right], \quad x''_0 = \frac{1}{\hat{\beta}}\left[y''_0 - \hat{a} - t_{\frac{\alpha}{2}}(n-2) \times \sqrt{\frac{SSE}{n-2}}\right]$$

不过需要注意的是,只有满足条件 $y''_0 - y'_0 > 2t_{\frac{\alpha}{2}}(n-2) \times \sqrt{\frac{SSE}{n-2}}$,才会有 $x'_0 < x''$ 的解,否则就失去了意义。

8.4 多元线性回归分析

8.4.1 多元线性回归模型

8.3 节介绍的一元线性回归分析所反映的是一个因变量与一个自变量之间的关系。但是,在现实中客观现象之间的联系是复杂的,某一现象的变动常受多种现象变动的影响。在许多场合,仅仅考虑单个变量是不够的,还需要就一个因变量与多个自变量的联系来进行考查,才能获得比较满意的结果。这就产生了测定与分析多因素之间相关关系的问题。在统计中,我们把研究一个因变量与多个自变量之间相互关系的理论和方法,称为多元回归或复回归。表现这数量关系的数学公式,称为多元线性回归模型。多元线性回归模型参数估计的原理与一元线性回归模型相同,但计算更为烦琐。

设对于 $x_1, x_2, \cdots, x_k$ 的取定的 n 组不完全相同的值,做独立试验得到 n 组观察结果:

$$(x_{i1}, x_{i2}, \cdots, x_{ik}, y_i) \quad (i=1, 2, \cdots, n)$$

式中:y_i 是在 $(x_{i1}, x_{i2}, \cdots, x_{ik})$ 处对随机变量 y 观察的结果,这组结果就是一个容量为 n 的样本。

1. 回归模型

多元线性回归模型是

$$y_i = \beta_0 + \beta_1 x_{i1} + \beta_2 x_{i2} + \cdots + \beta_k x_{ik} + \mu_i \quad (i=1, 2, \cdots, n) \tag{8-33}$$

则称式(8-33)为 $k(k \geqslant 2)$ 元线性回归模型。其中,y_i 是因变量 y 的第 i 个观测值,x_{ij} 是第 i 个自变量 x_i 的第 j 个观测值,$\beta_0, \beta_1, \cdots, \beta_k$ 为总体回归系数,μ_i 为随机误差项。

式(8-33)也可写成

$$\begin{cases} y_1 = \beta_0 + \beta_1 x_{11} + \beta_2 x_{12} + \cdots + \beta_k x_{1k} + \mu_1 \\ y_2 = \beta_0 + \beta_2 x_{21} + \beta_2 x_{22} + \cdots + \beta_k x_{2k} + \mu_2 \\ \vdots \\ y_n = \beta_0 + \beta_n x_{n1} + \beta_2 x_{n2} + \cdots + \beta_k x_{nk} + \mu_n \end{cases}$$

写成矩阵形式为

$$\begin{bmatrix} y_1 \\ y_2 \\ \vdots \\ y_n \end{bmatrix} = \begin{bmatrix} 1 & x_{11} & x_{12} & \cdots & x_{1k} \\ 1 & x_{21} & x_{22} & \cdots & x_{2k} \\ \vdots & \vdots & \vdots & \cdots & \vdots \\ 1 & x_{n1} & x_{n2} & \cdots & x_{nk} \end{bmatrix} \begin{bmatrix} \beta_0 \\ \beta_1 \\ \vdots \\ \beta_k \end{bmatrix} + \begin{bmatrix} \mu_1 \\ \mu_2 \\ \vdots \\ \mu_n \end{bmatrix}$$

即
$$Y = X\beta + \mu \tag{8-34}$$

式中：
$$Y = \begin{bmatrix} y_1 \\ y_2 \\ \vdots \\ y_n \end{bmatrix}, \quad X = \begin{bmatrix} 1 & x_{11} & x_{12} & \cdots & x_{1k} \\ 1 & x_{21} & x_{22} & \cdots & x_{2k} \\ \vdots & \vdots & \vdots & \cdots & \vdots \\ 1 & x_{n1} & x_{n2} & \cdots & x_{nk} \end{bmatrix}, \quad \beta = \begin{bmatrix} \beta_0 \\ \beta_1 \\ \vdots \\ \beta_k \end{bmatrix}, \quad \mu = \begin{bmatrix} \mu_1 \\ \mu_2 \\ \vdots \\ \mu_n \end{bmatrix}$$

2. 基本假定

与一元回归分析相似，为了数学处理上的方便，进行多元线性回归分析也需要提出一些必要的假定，多元线性回归模型做如下基本假定。

（1）自变量 $x_1, x_2, \cdots, x_k$ 是确定性变量，即非随机变量，且它们之间不相关，也不存在较强的线性关系，样本容量大于所要估计的回归系数的个数。

（2）因变量 y 与自变量 $x_1, x_2, \cdots, x_k$ 之间存在显著的线性关系，即模型是线性的。

（3）正态分布的假定条件为：$\mu_i \sim N(0, \sigma^2)(i=1, 2, \cdots, n)$，$\mu_1, \mu_2, \cdots, \mu_n$ 相互独立。

（4）随机误差项 μ_i 在不同样本点之间互相独立，不存在序列关系，即

$$Cov(\mu_i, \mu_j) = 0 \quad (i \neq j; \quad i, j = 1, 2, \cdots, n)$$

由以上假设知：

$$y_i \sim N(\beta_0 + \beta_1 x_{i1} + \cdots + \beta_k x_{ik}, \sigma^2)$$

由样本 $(x_{i1}, x_{i2}, \cdots, x_{ik}, y_i)$ 得到式中参数 $\beta_0, \beta_1, \cdots, \beta_k$ 的估计 $\hat{\beta}_0, \hat{\beta}_1, \cdots, \hat{\beta}_k$，可得到回归方程为

$$\hat{y}_i = \hat{\beta}_0 + \hat{\beta}_1 x_{i1} + \hat{\beta}_2 x_{i2} + \cdots + \hat{\beta}_k x_{ik} \tag{8-35}$$

回归方程的矩阵形式为

$$\hat{Y} = X\hat{\beta} \tag{8-36}$$

式中：
$$\hat{Y} = \begin{bmatrix} \hat{y}_1 \\ \hat{y}_2 \\ \vdots \\ \hat{y}_n \end{bmatrix}, \quad X = \begin{bmatrix} 1 & x_{11} & x_{12} & \cdots & x_{1k} \\ 1 & x_{21} & x_{22} & \cdots & x_{2k} \\ \vdots & \vdots & \vdots & \cdots & \vdots \\ 1 & x_{n1} & x_{n2} & \cdots & x_{nk} \end{bmatrix}, \quad \hat{\beta} = \begin{bmatrix} \hat{\beta}_0 \\ \hat{\beta}_1 \\ \vdots \\ \hat{\beta}_k \end{bmatrix}$$

8.4.2 多元线性回归的最小二乘估计

多元线性回归模型中回归系数的估计同样采用最小二乘法。多元线性回归参数的最小二乘估计 $\hat{\beta}$ 应设：

$$Q = \sum_{i=1}^{n} e_i^2 = \sum_{i=1}^{n} (y_i - \hat{y})^2$$
$$= \sum_{i=1}^{n} [y_i - (\hat{\beta}_0 + \hat{\beta}_1 x_{i1} + \cdots + \hat{\beta}_k x_{ik})]^2$$

由微积分学中极小值的相关知识可知，残差平方和 Q 存在极小值，想要使 Q 达到最小值，Q 对 $\hat{\beta}_0, \hat{\beta}_1, \cdots, \hat{\beta}_k$ 的偏导数必须等于零。求 Q 对 $\hat{\beta}_0, \hat{\beta}_1, \cdots, \hat{\beta}_k$ 的偏导数，并令其值为零，加以整

理后可得到求解待估参数估计值的方程组：

$$\begin{cases} \dfrac{\partial Q}{\partial \hat{\beta}_0} = -2 \sum_{i=1}^{n} (y_i - \hat{\beta}_0 - \hat{\beta}_1 x_{i1} - \cdots - \hat{\beta}_k x_{ik}) = 0 \\[2mm] \dfrac{\partial Q}{\partial \hat{\beta}_1} = -2 \sum_{i=1}^{n} (y_i - \hat{\beta}_0 - \hat{\beta}_1 x_{i1} - \cdots - \hat{\beta}_k x_{ik}) x_{i1} = 0 \\[1mm] \vdots \\ \dfrac{\partial Q}{\partial \hat{\beta}_k} = -2 \sum_{i=1}^{n} (y_i - \hat{\beta}_0 - \hat{\beta}_1 x_{i1} - \cdots - \hat{\beta}_k x_{ik}) x_{ik} = 0 \end{cases}$$

整理得到正规方程组：

$$\begin{cases} \sum_{i=1}^{n} y_i = n\hat{\beta}_0 + \hat{\beta}_1 \sum_{i=1}^{n} x_{i1} + \cdots + \hat{\beta}_k \sum_{i=1}^{n} x_{ik} \\[2mm] \sum_{i=1}^{n} x_{i1} y_i = \hat{\beta}_0 \sum_{i=1}^{n} x_{i1} + \hat{\beta}_1 \sum_{2i1}^{n} x_{i1}^2 + \cdots + \hat{\beta}_k \sum_{i=1}^{n} x_{i1} x_{ik} \\[1mm] \vdots \\ \sum_{i=1}^{n} x_{ik} y_i = \hat{\beta}_0 \sum_{i=1}^{n} x_{ik} + \hat{\beta}_1 \sum_{i=1}^{n} x_{i1} x_{ik} + \cdots + \hat{\beta}_k \sum_{i=1}^{n} x_{ik}^2 \end{cases} \tag{8-37}$$

为方便求解，将式(8-37)写成矩阵形式：

$$X'Y = X'X\hat{\beta} \tag{8-38}$$

在此两边左乘 $X'X$ 的逆矩阵$(X'X)^{-1}$[设$(X'X)^{-1}$存在]，得

$$\beta = \begin{bmatrix} \hat{\beta}_0 \\ \hat{\beta}_1 \\ \vdots \\ \hat{\beta}_k \end{bmatrix} = (X'X)^{-1} X'Y \tag{8-39}$$

多元回归方程为：$\hat{y} = \hat{\beta}_0 + \hat{\beta}_1 x_1 + \cdots + \hat{\beta}_k x_k$，也可以写成

$$\hat{Y} = X\hat{\beta} \tag{8-40}$$

与一元线性回归参数的最小二乘估计类似，多元线性回归参数也具有线性、无偏性、最小方差性等统计特性。

例 8-5 某厂要估计其每月的生产费用。经验表明，生产费用与劳动时间和机器运转时间相关，且其关系为线性相关关系。试根据表 8-5 中的有关资料确定生产费用对劳动时间和机器运转时间的线性回归方程。

解：列计算表如表 8-5 所示。

表 8-5 生产费用、劳动时间、机器运转时间数据资料表

月份	生产费用 y/万元	劳动时间 x_1/小时	机器运转时间 x_2/小时	$x_1 y$	$x_2 y$	$x_1 x_2$	x_1^2	x_2^2	y^2
1	32	50	20	1 600	640	1 000	2 500	400	1 024
2	25	45	13	1 125	325	585	2 025	169	625

续表

月份	生产费用 y/万元	劳动时间 x_1/小时	机器运转时间 x_2/小时	$x_1 y$	$x_2 y$	$x_1 x_2$	x_1^2	x_2^2	y^2
3	28	46	17	1 288	476	782	2 116	289	784
4	24	42	12	1 008	288	504	1 764	144	576
5	27	45	15	1 215	405	675	2 025	225	729
6	23	43	14	989	322	602	1 849	196	529
7	31	49	19	1 519	589	931	2 401	361	961
8	26	45	16	1 170	416	720	2 025	256	676
9	25	44	13	1 100	325	572	1 936	169	625
10	29	47	18	1 363	522	846	2 209	324	841
合计	270	456	157	12 377	4 308	7 217	20 850	2 533	7 370

根据表 8-5 中数据，得到正规方程组：

$$\begin{cases} 270 = 10\hat{\beta}_0 + 456\hat{\beta}_1 + 157\hat{\beta}_2 \\ 12\ 377 = 456\hat{\beta}_0 + 20\ 850\hat{\beta}_1 + 7\ 217\hat{\beta}_2 \\ 4\ 308 = 157\hat{\beta}_0 + 7\ 217\hat{\beta}_1 + 2\ 533\hat{\beta}_2 \end{cases}$$

解此方程组可得

$$\hat{\beta}_0 = -17.199, \hat{\beta}_1 = 0.877, \hat{\beta}_2 = 0.269$$

于是，得到二元线性回归方程：

$$\hat{y} = -17.199 + 0.877x_1 + 0.269x_2$$

8.4.3 多元线性回归模型的检验

多元线性回归模型与一元线性回归模型一样，在得到参数的最小二乘估计值之后，也需要进行必要的检验与评价，以判定估计的可靠程度，包括拟合优度的检验、回归模型的显著性检验等。

1. 拟合优度的检验

在多元线性回归分析中，总离差平方和的分解公式依然成立。因此，也可以用本章所定义的决定系数作为评价模型拟合程度的一项指标。多元回归的复可决系数用 r 表示，利用 r 来评价多元线性回归方程的拟合程度，它表明能够用自变量解释因变量总变差的比例。该统计量越接近于 1，模型的拟合优度越高。

在多元线性回归模型中总离差平方和，$SST = \sum_{i=1}^{n} (y_i - \overline{y})^2$，其自由度为 $n-1$；残差平方和，$SSE = \sum_{i=1}^{n} (y_i - \hat{y}_i)^2$，其自由度为 $n-k-1$；回归离差平方和，$SSR = \sum_{i=1}^{n} (\hat{y}_i - \overline{y})^2$，其自由度为 k。

总离差平方和可分解为

$$SST = SSE + SSR$$

由此得到复可决系数（判定系数）的计算公式为

$$r^2 = \frac{SSR}{SST} = 1 - \frac{SSE}{SST} \tag{8-41}$$

很明显，r^2 的取值范围是 $[0,1]$，越接近于 1，线性拟合程度越高；越接近于 0，线性拟合程度越低。$r^2 = 1$ 说明所有观测值都落在直线上，拟合是完全的；$r^2 = 0$ 说明 x_i 对 y_i 完全没有拟合能力。

在应用过程中发现，统计量 r^2 随自变量个数的增多而增大，这就会给人一种错觉，认为要想使模型拟合得好，只要增加自变量的数量就可以了。因此，r^2 不能真实反映回归模型对观察值的拟合优度。可以用平方和的自由度来对可决系数进行调整，以消除 r 对自变量个数的依赖性。调整的思路是：将残差平方和与总离差平方和分别除以各自的自由度，以剔除变量个数对拟合优度的影响。记 $\overline{r^2}$ 为调整的复可决系数，则有

$$\overline{r^2} = 1 - \frac{SSE/n-k-1}{SST/n-1} \tag{8-42}$$

这样一来，如果增加的自变量对因变量没有解释能力，那么即使它能够使残差平方和减小，也不会减小得太多，而增加了自变量却使残差平方和的自由度减小了，从而使 $SSE/n-k-1$ 增大了，也就是 r^2 减小了，反而降低了调整的可决系数。

2. 回归模型的显著性检验

多元回归模型的显著性检验分为两方面的内容：回归方程的显著性检验和回归系数的显著性检验。

（1）回归方程的显著性检验——F 检验

多元线性回归模型包含了多个回归系数，因此对于多元回归模型，除了要对单个回归系数进行显著性检验外，还要对整个回归模型进行显著性检验。由离差平方和的分解公式可知，回归模型的总离差平方和等于回归平方和与残差平方和的总和。回归模型总体函数的线性关系是否显著，其实质就是判断回归平方和与残差平方和比值的大小问题。由于回归平方和与残差平方和的数值会随观测值的样本容量和自变量个数的不同而变化，因此不宜直接比较，而必须在方差分析的基础上利用 F 检验进行。

检验假设为：$H_0:\beta_1 = \beta_2 = \cdots = \beta_k = 0$，$H_1:\beta_1,\beta_2,\cdots,\beta_k$ 不全为零。

检验统计量为

$$F = \frac{SSR/k}{SSE/n-k-1} \sim F(k,n-k-1) \tag{8-43}$$

给定显著性水平 α，若 $F \geqslant F_\alpha(k,n-k-1)$，拒绝原假设，即 $\beta_1,\beta_2,\cdots,\beta_k$ 中至少有一个不为零，则总体回归函数中各自变量与因变量的线性回归关系显著，说明回归模型有意义；若 $F < F_\alpha(k,n-k-1)$，接受原假设，即 $\beta_1,\beta_2,\cdots,\beta_k$ 中全为零，自变量与因变量的线性关系不显著，说明所建立的回归模型无意义。

上述分析的方差分析如表 8-6 所示。

表 8-6　多元回归模型显著性检验的方差分析表

误差来源	自由度	平方和	平均平方和	F
回归误差 R	k	SSR	SSR/k	$\dfrac{SSR/k}{SSE/n-k-1}$
剩余误差 E	$n-k-1$	SSE	$SSE/n-k-1$	
总离差 T	$n-1$	SST	$SST/n-1$	

（2）回归系数的显著性检验——t 检验

在回归方程通过 F 检验后，还需进行 t 检验，其目的是分别检验与回归系数 β_i 对应的自变量 x_i 对因变量的影响是否显著，以便对自变量的取舍做出正确的判断。t 检验是分别检验回归模型中各个回归系数是否具有显著性，以便使模型中只保留那些对因变量有显著影响的因素。

首先，对于任意参数 $\beta_i(i=1,2,\cdots,k)$，提出检验假设 $H_0:\beta_i=0,H_1:\beta_i\neq0$。

其次，构建检验的 t 统计量，并计算 t 值。

$$t=\frac{\hat{\beta}_i}{S_{\hat{\beta}_i}}\sim t(n-k-1) \tag{8-44}$$

式中：$S_{\hat{\beta}_i}$ 是回归系数 $\hat{\beta}_i$ 的标准差，即

$$S_{\hat{\beta}_i}^2=SSE/(n-k-1)\left[\frac{1}{n}+\frac{\overline{x}^2}{\sum\limits_{i=1}^{n}(x_i-\overline{x})^2}\right]$$

最后，给定显著性水平 α，做出统计决策。若 $|t|\geqslant t_{\alpha/2}(n-k-1)$，拒绝原假设 $H_0:\beta_i=0$，认为 β_i 显著不为零，即自变量 x_i 对因变量 y 有显著影响，应保留在模型中；若 $|t|<t_{\alpha/2}(n-k-1)$，接受原假设 $H_0:\beta_i=0$，认为 β_i 为零，即自变量 x_i 对因变量 y 无显著影响，应从模型中剔除。

8.4.4　多元线性回归的估计与预测

如果模型在建立起来以后，通过各种验证和校正，已充分证明了自身是优良的，就可以给定解释变量 x_i 的某一特定值 x_{i0}，对因变量 y 进行估计。预测分为点预测和区间预测。

1. 回归系数的估计与预测

在回归系数 t 检验的基础上，依据区间估计与假设检验的对偶关系，回归系数的置信度为 $1-\alpha$ 的置信区间为

$$[\hat{\beta}_i,\pm t_{\alpha/2}(n-k-1)S_{\hat{\beta}_t}] \tag{8-45}$$

2. 因变量的估计与预测

（1）点估计和预测

当给定解释变量 x_i 的某一特定值 x_{0i}，$(i=1,2,\cdots,k)$ 用矩阵表现为

$$\boldsymbol{X}_0=(x_{01},x_{02},\cdots,x_{0k})$$

对因变量 y 进行点估计为

$$\hat{\boldsymbol{Y}}_0=\hat{\beta}_0+\hat{\beta}_1x_{01}+\hat{\beta}_2x_{02}+\cdots+\hat{\beta}_kx_{0k}$$

用矩阵表示为

$$\hat{\boldsymbol{Y}}_0=\boldsymbol{X}_0\hat{\boldsymbol{\beta}} \tag{8-46}$$

式中：　　　　　　　　　　$X_0=(1,x_{01},x_{02},\cdots,x_{0k})$

（2）区间估计和预测

① 个别值的区间预测

可以证明

$$(Y_0-\hat{Y}_0)\sim N\left[X_0\beta,\frac{SSE}{n-k-1}(1+X_0(X'X)^{-1}X'_0)\right]$$

所以，在给定了显著水平 α 之后，个别值 y_i 在 $1-\alpha$ 置信度下的置信区间为

$$\hat{y}_0\pm t_{\alpha/2}(n-k-1)\sqrt{\frac{SSE}{n-k-1}}\sqrt{1+X_0(X'X)^{-1}X'_0} \tag{8-47}$$

② 均值的区间预测

可以证明

$$Y_0 - E(Y_0) \sim N\left[X_0\beta, \frac{SSE}{n-k-1}X_0(X'X)^{-1}X'_0\right]$$

所以,在给定了显著水平 α 之后,均值 $E(y_0)$ 在 $1-\alpha$ 置信度下的置信区间为

$$\hat{y}_0 \pm t_{\alpha/2}(n-k-1)\sqrt{\frac{SSE}{n-k-1}/X_0(X'X)^{-1}X'_0} \tag{8-48}$$

 **本章小结**

各种变量相互之间的依存关系有两种不同的类型:一种是确定性的函数关系,另一种是不确定性的统计关系,也称为相关关系。变量之间的相关关系,从变量的数量可分为单相关和复相关;从表现形式可分为线性相关和非线性相关;从相关关系变化的方向可分为正相关和负相关。

变量间的相关关系的程度可用相关系数去度量。简单线性相关系数分为总体的简单线性相关系数和样本的简单线性相关系数。样本相关系数是随抽样而变动的随机变量,其显著性需要加以检验。对变量的秩次也可以用等级相关系数表现其相关性。

线性回归模型中,在各项基本假定满足的条件下,用普通最小二乘法去估计参数是对总体回归系数的最佳线性无偏估计。样本回归系数的估计量是随抽样而变动的随机变量。对估计的样本回归系数需要进行统计检验。估计出的样本回归线对样本观测数据拟合的优劣程度,可用在对因变量总离差平方和分解的基础上计算的决定系数表示。回归系数的显著性检验可用 t 检验。利用估计的线性回归模型对因变量可以做点预测,也可以做区间预测。

 **思考与练习**

思考题

1. 什么是相关关系? 它与函数关系有何联系与区别?

2. 简述一元回归线性分析的特点。

3. 如何利用最小二乘法估计回归系数?

4. 在回归分析中,F 检验和 t 检验各有什么作用?

练习题

一、填空题

1. 判定系数的取值范围是_____,相关系数的值范围是_____。

2. 变量之间存在两种关系,一种是确定性的_____,另一种是不确定的_____。度量两个变量之间的线性相关程度主要利用的指标是_____。

3. 在回归方程中,通常不对_____做实际意义上的解释。

4. 从研究目的上看,相关分析是用_____度量变量间相互联系的方向和_____;回归分析是要寻求变量间联系的_____,根据已知的自变量的数值去估计因变量的_____。

5. 直观地判断现象之间相关的方向、形态及大致的密切程度可以用_____和_____。

6. 按照相关关系涉及变量的多少,相关关系可分为_____和_____。

7. 比较常用的相关系数主要有简单线性相关系数和_____相关系数,后者的计算公式为_____。

二、单项选择题

1. 当所有的观察值,都落在直线 $\hat{y} = a + bx$ 上时,则 x 与 y 之间的相关系数为(   )。

    A. $r = 0$ B. $|r| = 1$ C. $-1 < r < 1$ D. $0 < r < 1$

2. 用最小二乘法拟合直线趋势方程,若回归系数 $\hat{\beta}$ 为负数,则该现象趋势为(   )。

    A. 上升趋势   B. 下降趋势   C. 水平趋势   D. 不能确定

3. 若直线回归方程中的回归系数为负数,则(   )。

    A. r 为 0   B. r 为负数   C. r 为正数   D. 无法判断

4. 在回归分析中,残差平方和越大,说明变量之间(   )。

    A. 相关程度越低

    B. 相关程度越高

    C. 回归方程拟合效果越好

    D. 因变量变化中由自变量变化引起的比重越大

5. 用最小平方法配合的直线必须满足(   )。

    A. $\sum (y - \hat{y})^2 = $ 最小值   B. $\sum (y - \hat{y})^2 = $ 最大值

    C. $\sum (y - \overline{y})^2 = $ 最大值   D. $\sum (y - \overline{y})^2 = $ 最小值

6. 物价上涨,商品的需求量相应减少,则物价与商品需求量之间的关系为(   )。

    A. 不相关   B. 负相关   C. 正相关   D. 复相关

7. 在回归分析中,被预测或被解释的变量称为(   )。

    A. 自变量   B. 因变量   C. 随机变量   D. 非随机变量

8. 下列方程一定错误的是(   )。

    A. $\hat{y}_i = 15 - 0.48x, r = 0.65$ B. $\hat{y}_i = -15 - 1.35x, r = -0.81$

    C. $\hat{y}_i = -25 + 0.85x, r = 0.42$ D. $\hat{y}_i = 120 - 0.56x, r = -0.93$

9. 下列各项中取值恒为非负的有(   )。

    A. 相关系数   B. 可决系数   C. 回归方程的斜率   D. 残差

10. 进行相关分析,要求相关的两个变量(   )。

    A. 都是随机变量

    B. 都不是随机变量

    C. 自变量是随机的,变因量是非随机的

    D. 因变量是随机的,自变量是非随机的

三、多项选择题

1. 下列现象之间的关系属于不完全相关关系的是(   )。

    A. 人均收入与消费支出的关系

    B. 投入与产出的关系

    C. 稻谷总产量与平均每亩稻谷产量的关系

    D. 销售收入与销售成本的关系

    E. 圆的半径与面积的关系

2. 如果两个变量之间有一定的相关性,则以下结论中正确的是(　　)。

    A. 回归系数 b 的绝对值大于零　　　　B. 相关系数 r 的绝对值大于 0.3

    C. 判定系数 R^2 大于零　　　　　　　D. 判定系数 R^2 等于零

    E. 回归系数 b 等于零

3. 下列各直线回归方程中,正确的有(　　)。

    A. $\hat{y}=15+7x, r=0.92$　　　　　B. $\hat{y}=20-5x, r=0.85$

    C. $\hat{y}=-10+2x, r=0.78$　　　　D. $\hat{y}=5-3x, r=0.69$

    E. $\hat{y}=23+8x, r=0.95$

4. 一个由 100 名年龄在 $30\sim60$ 岁的男子组成的样本,测得其身高与体重的相关系数 $r=0.45$,则下列陈述中错误的是(　　)。

    A. 身高与体重存在低度正相关　　　B. 身高与体重存在高度正相关

    C. 较高的男子趋于较重　　　　　　D. 体重较重的男子趋于较矮

    E. 45% 的较高的男子趋于较重

5. 以下关于样本相关系数与判定系数的论述中正确的有(　　)。

    A. 样本相关系数总是大于判定系数

    B. 样本相关系数的绝对值总是小于判定系数

    C. 样本相关系数的大小描述变量之间的线性关系的强弱

    D. 当样本相关系数为 0 时,判定系数的值也为 0

    E. 样本相关系数与判定系数没有关系

6. 按照相关关系涉及的变量的多少,相关关系分为(　　)。

    A. 线性相关　　　　　　　　　　　B. 非线性相关

    C. 单相关　　　　　　　　　　　　D. 复相关

    E. 正相关

7. 在回归分析中,关于残差下列说法正确的是(　　)。

    A. 最小二乘法准则就是残差的平方和最小

    B. 残差可正可负

    C. 残差的平方和越大,相关程度越高

    D. 残差的平方和越大,相关程度越低

    E. 用普通最小平方法求一元线性回归模型时残差之和为零

8. 下列关于一元线性回归方程与相关系数的关系,错误的有(　　)。

    A. $\hat{y}=-100-1.3x, r=1.1$　　　B. $\hat{y}=-304+2.5x, r=0.8$

    C. $\hat{y}=-180-5x, r=0.6$　　　　D. $\hat{y}=-304-2.5x, r=0.8$

    E. $\hat{y}=-180+5x, r=0.6$

9. 一元线性回归分析中(　　)。

    A. 总体回归函数已知

    B. 样本回归线是唯一的

    C. 样本回归线有许多条

    D. 总体回归函数未知

    E. 总体回归函数的参数 α、β 是确定的常数

10. 在回归分析中(　　)。

A. 自变量和因变量都是随机变量   B. 自变量是非随机变量

C. 因变量是随机变量   D. 因变量是非随机变量

E. 自变量和因变量都是非随机变量

11. 变量之间的关系按相关程度可分为（　　）。

A. 负相关   B. 不相关

C. 完全相关   D. 不完全相关

E. 正相关

12. 总体回归模型中的随机误差项（　　）。

A. 反映未列入方程的其他各种因素的影响

B. 真值无法观察

C. 是需要估计的参数

D. 是一个随机变量

E. 是确定的数值

13. 下列各直线回归方程中，正确的有（　　）。

A. $\hat{y}=15+7x, r=0.92$ B. $\hat{y}=20-5x, r=0.85$

C. $\hat{y}=-10+2x, r=0.78$ D. $\hat{y}=5-3x, r=-0.69$

E. $\hat{y}=23+8x, r=-0.95$

14. 简单线性回归分析的特点是（　　）。

A. 两个变量之间不是对等关系

B. 回归系数有正负号

C. 两个变量都是随机的

D. 利用一个回归方程，两个变量可以互相推算

E. 有可能求出两个回归方程

15. 下列关于回归分析和相关分析的说法中，正确的是（　　）。

A. 回归分析可用于估计和预测

B. 相关分析是研究变量之间的相互依存关系的密切程度

C. 回归分析中自变量和因变量可以互相推导并进行预测

D. 相关分析需区分自变量和因变量

E. 相关分析是回归分析的基础

16. 变量之间的关系按变化方向可分为（　　）。

A. 正相关   B. 不相关

C. 完全相关   D. 不完全相关

E. 负相关

四、判断题

1. 一个回归方程只能做一种推算，即给出自变量的数值估计因变量的可能值。（　　）

2. 设两个变量之间的回归方程是 $\hat{y}=-10+0.5x$，则由此可知两个变量是负相关关系。

（　　）

3. 相关系数 r 的取值在 -1 与 1 之间。（　　）

4. 回归分析中，总体回归函数是确定的，样本回归线有许多条。（　　）

5. $r=1$ 时，表明 x 和 y 完全线性相关。（　　）

6. 一元线性回归分析中残差可正可负。　　　　　　　　　　　　　　　　（　　）

7. 如果相关系数 $r=0$，则表明两个变量之间不存在任何关系。　　　　　（　　）

8. 若 $r>0$，则 r 越接近 1 说明两个变量正的因果关系越密切。　　　　（　　）

9. 在一元回归分析中，自变量 x 是随机变量。　　　　　　　　　　　　（　　）

10. 如果评价回归方程拟合效果的可决系数为 0.8，说明在因变量的总变差中有 20% 的变差由随机因素所致。　　　　　　　　　　　　　　　　　　　　　　　　（　　）

11. 计算相关系数的两个变量都是随机变量。　　　　　　　　　　　　　（　　）

12. 单纯依靠相关与回归分析，无法判断事物之间存在因果关系。　　　　（　　）

13. 如果两个相关的变量变动方向一致，则二者之间是正相关关系。　　　（　　）

14. 当抽取样本不同时，对同一总体回归模型估计结果也有所不同。　　　（　　）

五、计算题

1. 某超市某年 1—6 月的营业额和净利润的数据如表 8-7 所示。

表 8-7　某超市某年 1—6 月的营业额和净利润数据

月　份	营业额/千件	单位成本/元
1	43	2
2	53	3
3	80	10
4	176	32
5	309	51
6	400	68

要求：

（1）计算营业额和净利润之间的相关系数；

（2）利用最小二乘法，求净利润（y）对营业额（x）的线性回归模型，说明营业额每增加 1 万元，净利润增加多少；

（3）若营业额为 500 万元时，净利润平均值的预测值为多少。

2. 从某装备制造业中随机抽取 8 家企业，其产量与生产费用总额的数据如表 8-8 所示。

表 8-8　8 家企业的产量与生产费用总额的数据

产量/台	生产费用总额/万元	产量/台	生产费用总额/万元
15	58	59	160
20	70	70	180
38	96	78	190
50	150	90	220

要求：

（1）绘制产量与生产费用总额的散点图，判断两个变量之间的关系形态；

（2）计算产量与生产费用总额之间的线性相关系数，说明两个变量之间线性相关关系的强度。

3. 根据一组数据建立的线性回归方程为 $\hat{y}=260+0.55x$。

要求：

(1) 解释该直线斜率的意义；

(2) 计算自变量 $x=800$ 时，样本观察值的条件期望值；

(3) 如果自变量 $x=800$，某一因变量的观察值为 950，计算该实际观察值的残差。

4. 随机抽取 7 个航空公司，它们某年航班正点到达率和乘客投诉次数如表 8-9 所示。

表 8-9　航空公司某年航班正点到达率和乘客投诉次数

编　　号	航班正点到达率/%	投诉次数
1	65	120
2	70	110
3	73	109
4	75	80
5	81	52
6	85	37
7	98	17

要求：

(1) 以航班正点到达率为自变量，乘客投诉次数为因变量，求回归方程；

(2) 如果航班正点到达率为 85%，求乘客的平均投诉次数。

5. 某企业某产品的销量与销售费用如表 8-10 所示。

表 8-10　某企业某产品的销量与销售费用

产品销量/万件	销售费用/(件/元)	产品销量/万件	销售费用/(件/元)
2	75	5	67
3	72	6	66
4	70	7	64

要求：

(1) 绘制相关图，指出该企业产品销量与销售费用关系的类型；

(2) 计算相关系数；

(3) 配合适当的回归方程，指出该企业的销量增加 1 万件时，销售费用如何变动；

(4) 销量为 10 万件时，求该产品销售费用平均值的预测值。

第9章

时间序列分析与预测

引例

逆境中促发展　变局中开新局
——《2021年国民经济和社会发展统计公报》评读(节选)

2021年,是党和国家历史上具有里程碑意义的一年。这一年,面对百年变局和世纪疫情,以习近平同志为核心的党中央统揽全局、沉着应对,团结带领全国人民奋勇前进、攻坚克难,我国经济发展和疫情防控保持全球领先,构建新发展格局迈出新步伐,高质量发展取得新成效,如期全面建成小康社会,实现第一个百年奋斗目标,开启全面建设社会主义现代化国家新征程,谱写中华民族伟大复兴的新篇章。

经济总量和人均水平实现新突破。2021年,我国国内生产总值(GDP)比上年增长8.1%,两年平均增长5.1%,在全球主要经济体中名列前茅;经济规模突破110万亿元,达到114.4万亿元,稳居全球第二大经济体。人均GDP突破8万元。2021年我国人均GDP达到80 976元,按年平均汇率折算达12 551美元,超过世界人均GDP水平。

产业发展韧性彰显。农业生产稳中有进。2021年我国第一产业增加值比上年增长7.1%,保持较快增长。畜牧业生产稳定增长,2021年猪牛羊禽肉产量比上年增长16.3%。制造业发展向好。2021年制造业增加值31.4万亿元,比上年增长9.8%,占GDP的比重为27.4%,比上年提高1.1个百分点。主要工业产品产量稳居世界首位。2021年我国微型计算机、手机、汽车、钢材产量分别达4.7亿台、16.6亿台、2 653万辆、13.4亿吨,继续保持世界第一。服务业逐步恢复。2021年第三产业增加值比上年增长8.2%。

基础设施建设成效明显。交通网络更加完善。2021年新建高速铁路投产里程、新改建高速公路里程分别达2 168公里、9 028公里。电力生产能力提升。2021年末全国发电装机容量达23.8亿千瓦,比上年末增长7.9%。信息通信网络不断加强,服务能力稳步提升。2021年末全国移动电话基站数996万个,其中5G基站达143万个;蜂窝物联网终端用户13.99亿户,比上年末增加2.64亿户;全年移动互联网用户接入流量2 216亿GB,比上年增长33.9%。

创新投入加大成效显现。2021年,全国研究与试验发展(R&D)经费支出27 864亿元,比上年增长14.2%,与国内生产总值之比为2.44%,比上年提高0.03个百分点。创新扶持力度加大,大众创业万众创新向纵深发展。截至2021年年底,国家科技成果转化引导基金累计设立36支子基金,资金总规模达624亿元。2021年,专利授权量比上年增长26.4%,年末每万人口高价值发明专利拥有量达7.5件。

发展新动能增势良好。新产业新产品快速成长。2021年,规模以上高技术制造业增加值比上年增长18.2%,快于规模以上工业8.6个百分点;战略性新兴服务业企业营业收入比上年增长16.0%;新能源汽车、集成电路产量分别比上年增长152.5%、37.5%。新业态新模式蓬勃发展。2021年实物商品网上零售额比上年增长12.0%,占社会消费品零售总额比重达24.5%。

居民收入与经济增长基本同步。2021年全国居民人均可支配收入35 128元,比上年实际增长8.1%,快于人均GDP增速,与GDP增速同步。脱贫县居民收入快速增长。2021年,脱贫县农村居民人均可支配收入14 051元,比上年名义增长11.6%,实际增长10.8%,快于全国农村居民人均可支配收入增速。

教育文化体育繁荣发展。教育发展持续提升。2021年,九年义务教育巩固率、高中阶段毛入学率均比上年提高 0.2 个百分点。文化服务不断改善。2021 年,我国公共图书馆、博物馆、文化馆分别达到 3 217 个、3 671 个、3 317 个;全国规模以上文化及相关产业企业营业收入比上年增长 16.0%。全民健身条件持续改善。2021 年年末,全国体育场地 397.1 万个,比上年末增加 25.8 万个;人均体育场地面积达到 2.41 平方米。竞技体育成绩亮眼。2021 年,我国运动员在 16 个运动大项中获得 67 个世界冠军,共创 12 项世界纪录。

健康中国稳步推进。医疗卫生力量继续加强。2021 年年末,全国医疗卫生机构、医疗卫生机构床位、卫生技术人员分别为 103.1 万个、957 万张、1 123 万人,分别比上年末增加 0.8 万个、47 万张、55 万人。新型冠状病毒肆虐两年多以来,我国疫苗接种工作有序推进,核酸检测能力大幅提升,建立起强大的生命安全防线。截至 2021 年年底,全国累计报告接种新型冠状病毒疫苗 28.4 亿剂次,新型冠状病毒核酸总检测能力达 4 168 万份/天。

分配消费总体改善。企业、居民、政府收入持续增长。2021 年,规模以上工业企业、服务业企业利润总额分别比上年增长 34.3%、13.4%;全国居民人均工资性收入比上年名义增长 9.6%,人均经营净收入增长 11.0%;全国一般公共预算收入比上年增长 10.7%。消费恢复性增长。2021 年,全国居民人均消费支出比上年增长 13.6%,扣除价格因素实际增长 12.6%;限额以上单位 18 个商品类别中,14 个类别商品零售额实现两位数增长。

资料来源:国家统计局官网. 盛来运:逆境中促发展 变局中开新局——《2021 年国民经济和社会发展统计公报》评读.http://www.stats.gov.cn/tjsj/sjjd/202202/t20220227_1827958.html,2022-02-28.

社会经济现象总是随着时间的推移发生变化,呈现动态性。为了探索现象随时间而发展变化的规律性,就需要从动态上研究事物发展变动的过程,科学分析现象随时间变化的特点,来认识客观事物发展变化的趋势并做出合理的预测。本章将介绍时间序列概念、分析指标、构成要素、模型及其变动分析的方法,着重对时间序列的长期趋势变动分析、季节变动分析进行介绍。

9.1　时间序列的描述性分析

时间序列分析是统计学发展较快的一个方面,现代时间序列分析已经成为统计学的一个专门研究领域。时间序列可以分为确定型时间序列和随机型时间序列。确定型时间序列是指事物的发展有确定的变化规律,其变化过程可以用时间的确定函数来描述;随机型时间序列是指事物的变化没有必然的变化规律,需要把时间序列作为一个随机过程来描述和研究。本章重点讨论确定型时间序列分析和预测的方法,即事物的发展变化过程可以用时间的确定函数来描述。

9.1.1　时间序列的含义

简单来说,将统计指标的数值按时间先后顺序排列起来就形成了时间序列。为了研究某种事物的发展状况,需要对该事物的发展情况进行观测,并记录数据,多数统计数据都是在不同时间观测记录的。测量间隔可以是一小时、一天、一周、一月、一年等。不论是经济领域中某产品的年产量、月销售额、月库存量等,还是社会领域中某地区的人口数、地铁的客流量等,抑或是自然领域中某地区的日平均温度、月降雨量等,都形成了时间序列。例如,为了表现改革开放以来中国经济的发展状况,总是把中国从 1978 年以来经济发展的数据按年度顺序排列至今进行对比,来从中发现规律。像这样形成的一个变量在一定连续时点或一定连续时期上测量的观测值的集合称为时间序列,也称为动态数列、时间数列。任何一个时间序列都具有两个基本要素:一是被研究现象所属的时间范围;二是反映该现象在一定时间条件下数量特征的指标数值,即在不同时间上的统计数据。时间序列中的每一项数据都是某种指标在对应时间的数值,反映了现象在各个时间上达到的规模或水平,序列中每一项数值也称为相应时间上的发展水平。表 9-1 所列的是中国 2011—2021 年国内生产总值与人口数据。

表 9-1   2011—2021 年中国国内生产总值与人口数据统计表

年份	国内生产总值/亿元	国内生产总值年增长率/%	年末人口/万人	人均 GDP/(元/人)
2011	487 940.2	9.55	134 916	36 277
2012	538 580	7.86	135 922	39 771
2013	592 963.2	7.77	136 726	43 497
2014	643 563.1	7.43	137 646	46 912
2015	688 858.2	7.04	138 326	49 922
2016	746 395.1	6.85	139 232	53 783
2017	832 035.9	6.95	140 011	59 592
2018	919 281.1	6.75	140 541	65 534
2019	986 515.2	5.95	141 008	70 078
2020	1 013 567	2.35	141 212	71 828
2021	1 143 669.7	8.1	141 260	80 976

资料来源:国家统计局官网整理。

注:1. 总量按现价计算,增速按不变价计算。

2. 按照我国国内生产总值(GDP)数据修订制度和国际通行做法,在第四次全国经济普查后,对 2018 年及以前年度的 GDP 历史数据进行了系统修订。

在一个时间序列中,各时间上的发展水平按时间顺序可以记为 $(x_0, x_1, x_2, \cdots, x_n)$,在对各时间的发展水平进行比较时,把作为比较基础的那个时期称为基期,把所研究考查的那个时期称为报告期。

时间序列包含了产生该序列的系统的历史行为的全部信息。时间序列分析是根据动态数据揭示系统动态结构和规律的统计方法,对于现象发展动态分析具有十分重要的意义。时间序列可以反映现象发展变化过程和历史情况,揭示现象之间相互联系的程度和动态演变关系;利用时间序列计算动态分析指标,可以反映现象发展变化的方向、速度、趋势和规律;利用时间序列对现象发展变化趋势和规律分析,可以对未来进行科学预测。

9.1.2   时间序列的图形描述

除了可以用表格对时间序列进行描述,还可以用各种图形去描述时间序列的变化模式和变化趋势,分析观察数据随时间变化的形态。

例如,依据表 9-1 中 2011—2021 年中国的国内生产总值数据绘制的曲线图如图 9-1 所示。

从上图可以明显看出,2011 年以来,中国的国内生产总值持续增长。用各类图形描述时间序列数据,可以简洁直观地表现某种现象随时间变化的模式和趋势,但这种方式描述出的结果不够精确,我们还可以从更深层次去挖掘现象随时间变化的具体规律。

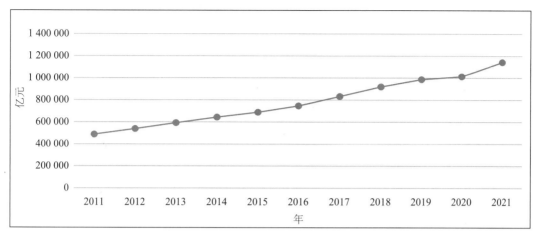

图 9-1　2011—2021 年中国的国内生产总值变动图

9.1.3　时间序列的种类

反映现象发展变化过程的时间序列按其统计指标的形式不同,可以分为总量指标时间序列、相对指标时间序列和平均指标时间序列三种类型。其中,总量指标时间序列是基础序列,相对指标时间序列和平均指标时间序列是在其基础上的派生序列。

1. 总量指标时间序列

总量指标时间序列反映的是被研究现象总水平(或总规模)的发展变化过程,即时间序列是由现象在各时间的总量指标值构成的。总量指标时间序列又称绝对数时间序列。根据总量指标反映现象的时间状况不同,总量指标时间序列又可以分为时期指标时间序列和时点指标时间序列。

时期指标时间序列,简称时期序列,是由一系列时期指标形成的,序列中的每个指标数值都是反映某种社会现象在一段时期内发展过程的总量,是跟随现象发展过程做连续性登记得到的,时期序列中的指标可以直接相加。例如,表 9-1 中的各年的"国内生产总值"就是一个时期序列,各时期的长度为 1 年。

时点指标时间序列,简称时点序列,是由一系列时点指标形成的,序列中的每个指标数值都是反映现象在某一时点(刻)上所达到的状态或水平,是对现象做一次性调查确定的,时点序列中的指标不能直接相加。时点序列没有时期,只有间隔。例如,表 9-1 中的各年的"年末人口"就是一个时点序列,该时点序列的间隔为 1 年。

2. 相对指标时间序列

将现象的某一相对指标在不同时间的数值按时间先后顺序排列形成的序列,称为相对指标时间序列,它反映的是被研究现象数量对比关系的发展变化过程。相对指标时间序列中各时间的指标值是不能加总的。

3. 平均指标时间序列

将现象的某一平均指标在不同时间的数值按时间先后顺序排列形成的序列,称为平均指标时间序列,它反映的是现象平均水平的发展趋势。平均指标时间序列中各时间的指标值也是不能加总的。

9.1.4　时间序列的编制原则

编制时间序列就是要对客观现象进行动态对比分析,以认识现象发展变化的过程和规律,这就要求时间序列中各项指标要可比,具体要遵循的编制原则可以概括成以下四个方面。

1. 时间长短一致

时期序列和时点序列都应尽量保持时间序列的时间的可比性,包括时期序列的时期跨度和时点序列的时点间隔的一致性,否则就很难从时间序列的指标数值变化上直接做出判断和比较。这个原则不能绝对化,有时在特殊的研究目的下,可将时期不同的指标编成时间序列进行比较。

2. 经济内容一致

在编制时间序列时,既要看指标名称,更要注意其所包含的经济内容是否一致,在实际工作中,应注意不同历史时期、不同国家或地区的同一指标的经济内容的一致性。

3. 总体范围一致

总体范围主要指地区的行政区划范围或部门的隶属关系范围。若总体范围前后出现了变化,就要进行说明或将指标数值进行适当的调整之后才能进行比较分析。

4. 计算方法一致

在同一个时间序列中的所有指标应采用统一的计算方法、计算价格、计量单位。计算方法有时也被称为计算口径。例如,要研究某企业劳动生产率的变动,产量指标是用实物量指标还是用价值量指标,人数指标是用全部职工人数还是用生产工人数,若要进行动态对比分析,前后应保持一致。

9.2　时间序列的分析指标

时间序列可以描述现象的发展过程和结果,但不能直接反映现象各期的增减数量、变动速度和规律。为了更加深刻地揭示现象的这些特征,需要计算一系列的动态分析指标,主要包括时间序列分析的水平指标和时间序列分析的速度指标。

9.2.1　时间序列分析的水平指标

1. 发展水平

发展水平是时间序列中的每一项指标数值,具体而言,是时间序列中与其所属时间相对应的反映某种现象发展变化所达到的规模、程度和水平的指标数值。它既可以指总量指标的数值,也可以指相对指标和平均指标的数值。发展水平是计算其他所有时间序列分析指标的基础,一般用 x 表示。

时间序列各时间的发展水平一般用 $x_0,x_1,x_2,\cdots,x_n$ 表示,下角标表示指标值所属的时间。x_i 表示时间序列中第 i 期的指标数值,即第 i 期的发展水平。根据在时间序列中先后顺序的不同,发展水平可以分为最初水平、中间水平和最末水平。第一个指标值我们通常用 x_0 来表示,一般称为最初水平,最后一个指标数值 x_n 称为最末水平,中间各项数值 $x_1,x_2,\cdots,x_{n-1}$ 称为中间水平。此外,所要研究的时期的发展水平,称为报告期水平,又称计算期水平,用作对比基础时期的发展水平,称为基期水平。若要研究 2016 年的收入是 2010 年的多少倍,则 2016 年的指标值称为报告期水平,2010 年的指标值称为基期水平;若要研究 2022 年的收入是 2016 年的多少倍,则 2016 年的指标值称为基期水平,2022 年的指标值称为报告期水平。

2. 增长量

增长量又称增减量,是表明某种现象在一段时期内增长的绝对量,它等于报告期水平减基期水平,计算公式为

$$增长量=报告期水平-基期水平$$

增长量有正有负,若增长量为正值,表明现象发展呈上升(正增长)状态,若增长量为负值,表明现象发展呈下降(负增长)状态。根据基期选择的不同,增长量可以分为逐期增长量和累计增长量。

(1) 逐期增长量

逐期增长量是报告期水平与前一期水平之差,用公式表示为

$$逐期增长量=报告期水平-前一期水平=x_i-x_{i-1} \quad (i=1,2,3,\cdots,n) \tag{9-1}$$

(2) 累计增长量

累计增长量是报告期水平与某一固定时期水平(通常是时间序列最初水平)之差,用公式表示为

$$累计增长量=x_i-x_0 \quad (i=1,2,3,\cdots,n) \tag{9-2}$$

容易算得,同一时间序列中,各逐期增长量的和等于相应时期的累计增长量,即

$$(x_1-x_0)+(x_2-x_1)+\cdots+(x_i-x_{i-1})=x_i-x_0 \quad (i=1,2,3,\cdots,n) \tag{9-3}$$

同样可以算得,两相邻时期累计增长量之差等于相应时期的逐期增长量,即

$$(x_i-x_0)-(x_{i-1}-x_0)=x_i-x_{i-1} \quad (i=1,2,3,\cdots,n) \tag{9-4}$$

9.2.2 时间序列分析的速度指标

1. 发展速度

发展速度是时间数列中报告期水平与基期水平的比值,反映了现象报告期水平比基期水平发展变化的相对程度,计算公式为

$$发展速度=\frac{报告期水平}{基期水平}\times100\% \tag{9-5}$$

发展速度常用百分数表示,当比值较大时,也可用倍数或翻番数表示,它说明现象报告期水平为基期水平的百分之几或若干倍。发展速度的取值可以大于1(或100%)、等于1(或100%)或小于1(或100%),但不会是负值。发展速度大于1(或100%)表明现象的发展水平呈上升趋势,小于1(或100%)表明现象的发展水平呈下降趋势。

根据所选基期的不同,发展速度分为环比发展速度和定基发展速度。

(1) 环比发展速度

环比发展速度是时间序列中报告期水平与其前一时期发展水平之比,反映现象逐期发展变化的相对程度,用符号表示为

$$\frac{x_1}{x_0},\frac{x_2}{x_1},\cdots,\frac{x_i}{x_{i-1}} \quad (i=1,2,3,\cdots,n)$$

(2) 定基发展速度

定基发展速度是报告期水平与某一固定基期水平之比(固定的基期水平一般为时间数列的最初水平 x_0),反映现象在较长时间内发展变化的相对程度,又称"总速度",通常用"R"表示,时间序列各时期的定基发展速度用符号表示为

$$\frac{x_1}{x_0},\frac{x_2}{x_0},\cdots,\frac{x_i}{x_0} \quad (i=1,2,3,\cdots,n)$$

虽然上述两种发展速度使用的基期和它们说明的问题不同,但定基发展速度与环比发展速度存在一定的数量关系。

(1) 同一时间序列各期环比发展速度的连乘积等于其相应时期(最后一期)的定基发展速度(总速度)。

$$\frac{x_1}{x_0} \times \frac{x_2}{x_1} \times \cdots \times \frac{x_i}{x_{i-1}} = \frac{x_i}{x_0} \quad (i=1,2,3,\cdots,n) \tag{9-6}$$

(2) 两个相邻时期定基发展速度之商等于相应时期(后一期)的环比发展速度。

$$\frac{x_i}{x_0} \div \frac{x_{i-1}}{x_0} = \frac{x_i}{x_{i-1}} \tag{9-7}$$

在实际统计工作中,为了说明报告期水平较上年同期发展的相对程度,还经常以报告期发展水平与上年同期发展水平相比,这样计算的发展速度称为年距发展速度,又可以称为同比发展速度。它消除了季节变动的影响,是实际统计分析中经常使用的指标。

某单位 2018—2022 年职工平均工资收入如表 9-2 所示,其他各年环比发展速度和定基发展速度通过计算得到结果见表 9-2。

表 9-2　2018—2022 年职工平均工资收入及相关发展速度指标

年份/年	2018	2019	2020	2021	2022
收入/元	40 000	42 000	45 000	48 000	50 000
环比发展速度/%	—	105	107.1	106.7	104.2
定基发展速度/%	—	105	112.5	120	125

2. 增长速度

增长速度,又称增长率,是某种现象报告期的增长量与基期水平之比,说明报告期水平较基期水平增长的相对程度,一般用百分数表示。增长速度为发展速度减1,即

$$增长速度 = \frac{报告期增长量}{基期水平} = \frac{报告期水平 - 基期水平}{基期水平} = 发展速度 - 1$$

发展速度与增长速度是一个问题的两种说明,两者有着密切的联系。首先,发展速度说明报告期水平是基期发展水平的百分之几,包括基期水平,而增长速度则说明报告期水平比基期发展水平增长了百分之几,扣除了基期水平;其次,发展速度是通过报告期水平与基期发展水平对比计算的,增长速度是通过报告期水平减去基期水平后与基期水平对比计算的;最后,发展速度没有正负之分,只有大于1或小于1之分,而增长速度则有正负之分,发展速度大于1,则增长速度为正值,表示现象的发展水平是递增的;发展速度小于1,增长速度为负值,表示现象的发展水平是递减的;发展速度等于1,则增长速度为0,表示现象的发展水平维持不变。

根据基期选择的不同,增长量有逐期增长量和累计增长量之分,增长速度因所采用的基期不同,分为环比增长速度和定基增长速度。

(1) 环比增长速度

环比增长速度,又称环比增长率,是时间序列中报告期的逐期增长量与前一时期的发展水平之比,反映现象较前一时期发展水平增加(减少)的相对程度,用符号表示为

$$\frac{x_1 - x_0}{x_0}, \frac{x_2 - x_1}{x_1}, \cdots, \frac{x_i - x_{i-1}}{x_{i-1}} \quad 或 \quad \frac{x_1}{x_0} - 1, \frac{x_2}{x_1} - 1, \cdots, \frac{x_i}{x_{i-1}} - 1 \quad (i=1,2,3,\cdots,n)$$

$$\tag{9-8}$$

因此 $\qquad\qquad$ 环比增长速度＝环比发展速度－1

（2）定基增长速度

定基增长速度，又称定基增长率，是时间序列中报告期的累计增长量与固定基期水平（固定基期水平一般为时间数列的最初水平 x_0）之比，反映现象较固定的基期水平增加或减少的相对程度，也说明了现象在一段较长时期内增加或减少的相对程度，用符号表示为

$$\frac{x_1-x_0}{x_0},\frac{x_2-x_0}{x_0},\cdots,\frac{x_i-x_0}{x_0} \qquad 或 \qquad \frac{x_1}{x_0}-1,\frac{x_2}{x_0}-1,\cdots,\frac{x_i}{x_0}-1 \qquad (i=1,2,3,\cdots,n)$$

$$(9\text{-}9)$$

因此 $\qquad\qquad$ 定基增长速度＝定基发展速度－1

发展速度与增长速度是对社会经济现象进行动态分析的基本指标，应该注意的是环比增长速度与定基增长速度之间没有直接的换算关系，如果两者之间要换算，需要通过发展速度进行换算。如果已知时间序列中各时期的环比增长速度求相应的定基增长速度，要先把各时期的环比增长速度加 1 变成环比发展速度，然后将各时期的环比发展速度连乘计算定基发展速度，再将定基发展速度减 1，才能求得定基增长速度。某单位 2018—2022 年职工平均工资收入的环比增长速度和定基增长速度如表 9-3 所示。

表 9-3　2018—2022 年职工平均工资收入及相关增长速度指标

年份	2018	2019	2020	2021	2022
收入/万元	40 000	42 000	45 000	48 000	50 000
环比增长速度/%	—	5	7.1	6.7	4.2
定基增长速度/%	—	5	12.5	20	25

此外，当时间序列中的指标数值出现 0 或者负数时，不宜计算增长速度，它要么不符合数学公理，要么无法被解释其实际意义。在这种情况下，适合直接用绝对数进行分析。

（3）增长 1％的绝对值

发展速度和增长速度是相对数，能够说明现象发展和增长的程度，但是却不能反映现象增长的实际效果，把现象之间的差异抽象化，在一定程度上掩盖了发展水平的差异。因此，低水平基础上的增长速度与高水平基础上的增长速度实际上是不可比的。由于环比增长速度时间序列中各期的对比基期不同，因此在动态分析时，不仅要看各期增长的百分数，还要看增长 1％所包含的绝对值，这是一个相对数与绝对数相结合运用的指标，增长 1％的绝对值是逐期增长量与环比增长速度之比，用于说明现象报告期比基期每增长 1％的绝对数量，即

$$增长 1\%的绝对值＝\frac{逐期增长量}{环比增长速度\times 100}＝\frac{前一期水平}{100}$$

$$＝\frac{x_i-x_{i-1}}{\dfrac{x_i-x_{i-1}}{x_{i-1}}\times 100}＝\frac{x_{i-1}}{100} \qquad (i=1,2,3,\cdots,n) \qquad (9\text{-}10)$$

3. 平均发展速度和平均增长速度

平均速度指标有平均发展速度和平均增长速度两种。平均发展速度说明某种现象在一段较长时间内逐期发展的平均程度，相对应地，平均增长速度（平均增长率）说明现象在一段较长时间内逐期增长或下降的平均程度，平均发展速度和平均增长速度有密切联系，二者仅相差一个基数，二者的关系如下：

$$平均增长速度＝平均发展速度－1$$

平均增长速度可能为正值,也可能为负值,为正值时表明现象在该段时期内平均来说是递增的,为负值时表明现象在该段时期内平均来说是递减的。平均增长速度的计算必须通过平均发展速度,即由平均发展速度减 1 来得出结果。

平均发展速度是一定时期内各期环比发展速度的序时平均数,由于我们考查事物发展变化的侧重点不同,计算平均发展速度的方法也不同。实际工作中,常用的计算方法有几何平均法(水平法)和高次方程法(累计法)。这里我们主要介绍几何平均法。由于现象发展的总速度并不等于各期环比发展速度之和,而等于各期环比发展速度的连乘积,所以各期环比发展速度的序时平均数,不能在速度代数和基础上按算术平均方法计算,而只能在速度连乘积基础上按几何平均法计算。若以 $G_t(t=1,2,3,\cdots,n)$ 表示各期环比发展速度,以 $\overline{G}$ 代表平均发展速度,则按几何平均法计算平均发展速度的计算公式为

$$\overline{G}=\sqrt[n]{G_1 \cdot G_2 \cdot \cdots \cdot G_n}=\sqrt[n]{\prod_{i=1}^{n} G_i} \tag{9-11}$$

若以 $\overline{G}^*$ 代表平均增长速度,则按几何平均法计算平均增长速度的计算公式为

$$\overline{G}^*=\overline{G}-1=\sqrt[n]{G_1 \cdot G_2 \cdot \cdots \cdot G_n}-1=\sqrt[n]{\prod_{i=1}^{n} G_i}-1 \tag{9-12}$$

例 9-1 2018—2022 年某公司员工人数资料如表 9-4 所示,计算 2018—2022 年某公司员工人数的平均增长速度。

表 9-4　2018—2022 年某公司员工人数

年份	2018	2019	2020	2021	2022
员工人数/万人	1.3	1.7	2.1	2.6	3

上表各时期的环比发展速度如表 9-5 所示。

表 9-5　2018—2022 年某公司员工人数的环比发展速度

年份	2018	2019	2020	2021	2022
员工人数/万人	1.3	1.7	2.1	2.6	3
环比发展速度/%	—	131	124	124	115

根据表 9-5 的计算结果,2018—2022 年某公司员工人数的平均增长速度为

$$\overline{G}^*=\overline{G}-1=\sqrt[n]{G_1 \cdot G_2 \cdot \cdots \cdot G_n}-1=\sqrt[4]{1.31 \times 1.24 \times 1.24 \times 1.15}-1=\sqrt[4]{2.3}-1=23.1\%$$

由于环比发展速度的连乘积等于定基发展速度,在已知最初水平和最末水平时也可以采用以下方法计算平均增长速度。

$$\overline{G}^*=\overline{G}-1=\sqrt[n]{G_1 \cdot G_2 \cdot \cdots \cdot G_n}-1=\sqrt[n]{\frac{x_n}{x_0}}-1=\sqrt[4]{\frac{3}{1.3}}-1=\sqrt[4]{2.3}-1=23.1\%$$

在上面的式子中可以看出,即使不求各期环比发展速度,只要知道最初水平和最末水平,就可以直接计算平均增长速度。用几何平均法计算平均发展速度的特点是着眼于最初、最末水平,不论中间水平怎样变化,对平均发展速度的计算结果都没有影响,当各期水平波动较大,各期环比发展速度变化很大时,用几何平均法计算的平均发展速度就不能准确反映实际的发展过

程。高次方程法是从各期水平累计总和出发,计算过程考虑了中间各期的发展水平,但仅适用于满足"可加性"的时期序列。

平均发展速度表明的是在基期水平基础上的发展状况,在运用平均发展速度的时候,应注意与基期水平联系起来分析。因为如果基期水平很低,尽管平均发展速度较高,实际的发展水平还是较低;反之亦然。也就是说,高速度可能掩盖低水平,低速度也可能隐含高水平。所以,要结合"增长 1% 的绝对量"指标来兼顾速度与水平。此外,平均发展速度是各期环比发展速度的序时平均数,可能会掩盖各期特殊发展的情况,如果资料中有几年的环比增长速度特别快,而且有几年又是负增长,出现显著的差异和不同的发展方向,或者所选择的最初水平和最末水平受特殊因素的影响过高或过低,则用这样的资料来计算平均发展速度,就会降低甚至失去指标的代表意义和实际分析意义,所以应当把平均发展速度与各期环比发展速度结合起来进行分析。

9.3　影响时间序列的构成因素

9.3.1　时间序列的构成

客观事物会随着时间的推移而发展变化,这个过程受多种因素共同影响,各种因素共同作用的结果形成了该现象时间序列各期的指标值。在诸多影响因素中,有些因素会长期起作用,对事物的变化发挥着决定性作用;有的只是短期起作用,或者只是偶然发挥非决定性的作用。例如,公司产品的销售量受经济增长、企业经营不断改进等长期稳定因素影响,同时也可能受偶然自然灾害、新的政策出台等非长期因素的影响。在分析时间序列的变动规律时,事实上不可能将每一个影响因素都一一分析开来,分别去做精确分析,但是可以按照对现象变化影响的类型,将众多影响因素划分为若干种时间序列的构成要素,然后对这几类构成要素分别进行分析,以揭示时间序列的变动规律。影响时间序列的构成因素通常可归纳为以下四种。

1. 长期趋势(T)

长期趋势又称趋势变动,是指现象在一段较长时期内由于受到某种固定的、起根本性作用的因素影响而表现出的沿着某一方向持续发展变化的总态势。长期趋势是观测的时间序列的发展水平沿着某一方向的持续发展变化,可能不断增长,也可能不断降低,或者呈现大体不变的水平趋势。例如,由于受收入增长、教育水平提高、医疗条件进步等诸多因素影响,人口的平均寿命呈增长趋势;由于受能源消耗增加、人口剧增等诸多因素影响,自然资源消耗呈增长趋势等。汽车目前已走进千家万户,表 9-6 为某市 2011—2022 年汽车销售量的时间序列。

表 9-6　某市 2011—2022 年汽车销售情况

年　　份	销售量/辆	年　　份	销售量/辆
2011	14 000	2017	53 000
2012	18 000	2018	62 000
2013	22 000	2019	75 000
2014	31 000	2020	86 000
2015	39 000	2021	93 000
2016	50 000	2022	120 000

从上表中的数据可以看出,某市的汽车销售量始终呈增长的态势,整个时间序列呈现持续增长的长期趋势。

2. 季节变动(S)

季节变动是一种极为普遍的现象。本来意义上的季节变动是指受自然因素的影响,在一年中随季节的更替而发生的有规律的变动。现在对季节变动的概念有了扩展,现象在一年内由于受社会、政治、经济、自然因素的影响,形成的以一定时期为周期的有规则的重复变动,都可称为季节变动。时间间隔可以是日、周、月,周期长度一般小于 1 年。形成季节周期的原因,一方面是自然界季节变化对现象产生影响而形成的周期性规律,例如,农业产品的生产、某些商品的销售量变动、旅游交通的流量都可能呈现季节性的周期变动;另一方面也有人为因素,现象由于受制度、习惯、社会风俗、法律法规等影响而形成的周期性规律,例如,在春节、国庆节、中秋节等节假日,社会消费品零售总额及旅游人数都会比平时有显著增加。含有季节变动的时间序列可能含有趋势,也可能不含有趋势,一家商店在过去 5 年中雨伞的销售情况如表 9-7 所示。

表 9-7 某商店 2018—2022 年雨伞销售情况

年　　份	季度	销售量/把	年　　份	季度	销售量/把
2018	1	125	2021	1	109
	2	180		2	189
	3	162		3	157
	4	76		4	98
2019	1	110	2022	1	110
	2	194		2	193
	3	186		3	189
	4	95		4	104
2020	1	105			
	2	198			
	3	187			
	4	101			

在此时间序列中,没有显示销售量有长期趋势,通过进一步观察会发现,第二季度和第三季度销售量较为接近,且高于第一季度和第四季度,其中第二季度销售量最高,第四季度销售量最低,因此我们可以得到的结论是销售量存在季度的季节变动模式。

3. 循环变动(C)

循环变动指时间序列在较长时间内呈现出的波浪式或震荡式变动,通常是以若干年为周期的有一定规律性的周期波动。时间序列有时沿着长期趋势上下波动,扩张与紧缩、波峰与波谷相交替,这种时间间隔超过一年的环绕长期趋势涨落相间的波动,可归结为循环变动。循环变动与长期趋势不同,它不是单一方向的持续变动,而是有涨有落的交替波动。循环变动与季节变动也不同,循环变动的周期长短很不一致,不像季节变动那样有明显的固定周期规律。

循环变动的一个重要例子就是经济增长中出现繁荣—衰退—萧条—复苏—繁荣的周而复始的运动。循环变动通常是由经济环境的变化引起的,分析周期需要较长的时间序列数据,当序列较短的时候难以发现周期。按循环变动的周期长短不同,可以将其分为以下三种类型:①大周期波动。周期可长达 50 年;②中周期波动。周期波动一般为 10 年左右;③小周期波动。周期一般为 3～5 年。

4．不规则变动(I)

不规则变动又称随机变动,是指社会经济现象由于受临时的、偶尔的因素或不明原因而引起的无规则、无周期变动,是由各种小概率事件组合而成的,如自然灾害、地震、战争等随机性因素引起的变动,记为 I。从长期来看,有些偶然因素的个别影响是可以相互抵消一部分的。

长期趋势、季节变动、循环变动和不规则变动四种影响因素的共同作用使时间序列的指标值发生变化,但某一个具体的时间序列,却不会总是都包括这四个方面。对于年度资料的时间序列,就不可能有季节变动。如果现象的发展变化没有周期性波动,那么也不会有循环变动。

9.3.2　时间序列的分解

时间序列分解的主要任务就是将各种变动对时间序列指标值的影响情况分别测定出来,以研究现象发展变化的原因及其规律,为认识现象和预测未来的发展提供依据。为了将各类变动成分从时间序列中分离出来并加以测定,一个重要的前提是掌握这四类变动是以何种组合方式作用于现象从而形成时间序列的具体指标值的。由于趋势变动是由现象内在的本质因素决定的,这些因素对现象各时期的指标值起着支配性的决定作用,因此在进行时间序列分析时,通常以长期趋势值为绝对量基础,再根据各类变动对时间序列的影响是否独立,建立两种组合模型,即加法模型和乘法模型。

1．加法模型

$$Y = T + S + C + I$$

加法模型是假定四个因素的影响是相互独立的,对时间序列的影响程度以绝对数表示,时间序列各期的指标值是各类变动对时间序列影响的绝对量之和。其中 Y 表示时间序列的各期的指标值;T 表示时间序列的长期趋势值,用绝对数表示,与 Y 同单位,这是时间序列各期指标值的主要构成部分;S、C、I 分别表示季节变动、循环变动、不规则变动引起的各期指标值 Y 与长期趋势值 T 的偏差,也用绝对数表示。

2．乘法模型

$$Y = T \times S \times C \times I$$

乘法模型中仍以长期趋势值 T 作为各期指标值的绝对量基础,但假定四类影响因素之间存在交互作用,则其他各类变动对时间序列各期指标值的影响程度以相对数的形式表现出来。其中,Y、T 的含义同加法模型,S、C、I 分别表示季节变动、循环变动、不规则变动引起的各期指标值 Y 与长期趋势值 T 的比率,一般也称作指数。因此,时间序列各期指标值是长期趋势值与其他变动的影响比率乘积。

当季节变动成分或循环变动成分不存在时,在乘法模型中的 S 或 C 取值为 1,在加法模型中的 S 或 C 取值为 0。有时也把长期趋势和循环变动合并称为趋势—循环因素。在现实经济生活中,各种变动现象的影响一般都是相互的,要分别研究各种构成因素的变动规律及对时间序列的影响,就需要从时间序列中把各种构成因素分解出来,只有这样,才能识别某种构成因素是否存在,也才能分别描述各种构成因素的变动规律。

9.4　长期趋势变动分析

长期趋势是由对现象发展变化起普遍作用和决定性作用的基本因素所决定的,它可能呈现上升、持平、下降或升降交替的状态。时间序列的长期趋势是就一个较长的时期而言的,在时间数列的四种变动中,长期趋势是最基本的变动,它表示在较长一段时间内的倾向,研究长期趋势的目的之一也是更好地分析其他因素的变动规律。掌握事物发展的长期趋势,对社会经济管理、进行科学研究,是十分必要的。长期趋势的描述,可以揭示现象发展变化的某种规律,可以为经济预测提供依据。

时间序列长期趋势的测定方法有许多种,最常用的有时距扩大法、移动平均法、指数平滑法和趋势模型法等。

9.4.1　时距扩大法

时距扩大法是测定长期趋势最原始、最简单的方法。当原始动态数列中各指标数值上下波动,现象变化规律表现不明显时,将动态数列指标值所属的时间单位予以扩大,然后对新时间单位内的指标值进行合并,便得到了一个扩大了时距的动态数列。其作用是消除较小时距单位内偶然因素的影响,反映现象发展的基本趋势。例如,某商店 2021 年各月移动硬盘销售数量如表 9-8 所示。

表 9-8　某商店 2021 年各月移动硬盘销售数量

月　　份	销售量/个	月　　份	销售量/个
1	205	7	265
2	210	8	200
3	260	9	255
4	215	10	245
5	226	11	280
6	255	12	372

从表 9-8 中可以看出,数列变化并不均匀,各月之间的移动硬盘销售数量起伏不定,用该动态数列不能清楚地反映该商店移动硬盘销售量变动的趋势。现将月资料整理为季度资料如表 9-9 所示。

表 9-9　某商店 2021 年各季度移动硬盘销售数量

季度	1	2	3	4
销售量/个	675	696	720	897

时距扩大后的资料可以明显地显示出移动硬盘销售数量呈现逐期增长的变化趋势,可以用扩大时距后的总量指标表示,也可以用扩大时距后的平均指标表示,如表 9-10 所示。

表 9-10　某商店 2021 年各季度移动硬盘平均销售数量

季度	1	2	3	4
销售量/个	225	232	240	299

从表 9-10 中可以看出移动硬盘销售数量呈现逐期增长的变化趋势。应用时距扩大法应注意：第一，同一数列前后时距应保持一致，只有这样相应的发展水平才具有可比性；第二，时距应根据具体现象的性质和特点而定，以能显示变化趋势为宜。对于呈现周期波动的数列，扩大的时距应与波动周期相吻合，对于一般的动态数列，则要逐步扩大时距，以能够显示趋势变动的方向为宜。时距扩大太多，将造成信息的损失；第三，这一方法一般只适用于时期数列，因为只有时期数列的发展水平才具有可加性。

9.4.2　移动平均法

1. 简单移动平均法

移动平均法的基本原理，是通过移动平均消除时间序列中的不规则变动和其他变动，从而揭示出时间序列的长期趋势。所谓简单移动平均，就是使用时间序列中最近 k 期数据值的平均数作为下一个时期的预测值。在数学上，k 期移动平均预测如下：

$$F_{t+1} = \frac{最近 k 期数据值之和}{k} = \frac{Y_t + Y_{t-1} + \cdots + Y_{t-k+1}}{k} \tag{9-13}$$

式中：F_{t+1} 是时间序列 $t+1$ 期的预测值；Y_t 是时间序列 t 期的实际值。

移动的意思就是每次使用时间序列一个新的观测值，用它代替公式中最旧的观测值，并且计算出一个新的平均数。因此，当使用新观测值时，平均数将会改变或者移动。

为了用移动平均法来预测时间序列，首先我们要选择移动平均法的时距项数或所包含的时间序列值的个数。如果仅仅时间序列最近的值被认为是相关的，则应该选择较小的 k 值；如果更多过去的值被认为是相关的，则较大的 k 值更好。表 9-11 是某 4S 店 12 周的汽车销售量的时间序列。

表 9-11　某 4S 店 12 周的汽车销售量的时间序列

周	销售量/辆	周	销售量/辆
1	17	7	20
2	21	8	18
3	19	9	22
4	23	10	20
5	18	11	15
6	16	12	22

为了说明如何用移动平均法预测汽车的销售量，我们令 $k=3$，即使用三周移动平均。首先用第 1～3 周的时间序列的平均数作为第 4 周销量的预测值。

$$F_4 = 第 1～3 周的平均数 = \frac{19+21+17}{3} = 19$$

因此，第 4 周汽车销售量的移动平均预测值是 19 辆。第 4 周的实际销量是 23 辆，所以第四周的预测误差是 23－19＝4。然后，利用第 2～4 周时间序列的平均数计算第 5 周销售量的预测值。

$$F_5 = 第2～4周的平均数 = \frac{23+19+21}{3} = 21$$

现在预测第13周的销售量，即

$$F_{13} = 第10～12周的平均数 = \frac{22+15+20}{3} = 19$$

所以，第13周的汽车销售量的预测值是19辆。

移动平均法具有如下特点。

（1）移动平均对原时间序列有修匀或平滑的作用，削弱了原序列的上下波动，而且时距项数 k 越大，对时间序列的修匀作用越强。

（2）时距项数 k 为奇数时，只需一次移动平均，其移动平均值作为时距项数的中间一期的数值；而当时距项数 k 为偶数时，移动平均值代表的是这偶数项的中间位置的水平，无法对正某一时期，则需再进行一次相邻两个平均值的移动平均，这样才能使移动平均值对正某一时期，这称为移正平均，也称中心化的移动平均值。

（3）移动平均法所取项数的多少，应根据资料的特点而定。事实证明，当时距项数等于周期长度的整数倍时，就能把周期性的波动完全抹掉，从而使时间数列只显露长期趋势的影响。

（4）移动平均以后，其序列的项数较原序列减少，当 k 为奇数时，新序列首尾各减少 $(k-1)/2$ 项；当 k 为偶数时，新序列首尾各减少 $k/2$ 项。所以移动平均会使原序列失去部分信息，而且平均项数越大，失去的信息越多。因此，移动平均法的时距项数不宜过大。

已知某食品公司在过去8个月中每个月饮用水的销售情况，现采用简单移动平均法预测第9个月的销售情况，分别用3期移动和5期移动进行预测。具体的计算结果如表9-12所示。

表9-12　某食品公司饮用水销售简单移动平均值结算结果表

月份	销售量/箱	3期移动平均值	预测误差	预测误差的平方	5期移动平均值	预测误差	预测误差的平方
1	18						
2	21						
3	19						
4	24	19.33	4.67	21.81			
5	17	21.33	-4.33	18.75			
6	22	20	2	4	19.8	2.2	4.84
7	23	21	2	4	20.6	2.4	5.76
8	18	20.67	-2.67	7.13	21	-3	9
9	—	21	—	55.69	20.8	—	19.6

如表9-12中结果，3期移动平均进行预测第9个月的预测值为21，5期移动平均进行预测第9个月的预测值为20.8，到底哪一个预测值的预测误差更小呢？这就涉及预测精度的问题。预测值精度一般通过均方误差（MSE）来衡量，均方误差就是预测误差平方和的平均数。均方误差越小，预测精度就越高。此例中，3期移动平均的均方误差为 $55.69/5=11.14$，5期移动平均的均方误差为 $19.6/3=6.53$，3期移动平均法下的均方误差大于5期移动平均法下的均方误

差,所以在确定时距项数时,应该选择 5 期移动平均法,这样所得的预测值精度较高。

对一个特殊的时间序列而言,不同时距项数的移动平均值对准确预测时间序列的能力是不同的。因此,为了减小预测误差,比较可行的办法就是通过试验和误差测算来确定移动平均的时距法项数,这个项数应使均方误差达到最小或尽可能小。一般而言,预测精度固然越高越好,但有时很准确的方法所需要的时间序列资料较难获得,或者得到这些资料需要较高的费用,这就需要在费用和精度之间进行权衡。

2. 加权移动平均法

简单移动平均法计算移动平均值时,每个观测值都赋予相同的权重。加权移动平均的方法对此做了改变,即对每个数据值选择不同的权重,然后计算最近 k 期数据值的加权平均数作为预测值。在大多数情况下,最近的观测值得到最大的权重,而减少较远期观测值的权重。根据表 9-11 中的数值来说明 3 周加权移动平均值的计算。指定最近的观测值的权重为 $\dfrac{3}{6}$,第二近的观测值的权重为 $\dfrac{2}{6}$,第三近的观测值的权重为 $\dfrac{1}{6}$,利用加权移动平均,第 4 周的预测值计算为

$$第 4 周的预测值 = \frac{3}{6} \times 19 + \frac{2}{6} \times 21 + \frac{1}{6} \times 17 = 19.33$$

采用此方法计算的时候,权重之和应该等于 1。

9.4.3　指数平滑法

1. 指数平滑法的内涵

移动平均对消除季节等影响有独到的作用,所得趋势值比以某种函数形式所代表的趋势更能反映现象本身的趋势特征,但是移动平均也有不足之处,即对于不含季节因素的趋势序列,每一期的移动平均值只包含了 k 个数据的信息,而没有将历史数据信息充分反映到趋势值或预测值中。指数平滑法能够充分利用所有的数据信息来弥补移动平均法的不足之处,同时又能体现近期数据对未来预测影响作用更大的特点。

指数平滑法是在移动平均法基础上发展起来的一种时间序列分析预测法,由布朗(Brown)提出,布朗认为时间序列的态势具有稳定性或规则性,所以时间序列可被合理地顺势推延;他认为最近的过去态势,在某种程度上会持续到未来,所以将较大的权数放在最近的资料。配合一定的时间序列预测模型对现象的未来进行预测,任一期的指数平滑值都是本期实际观察值与前一期指数平滑值的加权平均,即利用过去的时间序列值的加权平均作为预测值,通过一系列计算消除不规则变动,揭示现象的基本趋势。指数平滑法属于中短期经济发展趋势预测,在所有预测方法中,是用得最多的一种。

2. 指数平滑法的计算

采用指数平滑法确定趋势估计值的过程是:如果第 t 期趋势估计值与第 t 期实际值完全一致,二者之间没有误差,则第 t 期趋势估计值可以直接作为第 $(t+1)$ 期的趋势估计值;如果二者之间有误差,则这种误差可理解为是由两部分组成的,一部分是不规则随机误差,另一部分是现象从第 $(t-1)$ 期到第 t 期的实质性变化。为了合理估计趋势值,需要剔除不规则随机误差,反映出现象的实质性变化。误差中属于现象实质性变化部分的比例可由平滑系数 α 决定,α 的值越大,即认为误差中现象实质性变化的比例越大,在下期的趋势估计中本期的误差就保留得越多;如果 α 的值越小,则误差中不规则随机因素引起的随机误差所占比例越大,在下期的趋势估

计中本期误差就剔除得越多。指数平滑法有一次指数平滑法、二次指数平滑法、三次指数平滑法等,在此着重介绍一次指数平滑法。

一次指数平滑值(用 E_t 表示)的计算公式为

$$E_t = E_{t-1} + \alpha(y_t - E_{t-1}) \qquad (t=1,2,\cdots,n) \tag{9-14}$$

或
$$E_t = \alpha y_t + (1-\alpha)E_{t-1} \tag{9-15}$$

在上面的式子中,E_t 为第 t 期的指数平滑值,E_{t-1} 为第 $(t-1)$ 期的指数平滑值,y_t 为第 t 期的实际观测值,α 为平滑系数,α 的取值范围是 $[0,1]$。

第 t 期的指数平滑值 E_t 是在第 $(t-1)$ 期指数平滑值 E_{t-1} 的基础上,加上第 t 期实际观测值 y_t 与作为第 t 期趋势估计值的第 $(t-1)$ 期指数平滑值 E_{t-1} 间误差的一部分组合而成的。

将式(9-15)展开后,可得

$$
\begin{aligned}
E_t &= \alpha y_t + (1-\alpha)E_{t-1} \\
&= \alpha y_t + (1-\alpha)[\alpha y_{t-1} + (1-\alpha)E_{t-2}] \\
&= \alpha y_t + \alpha(1-\alpha)y_{t-1} + (1-\alpha)^2 E_{t-2} \\
&= \alpha y_t + \alpha(1-\alpha)y_{t-1} + (1-\alpha)^2 [\alpha y_{t-2} + (1-\alpha)E_{t-3}] \\
&= \alpha y_t + \alpha(1-\alpha)y_{t-1} + \alpha(1-\alpha)^2 y_{t-2} + (1-\alpha)^3 E_{t-3} \\
&= \alpha y_t + \alpha(1-\alpha)y_{t-1} + \alpha(1-\alpha)^2 y_{t-2} + \cdots + \alpha(1-\alpha)^{t-1} y_t + (1-\alpha)^t E_0 \\
&= \alpha \sum_{j=0}^{t-1}(1-\alpha)^j y_{t-j} + (1-\alpha)^t E_0
\end{aligned}
$$

由于 α 是介于 0 和 1 之间的小数,随着时间 t 增大,最后一项系数 $(1-\alpha)^t$ 趋近于 0,将此略去后,得到一个新的式子:

$$E_t = \alpha \sum_{j=0}^{t-1}(1-\alpha)^j y_{t-j} \tag{9-16}$$

可见指数平滑值 E_t 实质上是各期观测值 y_t 的加权平均数(权数和为 1),各期权数呈指数递减,故称为指数平滑。第 t 期平滑值包含了第 t 期及以前所有数据的信息,但又对不同时期的数据给予不同的权数,越是近期的数据,给予权数越大。由于指数平滑法计算的是平均值,对时间序列具有平滑修匀作用,能消除不规则变动的影响;而且对各期数据赋予不同权数,体现了对各期数据的不同重视程度,因此它有着极为广泛的应用场合,特别是适合于一些趋势形态比较特殊、不大适合拟合某种曲线的序列。

在指数平滑法的计算中,α 的取值最为关键,但 α 的取值又容易受主观影响,因此合理确定 α 的取值十分重要。一般来说,如果数据波动较大,α 值应取大一些,可以增加近期数据对预测结果的影响;如果数据波动平稳,α 值应取小一些。理论界一般认为有以下方法可供选择。

(1)经验判断法

当时间序列呈现较稳定的水平趋势时,应选较小的 α 值,一般可在 $0.05\sim0.2$ 取值。

当时间序列有波动,但长期趋势变化不大时,可选稍大的 α 值,常在 $0.1\sim0.4$ 取值。

当时间序列波动很大,长期趋势变化幅度较大,呈现明显且迅速的上升或下降趋势时,宜选择较大的 α 值,如可在 $0.6\sim0.8$ 选值,以使预测模型灵敏度高些,能迅速跟上数据的变化。

当时间序列数据是上升或下降的发展趋势类型时,α 应取较大的值,如在 $0.6\sim0.8$。

(2)试算法

根据具体时间序列情况,参照经验判断法,来大致确定 α 取值范围,然后取几个 α 值进行试算,比较不同 α 值下的预测标准误差,选取预测标准误差最小的 α 值。

在实际应用中预测者应结合对预测对象的变化规律做出定性判断且计算预测误差,并要考虑到预测灵敏度和预测精度是相互矛盾的,必须给予二者一定的考虑,采用折中的 α 值。

9.4.4 趋势模型法

趋势模型法也称曲线配合法,时间序列的长期趋势包括线性趋势和非线性趋势。当时间序列的长期趋势每期的增减数量大致相同,近似地呈现为直线发展时,则称时间序列具有线性趋势。当时间序列在各时期的变动随时间而异,各时期的变化率或趋势线的斜率有明显变动但又有一定规律性时,现象的长期趋势将不再是线性的,而可能是非线性的。对于线性趋势和非线性趋势可以分别用不同的模型去拟合。

1. 线性趋势模型法

线性趋势是指现象随着时间的推移,时间数列的逐期增减量大致相等,从而呈现出稳定增长或下降的线性变化规律。线性趋势的特点是其变化率或趋势线的斜率基本保持不变。

通常描述 x 和 y 之间线性关系的估计回归方程为

$$\hat{y} = a + bx \tag{9-17}$$

为了强调在这个预测中自变量是时间,所以我们可以用 t 来代替 x,于是线性趋势方程一般表示为

$$\hat{y} = a + bt \tag{9-18}$$

式中:$\hat{y}$ 代表时间数列 y_t 的趋势值(又称估计值或预测值);t 代表时间标号;a 代表趋势线在 y 轴上的截距,即当 $t=0$ 时 $\hat{y}$ 的数值;b 为趋势线的斜率,即 t 每变动一个单位时间时,$\hat{y}$ 平均变动的数量。

在此方程中,a、b 为未知的两个待定参数,通常用最小二乘法求得,过程在前面章节已经介绍过,在此不再赘述。根据最小二乘法求得的 a、b 参数公式为

$$\begin{cases} b = \dfrac{n \cdot \sum ty - \sum t \cdot \sum y}{n \cdot \sum t^2 - \left(\sum t\right)^2} \\ a = \bar{y} - b\bar{t} = \dfrac{\sum y - b \cdot \sum t}{n} \end{cases} \tag{9-19}$$

式中:n 为时间数列的项数;a、b 分别称为线性趋势方程参数的最小二乘估计值;y 为时间数列各时期的发展水平,也称为实际观测值。

例 9-2 某企业 2013—2022 年的销售收入资料如表 9-13 所示,拟合直线趋势方程,并预测 2023 年的销售收入。

表 9-13 某企业 2013—2022 年的销售收入

年份	销售收入/万元	年份	销售收入/万元
2013	21.6	2018	27.5
2014	22.9	2019	31.5
2015	25.5	2020	29.7
2016	21.9	2021	28.6
2017	23.9	2022	31.4

解：设时间序列线性趋势方程为

$$\hat{y} = a + bt$$

设 2013 年的 $t=1$，2014 年的 $t=2$，以此类推，2022 年的 $t=10$，$n=10$。

由最小二乘法，根据式（9-17）可得

$$b = \frac{n \cdot \sum ty - \sum t \cdot \sum y}{n \cdot \sum t^2 - (\sum t)^2} = \frac{10 \times 1\,545.5 - 55 \times 264.5}{10 \times 385 - 55 \times 55} = \frac{907.5}{825} = 1.1$$

$$a = \bar{y} - b\bar{t} = \frac{\sum y - b \cdot \sum t}{n} = 26.45 - 1.1 \times 5.5 = 20.4$$

所以，所求时间序列线性趋势方程为

$$\hat{y} = 20.4 + 1.1t$$

2023 年对应的 $t=11$。

预测 2023 年的销售收入：

$$\hat{y} = 20.4 + 1.1t = 20.4 + 1.1 \times 11 = 32.5（万元）$$

我们把计算中可能用到的数据都列出来，如表 9-14 所示。

表 9-14　某企业 2013—2022 年的销售收入相关参数表

年份	t	t^2	y	ty
2013	1	1	21.6	21.6
2014	2	4	22.9	45.8
2015	3	9	25.5	76.5
2016	4	16	21.9	87.6
2017	5	25	23.9	119.5
2018	6	36	27.5	165
2019	7	49	31.5	220.5
2020	8	64	29.7	237.6
2021	9	81	28.6	257.4
2022	10	100	31.4	314
合计	55	385	264.5	1 545.5

通常为了计算方便，把时间数列的中点定为原点，使得 $\sum t = 0$，这样，a、b 的求解公式可简化为

$$\sum t = 0$$

$$\begin{cases} b = \dfrac{\sum ty}{\sum t^2} \\[2mm] a = \dfrac{\sum y}{n} \end{cases} \tag{9-20}$$

所以，根据例 9-2 的数据资料，可以设 $\sum t = 0$，具体计算数据如表 9-15 所示。

表 9-15　某企业 2013—2022 年的销售收入相关参数表

年份	t	t^2	y	ty
2013	-9	81	21.6	-194.4
2014	-7	49	22.9	-160.3
2015	-5	25	25.5	-127.5
2016	-3	9	21.9	-65.7
2017	-1	1	23.9	-23.9
2018	1	1	27.5	27.5
2019	3	9	31.5	94.5
2020	5	25	29.7	148.5
2021	7	49	28.6	200.2
2022	9	81	31.4	282.6
合计	0	330	264.5	181.5

通过计算代入式(9-20)得

$$b = \frac{\sum ty}{\sum t^2} = \frac{181.5}{330} = 0.55$$

$$a = \frac{\sum y}{n} = \frac{264.5}{10} = 26.45$$

该直线趋势的预测模型为

$$\hat{y} = a + bt = 26.45 + 0.55t$$

2023 年对应的 $t=11$。

预测 2023 年的销售收入：

$$\hat{y} = a + bt = 26.45 + 0.55t = 32.5(万元)$$

若时间数列为偶数项,原点可设在 $n/2$ 期与 $n/2+1$ 期的中间。例如,有 6 年的资料,$n=6$,原点可设在第三年和第四年的中间,为计算方便,第三年的时间标号(或称序号)t 可定为 -1,第 4 年为 $+1$。于是 6 年的资料,从第 1 年起,年序号 t 依次可定为 -5、-3、-1、$+1$、$+3$、$+5$。这样当 $t=0$ 时,依然可以用上述化简公式求 a、b 的值。

需要指出,按上述移动原点,简化求出 a、b 值,从而建立的直线趋势方程,与未移动原点建立的方程相比较,对奇数项时间数列来说,两个方程中的 y、截距 a 必然不同,而斜率 b 不变。对偶数项时间数列来说,按上述方法确定时间标号后,两个方程中 a 与 b 的值均不会相同,且移动原点后方程的 b 值为未移动原点的方程中 b 值的 1/2。但不管怎样均不会影响趋势值的计算,就是说,用化简或未化简方法求 a、b 值建立的两个不同的方程,按各自时间标号 t 值计算的趋势值相同。

2. 非线性趋势模型法

很多情况下,用线性趋势进行预测是不够准确的,很多市场经济活动同时受多种因素的影响,不同影响因素所表现出来的变化趋势是不同的,当时间序列呈现某种非线性趋势时,就要拟合非线性趋势模型来进行描述。曲线趋势的类型有很多,我们重点介绍二次曲线趋势法。

二次曲线趋势法主要通过建立二次曲线方程进行预测,它适用于对时间序列数据的变动呈二次曲线状态的趋势形态的预测。其趋势方程一般表示为

$$\hat{y} = a + bt + ct^2 \tag{9-21}$$

二次曲线趋势法的计算步骤如下。

(1)绘制观察值曲线图,观察其变动形态。如果其变动趋势呈二次曲线状态,则宜采用二次曲线趋势法进行预测。

(2)确定 a、b、c 的值。

由于 $\hat{y} = a + bt + ct^2$,所以

$$\begin{cases} \sum y = na + b\sum t + c\sum t^2 \\ \sum ty = a\sum t + b\sum t^2 + c\sum t^3 \\ \sum t^2 y = a\sum t^2 + b\sum t^3 + c\sum t^4 \end{cases}$$

由此联立方程可求得 a、b、c 的值。

如果令 $\sum t = 0$,则可求得简便方程组:

$$\begin{cases} \sum y = na + c\sum t^2 \\ \sum ty = b\sum t^2 \\ \sum t^2 y = a\sum t^2 + c\sum t^4 \end{cases} \tag{9-22}$$

(3)将 t 值代入趋势方程,求得预测值。

例 9-3 某企业 2016—2022 年的销售收入资料如表 9-16 所示(单位:万元),试采用合适的方法预测该企业 2023 年和 2024 年的销售收入。

表 9-16 某企业 2016—2022 年的销售收入

年份	2016	2017	2018	2019	2020	2021	2022
销售收入/万元	350	300	250	350	400	450	550

将年份作为横轴、销售收入作为纵轴建立直角坐标系,在坐标系中画出趋势轨迹。通过观察可以发现,观察值的变动趋势呈二次曲线状态,故可以考虑采用二次曲线趋势法进行预测。

解:设二次曲线趋势方程为

$$\hat{y} = a + bt + ct^2$$

计算 a、b、c 的值。具体计算数据如表 9-17 所示。

表 9-17 某企业 2016—2022 年的销售收入相关计算结果

年份	销售收入/万元	t	t^2	t^4	ty	$t^2 y$	$\hat{y} = a + bt + ct^2$
2016	350	−3	9	81	−1 050	3 150	334.52
2017	300	−2	4	16	−600	1 200	303.57
2018	250	1	1	1	−250	250	300
2019	350	0	0	0	0	0	323.81

续表

年份	销售收入/万元	t	t^2	t^4	ty	t^2y	$\hat{y}=a+bt+ct^2$
2020	400	1	1	1	400	400	375
2021	450	2	4	16	900	1 800	453.57
2022	550	3	9	81	1 650	4 950	559.52
合计	2 650	0	28	196	1 050	11 750	

根据表中数据，算得 $a=323.81$、$b=37.5$、$c=13.69$，二次曲线趋势的预测模型为

$$\hat{y}=323.81+37.5t+13.69t^2$$

2023 年对应的 $t=4$。

预测 2023 年的销售收入：

$$\hat{y}=323.81+37.5\times4+13.69\times4^2=692.85（万元）$$

2024 年对应的 $t=5$。

预测 2024 年的销售收入：

$$\hat{y}=323.81+37.5\times5+13.69\times5^2=853.56（万元）$$

9.5 季节变动分析

季节变动是指价格受自然条件、生产条件和生活习惯等因素的影响，随着季节的转变而呈现的周期性变动。季节变动是有规律性的，每年重复出现，其表现为逐年同月（或季）有相同的变化方向和大致相同的变化幅度。例如，商业活动中的销售旺季和销售淡季、农产品和以农产品为原料的某些工业生产的产量和销售量、旅游业的旅游旺季和旅游淡季等都存在季节变动。进行季节变动测定的主要意义在于通过分析与测定过去的季节变动规律，为当前的决策提供依据；也是为了对未来现象季节变动做出预测，以便提前做出合理的安排；当需要不包含季节变动因素的数据时，能够消除季节变动对时间序列的影响，以便更好地分析其他因素。

季节变动预测法又称季节周期法、季节指数法、季节变动趋势预测法，是对包含季节变动的时间序列进行预测的方法。要研究这种预测方法，首先要研究时间序列的变动规律。季节变动的测定有两种方法：一是不考虑时间数列的长期趋势，直接对原时间数列测定季节变动，称作同期平均法；二是对具有长期趋势的时间序列，剔除长期趋势影响后，再测定季节变动，称作趋势剔除法。

9.5.1 同期平均法

同期平均法也称简单平均法、原始资料平均法。当时间序列的长期趋势近似于水平趋势时，测定时间序列的季节变动可以不考虑长期趋势的影响，对原始时间序列数据不剔除长期趋势因素，直接计算季节比率，其基本步骤如下。

（1）收集历年（通常至少为三年）各月或各季的统计资料（观察值）。

（2）计算各年同期（月或季）的平均数 $\bar{y}_i$（i 表示月份或季度，$i=1,2,3,\cdots,12$ 或 $i=1,2,3,$

4)，其目的是消除各年同一季度(月份)数据上的不规则变动。

　　(3) 计算全部数据的总平均数 $\bar{y}$，找出整个时间序列的水平趋势。

　　(4) 计算季节比率 S_i，即

$$S_i = \frac{\bar{y_i}}{\bar{y}} \quad (i \text{ 表示月份或季度},\, i=1,2,3,\cdots,12 \text{ 或 } i=1,2,3,4)$$

　　(5) 根据未来年度的全年趋势预测值，求出各月或各季度的平均趋势预测值，然后将它乘以相应季节指数，即得出未来年度内各月和各季度包含季节变动的预测值。

　　可见，季节比率实际上是各年的同期平均数相对于整个序列平均水平变动的程度，也称季节指数，可用相对比率或百分比表示。在乘法模型中，季节比率有一个特性，就是其总和等于季节周期 L（$L=12$ 或 4，月份资料的 L 为 12、季度资料的 L 为 4），或平均等于 1，即 $\sum S_i = L$ 或 $\bar{S} = \dfrac{\sum S_i}{L} = 1$。

例 9-4　某地 2018—2022 年花生米批发价格如表 9-18 所示。

表 9-18　2018—2022 年某地花生米批发价格季节指数计算表

年份	季　度				年季平均数
	一	二	三	四	
2018	6.05	5.40	4.80	5.30	5.388
2019	7.20	7.05	6.45	8.05	7.188 8
2020	8.90	8.05	7.05	7.85	7.962
2021	8.60	8.25	7.50	7.80	8.038
2022	8.65	8.35	7.25	9.10	8.338
合计	39.40	37.10	33.05	38.10	36.912
季平均数	7.88	7.42	6.61	7.62	7.382
季节指数/%	107	101	89	103	100

　　依据上表，计算花生米价格季节指数。

　　解：计算步骤如下。

　　(1) 将各年同季的价格相加，计算出总价格，除以年数，得出各年同季价格的平均数。例如，第一季度 5 年总价格为 39.40，除以年数 5，即得到 5 年同季平均数为 $7.88\left(=\dfrac{39.4}{5}\right)$，其余各季类推。

　　(2) 将各季平均数相加，除以季度数，得到总的季平均数 $7.382\left(=\dfrac{7.88+7.42+6.61+7.62}{4}\right)$ 或将各年季平均数相加，除以年数，得到总的季平均数。

　　(3) 将同季平均数，分别除以总的季平均数，得到季节指数。表中第一季度的季节指数为 $\dfrac{7.88}{7.328}=107\%$，其余各季的季节指数，亦按此法计算，分别为 101%、89%、103%。

　　(4) 各季节指数之和 $=107\%+101\%+89\%+103\%=400\%$，刚好等于 $100\%\times4$（季度

数),不需进行调整,即各季节指数分别为 107%、101%、89%、103%。第一季节的季节指数最高,为 107%,说明第一季度价格最高,第一季度至第二季度、第二季度至第三季度,价格都有所下降;第三季度的季节指数最低,为 89%,说明第三季度价格最低,第三季度至第四季度,价格又有所回升。受计算过程中多次四舍五入等因素的影响,实际计算出的季节比率与理论值有一定的误差,这时就需要对季节比率进行修匀、调整。季节比率的修正系数为

$$修正系数 = \frac{季节比率的理论值}{实际计算出的季节比率之和}$$

所以调整前的季节比率乘以修正系数即是调整后的季节比率。

同期平均法简单易行,通过历年同月(季)平均可以消除不规则因素的影响,但往往不能满足要求。因为许多序列包含长期趋势和循环变动,仅仅依靠平均很难抵消循环变动的正负影响。数列存在剧烈的向上趋势,会造成后期各月(季)水平较前期同月(季)水平有较大提高,从而使月(季)平均数中,后期各月(季)数值比前期同月(季)数值有较大作用,而季节指数的计算要求各期同月(季)的数值应起同等重要的作用;同样,序列存在明显的向下趋势,会加重前期各月(季)的数值在各年同月(季)平均数中的作用。因此,当序列中存在明显的长期趋势和循环变动时,采用同期平均法计算的季节指数不能真实地反应数列的季节变动。

9.5.2　趋势剔除法

如果序列包含明显的上升(或下降)趋势或循环变动,为了更准确地计算季节指数,就应当首先设法从序列中消除趋势因素,然后再用平均的方法消除不规则变动,从而较准确地分解出季节变动成分。

用趋势剔除法来测定季节变动趋势的基本步骤如下。

(1) 对原序列计算平均项数等于季节周期 L(如 12 个月或 4 个季度)的中心化移动平均数,以消除季节变动 S 和不规则变动 I,所得移动平均的结果以 M 表示,M 只包含了趋势变动 T 和循环变动 C。

(2) 为了剔除原序列中的趋势变动 T 和循环变动 C,将原序列中的各项数据除以移动平均序列对应时间的各项数据 M,即消除趋势变动和循环变动的序列:

$$\frac{Y}{M} = \frac{T \cdot C \cdot S \cdot I}{T \cdot C} = S \cdot I$$

(3) 这里的各影响因素是以乘法模型组合的,所以这里计算的 $S \cdot I$ 是比率,而不是绝对量。将消除趋势变动和循环变动的序列各年同月(或同季)的比率数据平均,以消除不规则变动 I,再分别除以全部 $S \cdot I$ 数据的总平均数,即得到季节比率 S。

(4) 对季节比率的调整。季节比率的总和 $\sum S_i$ 应当等于季节周期 L,如果计算的季节比率的总和接近于季节周期 L,则不必调整。但是,计算的季节比率的总和有时不一定等于 L,这时需要对其进行调整。调整的方法是以 $\dfrac{L}{\sum S_i}$ 作为调整系数,将其误差分摊到各期的季节比率中,调整后的季节比率为 S^*,则

$$S^* = S_i \times \frac{L}{\sum S_i} \quad (i = 1, 2, 3, \cdots, L) \tag{9-23}$$

例 9-5　2020—2022 年某城市旅游人数如表 9-19 所示。

表 9-19　2020—2022 年某城市旅游人数　　　　　　　　　　单位:万人

年　份	旅 游 人 数			
	第一季	第二季	第三季	第四季
2020	32	40	61	28
2021	41	51	74	36
2022	57	65	93	57

试用趋势剔除法分析季节变动。

对原序列进行中心化移动平均,以消除季节变动 S 和不规则变动 I,得到表 9-20。

表 9-20　某城市旅游人数经过四季移动平均后的值

年份	季度	顺序	Y_i	四季移动平均 T	Y_i/T
2020	1	1	32	—	—
	2	2	40	—	—
	3	3	61	41.4	1.437 4
	4	4	28	43.9	0.637 8
2021	1	5	41	46.9	0.874 2
	2	6	51	49.5	1.030 3
	3	7	74	52.2	1.417 6
	4	8	36	56.2	0.640 6
2022	1	9	57	60.4	0.943 7
	2	10	65	57.8	1.124 6
	3	11	93	—	—
	4	12	57	—	—

依据表 9-20 中数据,得到同季平均值汇总如表 9-21 所示。

表 9-21　某城市旅游人数同季平均值汇总

年份	第一季度	第二季度	第三季度	第四季度
2020	—	—	1.473 4	0.637 8
2021	0.874 2	1.030 3	1.417 6	0.640 6
2022	0.943 7	1.124 6	—	—
同季平均	0.909 0	1.077 5	1.445 5	0.639 2

由于同季平均的四个季度数值相加为 $0.909\,0+1.077\,5+1.445\,5+0.639\,2=4.017\,2\neq$ 4,需要对其进行调整。调整系数为 $\dfrac{L}{\sum S_i}=\dfrac{4}{4.071\,2}=0.982\,5$,得到如表 9-22 所示的修正值。

表 9-22　某城市旅游人数修正值

季节	第一季度	第二季度	第三季度	第四季度
修正值	0.893 1	1.058 7	1.420 2	0.628 0

9.6　循环变动分析

循环变动又称周期变动,往往存在于一个较长的时期中,是一种周而复始的近乎规律性的变动,其成因较为复杂,经常与不规则波动交织在一起。循环变动规律性不如季节变动明显,它的变动周期通常在一年以上,可有三年的周期,也可有七八年的周期。周期的长短、变动形态、变动的幅度也不太固定。例如,产品通常有导入期、成长期、成熟期、衰退期等经济寿命周期,人口的增长变动从长远来看也有一定的周期。

进行循环变动的测定和分析的目的在于:一是通过对以往循环周期的研究和测定,认识和掌握事物循环周期的变动规律,为制定政策、安排经济活动提供科学依据;二是通过对事物循环规律的认识,预见下一个循环周期可能产生的各种影响。从统计分析的角度来说,循环变动的测定方法多种多样,不同的方法得出的结论可能有差异。究竟选择哪一种方法更为合理,就需要对各种测定方法的基本原理、前提条件、特点,以及局限性有足够的了解。其中直接测定法和剩余法是测定循环变动比较常用的方法。

9.6.1　直接测定法

直接测定法通过计算序列的年距发展速度或年距增长速度,消除或减弱趋势变动和季节变动。若只是大体测定序列的循环变动情况,可以采用此种方法。

直接测定法有以下两种。

(1) 将每年各月(或季)数值与上一年同期数值对比,所求得的年距发展速度序列大体可消除长期趋势变动和季节变动,即

$$C \cdot I_{t,i} = \frac{y_{t,i}}{y_{t-1,i}} \tag{9-24}$$

式中:t 表示年份;i 表示月份或季度($i=1,2,\cdots,12$ 或 $i=1,2,3,4$)。

(2) 用每年各月(或季度)数值较上年同期增长部分除以前一年对应月份(或季度)数值,得出的年距增长速度序列也可以大致消除长期趋势变动和季节变动,即

$$C \cdot I_{t,i} = \frac{y_{t,i} - y_{t-1,i}}{y_{t-1,i}} \tag{9-25}$$

式中:t 表示年份;i 表示月份或季度($i=1,2,\cdots,12$ 或 $i=1,2,3,4$)。

例 9-6　某旅行社上半年经营收入,以及以 2019 年为基期计算的年距发展速度与年距增长速度如表 9-23 所示。

表 9-23　年距发展速度与年距增长速度计算

年　份		月　份					
		1	2	3	4	5	6
2019	经营收入/万元	16	18	19	20	17	19

年 份		月 份					
		1	2	3	4	5	6
2020	经营收入/万元	19	20	22	21	19	28
	年距发展/%	118.75	111.11	115.79	105	111.76	147.37
	年距增长/%	18.75	11.11	15.79	5	11.76	47.37
2021	经营收入/万元	23	26	28	29	28	30
	年距发展/%	121.05	130	127.27	138.1	147.37	107.14
	年距增长/%	21.05	30	27.27	38.1	47.37	7.14
2022	经营收入/万元	25	28	26	27	30	27
	年距发展/%	108.7	107.7	92.86	93.1	107.14	90
	年距增长/%	8.7	7.7	−7.14	−6.9	7.14	−10

直接测定法用年距发展速度或年距增长速度消除趋势变动和季节变动,方法很简单,可以从图形中大体观察到循环变动的趋势。但是直接测定法只是简单地通过年距平均,往往不能完全消除长期趋势变动和季节变动的影响,所得结果不一定能准确描述循环变动的真实状态。而且用直接测定法消除时间序列的长期趋势变动的同时,也相对地放大了年度发展水平的影响,当某一期发展水平偏低时,直接测定法一方面会使得本期的 $C \cdot I$ 值偏低,另一方面又会使得下一年同期的 $C \cdot I$ 值偏高,从而可能使循环变动的幅度被拉大。

9.6.2 剩余法

剩余法也称古典方法或分解法,它的基本思想和原理是:从时间序列中一次或陆续消去趋势变动、季节变动,剩下循环变动因素和不规则变动,然后将结果进行移动平均,尽可能消去不规则成分,其剩余结果即为循环变动值。

剩余法的具体计算步骤如下。

(1) 根据时间序列资料计算季节比率 S,并用原序列除以 S,求得一列无季节变动资料。

$$无季节变动资料 = \frac{T \cdot S \cdot C \cdot I}{S} = T \cdot C \cdot I \qquad (9-26)$$

(2) 计算长期趋势 T,并用无季节变动资料除以 T,以消除长期趋势变动,得到循环变动与随机影响资料。

$$循环变动与随机影响资料 = \frac{T \cdot C \cdot I}{T} = C \cdot I \qquad (9-27)$$

将上述结果进行移动平均,以消除不规则变动 I,剩余结果便是循环变动值 C。

下面通过例题来具体说明如何利用剩余法进行循环变动值测定。

例 9-7 某旅行社 2019—2022 年的经营收入如表 9-24 所示,以 2019 年为基期,用剩余法计算其循环变动值 C。

表 9-24　循环变动值计算表

年份	月份	经营收入 Y (1)	季节比率 S (2)	消除季节变动的序列 $T \cdot C \cdot I$ (3)＝(1)/(2)	趋势方程拟合值 T (4)	循环和不规则变动 $C \cdot I$ (5)＝[(3)/(4)]×100	移动平均 C (6)
2019	1	30.51	0.983	31.04	—	—	—
	2	42.42	1.045	40.59	—	—	—
	3	38.14	0.923	41.32	—	—	—
	4	43.12	0.841	51.27	—	—	—
	5	50.27	0.934	53.82	—	—	—
	6	51.22	1.016	50.41	—	—	—
	7	53.82	1.150	46.80	50.39	92.88	—
	8	59.67	1.182	50.48	53.41	94.51	93.15
	9	54.78	1.062	51.58	56.03	92.06	93.54
	10	57.84	1.058	54.67	58.14	94.03	93.68
	11	53.12	0.928	57.24	60.28	94.96	93.20
	12	50.22	0.879	57.13	63.06	90.60	97.09
2020	1	69.67	0.983	70.87	67.04	105.71	99.32
	2	75.75	1.045	72.49	71.32	101.64	101.96
	3	67.63	0.923	73.27	74.36	98.53	99.92
	4	64.23	0.841	76.37	76.68	99.60	102.72
	5	80.47	0.934	86.16	78.30	110.04	106.27
	6	87.89	1.016	86.51	79.23	109.19	114.28
	7	112.59	1.150	97.90	79.19	123.63	115.03
	8	103.64	1.182	87.68	78.10	112.27	112.72
	9	83.78	1.062	78.89	77.15	102.26	106.35
	10	84.42	1.058	79.79	76.34	104.52	100.26
	11	65.42	0.928	70.50	74.99	94.01	97.23
	12	60.31	0.879	68.61	73.64	93.17	89.84
2021	1	58.69	0.983	59.70	72.51	82.33	85.40
	2	60.43	1.045	57.83	71.67	80.69	84.52
	3	60.12	0.923	65.14	71.94	90.55	85.47
	4	52.33	0.841	62.22	73.04	85.19	87.17
	5	60.11	0.934	64.36	75.02	85.79	88.94
	6	75.89	1.016	74.69	77.93	95.84	95.06

续表

年份	月份	经营收入 Y	季节比率 S	消除季节变动的序列 $T \cdot C \cdot I$	趋势方程拟合值 T	循环和不规则变动 $C \cdot I$	移动平均 C
		(1)	(2)	(3)=(1)/(2)	(4)	(5)=[(3)/(4)]×100	(6)
2021	7	97.45	1.150	84.74	81.84	103.54	98.75
	8	98.52	1.182	83.35	86.04	96.87	100.52
	9	95.33	1.062	89.76	88.76	101.13	100.67
	10	99.24	1.058	93.80	90.19	104.00	106.96
	11	98.13	0.928	105.74	91.37	115.73	113.54
	12	97.56	0.879	110.99	91.82	120.88	121.87
2022	1	115.32	0.983	117.31	90.95	128.98	120.43
	2	104.53	1.045	100.03	89.78	111.42	113.36
	3	81.28	0.923	88.06	88.35	99.67	100.38
	4	65.47	0.841	77.85	86.44	90.06	95.27
	5	75.39	0.934	80.72	84.01	96.08	90.69
	6	71.25	1.016	70.13	81.61	85.93	—
	7	81.28	1.150	70.68	—	—	—
	8	86.55	1.182	73.22	—	—	—
	9	73.12	1.062	68.85	—	—	—
	10	75.66	1.058	71.51	—	—	—
	11	63.24	0.928	68.15	—	—	—
	12	74.86	0.879	85.16	—	—	—

根据上表计算的循环变动值绘制的循环变动曲线图如图 9-2 所示,可以看出,该旅行社的经营收入的循环变动大体 18 个月出现一次波峰或波谷。

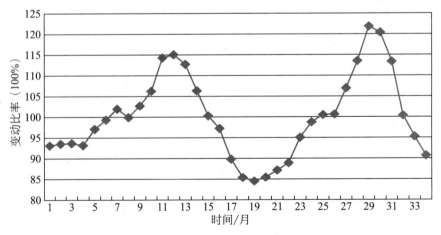

图 9-2　某旅行社经营收入的循环变动曲线

本章小结

时间序列是指一个变量在一定连续时点或一定连续时期上测量的观测值的集合,有时也称为动态数列。任何一个时间序列都具有两个基本要素:一是被研究现象所属的时间范围;二是反映该现象一定时间条件下数量特征的数值,即在不同时间上的统计数据。进行时间序列分析的目的在于:一是描述事物在过去时间的状态,分析其随时间推移的发展趋势;二是揭示事物发展变化的规律性;三是预测事物在未来时间的数量。

时间序列按其统计指标的形式不同,可以分为总量指标时间序列、相对指标时间序列和平均指标时间序列三种类型。总量指标时间序列是基本的时间序列,主要包括时期指标时间序列和时点指标时间序列。相对指标时间序列和平均指标时间序列是由总量指标时间序列派生的。

时间序列分析中基本的内容就是计算和分析动态指标,主要包括时间序列分析的水平指标和时间序列分析的速度指标。这些指标不仅可以概括现象发展变化的过程和特点,也可以用于横向和纵向比较。

时间序列的构成因素通常有四种:长期趋势、季节变动、循环变动、不规则变动,可以进行加法模型和乘法模型两种方式的计算。

测定长期趋势的方法主要包括时距扩大法、移动平均法、指数平滑法和趋势模型法等。时距扩大法是测定长期趋势最原始、最简单的方法。移动平均法使用时间序列中最近 k 期数据值的平均数作为下一个时期的预测值。指数平滑法配合一定的时间序列预测模型对现象的未来进行预测,任一期的指数平滑值都是本期实际观察值与前一期指数平滑值的加权平均。趋势模型法也称曲线配合法,时间序列的长期趋势包括线性趋势和非线性趋势。对于线性趋势和非线性趋势可以分别用不同的模型拟合。

测定季节变动的主要方法有同期平均法和趋势剔除法。循环变动的测定方法有直接测定法和剩余法。直接测定法是通过计算序列的年距发展速度或年距增长速度,以消除或减弱趋势变动和季节变动;剩余法是从时间序列中一次或陆续消去趋势变动、季节变动,剩下循环变动因素和不规则变动,然后将结果进行移动平均,尽可能消去不规则成分,其剩余结果即为循环变动值。

 思考与练习

思考题

1. 举例说明计算增长 1% 绝对值的意义。
2. 时间序列的构成要素包含哪些内容?
3. 时期序列和时点序列有何区别?
4. 计算增长速度时应注意哪些问题?
5. 请说明指数平滑法的基本含义。
6. 进行长期趋势拟合时需要注意哪些问题?

练习题

一、填空题

1. 平均发展速度是对各期_____速度求平均数的结果,计算方法有累计法和_____。

2. 已知某产品产量 2021 年与 2020 年相比增长了 5％,2022 年与 2020 年相比增长了 12％,则 2022 年与 2021 年相比增长了_____。

3. 时间数列由_____、_____、_____和不规则变动四种因素构成。

4. 发展速度由于采用基期的不同,可分为_____和_____发展速度。

5. 时间数列由两个基本要素构成,一个是_____,另一个是_____。

6. 增长速度的计算方法有两种:_____和发展速度－1。

7. 两个相邻时期的定基发展速度之商等于报告期的_____。

8. 发展速度是_____和_____对比的结果。

9. 水平法计算的平均发展速度仅受_____的影响,不受_____的影响。

10. 定基发展速度等于相应各环比发展速度的_____。

二、单项选择题

1. 已知各期环比增长速度为 2％、5％、8％和 7％,则相应的定基增长速度为(   )。

    A. （102％×105％×108％×107％）－100％

    B. 102％×105％×108％×107％

    C. 2％×5％×8％×7％

    D. （2％×5％×8％×7％）－100％

2. 以 1990 年为基期、2023 年为报告期,计算某现象的平均发展速度应开(   )。

    A. 33 次方   B. 32 次方   C. 31 次方   D. 30 次方

3. 已知一个数列的各环比增长速度分别为 9％、7％、8％,则该数列的定基发展速度为(   )。

    A. 9％×7％×8％   B. （109％×107％×108％）－1

    C. （9％×7％×8％）＋1   D. 109％×107％×108％

4. 用水平法计算平均增长速度的方法是(   )。

    A. 各环比增长速度连乘积的 n 次方根

    B. 各环比发展速度连乘积的 n 次方根减 1

    C. 定基增长速度的 n 次方根

    D. 各环比增长速度连乘积的 n 次方根减 1

5. 下列数列中属于动态数列的是(   )。

    A. 学生按学习成绩分组形成的数列   B. 按职工工资水平高低排列的数列

    C. 出口额按时间先后排列的数列   D. 企业按地区分组形成的数列

6. 某企业生产某种产品,其产量年年增加 10 万吨,则该产品产量的环比增长速度(   )。

    A. 年年下降   B. 年年增长   C. 年年保持不变   D. 无法做结论

7. 乘法模型是分析时间序列最常用的理论模型。这种模型将时间序列按构成分解为(   )四种成分,各种成分之间(   ),要测定某种成分的变动,只需从原时间序列中(   )。

    A. 长期趋势、季节变动、循环变动和不规则变动;保持着相互依存的关系;减去其他影响成分的变动

    B. 长期趋势、季节变动、循环变动和不规则变动;缺少相互作用的影响力量;减去其他影响成分的变动

    C. 长期趋势、季节变动、循环变动和不规则变动;保持着相互依存的关系;除去其他影响成分的变动

D. 长期趋势、季节变动、循环变动和不规则变动;缺少相互作用的影响力量;除去其他影响成分的变动

8. 从下列趋势方程 $\hat{Y}_t = 125 - 0.86t$ 可以得出(　　)。

A. 时间每增加一个单位,Y 增加 0.86 个单位

B. 时间每增加一个单位,Y 减少 0.86 个单位

C. 时间每增加一个单位,Y 平均增加 0.86 个单位

D. 时间每增加一个单位,Y 平均减少 0.86 个单位

9. 下列时间序列中,属于时点序列的有(　　)。

A. 某高校"十三五"期间毕业生人数　　B. 某企业"十三五"期间年末利税额

C. 某地区"十三五"期间年末人口数　　D. 某地区"十三五"期间粮食产量

10. 下列时间序列中,属于时期序列的有(　　)。

A. 某农场"十三五"期间年末奶牛存栏数

B. 某企业"十三五"期间年末利税额

C. 某地区"十三五"期间年末人口数

D. 某企业"十三五"期间年末产品库存量

11. 国家统计局公告,经初步核算,某年我国的国内生产总值按可比价格计算比上年增长 9.5%。这个指标是一个(　　)。

A. 环比发展速度　　　　　　　　　B. 环比增长速度

C. 定基发展速度　　　　　　　　　D. 定基增长速度

12. 移动平均法是测定(　　)的一种较为简单的方法。

A. 长期趋势　　　　B. 循环变动　　　C. 季节变动　　　D. 不规则变动

13. 对动态数列进行动态分析,基础指标是(　　)。

A. 发展水平　　　　　　　　　　　B. 平均发展水平

C. 发展速度　　　　　　　　　　　D. 平均发展速度

14. 季节指数说明的是(　　)。

A. 各季节绝对水平的差异　　　　　B. 各季节相对差异

C. 各季节趋势变化的影响　　　　　D. 各季节偶然因素的影响

15. 增长 1% 的绝对值的计算公式是(　　)。

A. 本期水平/100　　　　　　　　　B. 前期水平/100

C. 本期水平－前期水平/100　　　　D. 本期水平×1%

三、多项选择题

1. 计算平均发展速度可采用的公式有(　　)。

A. $\overline{G} = \sqrt[n]{\dfrac{x_n}{x_0}}$

B. $\overline{G} = \sqrt[n]{\displaystyle\prod_{i=1}^{n} G_i}$

C. $\overline{G} = \dfrac{\sum x}{n}$

D. $\overline{G} = \sqrt[n]{\dfrac{x_1}{x_0} \cdot \dfrac{x_2}{x_1} \cdot \cdots \cdot \dfrac{x_n}{x_{n-1}}}$

E. $\overline{G} = \dfrac{x_1 x_2 \cdots x_n}{n}$

2. 定基发展速度和环比发展速度的关系是(　　)。

A. 两者都属于速度指标

B. 环比发展速度的连乘积等于定基发展速度

C. 环比发展速度等于定基发展速度减 1

D. 环比发展速度等于定基发展速度的连乘积

E. 没有关系

3. 影响时间序列的要素(　　)。

A. 长期趋势　　　　　　　　B. 季节变动

C. 循环变动　　　　　　　　D. 不规则变动

E. 其他变动

4. 一个时间序列由长期趋势、季节变动、循环变动和不规则变动四种成分构成,(　　)。

A. 在加法模型中这四种成分缺少相互作用的影响力量

B. 在加法模型中这四种成分保持着相互依存的关系

C. 在乘法模型中这四种成分缺少相互作用的影响力量

D. 在乘法模型中这四种成分保持着相互依存的关系

E. 以上说法均不正确

5. 在(　　)时间序列中,各项指标数值不能相加。

A. 绝对数时间序列　　　　　B. 相对数时间序列

C. 平均数时间序列　　　　　D. 时点序列

E. 时期序列

6. 已知时间序列连续 5 期的环比增长速度为 3%、2%、4%、6% 和 7%,则(　　)。

A. 5 期的定基增长速度为 $3\% \times 2\% \times 4\% \times 6\% \times 7\%$

B. 5 期的定基增长速度为 $103\% \times 102\% \times 104\% \times 106\% \times 107\% - 1$

C. 5 期的平均发展速度为 $\sqrt[5]{103\% \times 102\% \times 104\% \times 106\% \times 107\%}$

D. 5 期的平均增长速度为 $\sqrt[5]{3\% \times 2\% \times 4\% \times 6\% \times 7\%}$

E. 5 期的平均增长速度为 $\sqrt[5]{103\% \times 102\% \times 104\% \times 106\% \times 107\%} - 1$

7. 最小平方法的数学要求是(　　)。

A. $\sum (Y - Y_c) = 0$　　　　　　B. $\sum (Y - Y_c)^2 = 0$

C. $\sum (Y - Y_c) = \min$　　　　　D. $\sum (Y - Y_c)^2 = \min$

E. $\sum (Y - Y_c)^2 \geqslant 0$

8. 下列时间序列中属于时期序列的有(　　)。

A. 某地区高校"十三五"期间招收学生人数

B. 某地区高校"十三五"期间毕业学生人数

C. 某地区"十三五"期间国内生产总值

D. 某企业"十三五"期间年末利税额

E. 某企业"十三五"期间年末固定资产净值

四、判断题

1. 平均增长速度不是根据各个增长速度直接求得的,而是根据平均发展速度计算的。

(　　)

2. 定基发展速度和环比发展速度之间的关系是两个相邻时期的定基发展速度之积等于相

应的环比发展速度。 （　　）

3. 定基发展速度等于相应各个环比发展速度的连乘积,所以定基增长速度也等于相应各个环比增长速度的连乘积。 （　　）

4. 已知某市 2018—2022 年工业总产值年增长速度分别为 4%、5%、9%、11% 和 6%,则这五年工业总产值的平均增长速度为 6.97%。 （　　）

5. 若环比增长速度每年相等,则其逐期增长量也年年相等。 （　　）

6. 与 2021 年相比,粮食产量增加了 4 倍,也就是翻了两番。 （　　）

五、计算题

1. 计算表 9-25 中各年的定基发展速度和环比增长速度。

表 9-25　定基发展速度和环比增长速度计算

年份	2018	2019	2020	2021	2022
产值/万元	100	120	160	160	230
定基发展速度/%	—				
环比增长速度/%	—				

2. 根据表 9-26 计算各年的增长速度。

表 9-26　定基增长速度和环比增长速度

年份	2018	2019	2020	2021	2022
定基增长速度/%	0	8	12	17	24
环比增长速度/%					

3. 根据表 9-27 计算各年的增长速度。

表 9-27　定基发展速度和环比增长速度

年份	2011	2012	2013	2014	2015
定基发展速度/%	100	105	111	117	124
环比增长速度/%					

4. 已知:某企业某产品产量 2022 年为 2000 年的 460%,2022 年为 2002 年的 180%。求 2000—2002 年的平均增长速度。

5. 根据表 9-28 计算各年增长速度(填空)。

表 9-28　定基增长速度和环比增长速度计算

年份	2018	2019	2020	2021	2022
定基增长速度/%	7.2		30.8		45.6
环比增长速度/%		6.4		7.9	

6. 某地区 2017—2019 年的粮食产量平均发展速度是 1.03,2020—2021 年的平均发展速度是 1.05,2022 年比 2021 年增长 6%,试以 2017 年为基期,求 2017—2022 年的平均发展速度。

7. 根据表 9-29 中的资料,用最小平方法求某企业销售额的直线趋势方程,并预测 2023 年的销售额。

表 9-29   某企业 2017—2021 年销售额

年份	2017	2018	2019	2020	2021
销售额/万元	60	72	90	100	120

8. 表 9-30 是 2006—2016 年国家财政用于农业的支出额。

表 9-30   2006—2016 年国家财政用于农业的支出额

年　份	支出额/亿元	年　份	支出额/亿元
2006	110	2012	196
2007	121	2013	214
2008	133	2014	266
2009	141	2015	308
2010	154	2016	348
2011	184		

要求：对 2006—2016 年的农业支出额建立线性趋势模型，利用趋势模型预测 2017 年的支出额。

9. 某企业产品产量如表 9-31 所示。

表 9-31   某企业 2013—2018 年产品产量

年份	2013	2014	2015	2016	2017	2018
产量/万件	200	230	250	260	280	300

要求：用最小平方法求该企业产品产量的直线趋势方程，并预测 2023 年的产品产量。

10. 根据表 9-32 计算各年定基发展速度和环比增长速度。根据所给的资料，用最小平方法来拟合产值的直线趋势方程，并预测 2023 年和 2024 年的产值。

表 9-32   定基发展速度和环比增长速度计算表

年份	2017	2018	2019	2020	2021
产值/万元	100	120	150	180	240
定基发展速度/%	—				
环比增长速度/%	—				

11. 利民制药厂 2017—2022 年的销售收入资料如表 9-33 所示。

表 9-33   利民制药厂销售收入资料

指　标		年　份					
		2017	2018	2019	2020	2021	2022
销售收入	绝对额/万元	120				260	
	逐期增长量/万元	—	23				60
	环比增长速度/%	—		25.9			
	定基发展速度/%	—			175		
	增长1%的绝对值/万元						2.6

要求：

（1）计算空格中的数据；

（2）计算 2018—2022 年销售收入平均增长率；

（3）利用计算的平均增长率预测 2023 年和 2024 年的销售收入。

12. 某地 2012—2021 年的财政收入如表 9-34 所示。

表 9-34　某地 2012—2021 年的财政收入　　　　　　　单位：亿元

年份	财政收入	年份	财政收入
2012	5 128.10	2017	11 444.08
2013	6 242.20	2018	13 395.23
2014	7 407.99	2019	16 386.04
2015	8 651.14	2020	18 903.64
2016	9 875.95	2021	21 715.25

根据上表资料计算该地 2012—2021 年财政收入的：

（1）逐期增长量与累计增长量；

（2）环比发展速度与定基发展速度；

（3）环比增长速度与定基增长速度；

（4）平均发展速度与平均增长速度。

第10章

统计指数

引例

2022 年 8 月 CPI 和 PPI 同比涨幅均有回落

1. CPI 环比由涨转降，同比涨幅略有回落

8 月，各地区各部门认真贯彻落实党中央、国务院决策部署，努力克服疫情和极端天气影响，积极做好保供稳价工作，消费市场运行总体平稳。

从环比看，CPI 由上月上涨 0.5％ 转为下降 0.1％。其中，食品价格上涨 0.5％，涨幅比上月回落 2.5 个百分点，影响 CPI 上涨约 0.10 个百分点。食品中，生猪出栏逐步恢复正常，加之消费需求季节性走弱，猪肉价格上涨 0.4％，涨幅比上月回落 25.2 个百分点；8 月北方蔬菜上市量增加，但中下旬南方高温干旱天气影响蔬菜生产供应，全国鲜菜价格先降后涨，全月平均比上月上涨 2.0％，涨幅低于历史同期平均水平；鸡蛋和鲜果价格均呈季节性变动，分别上涨 3.5％ 和下降 1.0％；粮食、食用植物油、水产品等其他食品价格变动不大。非食品价格下降 0.3％，降幅比上月扩大 0.2 个百分点，影响 CPI 下降约 0.22 个百分点。非食品中，工业消费品价格下降 0.7％，降幅比上月扩大 0.2 个百分点，其中受国际油价下行影响，国内汽油和柴油价格分别下降 4.8％ 和 5.2％，合计影响 CPI 下降约 0.20 个百分点；服务价格由上月上涨 0.3％ 转为持平，其中受疫情影响，飞机票和交通工具租赁费价格分别下降 7.5％ 和 1.0％。

从同比看，CPI 上涨 2.5％，涨幅比上月回落 0.2 个百分点。其中，食品价格上涨 6.1％，涨幅比上月回落 0.2 个百分点，影响 CPI 上涨约 1.09 个百分点。食品中，猪肉价格上涨 22.4％，涨幅比上月扩大 2.2 个百分点，主要是去年同期基数走低影响；在猪肉价格上涨带动下，鸡肉和鸭肉价格分别上涨 6.6％ 和 12.7％，涨幅比上月均有扩大；鲜果和鲜菜价格分别上涨 16.3％ 和 6.0％，涨幅比上月均有回落；食用植物油和粮食价格分别上涨 7.9％ 和 3.3％。非食品价格上涨 1.7％，涨幅比上月回落 0.2 个百分点，影响 CPI 上涨约 1.38 个百分点。非食品中，工业消费品价格上涨 3.0％，涨幅比上月回落 0.5 个百分点，其中汽油、柴油和液化石油气价格分别上涨 20.2％、21.9％ 和 19.8％，涨幅均有回落；服务价格上涨 0.7％，涨幅与上月相同。

据测算，在 8 月 2.5％ 的 CPI 同比涨幅中，去年价格变动的翘尾影响约为 0.8 个百分点，新涨价影响约为 1.7 个百分点。扣除食品和能源价格的核心 CPI 同比上涨 0.8％，涨幅与上月相同。

2. PPI 环比降幅略有收窄，同比涨幅持续回落

8 月，受国际原油、有色金属等大宗商品价格波动传导和国内部分行业市场需求偏弱等多种因素影响，工业品价格走势整体下行。全国 PPI 环比降幅略有收窄，同比涨幅持续回落。

从环比看，PPI 下降 1.2％，降幅比上月收窄 0.1 个百分点。其中，生产资料价格下降 1.6％，影响 PPI 下降约 1.18 个百分点；生活资料价格下降 0.1％，影响 PPI 下降约 0.03 个百分点。主要行业中，石油和天然气开采业价格下降 7.3％，石油煤炭及其他燃料加工业价格下降 4.8％，煤炭开采和洗选业价格下降 4.3％，降幅均有所扩大；受基建投资拉动影响，部分行业需求略有改善，黑色金属冶炼和压延加工业价格下降 4.1％，有色金属冶炼和压延加工业价格下降 2.0％，非金属矿物制品业价格下降 1.0％，降幅均有所收窄；受高温天气影响，电力需求增加，电力热力生产和供应业价格由下降 1.1％ 转为上涨 0.3％。

从同比看，PPI 上涨 2.3％，涨幅比上月回落 1.9 个百分点。其中，生产资料价格上涨

2.4%，影响 PPI 上涨约 1.87 个百分点，是推动 PPI 上涨的主要动力；生活资料价格上涨 1.6%，影响 PPI 上涨约 0.38 个百分点。上游主要行业中，煤炭开采和洗选业、石油和天然气开采业、石油煤炭及其他燃料加工业、化学原料和化学制品制造业价格涨幅回落，黑色金属冶炼和压延加工业价格降幅扩大，有色金属冶炼和压延加工业价格由涨转降，部分缓解了中下游企业的成本压力。PPI 同比涨幅回落除受上年同期对比基数走高影响外，还主要受三个方面因素影响：一是国际原油、有色金属等大宗商品价格波动下行，国内输入性价格传导压力有所减轻；二是煤炭等行业增产保供效果持续显现，市场供应保障有力；三是受多重因素影响，钢材等行业需求偏弱。

据测算，在 8 月 2.3% 的 PPI 同比涨幅中，去年价格变动的翘尾影响约为 2.5 个百分点，新涨价影响约为 −0.2 个百分点。

资料来源：国家统计局官网. 国家统计局城市司首席统计师董莉娟解读 2022 年 8 月 CPI 和 PPI 数据. http://www.stats.gov.cn/tjsj/sjjd/202209/t20220909_1888073.html，2022-09-09.

统计指数是社会经济统计中历史最悠久、应用最广泛、同社会经济生活关系最密切的内容之一。社会经济现象数量的特征是多种因素共同作用的结果。在统计分析过程中，经常需要了解复杂社会经济现象总体数量综合变化的相对程度，统计指数的作用在于对复杂总体各部分的数量特征进行科学综合，反映其平均变化的相对程度。本章主要介绍的是指数的概念与种类、综合指数与平均指数、指数体系与因素分析，以及现实生活中常用的几种经济指数。

10.1　统计指数的概念和分类

10.1.1　统计指数的概念

统计指数简称指数，是一种重要且常用的统计指标，是分析社会经济现象数量变化的一种重要统计方法，运用统计指数可以认识和分析很多社会经济问题。消费者物价指数可以说明商品价格的变动趋势及其对居民生活的影响，股票价格指数可以反映整个股票市场上各种股票市场价格的总体水平及其变动情况。在社会经济生活的各个领域，统计指数都得到了广泛的应用。

统计指数有广义和狭义之分。广义的统计指数泛指所有反映社会经济现象数量变动和差异程度的相对数。动态相对指标、比较相对指标、计划完成程度相对数都属于广义的指数范畴。狭义的统计指数是用来反映不能直接相加的复杂社会经济现象总体数量综合变动的相对数，是一种特殊的相对数。例如，社会零售商品由成千上万种性质不同、计量单位也不同的商品组成，要研究不同时期零售商品销售总量的变动情况，不能简单地把这种商品的销售量直接相加再对比。这就面临着把各种商品的销售量进行综合再进行比较的问题，此时便需要制定和运用专门的方法，即统计指数法。本章所介绍的统计指数主要指的是狭义的统计指数。

统计指数作为一种对比性的统计指标具有相对数的形式，通常表现为百分数。它表明：若把作为对比基准的水平（基数）视为 100，则所要考查的现象水平相当于基数的多少。统计指数还具有综合性的特点，复杂现象的总体中各个项目的数量变化往往是不一致的。例如，社会零售商品中各种商品价格的变动，有的上涨，有的下跌，而且上涨和下跌的幅度也不一样。商品价格总指数就反映了各种商品价格综合变动的结果。而且这种综合变动是所研究现象中每个项目共同变动的一般水平,也可以说是平均的变动水平。统计指数的平均性以综合性为基础,与相对性相结合,依据各变量的变动及影响进行加权平均,用以揭示现象相对变动的一般水平。

统计指数的对比性质和表现形式既简单又直观,但不同的经济现象、不同的分析要求,往往需要灵活地运用不同的指数方法。因此,统计指数的编制和应用是一个重要的统计和经济分析问题。

10.1.2 统计指数的分类

统计指数是对有关现象进行比较分析的一种相对比率,这是所有指数的共性,但不同的指数往往还有一些不同的特性。对指数进行适当的分类,有助于我们更加深入地了解这些特性。统计指数的主要分类如下。

1. 个体指数和总指数

按所反映的对象范围不同,统计指数可以分为个体指数和总指数。

个体指数是反映总体中个别现象数量变动的相对数。例如,某个商品的销售量指数、个别商品的价格指数、单个产品的成本指数等都是个体指数,一般用 k 表示。总指数是反映由多个个别事物构成的复杂现象总体数量综合变动的相对数。例如,居民消费价格指数(CPI)是反映一定时期内城乡居民所购买的生活消费品和服务项目的价格变动趋势和程度的相对数,是对城市居民消费价格指数和农村居民消费价格指数进行综合汇总计算的结果。通过该指数可以观察和分析生活消费品的零售价格和服务项目价格变动对城乡居民实际生活费支出的影响程度。股票价格指数、工业生产者价格指数等都是总指数,一般用 $\overline{K}$ 表示。此外,在总体分组的情形下,有时需要编制组指数(又称类指数),组指数是介于个体指数与总指数之间的概念,其考查范围比总指数窄,比个体指数宽,其计算方法和分析性质与总指数相似。

总指数是考查整个总体现象数量对比关系的指数。不难理解,总指数对应的是狭义指数的含义,研究复杂现象总体的综合变动。总指数与个体指数的区别不仅体现在考查范围的不同,更在于研究方法的不同。因为个体指数只涉及简单的现象,所以其计算与一般的相对数相同,只要将个别事物变动前后的数值直接对比求得相对数即可。编制总值数的方法比较复杂,一般有两种:一种是先综合,后对比,称为综合指数法;另一种是先对比,后平均,称为平均指数法。本章的第 2 节、第 3 节将分别介绍这两种编制总指数的方法。

2. 数量指标指数和质量指标指数

按指数化指标性质的不同,统计指数可以分为数量指标指数和质量指标指数。指数化指标是指数所要讨论与研究的指标,即反映统计指数变动的指标。例如,商品销售量指数反映销售量的变动,销售量称为指数化指标;价格指数反映价格的变动,价格即称为指数化指标。数量指标一般用 q 表示,质量指标一般用 p 表示。

如果一个指数的对比指标具有质量指标的特征,即表现为平均数或相对数的形式,它就属于质量指标指数,物价指数、股价指数和成本指数等都是质量指标指数,质量指标个体指数用 k_p 表示,质量指标总指数用 $\overline{K}_p$ 表示;如果一个指数的对比指标具有数量指标的特征,即表现为绝对数的形式,它一般就属于数量指标指数,销售量指数和产量指数等属于数量指标指数,数量指标个体指数用 k_q 表示,数量指标总指数用 $\overline{K}_q$ 表示。

需要注意的是,诸如商品的销售额指数、产品的成本总额指数或总产值指数等,它们所对比的现象虽然都属于数量指标,却具有价值总额的特殊形式,这些价值总额通常可以分解为一个数量指标与一个质量指标的乘积,所以相应的指数则反映了两个指标共同变化的影响。因此,在指数分析中,它们既不属于数量指标指数,也不属于质量指标指数,为区别起见,可以将其单独列为一类,通常称为总值指数(或价值指数、总量指数),用 $\overline{K}_{pq}$ 表示。

3. 动态指数和静态指数

按所反映的时间状态不同,统计指数可以分为动态指数和静态指数。

动态指数又称时间指数,它是将不同时间上的同类现象水平进行比较的结果,反映现象在时间上的变化过程和程度。常见的零售价格指数、消费价格指数、股票价格指数、工业生产指数等都属于动态指数。统计指数按其本来的含义,都是指动态指数,但在实际运用过程中,其含义渐渐延伸到了静态事物和空间对比领域,进而产生了静态指数。静态指数主要包括空间指数和计划完成情况指数两种。空间指数(地域指数)是将不同空间(如不同国家、地区、部门、企业等)的同类现象水平进行比较的结果,反映现象在空间上的差异程度,如地区间的价格比较指数、国际对比的购买力平价指数等。计划完成情况指数则是将某种现象的实际水平与计划目标进行对比的结果,反映计划的执行情况或完成与未完成的程度,如产品成本计划完成情况指数。

4. 定基指数和环比指数

按计算指数时所采用的对比基期的不同,统计指数可以分为定基指数和环比指数。

定基指数和环比指数这两类指数一般都属于动态指数。如果各期指数都是以某一固定时期作为基期的,就称为定基指数,定基指数反映现象的长期变化与发展过程;若各期指数是以报告期的上一期作为基期的,则称为环比指数,环比指数反映现象逐期变化的情况。

5. 简单指数和加权指数

按指数计算形式不同,统计指数可以分为简单指数和加权指数。

简单指数把计入指数的各个项目的重要程度视为相同,不考虑权数;加权指数是对计入指数的各个项目赋予不同的权数再进行计算。在实际应用中,指数编制的频率或时效性要求较高,或者缺少必要的权数信息,则会采用适当的简单指数。

6. 综合指数和平均指数

按指数计算方法的不同,统计指数可以分为综合指数和平均指数。

综合指数法的计算特点是先综合,后对比;平均指数法的计算特点是先对比,后综合(后平均)。

依据不同的分类标准统计指数可以分成不同的类别,也可以交叉进行复合分类,例如在总指数和个体指数中再分数量指标指数和质量指标指数等。

10.1.3　统计指数的作用

1. 反应复杂社会经济现象总体数量的综合变动方向和程度

构成复杂社会经济现象总体的个体,由于性质不同,其数量不能直接相加或直接对比。编制统计指数可以使它们过渡到可以相加、可以对比,从而综合反映现象总体的变动方向和变动程度。统计指数一般是用百分数来表示的相对数,这个百分数大于或小于 100%,反映社会经济现象数量变动的方向是上升或下降,比 100% 大多少或小多少的具体数值,反映经济现象上升或下降的程度。

2. 分析社会经济现象总变动中各因素对总量变动的影响方向和程度

指数体系可以用来测定复杂社会经济现象总变动中各个因素的变动及其对总变动的影响程度。例如,商品营业税税额的变动,要受到课税商品的销售量、销售价格和税率三个因素的共同影响。我们可利用指数体系,分析这三个因素对商品营业税税额的影响方向和程度。

　　3. 对社会经济现象进行综合评价和测定

　　随着指数分析法在实际应用中的发展,许多复杂经济现象都可以运用统计指数进行综合测评。例如,用中国创新指数综合评定中国的创新进步程度、用绿色发展指数评价各地区绿色发展水平等。

　　4. 分析研究复杂经济现象总体的长期变化趋势

　　利用连续编制的动态指数数列,可以进行长时间的现象发展趋势分析,还可以把相互联系的指标的指数数列加以分析和比较,进一步认识复杂现象总体之间数量上的变动关系。

10.1.4　统计指数的编制

　　我们所介绍的统计指数主要指的是狭义的统计指数,即总指数,反映由多个项目构成的复杂现象总体数量变动的相对数。实际中,我们没有必要也不太可能把总体包含的所有项目都计算在内,通常的做法是我们会选择一些代表性项目,这些项目要具有良好的趋势代表性,数量不能过少且要注意根据实际情况不断更新和调整。在指数编制过程中,权数的确定至关重要,没有公认确定权数的标准,所以一方面可以利用已有的信息构造权数,另一方面也可以在经过多次研究讨论,在广泛征求意见的基础上主观确定权数。此外,统计指数的计算方法一直备受争议,相关学者试图从不同角度,选用多种方式对统计指数进行改造和完善,我们学习统计指数,更重要的是体会方法背后蕴含的统计思想,学会依据统计指数编制的目的,针对具体的研究对象选择甚至创造恰当的计算指数的方法。

　　前面我们学过,统计指数按指数计算形式不同,可以分为简单指数和加权指数;按指数计算方法不同,可以分为综合指数和平均指数。总指数是对个体指数的综合,接下来我们将结合以上两种分类方法,从综合指数和平均指数两个方面来介绍总指数的编制方法。

10.2　综　合　指　数

10.2.1　综合指数的编制方法

　　本小节我们来介绍用综合指数编制总指数的方法。综合指数法的计算特点是先综合,后对比。统计指数按指数计算形式不同,可以分为简单指数和加权指数,相应地,综合指数法编制的总指数可以分为简单综合指数和加权综合指数。在前面我们讨论过,个体指数一般用 k 表示,总指数一般用 $\overline{K}$ 表示,数量指标用 q 表示,质量指标用 p 表示。下标"0"表示基期,下标"1"表示报告期。p_0 和 p_1 分别表示基期和报告期的质量指标值,q_0 和 q_1 分别表示基期和报告期的数量指标值。

　　1. 简单综合指数

　　简单综合指数是将报告期的指标总和与基期的指标总和相对比的指数。以物价指数为例,如果每一商品项目的数量相同,简单综合指数就相当于权数相等的加权综合指数。但是在实践中,数量相同这种情况并不多见。若商品只有牛奶和冰箱,牛奶的基期价格是每瓶 5 元,报告期价格是每瓶 3 元,冰箱的基期价格是每台 1 000 元,报告期价格是每台 1 500 元,则按照简单综合指数来计算价格指数,就是牛奶和冰箱的报告期价格数值之和除以牛奶和冰箱的基期价格数值之和,结果是价格上升了 49.55%。简单综合指数的优点在于对数据要求少,计算简单,但是若参与计算的商品价格有较大差异时,低价格商品的波动会被高价格商品所掩盖,不能反映实际变动水平,将使用价值不同的指标值相加,缺乏实际意义,也缺少理论依据。如此例中的牛奶和冰箱价格相差太大,综合指数反映不出牛奶的价格变动,所以简单综合指数的应用并不广泛。

2. 加权综合指数

商品项目的数量不同时,加权综合指数给出了更好的对比方法。我们通常所说的综合指数一般指的是加权综合指数。我们通过一个例子说明加权综合指数的编制方法。某企业三种商品的价格和销售量如表 10-1 所示。在本例中,商品价格为 p,销售量为 q。

表 10-1   某企业三种商品的价格和销售量

商品名称	计量单位	销售量		价格/元	
		基期 q_0	报告期 q_1	基期 p_0	报告期 p_1
甲	件	480	600	25	25
乙	千克	500	600	40	36
丙	台	200	180	50	70

为了反映商品的价格和销售量的变动情况,可以根据这些资料编制相关的指数。如果需要考查的是个别商品的价格和销售量的变动情况,那只需将该商品的报告期与基期的价格或销售量直接对比,即可得到反映个别商品价格或销售量变动程度的个体指数。个体指数就是一般的相对数,计算和分析方法都很简单,可以用公式记为

$$数量指标个体指数 \ k_q = \frac{q_1}{q_0} \tag{10-1}$$

$$质量指标个体指数 \ k_p = \frac{p_1}{p_0} \tag{10-2}$$

以甲商品为例:

$$甲商品销售量个体指数 \ k_{q甲} = \frac{q_{1甲}}{q_{0甲}} = \frac{600}{480} \times 100\% = 125\%$$

$$甲商品价格个体指数 \ k_{p甲} = \frac{p_{1甲}}{p_{0甲}} = \frac{25}{25} \times 100\% = 100\%$$

计算单个商品变动情况的方法非常简单,如果所要考查的是全部商品的价格和销售量的变动情况就会很复杂。在本例中,需要编制的是全部三种商品的"价格总指数"和"销售量总指数",为了编制出这些总指数,就必须考虑怎样适当对各种商品的价格或销售量资料进行综合比较。

编制综合指数计算的特点是:先综合,后对比。先综合就是先将不同度量、不能直接加总的研究对象,通过一定的方式转化为有共同度量单位、可直接加总计算的过程。后对比是指将综合后的两个不同时期的总量指标进行对比得到相应的相对指标,以测定所研究现象的变动程度。这两个同类现象总量都可以分解为两个或两个以上因素,这些众多因素又可以归为两类指标或因素:一类是指数化因素(指数化指标),是指数所要研究的对象;另一类是同度量因素(同度量指标),即为了使不同度量的指数化指标具有可加性所要寻找的合适的媒介。编制综合指

数时,必须解决好两个基本问题:一是确定同度量因素,对复杂总体进行综合;二是将同度量因素固定在某一时期,消除同度量因素的影响。

就表 10-1 的数据资料而言,不同商品的价格和销售量都不能直接加总,它们都是不同度量的现象。但 $p \times q$,即该种商品的销售额是同度量的,而且不受计量单位的影响。商品销售额的变化又可以反映价格涨跌和销售量增减的影响。所以,在编制多种商品的价格总指数时,就可以通过销售量这个媒介因素将对比指标(价格)转化为同度量的销售额形式;类似地,在编制多种商品的销售量总指数时,则可以通过价格这个媒介因素将对比指标(销售量)转化为同度量的销售额形式。这就解决了不同商品的价格和销售量不能直接加总的问题。参见表 10-2。

表 10-2　商品销售额计算表

商品 名称	计量 单位	销售量/件		商品价格/元		销售额/元			
		基期 q_0	报告期 q_1	基期 p_0	报告期 p_1	$p_0 q_0$	$p_0 q_1$	$p_1 q_0$	$p_1 q_1$
甲	件	480	600	25	25	12 000	15 000	12 000	15 000
乙	千克	500	600	40	36	20 000	24 000	18 000	21 600
丙	台	200	180	50	70	10 000	9 000	14 000	12 600
合计	—	—	—	—	—	42 000	48 000	44 000	49 200

销售额(总量指标)总指数:

$$\overline{K}_{pq} = \frac{\sum p_1 q_1}{\sum p_0 q_0} \tag{10-3}$$

$$= \frac{15\ 000 + 21\ 600 + 12\ 600}{12\ 000 + 20\ 000 + 10\ 000} = \frac{49\ 200}{42\ 000} \times 100\% = 117.14\%$$

通过计算得到的是全部商品销售额指数,既不能单独表明这些商品价格的综合变动程度,也不能单独表明其销售量的综合变动程度,它反映的是价格和销售量共同变化的结果。

为了编制出所需要的价格综合指数和销售量综合指数,还必须在指数的对比过程中将起转化作用的媒介因素固定起来,以便单纯反映对比指标的变动情况。这样得到的用综合指数法编制的质量指标总指数和数量指标总指数的计算公式,即分别为

$$质量指标综合指数\ \overline{K}_p = \frac{\sum p_1 q}{\sum p_0 q} \tag{10-4}$$

$$数量指标综合指数\ \overline{K}_q = \frac{\sum q_1 p}{\sum q_0 p} \tag{10-5}$$

在指数公式中,被固定的因素指标为同度量因素,被研究的因素指标为指数化因素。同度量因素把不能直接相加的指标,过渡为可以相加计算指标的因素,即将"不同度量的现象"转化为"同度量的现象",在编制综合指数中具有关键性的作用。所以,一方面,同度量因素起着统一度量尺度的重要作用(同度量作用),另一方面,同度量因素还起到了对指标"加权"的作用,因而也被称作综合指数的"权数"。例如,在价格综合指数中,同度量因素 q 不仅可以使各种不同商品的销售价格转化为可以相加的价值总量,而且由于各种商品销售量的不同,其各自价格变动对综合价格指数影响也有所差别,在编制综合指数时,如何选择合适的权数是一个需要着重研

究的问题。

在编制综合指数时,首先必须适当确定同度量因素的指标性质,这是由对比指标的性质所决定的。一般而言,当我们编制质量指标综合指数时,其对比指标是 p,即指数化指标,而其同度量因素必须是一个与之相应的数量指标 q,两者的乘积 pq 则是一个与对比指标 p 密切联系的价值总量。当我们编制数量指标指数时,其对比指标是 q,即指数化指标,而其同度量因素必须是一个与之相应的质量指标 p,两者的乘积 pq 则是一个与对比指标 q 密切联系的价值总量。在同度量因素的指标性质确定之后,还必须具体选择同度量因素的水平,即考虑将同度量因素固定在哪个时期。

10.2.2 拉氏指数和帕氏指数

尽管在同一个综合指数中,同度量因素的水平应该是固定不变的,但是其固定的水平却需要具体地加以选择,而且常常可以做不同的考虑,由此就得到不同的综合指数编制公式。常见的有两种,一种是将同度量因素固定在基期形成的拉氏综合指数,另一种是将同度量因素固定在报告期形成的帕氏综合指数。

1. 拉氏指数

拉氏指数的计算公式是最重要的加权综合指数公式之一,是德国经济学家拉斯贝尔(Laspeyre)于 1864 年首先提出的。他主张无论是数量指标指数还是质量指标指数,都应将同度量因素固定在基期水平。该指数其后被运用到各种质量指标指数和数量指标指数的计算中。

拉氏指数将同度量因素固定在基期水平上,故又称为"基期加权综合指数"。将拉氏指数简记为 L,相应的拉氏质量指标指数和拉氏数量指标指数的公式分别为

$$\overline{K}_p = L_p = \frac{\sum p_1 q_0}{\sum p_0 q_0} \tag{10-6}$$

$$\overline{K}_q = L_q = \frac{\sum q_1 p_0}{\sum q_0 p_0} \tag{10-7}$$

利用表 10-1 中三种商品的销售资料,计算拉氏价格总指数和拉氏销售量总指数。

解:根据公式计算

$$\overline{K}_p = L_p = \frac{\sum p_1 q_0}{\sum p_0 q_0} = \frac{44\,000}{42\,000} \times 100\% = 104.76\%$$

$$\overline{K}_q = L_q = \frac{\sum q_1 p_0}{\sum q_0 p_0} = \frac{48\,000}{42\,000} \times 100\% = 114.29\%$$

上面的计算结果表明,三种商品综合起来,其价格平均上涨了 4.76%,销售量平均上涨了 14.29%。

综合指数不仅可以反映现象的相对变动程度,通常还可以用来进行绝对数分析,即用于测定对比指标变动所引起的相应总值的绝对变动差额。对于上面的资料,可以知道,价格上涨了 4.76%,使销售额增加了 44 000−42 000=2 000(元);销售量增加了 14.29%,使销售额增加了 48 000−42 000=6 000(元)。

2. 帕氏指数

帕氏指数又称报告期加权综合指数,是 1874 年德国学者帕煦(Paasche)提出的一种综合指

数。在计算一组项目的综合指数时,帕氏指数将同度量因素固定在报告期水平。简记帕氏指数为 P,相应的帕氏质量指标指数和帕氏数量指标指数的公式分别为

$$\overline{K}_p = P_p = \frac{\sum p_1 q_1}{\sum p_0 q_1} \tag{10-8}$$

$$\overline{K}_q = P_q = \frac{\sum q_1 p_1}{\sum q_0 p_1} \tag{10-9}$$

利用表 10-1 中三种商品的销售资料,计算帕氏价格指数和帕氏销售量指数。

解:根据公式可知

$$\overline{K}_p = P_p = \frac{\sum p_1 q_1}{\sum p_0 q_1} = \frac{49\ 200}{48\ 000} \times 100\% = 102.5\%$$

$$\overline{K}_q = P_q = \frac{\sum q_1 p_1}{\sum q_0 p_1} = \frac{49\ 200}{44\ 000} \times 100\% = 111.82\%$$

这表明,三种商品综合起来,其价格平均上涨了 2.5%,销售量平均上涨了 11.82%。

根据帕氏指数进行绝对数分析可知:价格上涨 2.5%,使销售额增加了 49 200 － 48 000＝1 200(元);销售量下降了 11.82%,使销售额减少了 49 200 － 44 000＝5 200(元)。

从以上计算结果可以看出,由于采用同度量因素的时期不同,拉氏指数和帕氏指数的计算结果存在差异。

(1) 由于拉氏指数和帕氏指数各自选取的同度量因素不同,即使利用同样的资料编制指数,两者所得到的计算结果一般也会不同。只有在两种特殊情形下,两者才会恰巧一致:①如果总体中所有的对比指标都按相同比例变化,即所有个体指数都相等;②如果总体中所有项目的同度量因素都按相同比例变化,即权数的结构保持不变。但这毕竟是两种极为罕见的特殊情形。在其他情况下,拉氏指数与帕氏指数通常是不会相等的。

(2) 拉氏指数与帕氏指数的同度量因素水平和计算结果的差异表明它们具有不完全相同的经济分析意义。以价格指数为例,拉氏价格指数以基期商品销售量作为同度量因素,这说明它是在基期的销售数量和销售结构的基础上来考查各种商品价格的综合变动程度的;而帕氏价格指数以报告期商品销售量作为同度量因素,这说明它是在报告期的销售数量和销售结构的基础上来考查各种商品价格的综合变动程度的。尽管两者的基本作用都是反映价格水平的综合变动,但怎样反映、在什么基础上反映,两者是存在差别的。

(3) 拉氏指数与帕氏指数之间的数量差别是有一定规则的,在现实经济生活中,依据同样的资料计算的拉氏指数一般大于帕氏指数。这种规则成立的一般条件是:所考查的质量指标个体指数与数量指标个体指数之间存在着负相关关系,也存在着下面的三种情况:①当质量指标的水平绝对上升时,数量指标的水平绝对下降,或当数量指标的水平绝对上升时,质量指标的水平绝对下降;②质量指标和数量指标的水平都上升,但当其中一个的上升速率加快时,另一个的上升速率则在减缓;③质量指标和数量指标的水平都下降,但当其中一个的下降速率加快时,另一个的下降速率则在减缓。

拉氏指数的优点是用基期数量作为权数可以消除权数变动对指数的影响,从而使不同时期的价格指数具有可比性。但该指数也有明显的缺陷,它是假定销售量不变的情况下报告期价格的变动水平,这一指数尽管可以单纯反映价格的变动水平,但不能反映数量的变动,特别是不能

反映数量结构的变动。而帕氏指数由于以报告期数量加权,不能消除权数变动对指数的影响,因而不同时期的指数缺乏可比性,但帕氏指数可以同时反映出价格和数量及其结构的变化。

由于在现实经济生活中,质量指标与数量指标(诸如商品的价格与销售量、产品的单位成本与产量等)的变化之间通常存在着负相关关系,因而拉氏指数一般总是大于帕氏指数。当然也有可能出现帕氏指数大于拉氏指数的情况。在实际应用中,权数时期的选择一方面要考虑编制指数的目的,另一方面也取决于指数要说明的问题。目前,统计学界较为一致的看法是:数量指标指数的计算更多采用拉氏指数公式,即用基期的质量指标作为同度量因素;而质量指标指数的计算更多采用帕氏指数公式,即用报告期的数量指标作为同度量因素。

10.2.3　其他形式的综合指数

1. 马-埃指数

马-埃指数公式,由英国著名经济学家马歇尔(Marshall)和埃奇沃思(Edgenorth)提出。该指数对拉氏指数和帕氏指数的同度量因素进行简单平均,目的是避免拉氏指数和帕氏指数的偏误,计算结果介于拉氏指数和帕氏指数之间,是对拉氏指数和帕氏指数计算结果差异的一种修正,具体计算公式为

$$质量指标指数\ \overline{K}_p = \frac{\sum p_1\left(\frac{q_0 + q_1}{2}\right)}{\sum p_0\left(\frac{q_0 + q_1}{2}\right)} \qquad (10\text{-}10)$$

$$数量指标指数\ \overline{K}_q = \frac{\sum q_1\left(\frac{p_0 + p_1}{2}\right)}{\sum q_0\left(\frac{p_0 + p_1}{2}\right)} \qquad (10\text{-}11)$$

2. 费希尔指数

费希尔指数也称理想指数,由美国统计学家费希尔(Fisher)于1922年提出,费希尔还提出了评价指数优劣的三项测验标准:时间互换测验标准,报告期对基期的指数和基期对报告期的指数的乘积应等于1;因子互换测验标准,物价指数和物量指数的乘积应等于其总量指数;循环测验标准,环比指数的乘积等于相应的定基指数。极少的综合指数能够通过费希尔提出的测验标准,而费希尔提出的几何平均指数公式可以通过前两项测验,因此将其命名为理想指数。理想指数是对拉氏指数和帕氏指数的简单几何平均,具体计算公式为

$$质量指标指数\ \overline{K}_p = \sqrt{\frac{\sum p_1 q_0}{\sum p_0 q_0} \times \frac{\sum p_1 q_1}{\sum p_0 q_1}} \qquad (10\text{-}12)$$

$$数量指标指数\ \overline{K}_q = \sqrt{\frac{\sum q_1 p_0}{\sum q_0 p_0} \times \frac{\sum q_1 p_1}{\sum q_0 p_1}} \qquad (10\text{-}13)$$

3. 杨格指数

杨格指数由英国经济学家杨格(Young)提出,也称固定权数综合指数。杨格主张在固定加权综合指数中,同度量因素所属时期既不固定在报告期也不固定在基期,而是固定在一个特定的水平上。选择固定的同度量因素,可以简化指数计算,避免某些非正常情况所造成的不可比性,具体计算公式为

$$质量指标指数 \ \overline{K}_p = \frac{\sum p_1 q_{\text{固定时期}}}{\sum p_0 q_{\text{固定时期}}} \tag{10-14}$$

$$数量指标指数 \ \overline{K}_q = \frac{\sum q_1 p_{\text{固定时期}}}{\sum q_0 p_{\text{固定时期}}} \tag{10-15}$$

固定权数综合指数的权数不受基期和报告期的限制,这使指数的编制具有较大的灵活性,便于对现象进行长期发展变化的动态分析。

10.3　平均指数

10.3.1　平均指数的编制方法

平均指数是计算总指数的另一种形式,与综合指数不同的是,编制平均指数的基本方式是先对比,后综合(平均)。平均指数法是在个体指数的基础上编制总指数的一种方法,即先计算出个体指数,然后对其进行平均计算总指数,以测定总体现象的平均变动程度。总指数反映总体的平均变动状况,而总体的变动由许多个体的变动组成,所以总指数可以由反映个体变动状况的个体指数平均得到。按指数计算形式不同,统计指数可以分为简单指数和加权指数,相应地,平均指数法编制的指数可以分为简单平均指数和加权平均指数。

1. 简单平均指数

简单平均指数是将个体指数进行简单平均得到的总指数。以计算简单综合指数的题目为例,若商品只有牛奶和冰箱,牛奶的基期价格是每瓶 5 元,报告期价格是每瓶 3 元,冰箱的基期价格是每台 1 000 元,报告期价格是每台 1 500 元,则按照简单平均指数来计算价格指数,就是牛奶和冰箱的个体指数的算术平均数,即牛奶的报告期价格除以牛奶的基期价格与冰箱的报告期价格除以冰箱的基期价格相加之后再除以 2,计算结果是价格上升了 5%。显然,这个计算结果比用简单综合指数计算的结果更加合理,简单平均指数消除了不同商品价格水平的影响,可以反映各种商品的价格变动情况,但是不同商品对市场价格总水平的影响往往是不同的,而简单平均指数法是平等看待各种商品。

2. 加权平均指数

编制平均指数计算的特点是后对比,先综合。先对比,即先计算个体指数,后平均,即将个体指数赋予市场的权数,加以平均得到总指数。具体而言,加权平均指数的基本编制原理是:首先,为了对复杂现象总体进行对比分析,对构成总体的个别元素计算个体指数,所得到的相对数就是编制总指数的基础;其次,为了反映个别元素在总体中的重要性差异,必须以相应的总值指标作为权数对个体指数进行加权平均,以此得到说明总体现象数量对比关系的总指数。在对个体指数平均的过程中,必须考虑权重的问题。个体指数是两个时期水平对比的结果,因此加入的权数应该是与所要编制的指数密切关联的价值总量 pq。考虑到资料收集的可行性,实践中一般以基期的总值资料 $p_0 q_0$ 或报告期的总值资料 $p_1 q_1$ 作为权数。根据个体指数进行平均时所采用的计算方法不同,平均指数主要有加权算术平均指数与加权调和平均指数两种形式。

（1）加权算术平均指数

加权算术平均数指数是指在已知或能够计算个体指数的基础上采用加权算术平均法，即

$\overline{x} = \dfrac{\sum xf}{\sum f}$ 的计算形式，进行综合平均的一种总指数。以个体指数 $k_q = \dfrac{q_1}{q_0}$ 或 $k_p = \dfrac{p_1}{p_0}$ 作为变量，

若以基期的总值资料 $p_0 q_0$ 作为权数，对个体指数进行加权算术平均，相应的计算公式为

$$质量指标平均指数\ \overline{K}_p = \frac{\sum \dfrac{p_1}{p_0} p_0 q_0}{\sum p_0 q_0} \tag{10-16}$$

$$数量指标平均指数\ \overline{K}_q = \frac{\sum \dfrac{q_1}{q_0} p_0 q_0}{\sum p_0 q_0} \tag{10-17}$$

一般来说，加权算术平均指数适用于数量指标平均数指数的计算。

例 10-1　根据表 10-3 的数据资料，利用加权算术平均数指数法来计算这三种商品的价格总指数和销售量总指数。

表 10-3　某企业三种商品的价格和销售量

商品名称	计量单位	销售量/件			价格/元			销售额/元	
		基期 q_0	报告期 q_1	个体指数 $k_q = \dfrac{q_1}{q_0}$	基期 p_0	报告期 p_1	个体指数 $k_p = \dfrac{p_1}{p_0}$	$p_0 q_0$	$p_1 q_1$
甲	件	480	600	125%	25	25	100%	12 000	15 000
乙	千克	500	600	120%	40	36	90%	20 000	21 600
丙	台	200	180	90%	50	70	140%	10 000	12 600
合计	—	—	—	—	—			42 000	49 200

解：根据表中的资料，计算三种商品的价格平均数总指数和销售量平均数总指数，以基期销售额作为权数，即

$$价格平均指数\ \overline{K}_p = \frac{\sum \dfrac{p_1}{p_0} p_0 q_0}{\sum p_0 q_0} = \frac{100\% \times 12\,000 + 90\% \times 20\,000 + 140\% \times 10\,000}{42\,000} \times 100\%$$

$$= \frac{44\,000 \times 100\%}{42\,000} = 104.76\%$$

$$销售量平均指数\ \overline{K}_q = \frac{\sum \dfrac{q_1}{q_0} p_0 q_0}{\sum p_0 q_0} = \frac{125\% \times 12\,000 + 120\% \times 20\,000 + 90\% \times 10\,000}{42\,000} \times 100\%$$

$$= \frac{48\,000 \times 100\%}{42\,000} = 114.29\%$$

这两个计算结果与上一节计算出的拉氏价格指数和拉氏销售量指数的结果是完全相同的，我们可以推导，采用基期总值加权的算术平均指数就是拉氏综合指数的变形。

$$\overline{K}_p = \frac{\sum \frac{p_1}{p_0} p_0 q_0}{\sum p_0 q_0} = \frac{\sum p_1 q_0}{\sum p_0 q_0} = L_p$$

$$\overline{K}_q = \frac{\sum \frac{q_1}{q_0} p_0 q_0}{\sum p_0 q_0} = \frac{\sum q_1 p_0}{\sum q_0 p_0} = L_q$$

需要指出的是,加权算术平均指数不仅是拉氏指数的变形,更是一种相对独立的总指数编制方法,具有广泛的使用性。

（2）加权调和平均指数

加权调和平均指数是指在已知或能够计算个体指数的基础上采用加权调和平均法,即 $\overline{x} = \frac{\sum m}{\sum \frac{m}{x}}$ 的计算形式,进行综合平均的一种总指数。以个体指数 $k_q = \frac{q_1}{q_0}$ 或 $k_p = \frac{p_1}{p_0}$ 作为变量,若以报告期的总值资料 $p_1 q_1$ 作为权数,对个体指数进行加权调和平均,相应的计算公式为

$$质量指标指数 \quad \overline{K}_p = \frac{\sum p_1 q_1}{\sum \frac{1}{k_p} p_1 q_1} = \frac{\sum p_1 q_1}{\sum \frac{1}{p_1/p_0} p_1 q_1} \tag{10-18}$$

$$数量指标指数 \quad \overline{K}_q = \frac{\sum p_1 q_1}{\sum \frac{1}{k_q} p_1 q_1} = \frac{\sum p_1 q_1}{\sum \frac{1}{q_1/q_0} p_1 q_1} \tag{10-19}$$

加权调和平均指数适合于质量指标平均指数的计算。

例 10-2 根据表 10-1 的数据资料,利用加权调和平均指数法来计算这三种商品的价格总指数和销售量总指数。

解:根据表中的资料,计算三种商品的价格平均数总指数和销售量平均数总指数,以报告期销售额作为权数,即

$$价格平均指数 \quad \overline{K}_p = \frac{\sum p_1 q_1}{\sum \frac{1}{k_p} p_1 q_1} = \frac{49\ 200}{\frac{1}{100\%} \times 15\ 000 + \frac{1}{90\%} \times 21\ 600 + \frac{1}{140\%} \times 12\ 600} \times 100\%$$

$$= \frac{49\ 200}{48\ 000} = 102.5\%$$

$$销售量平均指数 \quad \overline{K}_q = \frac{\sum p_1 q_1}{\sum \frac{1}{k_q} p_1 q_1} = \frac{49\ 200}{\frac{1}{125\%} \times 15\ 000 + \frac{1}{120\%} \times 21\ 600 + \frac{1}{90\%} \times 12\ 600} \times 100\%$$

$$= \frac{49\ 200}{44\ 000} \times 100\% = 111.82\%$$

这两个计算结果与上一节计算出的帕氏价格指数和帕氏销售量指数的结果是完全相同的,同样可以验证,采用报告期总值加权的调和平均数指数与帕氏综合指数是等价的。

$$\overline{K}_p = \frac{\sum p_1 q_1}{\sum \frac{1}{k_p} p_1 q_1} = \frac{\sum p_1 q_1}{\sum \frac{1}{p_1/p_0} p_1 q_1} = \frac{\sum p_1 q_1}{\sum p_0 q_1} = P_p$$

$$\overline{K}_q = \frac{\sum p_1 q_1}{\sum \frac{1}{k_q} p_1 q_1} = \frac{\sum p_1 q_1}{\sum \frac{1}{q_1/q_0} p_1 q_1} = \frac{\sum p_1 q_1}{\sum p_1 q_0} = P_q$$

平均指数法和综合指数法都是计算总指数的基本方法,平均指数和综合指数的经济内容是一样的,都是为了说明复杂现象总体数量的综合变动程度,是反映由多个要素构成的复杂经济现象综合变动的相对数。用综合指数法编制总指数会受到诸多限制。因此,可以换一种完全不同于综合指数法的思路,首先应该了解总指数所反映的综合变动并不是多个个体变动程度的总和而是它们的一般水平,即多个个体的变动程度。从这一思路出发,可以以个体指数为基础,通过对个体指数进行平均得到总指数,由于各个个体的重要性不同,进行平均计算时,只能采用加权平均法。

一般来说,在商品品种不多的情况下,比较容易取得两个时期各品种的价格和销售量资料,此时可以用综合指数法计算总指数;如果商品品种很多,难以取得两个时期各品种的价格和销售量资料,但比较容易获得价格个体指数和销售量个体指数,也比较容易取得报告期的销售额,这种情况适用于平均指数编制总指数。

10.3.2　平均指数和综合指数的区别及联系

1. 平均指数和综合指数的区别

(1) 综合指数通过引进同度量因素,先计算出总体的总量,然后进行对比,即先综合后对比;平均指数在个体指数的基础上计算总指数,即先对比后综合。

(2) 综合指数需要研究总体的全面资料,对于综合作用的同度量因素的资料要求也比较严格,一般应采用与指数化指标有明确经济联系的指标,且应有一一对应的全面实际资料;而平均指数既适用于全面资料,也适用于非全面资料,对资料要求比较灵活。

2. 平均指数和综合指数的联系

在一定的权数条件下,两类指数间有转换关系。平均指数虽然是总指数的另一种形式,但它与综合指数并不是完全孤立的,在一定的权数条件下,两者可以相互转化,综合指数可以变形为平均指数,平均指数也可变形为综合指数。平均指数是综合指数的一种变形,但它本身也是一种独立的指数,具有广泛的使用价值,更多地适用于非全面资料,对资料的要求比较灵活,从而解决了综合指数的计算要求全面资料的局限性。

提示:平均指数是以个体指数为基础计算的,如果知道现象的提高或降低程度,应将其转化为个体指数的表达形式后,才能按平均指数公式计算总指数。例如,若现象提高 8%,个体指数为 108%,若现象降低 6%,则个体指数为 94%。

用综合指数来对比的总量指标有明确的经济内容,这使得综合指数的分子、分母之差也具有一定的经济含义。综合指数不仅从相对量上可以分析复杂现象总体的变动方向和程度,而且从绝对量上也能说明由于指数化因素变动而带来价值总量的增减额。平均指数的分子、分母之差没有明确的经济含义,这使得平均指数只能表明复杂现象总体的变动方向和程度,而不能从绝对量上说明价值总量指标的增减额。可见,综合指数与平均指数各有所长,又各有所短。

10.4 统计指数体系与因素分析

10.4.1 统计指数体系

1. 指数体系的概念

一个指数通常只能说明某一方面的问题,在实际的经济分析中,往往需要将多个指数结合起来加以运用,进行共同分析,这就要求建立相应的指数体系。指数体系有广义和狭义两种含义。广义的指数体系类似于指标体系,是指由若干内容上相互联系的统计指数所结成的体系,根据考查问题的需要,构成指数体系的指数可多可少,例如工业品批发价格指数、农产品收购价格指数、消费品零售价格指数等构成的市场物价指数体系。狭义的指数体系是指几个指数之间在一定的经济联系基础上所结成的较为严密的数量关系式,表现为一个总值指数等于若干个因素指数的乘积。一般来说,三个或三个以上在性质上相互联系,在数量上存在一定关系的指数便构成指数体系,一个总值指数等于两个(或两个以上)因素指数的乘积。

指数体系需具备三个或三个以上的指数,一般保持两个对等关系:一是各影响因素指数的连乘积等于总指数,指数体系中的单个指数在数量上能相互推算。二是各因素对总额变动影响差额的总和等于实际发生的总差额。最为典型的表现形式是,一个总值指数等于若干因素指数的乘积。下面这几种形式是指数体系的具体体现:

销售额指数＝销售量指数×销售价格指数

总成本指数＝产品产量指数×单位产品成本指数

增加值指数＝员工人数指数×劳动生产率指数×增加值率指数

销售利润指数＝销售量指数×销售价格指数×销售利润率指数

显然,这些指数体系都是建立在有关对比指标之间的经济联系基础之上的,因而它们具有非常实际的经济分析意义。

2. 指数体系的作用

(1) 利用各指数之间的联系进行指数间的相互推算

例如,已知销售额指数、销售量指数,则可推算出价格指数;已知价格指数、销售量指数,则可推算出销售额指数。

(2) 利用指数体系可进行因素分析

利用指数体系可以分析复杂经济现象总变动中各因素变动影响程度和绝对额。利用指数体系进行因素分析主要分析两方面:一是分析总量指标的变动受各种因素影响的变动程度。例如,分析销售量和销售价格的变动对销售额变动的影响程度和绝对额;二是分析总体平均指标的变动受各种因素变动的影响程度。例如,分析各类别员工工资水平变动和员工构成变动分别对企业总平均工资变动的影响方向和影响程度。

10.4.2 因素分析

因素分析是利用指数体系分析现象总变动中各因素变动的影响方向和影响程度的一种统计分析方法。因素分析按照分析对象所包含因素的多少可以分为两因素分析和多因素分析,按照分析的指标种类不同可以分为总量指标因素分析和平均指标因素分析。

1. 总量指标的两因素分析

总量通常是总产值、总成本或销售总额这样的价值总量,在某些情形下,也不排除实物总量(如某种农产品的总产量或某种原材料的消耗总量)。对现象的总量变动进行因素分析的方法多种多样,通过建立指数体系来进行因素分析具有直观、明显的经济意义,因而在实践中获得了较为广泛的应用。根据总量变动分解得到的因素多少,因素分析可以分为两因素分析或多因素分析。

两因素分析是因素分析的基本方法,指的是对研究对象进行仅包含两个因素的变动分析。进行总量指标变动的两因素分析,主要是考查数量指标和质量指标的变动对总量指标变动的影响程度,从相对数和绝对数两方面测定它们的影响数值。

当要考查多种商品的销售额变动及其因素影响时,如果都用拉氏公式来编制销售量指数和价格指数,或者都用帕氏公式来编制销售量指数和价格指数,那它们与销售额指数之间就难以形成严密的指数体系,即

$$L_p \cdot L_q = \frac{\sum p_1 q_0}{\sum p_0 q_0} \cdot \frac{\sum q_1 p_0}{\sum q_0 p_0} \neq \frac{\sum q_1 p_1}{\sum q_0 p_0} = V$$

$$P_p \cdot P_q = \frac{\sum p_1 q_1}{\sum p_0 q_1} \cdot \frac{\sum q_1 p_1}{\sum q_0 p_1} \neq \frac{\sum q_1 p_1}{\sum q_0 p_0} = V$$

为了同时满足相对数分析和绝对数分析的需要,通常将综合指数与多因素分析结合运用,构建相应的指数体系。可以从两个方案中进行选择。

(1) 将总值指数分解为拉氏数量指标指数和帕氏质量指标指数之乘积,即

$$V = L_q \cdot P_p \tag{10-20}$$

其分析顺序是假定数量指标先变化,质量指标后变化,即

$$\sum q_0 p_0 \xrightarrow{q\, 变化} \sum q_1 p_0 \xrightarrow{p\, 变化} \sum q_1 p_1$$

(2) 将总值指数分解为帕氏数量指标指数和拉氏质量指标指数之乘积,即

$$V = P_q \cdot L_p \tag{10-21}$$

其分析顺序是假定质量指标先变化,数量指标后变化,即

$$\sum q_0 p_0 \xrightarrow{p\, 变化} \sum q_0 p_1 \xrightarrow{q\, 变化} \sum q_1 p_1$$

在实际工作中为了统一,通常会采用第一种分析方案。这种指数体系的完整分析框架为

$$\begin{cases} 相对数分析\ \dfrac{\sum p_1 q_1}{\sum p_0 q_0} = \dfrac{\sum q_1 p_0}{\sum q_0 p_0} \times \dfrac{\sum p_1 q_1}{\sum p_0 q_1} & (10\text{-}22) \\[3mm] 绝对数分析\ \sum p_1 q_1 - \sum p_0 q_0 = \left(\sum q_1 p_0 - \sum q_0 p_0\right) + \left(\sum p_1 q_1 - \sum p_0 q_1\right) & (10\text{-}23) \end{cases}$$

例 10-3 试对表 10-1 中的全部三种商品销售额变动进行因素分析。根据表 10-2 商品销售额的相关数据进行计算。

解:(1) 总量指标的绝对数变动和相对数变动:

销售额变动的相对数分析 $\dfrac{\sum p_1 q_1}{\sum p_0 q_0} = \dfrac{49\ 200}{42\ 000} \times 100\% = 117.14\%$

销售额变动的绝对数分析 $\sum p_1 q_1 - \sum p_0 q_0 = 49\ 200 - 42\ 000 = 7\ 200$（元）

（2）两因素的绝对数变动和相对数变动：

销售量变动的相对数分析 $\dfrac{\sum q_1 p_0}{\sum q_0 p_0} = \dfrac{48\ 000}{42\ 000} \times 100\% = 114.29\%$

销售量变动的绝对数分析 $\sum q_1 p_0 - \sum q_0 p_0 = 48\ 000 - 42\ 000 = 6\ 000$（元）

价格变动的相对数分析 $\dfrac{\sum p_1 q_1}{\sum p_0 q_1} = \dfrac{49\ 200}{48\ 000} \times 100\% = 102.5\%$

价格变动的绝对数分析 $\sum p_1 q_1 - \sum p_0 q_1 = 49\ 200 - 48\ 000 = 1\ 200$（元）

（3）构建两因素指数体系：

$$\frac{\sum p_1 q_1}{\sum p_0 q_0} = \frac{\sum q_1 p_0}{\sum q_0 p_0} \cdot \frac{\sum p_1 q_1}{\sum p_0 q_1}$$

$$117.14\% = 114.29\% \times 102.5\%$$

$$\sum p_1 q_1 - \sum p_0 q_0 = \left(\sum q_1 p_0 - \sum q_0 p_0 \right) + \left(\sum p_1 q_1 - \sum p_0 q_1 \right)$$

$$7\ 200（元）= 6\ 000 + 1\ 200$$

计算结果表明，三种商品销售量的变化使销售额增长了 14.29%，三种商品销售价格的变化使销售额增长了 2.5%，两者共同影响使销售额增长了 17.14%；三种商品销售量的变化使销售额增长了 6 000 元，三种商品销售价格的变化使销售额增长了 1 200 元，两者共同影响使销售额增长了 7 200 元。

2. 总量指标的多因素分析

总量指标的变动有时是由多个因素共同作用引起的，多因素指的是某一现象的变动可能要受到三个或三个以上因素的影响，这样指数体系就要求由更多反映因素变动的指数来构成。影响总量指标变动的因素越多，分析过程就越复杂，但基本原理与两因素分析法基本相同。需要注意的是，在排列指标时，要将数量指标排在前面；在对总量指标进行分解时，要考虑各因素的衔接，以确保相邻因素的乘积都应该具有实际经济意义。例如，企业利润额受产品销售量、单位产品价格和利润率三个因素的影响，其中：

产品销售量×单位产品价格＝产品单位销售额

产品单位销售额×利润率＝产品利润总额

所以，可以将产品的利润总额分解成：

产品利润总额＝产品销售量×单位产品价格×利润率

用 q 表示产品销售量，p 表示单位产品价格，c 表示利润率，可按下列程序对产品利润总额的变动进行因素分析：

$$\sum q_0 p_0 c_0 \xrightarrow{\ q\ 变化\ } \sum q_1 p_0 c_0 \xrightarrow{\ p\ 变化\ } \sum q_1 p_1 c_0 \xrightarrow{\ c\ 变化\ } \sum q_1 p_1 c_1$$

相应地，可以构建多因素指数体系进行因素分析：

产品利润总额的相对数分析 $\dfrac{\sum q_1 p_1 c_1}{\sum q_0 p_0 c_0} = \dfrac{\sum q_1 p_0 c_0}{\sum q_0 p_0 c_0} \times \dfrac{\sum q_1 p_1 c_0}{\sum q_1 p_0 c_0} \times \dfrac{\sum q_1 p_1 c_1}{\sum q_1 p_1 c_0}$

$$(10\text{-}24)$$

产品利润总额的绝对数分析 $\sum q_1 p_1 c_1 - \sum q_0 p_0 c_0$

$$= \left(\sum q_1 p_0 c_0 - \sum q_0 p_0 c_0 \right) + \left(\sum q_1 p_1 c_0 - \sum q_1 p_0 c_0 \right) + \left(\sum q_1 p_1 c_1 - \sum q_1 p_1 c_0 \right)$$

$$(10\text{-}25)$$

在进行多因素分析时,为测定某一因素的变动影响值,把其他几个因素固定不变,将该因素以报告期的数值替代,并将替代前后的结果进行比较得出该因素指数,即影响程度;依次将其余各个因素的基期数值顺次以报告期的数值替代,有多少因素就替代多少次,每次替代后的结果与替代前的结果进行对比,就可以从相对数和绝对数两方面分析各因素对总体总量的影响程度。所以,多因素分析法也称作连锁替代法。

例 10-4 已知某企业生产产品利润额资料如表 10-4 和表 10-5 所示,计算该企业利润总额的变动并对其进行因素分析。

表 10-4   某企业生产产品利润额

产品名称	计量单位	销售量		价格/万元		利润率/%	
		q_0	q_1	p_0	p_1	c_0	c_1
甲	件	150	160	3.5	3.2	11	16
乙	台	250	250	1.8	1.76	30	35
丙	辆	5 000	5 500	0.031	0.029	8	7

表 10-5   某企业生产产品利润额相关数据

产品名称	计量单位	产品利润总额			
		$q_1 p_1 c_1$	$q_0 p_0 c_0$	$q_1 p_0 c_0$	$q_1 p_1 c_0$
甲	件	81.92	57.75	61.60	56.32
乙	台	154	135	135	132
丙	辆	11.17	12.40	13.64	12.76
合计	—	247.09	205.15	210.24	201.08

解:利润总额的变动

$$k_{pqc} = \frac{\sum q_1 p_1 c_1}{\sum q_0 p_0 c_0} = \frac{247.09}{205.15} = 120.44\%$$

$$\sum q_1 p_1 c_1 - \sum q_0 p_0 c_0 = 247.09 - 205.15 = 41.94(万元)$$

(1) 受销售量变动的影响为

$$K_q = \frac{\sum q_1 p_0 c_0}{\sum q_0 p_0 c_0} = \frac{210.24}{205.15} = 102.48\%$$

$$\sum q_1 p_0 c_0 - \sum q_0 p_0 c_0 = 210.24 - 205.15 = 5.09(万元)$$

（2）受价格变动的影响为

$$K_p = \frac{\sum q_1 p_1 c_0}{\sum q_1 p_0 c_0} = \frac{201.08}{210.24} = 95.64\%$$

$$\sum q_1 p_1 c_0 - \sum q_1 p_0 c_0 = 201.08 - 210.24 = -9.16（万元）$$

（3）受利润率变动的影响为

$$K_c = \frac{\sum q_1 p_1 c_1}{\sum q_1 p_1 c_0} = \frac{247.09}{201.08} = 122.88\%$$

$$\sum q_1 p_1 c_1 - \sum q_1 p_1 c_0 = 247.09 - 201.08 = 46.01（万元）$$

构建三因素指数体系：

利润总额的相对数分析 $\dfrac{\sum q_1 p_1 c_1}{\sum q_0 p_0 c_0} = \dfrac{\sum q_1 p_0 c_0}{\sum q_0 p_0 c_0} \times \dfrac{\sum q_1 p_1 c_0}{\sum q_1 p_0 c_0} \times \dfrac{\sum q_1 p_1 c_1}{\sum q_1 p_1 c_0}$

$120.44\% = 102.48\% \times 95.64\% \times 122.88\%$

利润总额的绝对数分析 $\sum q_1 p_1 c_1 - \sum q_0 p_0 c_0$

$$= \left(\sum q_1 p_0 c_0 - \sum q_0 p_0 c_0\right) + \left(\sum q_1 p_1 c_0 - \sum q_1 p_0 c_0\right) + \left(\sum q_1 p_1 c_1 - \sum q_1 p_1 c_0\right)$$

$41.94（万元） = 5.09 + (-9.16) + 46.01$

计算结果表明，三种产品销售量的变化使利润总额增长了 2.48%，三种产品价格的变化使利润总额减少了 4.36%，三种产品利润率的变化使利润总额增长了 22.88%，销售量、产品价格和利润率的共同影响使利润总额增长了 20.44%；三种产品销售量的变化使利润总额增长了 5.09 万元，三种产品价格的变化使利润总额减少了 9.16 万元，三种产品利润率的变化使利润总额增长了 46.01 万元，销售量、产品价格和利润率的共同影响使利润总额增长了 41.94 万元。

3. 平均指标的两因素分析

指数因素分析法也适用于对平均指标的变动进行因素分析。平均指标的变动可以由两个或两个以上的因素共同作用引起，我们主要介绍平均指标的两因素分析。在总体分组的情况下，加权算术平均数 $\bar{x} = \dfrac{\sum xf}{\sum f} = \sum x\left[\dfrac{f}{\sum f}\right]$，既受到各组水平 x 的影响，又受到各组结构 $\dfrac{f}{\sum f}$ 的影响。例如，平均工资的变动可能由工资水平的变动引起，也可能由工资水平不同的职工所占比重的变动引起，平均指标 $\left(\dfrac{\bar{x}_1}{\bar{x}_0}\right)$ 发生变化是因为受到 x 和 $\dfrac{f}{\sum f}$ 的共同影响，我们可以利用指数体系从各组水平 x 和各组结构 $\dfrac{f}{\sum f}$ 的变动对平均指标变动的影响情况进行分析。

平均指标的变动，即平均指标指数，又称可变构成指数，反映了平均指标的实际变动方向和程度，计算公式为

可变构成指数（平均指标指数）： $\dfrac{\sum x_1 f_1}{\sum f_1} \Big/ \dfrac{\sum x_0 f_0}{\sum f_0}$ 　　　　　（10-26）

平均指标变化的绝对数：$\dfrac{\sum x_1 f_1}{\sum f_1} - \dfrac{\sum x_0 f_0}{\sum f_0}$ （10-27）

可变构成指数可以分解为两个有联系的影响因素指数，反映各组水平变动对平均指标变动影响的指数称为固定构成指数，反映结构变动影响的指数称为结构影响指数。分析各组水平的变动对平均指标变动的影响，需要将各组结构固定在报告期，分析各组结构变动对平均指标变动的影响，需要将各组水平固定在基期，具体表示如下。

固定构成指数：$\dfrac{\sum x_1 f_1}{\sum f_1} \bigg/ \dfrac{\sum x_0 f_1}{\sum f_1}$ （10-28）

各组水平变动使平均指标变化的绝对数：$\dfrac{\sum x_1 f_1}{\sum f_1} - \dfrac{\sum x_0 f_1}{\sum f_1}$ （10-29）

结构影响指数：$\dfrac{\sum x_0 f_1}{\sum f_1} \bigg/ \dfrac{\sum x_0 f_0}{\sum f_0}$ （10-30）

各组结构变动使平均指标变化的绝对数：$\dfrac{\sum x_0 f_1}{\sum f_1} - \dfrac{\sum x_0 f_0}{\sum f_0}$ （10-31）

平均指标指数体系的完整分析框架为

$$\begin{cases} \text{相对数分析：} \dfrac{\sum x_1 f_1}{\sum f_1} \bigg/ \dfrac{\sum x_0 f_0}{\sum f_0} = \dfrac{\sum x_1 f_1}{\sum f_1} \bigg/ \dfrac{\sum x_0 f_1}{\sum f_1} \times \dfrac{\sum x_0 f_1}{\sum f_1} \bigg/ \dfrac{\sum x_0 f_0}{\sum f_0} & (10\text{-}32) \\[4mm] \text{绝对数分析：} \dfrac{\sum x_1 f_1}{\sum f_1} - \dfrac{\sum x_0 f_0}{\sum f_0} = \left(\dfrac{\sum x_1 f_1}{\sum f_1} - \dfrac{\sum x_0 f_1}{\sum f_1} \right) + \left(\dfrac{\sum x_0 f_1}{\sum f_1} - \dfrac{\sum x_0 f_0}{\sum f_0} \right) & (10\text{-}33) \end{cases}$$

例 10-5　以表 10-6 为例，说明总平均工资的变动，受总体各组水平变动和总体内各组结构变动的影响方向和程度。

表 10-6　某企业工人工资及工人人数

工人类别	工资水平/元		工人人数/人	
	基期 x_0	报告期 x_1	基期 f_0	报告期 f_1
技术工人	600	700	600	800
普通工人	400	500	400	700
合计	—	—	1 000	1 500

解：根据以上资料，分别计算各相关指数。

（1）可变构成指数与平均指标变化的绝对数

可变构成指数：$\dfrac{\sum x_1 f_1}{\sum f_1} \bigg/ \dfrac{\sum x_0 f_0}{\sum f_0} = \dfrac{700 \times 800 + 500 \times 700}{1\,500} \bigg/ \dfrac{600 \times 600 + 400 \times 400}{1\,000}$

$= \dfrac{606.67}{520} = 116.67\%$

平均指标变化的绝对数：$\dfrac{\sum x_1 f_1}{\sum f_1} - \dfrac{\sum x_0 f_0}{\sum f_0} = 606.67 - 520 = 86.67(元)$

（2）两因素的绝对数变动和相对数变动

固定构成指数：$\dfrac{\sum x_1 f_1}{\sum f_1} \Big/ \dfrac{\sum x_0 f_1}{\sum f_1} = \dfrac{700 \times 800 + 500 \times 700}{1\ 500} \Big/ \dfrac{600 \times 800 + 400 \times 700}{1\ 500}$

$$= \dfrac{606.67}{506.67} = 119.74\%$$

各组水平变动使平均指标变化的绝对数：

$$\dfrac{\sum x_1 f_1}{\sum f_1} - \dfrac{\sum x_0 f_1}{\sum f_1} = 606.67 - 506.67 = 100(元)$$

结构影响指数：$\dfrac{\sum x_0 f_1}{\sum f_1} \Big/ \dfrac{\sum x_0 f_0}{\sum f_0} = \dfrac{600 \times 800 + 400 \times 700}{1\ 500} \Big/ \dfrac{600 \times 600 + 400 \times 400}{1\ 000}$

$$= \dfrac{506.67}{520} = 97.44\%$$

各组结构变动使平均指标变化的绝对数：

$$\dfrac{\sum x_0 f_1}{\sum f_1} - \dfrac{\sum x_0 f_0}{\sum f_0} = 506.67 - 520 = -13.33(元)$$

（3）构建两因素指数体系

$$\begin{cases} 相对数分析：\dfrac{\sum x_1 f_1}{\sum f_1} \Big/ \dfrac{\sum x_0 f_0}{\sum f_0} = \dfrac{\sum x_1 f_1}{\sum f_1} \Big/ \dfrac{\sum x_0 f_1}{\sum f_1} \times \dfrac{\sum x_0 f_1}{\sum f_1} \Big/ \dfrac{\sum x_0 f_0}{\sum f_0} \\ \qquad\qquad 116.67\% = 119.74\% \times 97.44\% \\ 绝对数分析：\dfrac{\sum x_1 f_1}{\sum f_1} - \dfrac{\sum x_0 f_0}{\sum f_0} = \left(\dfrac{\sum x_1 f_1}{\sum f_1} - \dfrac{\sum x_0 f_1}{\sum f_1} \right) + \left(\dfrac{\sum x_0 f_1}{\sum f_1} - \dfrac{\sum x_0 f_0}{\sum f_0} \right) \\ \qquad\qquad 86.67(元) = 100(元) + (-13.33)(元) \end{cases}$$

计算结果表明，该企业工人总平均工资报告期比基期增长了 16.67%，平均每人增加了 86.67 元，各类工人结构的变动，使该企业工人总平均工资报告期比基期下降了 2.56%；平均每人工资减少了 13.33 元，各类工人工资水平变动，使该企业工人总平均工资报告期比基期增长了 19.74%，平均每人工资增加了 100 元。

10.5　几种常用的经济指数

指数作为一种重要的经济分析指标，在实践中获得了广泛应用。不同的指数形式适用于不同的情况。选择指数形式的主要标准是各个不同指数对应的经济意义。有时也要考虑实际编制工作的可行性，以及对指数分析性质的某些特殊要求。现以常见的主要经济指数为例，对指数的具体应用进行阐述。

10.5.1　居民消费价格指数

居民消费价格,是指城乡居民购买并用于日常生活消费的商品和服务项目的价格。居民消费价格指数(Consumer Price Index,CPI),又称消费者物价指数,旨在反映一定时期内居民所消费商品及服务项目的价格水平变动趋势和变动程度,是政府制定物价和工资等政策的重要依据。居民消费价格水平的变动率在一定程度上反映了通货膨胀(或紧缩)的程度。编制居民消费价格指数的目的,是了解全国各地价格变动的基本情况,分析研究价格变动对社会经济和居民生活的影响,满足各级政府制订政策和计划、进行宏观调控的需要,以及为国民经济核算提供参考依据。我国居民消费价格指数于 1926 年开始编制,当时在上海、天津等地编制工人生活费用指数,由南开大学社会经济研究委员会(后改为南开大学经济研究所)负责编制,指数的分类包括食物、衣着、房租、燃料、杂项五类,共 37 种代表品,采用加权平均指数方法,这是我国物价指数编制的起源。改革开放以后,我国居民消费价格指数的编制不断完善,分类更细,代表品的数量不断增加,权数的确定更符合实际。

如果居民消费价格指数升幅过大,就表明通货膨胀已经成为经济不稳定因素,中国人民银行会有发布紧缩货币政策和财政政策的风险,从而造成经济前景不明朗。因此,该指数升幅过高往往不被市场欢迎。国家统计局负责全国居民消费价格指数的编制及相关工作,并组织、指导省(区、市)调查总队的消费价格调查统计工作。国家统计局省(区、市)调查总队负责统一组织、实施本省(区、市)范围内的消费价格调查统计工作。全国各调查市、县按照统一的调查制度开展消费价格调查工作。调查内容是城乡居民购买并用于日常生活消费的商品和服务项目的价格。调查内容根据全国城乡居民家庭消费支出调查资料,以及居民消费结构和消费习惯确定。

CPI 是综合反映一定时期内居民消费的商品和服务项目的价格水平变动情况的相对数。由于居民消费的类别和品种成千上万,为观察其总体价格变动情况,通常选取一组消费量较大、最能代表多数人日常消费行为的商品和服务项目,用它们的价格变化情况,结合居民日常消费结构,来综合代表全部商品和服务项目的价格变化情况。选出的这一组商品和服务项目,被形象地称为"一篮子"商品和服务项目。为保证价格指数的连续性和可比性,通常在一定时期内把"一篮子"商品和服务项目固定,俗称"固定篮子"。随着经济社会发展,居民消费结构也在相应发生变化,CPI 调查的"固定篮子"需要及时调整,否则就会失去代表性,无法反映居民最新的消费结构情况。基期轮换正是对"固定篮子"进行调整,使"篮子"里的商品和服务项目更具代表性,使其组合更接近居民消费结构,据此计算的 CPI 能更准确反映物价的实际变动情况。开展基期轮换是价格统计调查重要的基础性工作。为了适应经济社会快速发展情况下生产、流通、消费领域商品和服务项目的交易结构的新变化,进一步提高价格指数的代表性,更加准确监测和反映市场供需关系的实际变动,需要对价格指数开展基期轮换,这也是国际惯例和通行做法。我国 CPI 将逢"5"和"0"的年份作为基期,在基期年选取"一篮子"商品和服务项目,五年保持不变,以兼顾指数的连续可比与消费结构变动的及时反映。2021—2025 年,国家统计局将编制和发布以 2020 年为基期的 CPI。

本轮计算居民消费价格指数的固定基期及商品篮子确定在 2020 年。与 2015 年相比,在调查分类目录、代表规格品和调查点等方面进行了调整,也包括分类权数的调整。在调查分类方面,参考联合国制定的《按目的划分的个人消费分类》(COICOP)与我国国家统计局制定的《居民消费支出分类(2013)》,结合实际情况调整了调查分类目录。调整后的调查分类目录大类保持不变,仍为 8 个大类,基本分类从 262 个增加至 268 个,在对部分消费项目删减、合并的基础上,增加了外卖、母婴护理服务、新能源小汽车、可穿戴智能设备、网约车服务等新兴商品和服务项目。在调查点方面,根据最新的调查分类目录,结合市场销售实际情况,重新抽选了调查网点。在分类权数方面,从住户收支与生活状况调查中获取到最新的居民消费支出数据,结合2020 年开展的权数专项调查结果和相关行政记录,并参照当前国际做法,剔除了非洲猪瘟、新冠疫情等对居民消费支出的异常影响,对各分类权数进行了重新测算,以更加合理准确地反映居民消费结构。与上轮基期(2016—2020 年)相比,新基期的权数总体变动不大。其中,食品烟酒、衣着、教育文化娱乐、其他用品及服务权数约比上轮分别下降了 1.2、1.7、0.5 和 0.4 个百分点,居住、交通通信、医疗保健权数约比上轮分别上升了 2.1、0.9 和 0.9 个百分点,生活用品及服务权数变动不大。

随着经济社会快速发展,新产业、新业态、新商业模式不断涌现,互联网、大数据等现代信息技术手段与实体经济深度融合,CPI 调查也面临着新的机遇和挑战。大数据中不仅包含了大量线下交易记录,也包含了不少线上交易信息,能够丰富价格数据来源,提高数据代表性,是未来价格统计的重要拓展方向。在新基期,CPI 调查将以真实准确为原则,稳步推进大数据的应用。一是进一步提高网络交易数据占比;二是逐步拓展商场、超市扫描数据的应用范围;三是探索在部分类别使用行政记录或企业电子经营记录的路径和方法;四是积极推动信息化配套建设。需要说明的是,CPI 只是衡量价格水平变动的指标之一,它反映的主要是居民消费领域的价格变动情况,不包括生产、投资等领域价格,也不能代表全社会的价格总水平。开展宏观经济分析时,应根据需要全面关注多项指标,综合判断使用。2022 年 8 月居民消费价格主要数据表见表 10-7。

表 10-7　2022 年 8 月居民消费价格主要数据

价　　格	环比涨跌幅/%	同比涨跌幅/%	1—8 月 同比涨跌幅/%
居民消费价格	−0.1	2.5	1.9
其中:城市	−0.1	2.4	1.9
农村	−0.1	2.7	1.8
其中:食品	0.5	6.1	1.2
非食品	−0.3	1.7	2.1
其中:消费品	−0.2	3.7	2.5
服务	0.0	0.7	1.0
其中:不包括食品和能源	0.0	0.8	1.0
按类别分			
一、食品烟酒	0.4	4.5	1.4
粮食	0.0	3.3	2.6
食用油	0.7	7.5	4.7
鲜菜	2.0	6.0	8.3
畜肉类	0.6	10.1	−13.4

续表

价　　格	环比涨跌幅/%	同比涨跌幅/%	1—8月 同比涨跌幅/%
其中：猪肉	0.4	22.4	−22.8
牛肉	0.1	1.3	0.7
羊肉	1.1	−2.6	−4.4
水产品	0.0	−0.5	1.3
蛋类	3.1	1.7	6.0
奶类	0.0	0.8	0.7
鲜果	−1.0	16.3	13.0
卷烟	0.1	1.3	1.6
酒类	0.0	1.5	1.6
二、衣着	−0.2	0.6	0.6
服装	−0.2	0.6	0.6
鞋类	−0.3	0.5	0.3
三、居住	0.0	0.6	1.1
租赁房房租	0.0	−0.5	0.0
水电燃料	0.0	3.4	3.8
四、生活用品及服务	0.0	1.3	1.1
家用器具	−0.5	1.3	1.8
家庭服务	0.1	2.6	2.9
五、交通通信	−1.7	4.9	6.1
交通工具	−0.2	−0.5	0.3
交通工具用燃料	−4.7	19.9	25.1
交通工具使用和维修	0.0	1.6	1.5
通信工具	−0.4	−2.5	−3.3
通信服务	0.0	−0.3	−0.3
邮递服务	0.0	−0.1	−0.1
六、教育文化娱乐	0.1	1.6	2.1
教育服务	0.1	2.3	2.5
旅游	−0.1	0.1	3.3
七、医疗保健	0.1	0.7	0.7
中药	0.1	2.8	2.4
西药	0.0	−0.3	−0.5
医疗服务	0.1	0.9	0.9
八、其他用品及服务	0.3	2.2	1.3

资料来源：国家统计局官网.http://www.stats.gov.cn/tjsj/zxfb/202209/t20220909_1888071.html,2022-09-09.

居民消费价格指数十分重要,而且具有启示性,必须慎重把握。第一,反映通货膨胀状况,通货膨胀的严重程度是用通货膨胀率来反映的,它说明了一定时期内商品价格持续上升的幅度。通货膨胀率一般以居民消费价格指数来表示;第二,反映货币购买力变动,货币购买力是指单位货币能够购买到的消费品和服务的数量。居民消费价格指数上涨,货币购买力则下降,反之则上升。居民消费价格指数的倒数就是货币购买力指数;第三,反映对职工实际工资的影响,居民消费价格指数的提高意味着实际工资的减少,居民消费价格指数的下降意味着实际工资的提高。

10.5.2 生产者价格指数

生产者价格指数(Producer Price Index,PPI)是从生产者方面考虑的物价指数,是衡量工业企业产品出厂价格变动趋势和变动程度的指数,是反映某一时期生产领域价格变动情况的重要经济指标,也是制定有关经济政策和国民经济核算的重要依据。广义的生产者价格指数应包括有关国民经济各产业的原材料、半成品和产成品三个生产环节的价格指数,狭义的生产者价格指数则仅指工农业等的产品价格指数。我国的生产者价格指数通常是指工业品出厂价格指数,也可包括农产品生产价格指数。

工业生产者价格调查目的在于及时、准确、科学地反映各工业行业产品价格水平及其变化趋势和变动幅度,为国民经济核算、宏观经济分析和调控、理顺价格体系等提供科学、准确的依据。根据代表性原则,抽选部分年主营业务收入 2 000 万元以上的企业作为调查对象。经国家统计局审定,可酌情补充部分年主营业务收入 2 000 万元以下的企业。工业生产者价格调查内容为工业企业产品第一次出售时的出厂价格和企业作为中间投入的原材料、燃料、动力购进价格。企业上报的报表包括报告期单价和上月平均单价,产品报告期单价为报告月 5 日、20 日两次所采单价的简单算数平均值。

我国的工业品出厂价格指数是反映一定时期内全部工业产品出厂价格总水平的变动趋势和程度的相对数,其统计范围包括工业企业售给本企业以外所有单位的各种产品和直接售给居民用于生活消费的产品。农产品生产价格指数是反映一定时期内农业生产者出售农产品价格水平的变动趋势和程度的相对数。通过这些指数可以观察有关产业的产品价格水平及其价格结构的变动,分析价格变动对有关产业的总产值和增加值的影响,满足工农业统计核算乃至整个国民经济核算和宏观经济分析的需要。

生产者价格指数的上涨将直接或间接地引起国民经济各产业生产成本的增加;生产成本的增加又必然转嫁到消费者身上,导致 CPI 上涨。根据价格传导规律,PPI 对 CPI 有一定的影响。PPI 反映生产环节价格水平,CPI 反映消费环节的价格水平。整体价格水平的波动一般先出现在生产领域,然后通过产业链向下游产业扩散,最后波及流通领域消费品。以工业品为原材料的生产,即工业品价格向 CPI 的传导途径为:原材料—生产资料—生活资料。

由于 CPI 不仅包括消费品价格,还包括服务项目价格,CPI 与 PPI 在统计口径上并非严格的对应关系,因此 CPI 与 PPI 的变化在某一时期出现不一致的情况是有可能的。但 CPI 与 PPI 长期持续处于背离状态,这不符合价格传导规律。若发生价格传导出现断裂的现象,其主要原因在于工业品市场处于买方市场,以及政府对公共产品价格的人为控制等。目前,可以顺利完成传导的工业品价格(主要是电力、煤炭、水等能源原材料价格)主要属于政府调价范围。2022 年8 月工业生产者价格主要数据见表 10-8。

表 10-8　2022 年 8 月工业生产者价格主要数据

项　目	环比涨跌幅/%	同比涨跌幅/%	1—8 月同比涨跌幅/%
一、工业生产者出厂价格	−1.2	2.3	6.6
生产资料	−1.6	2.4	8.3
采掘	−4.5	10.1	28.1
原材料	−2.4	7.8	14.9
加工	−0.9	−0.7	3.7
生活资料	−0.1	1.6	1.2
食品	0.0	3.7	2.0
衣着	0.3	2.2	1.5
一般日用品	0.0	1.5	1.6
耐用消费品	−0.4	−0.6	0.0
二、工业生产者购进价格	−1.4	4.2	9.1
燃料、动力类	−2.2	19.5	28.5
黑色金属材料类	−3.1	−10.8	0.3
有色金属材料及电线类	−2.4	−0.6	10.2
化工原料类	−2.8	4.5	11.7
木材及纸浆类	0.1	4.6	4.4
建筑材料及非金属类	−1.0	2.9	7.2
其他工业原材料及半成品类	−0.3	1.1	3.0
农副产品类	−0.3	7.8	3.1
纺织原料类	−1.3	4.3	7.8
三、工业生产者主要行业出厂价格			
煤炭开采和洗选业	−4.3	8.6	36.0
石油和天然气开采业	−7.3	35.0	44.7
黑色金属矿采选业	−6.8	−29.5	−14.5
有色金属矿采选业	−1.1	4.6	10.3
非金属矿采选业	0.1	6.3	6.5
农副食品加工业	−0.2	6.5	3.2
食品制造业	−0.2	3.7	4.3
酒、饮料和精制茶制造业	0.3	1.2	0.8
烟草制品业	0.0	0.5	0.8
纺织业	−0.9	2.5	5.9
纺织服装、服饰业	0.3	1.9	1.1

续表

项　　目	环比涨跌幅/%	同比涨跌幅/%	1—8 月 同比涨跌幅/%
木材加工和木、竹、藤、棕、草制品业	−0.2	1.6	2.5
造纸和纸制品业	−0.4	0.7	1.5
印刷和记录媒介复制业	−0.3	0.8	1.2
石油、煤炭及其他燃料加工业	−4.8	21.3	31.2
化学原料和化学制品制造业	−3.7	4.5	14.0
医药制造业	−0.3	0.4	0.5
化学纤维制造业	−2.1	2.2	6.8
橡胶和塑料制品业	−1.0	0.5	2.7
非金属矿物制品业	−1.0	1.4	5.4
黑色金属冶炼和压延加工业	−4.1	−15.1	1.0
有色金属冶炼和压延加工业	−2.0	−1.5	11.5
金属制品业	−1.1	−0.2	4.6
通用设备制造业	0.0	0.6	1.6
汽车制造业	−0.2	0.0	0.5
铁路、船舶、航空航天和其他运输设备制造业	0.0	1.2	1.7
计算机、通信和其他电子设备制造业	−0.2	−0.4	0.7
电力、热力生产和供应业	0.3	9.2	8.9
燃气生产和供应业	0.0	18.6	17.4
水的生产和供应业	0.1	1.2	1.4

资料来源：国家统计局官网.http://www.stats.gov.cn/tjsj/zxfb/2022og/t20220909_1888DT2.html,2022-09-09.

10.5.3　股票价格指数

　　股票价格指数是度量某一股票市场上多种股票价格水平变动的相对数,综合反映一定时期内股票价格水平的变动趋势和程度。股票价格指数的计算方法很多,一般以报告期股票发行量为权数进行加权综合,即以每日各种股票的价格乘以发行量后求和得到市价总值,市价总值除以基期市价总值再乘以基期指数(如 100 点)求得。我国股票市场经常发布的股票价格指数有上证综合指数、深证成分指数和创业板指数等。股票价格指数是指数衍生产品和其他金融创新的基础,可以为投资者和分析师研究、判断股市动态提供信息,可以作为投资业绩评价的标尺,提供一个股市投资的"基准回报"。

　　股票价格指数是由证券交易所或金融服务机构编制的、表明股票行市变动的一种供参考的指示数字。股票价格指数是描述股票市场总的价格水平变化的指标。各种指数具体的股票选取和计算方法是不同的。由于股票价格起伏无常,投资者必然面临市场价格风险。对于具体某一种股票的价格变化,投资者容易了解,而对于多种股票的价格变化,投资者要逐一了解,既不容易,也不胜其烦。为了适应这种情况和需要,一些金融服务机构就利用自己的业务知识和熟悉市场的优势,编制出股票价格指数,公开发布,作为市场价格变动的指标。投资者据此就可以检验自己投资的效果,并用以预测股票市场的动向。同时,新闻界、商界、政界等也以此为参考指标,来观察、预测社会政治、经济发展形势。

股票价格指数的编制方法多种多样,各有所长,综合指数法是其中的一种重要编制方法。这种方法通常以某年某月为基础,以这个基期的股票价格作为100,用以后各时期的股票价格和基期价格比较,计算出股票价格升降的百分比,就是该时期的股票价格指数。投资者根据股票价格指数的升降,可以判断出股票价格的变动趋势。为了能实时地向投资者反映股市的动向,所有的股市几乎都是在股价变化的同时即时公布股票价格指数。计算股票价格指数,要考虑三个因素:一是抽样,即在众多股票中抽取少数具有代表性的成分股;二是加权,按单价或总值加权平均,或不加权平均;三是计算程序,计算算术平均数、几何平均数,或兼顾价格与总值。股票价格的变动幅度以"点"数来表示,每上升或下降一个单位称为"1点"。

上海证券综合指数简称"上证综指",其样本股是全部上市股票,包括A股和B股,反映了上海证券交易所上市股票价格的变动情况。上证综指是最早发布的股票价格指数,是以上证所挂牌上市的全部股票为计算范围,以发行量为权数的加权综合股价指数。这一指数自1991年7月15日起开始实时发布,基日定为1990年12月19日,基日指数定为100点。新上证综指简称"新综指",以2005年12月30日为基日,以当日所有样本股票的市价总值为基期,基点为1 000点,指数代码为000017。新综指当前由沪市所有G股组成。2020年7月22日,为提升指数编制的科学性,增强指数的表征功能,上海证券交易所修订上证综指的编制方案。完善指数编制方案是国际主流指数的通行做法。此次上证综指编制方案的修订充分借鉴了国际指数编制修订经验,立足境内市场发展实际,剔除风险警示股票、延长新股计入指数时间,并纳入科创板上市证券,有利于上证综指更加客观真实地反映沪市上市公司的整体表现。我国资本市场建立了风险警示制度,被实施风险警示的股票风险较高。截至2020年5月底,上证综指样本中包含85只风险警示股票,剔除该类股票对指数本身影响较小,但有利于发挥资本市场优胜劣汰作用。我国证券市场的新股上市初期存在波动较大的现象。2010—2019年,新股上市1年内平均股价波动率是同期上证综指的2.9倍,延迟新股计入时间,于新股上市满1年后计入指数,有利于增强上证综指的稳定性,引导投资者长期理性投资。同时考虑到大市值新股上市后价格稳定所需时间总体短于小市值新股,设置大市值新股快速计入机制,上市以来日均总市值排名在沪市前10位的股票于上市满3个月后计入,以保证上证综指的代表性。随着科创板市场平稳发展,科技创新型上市公司数量和规模持续增长,科创板上市证券按修订后规则纳入,有助于进一步提升上证综指代表性。

 本章小结

统计指数的实质是一种相对数,它把两个数值进行比较,以考虑经济现象的变化情况及其差异。广义的指数说明社会经济现象在数量上变动的相对数。在统计中编制的指数通常为狭义的指数,即反映在数量上不能直接相加的社会经济现象综合变动的相对数,表现为百分数。统计指数可以是不同时间现象水平的对比、不同空间现象水平的对比,也可以是现象的实际水平与计划水平的对比。

统计指数能够反应复杂社会经济现象总体数量的综合变动方向和程度,分析经济社会现象总变动中各因素对总量变动的影响方向和程度,对社会经济现象进行综合评价和测定,分析研究复杂经济现象总体的长期变化趋势。

总指数的编制方法有两种,一种是综合指数法,另一种是平均指数法。

综合指数编制原理——先综合,后对比。在总质量指标中包含两个或两个以上指标时,观察其中一个因素的变动,而将其他因素固定下来。引入同度量因素使数据过渡到可以加总的综合性指标,使原来不能直接相加的现象过渡到可以相加的指标,同时起到权数作用,将同度量因数固定在某一时期,消除同度量因素变动的影响,以测定所研究因素的影响方向和影响程度,我们称研究的因素为指数化因素。将运用总体全面数据计算得到的两个时期的总量指标进行对比,其结果就是反映复杂现象总体综合变动程度的量,即综合指数。编制数量指标综合指数一般采用拉氏指数公式,将同度量因素固定在基期。编制质量指标综合指数一般采用帕氏指数公式,将同度量因素固定在报告期。

平均指数编制原理——先对比,后综合(平均)。它是在个体指数的基础上编制总指数的一种方法,即先计算出个体指数,然后对其进行平均计算总指数,以测定总体现象的平均变动程度。

统计指数体系,是指若干个在经济上有联系、数量上有关系的指数所形成的整体。一个总值指数等于两个(或两个以上)因数指数的乘积。通常有如下四种形式。

销售额指数＝销售量指数×销售价格指数

总成本指数＝产品产量指数×单位产品成本指数

增加值指数＝员工人数指数×劳动生产率指数×增加值率指数

销售利润指数＝销售量指数×销售价格指数×销售利润率指数

显然,这些指数体系都是建立在有关对比指标之间的经济联系基础上的,因而它们具有非常实际的经济分析意义。构建指数体系,一方面可以利用各指数之间的联系进行指数间的相互推算,另一方面也可以利用指数体系进行因素分析。

 **思考与练习**

思考题

1. 何为指数,指数有哪些性质和作用?

2. 什么是同度量因素,在进行综合指数编制时它起到什么作用?

3. 拉氏指数和帕氏指数各有什么优缺点?

4. 如何确定平均指数的权数?

5. 什么是指数体系,有哪些作用? 如何进行因素分析?

6. 常见的统计指数有哪些?

练习题

一、填空题

1. 总指数的计算形式有两种,即_____指数和_____指数。

2. 按照一般原则,编制数量指标指数时,同度量因素固定在_____,编制质量指标指数时,同度量因素固定在_____。

3. 平均指数有独立应用的意义,它的计算形式有_____和_____两种。

4. 统计指数按所说明的指标性质不同,分为_____指数和_____指数。

5. 同度量因素在计算总指数时起_____作用和_____作用。

6. 拉氏指数对于任何指数化指标的同度量因素都固定在_____,帕氏指数对于任何指数化指标的同度量因素都固定在_____。

7. 编制指数的一般方法是:_____指数是按拉氏指数公式编制,按帕氏指数公式编制的指数是_____。

8. 在含有两个因素的综合指数中,为了观察某一个因素的变动,另一个因素必须被固定起来,被固定的因素通常称为_____,而被研究的因素则称为_____。

9. 综合指数的重要意义,在于它能最完善地显示出所研究对象的经济内容,即不仅在_____,而且能在_____方面反映事物的动态。

10. 某种商品的价格比上年上涨 5%,销售额下降 7%,则该商品销售量指数是_____。

11. 加权算术平均数指数只有用_____这个特定权数加权才能等于综合指数,而加权调和平均数指数只有用_____这个特定权数加权才能等于综合指数。

二、单项选择题

1. 统计指数划分为个体指数和总指数的依据是( )。
    A. 反映的对象范围不同　　　　　　　B. 指标性质不同
    C. 采用的基期不同　　　　　　　　　D. 编制指数的方法不同

2. 销售价格综合指数 $\dfrac{\sum q_1 p_1}{\sum q_1 p_0}$ ( )。

    A. 综合反映多种商品销售量变动程度
    B. 综合反映多种商品销售额变动程度
    C. 表示报告期销售的商品其价格综合变动的程度
    D. 表示基期销售的商品其价格综合变动程度

3. 在销售量综合指数的计算公式 $\dfrac{\sum q_1 p_0}{\sum q_0 p_0}$ 中, $\sum q_1 p_0 - \sum q_0 p_0$ 表示( )。

    A. 商品价格变动引起销售额变动的绝对额
    B. 价格不变的情况下,销售量变动引起销售额变动的绝对额
    C. 价格不变的情况下,销售量变动的绝对额
    D. 销售量和价格变动引起销售额变动的绝对额

4. 加权算术平均数指数变形为综合指数时,其特定的权数是( )。
    A. $q_1 p_1$ 　　　　　　B. $q_0 p_1$ 　　　　　　C. $q_1 p_0$ 　　　　　　D. $q_0 p_0$

5. 某厂生产费用今年比去年增长 50%,产量增长 25%,则单位成本上升了( )。
    A. 25% 　　　　　　B. 2% 　　　　　　C. 75% 　　　　　　D. 20%

6. 统计指数按所反映的对象范围不同,可分为个体指数和( )。
    A. 质量指标指数　　　　　　　　　　B. 数量指标指数
    C. 综合指数　　　　　　　　　　　　D. 总指数

7. 统计指数按照指标性质不同,分为( )。
    A. 个体指数和总指数　　　　　　　　B. 数量指标指数和质量指标指数
    C. 定基指数和环比指数　　　　　　　D. 综合指数和平均指数

8. 同度量因素的使用时期必须是( )。
    A. 报告期　　　　　B. 基期　　　　　C. 同一时期　　　　　D. 计划期

9. 统计指数划分为个体指数和总指数的依据是（　　　）。

  A. 考查的范围和计算方法   B. 指数内容的差异

  C. 采用的基期不同   D. 对比的性质不同

10. 商品销售额实际增加 400 元，销售量的增长使销售额增加 420 元，则价格的（　　　）。

  A. 增长使销售额增加 20 元   B. 降低使销售额减少 20 元

  C. 增长使销售额增加 820 元   D. 降低使销售额减少 820 元

11. 下列关于商品销售情况的指数中，属于帕氏销售量指数的是（　　　）。

  A. $\dfrac{\sum p_1 q_1}{\sum p_0 q_1}$ B. $\dfrac{\sum p_1 q_1}{\sum p_0 q_0}$ C. $\dfrac{\sum p_1 q_1}{\sum p_1 q_0}$ D. $\dfrac{\sum p_0 q_1}{\sum p_0 q_0}$

12. 数量指标综合指数的同度量因素是（　　　）。

  A. 平均指标   B. 相对指标   C. 综合指数   D. 质量指标

13. "先对比，后平均"是（　　　）。

  A. 平均指数   B. 相对指标指数

  C. 综合指数   D. 质量指标指数

14. 把综合指数变形为平均指数，是为了（　　　）。

  A. 计算简便   B. 计算结果更准确

  C. 适应实际资料的要求   D. 适应实际工作部门的要求

15. 如果生活费用指数上涨 20%，则现在 1 元钱（　　　）。

  A. 只值原来的 0.80 元   B. 只值原来的 0.83 元

  C. 与原来的 1 元钱等值   D. 无法与过去比较

三、多项选择题

1. 下列属于数量指标指数的有（　　　）。

  A. 工业总产值指数   B. 劳动生产率指数

  C. 职工人数指数   D. 农副产品收购量指数

  E. 产品单位成本指数

2. 下列属于质量指标指数的是（　　　）。

  A. 商品零售量指数   B. 商品零售额指数

  C. 商品零售价格指数   D. 职工劳动生产率指数

  E. 销售商品计划完成程度指数

3. 指数按反映的内容不同，可分为（　　　）。

  A. 时间性指数 B. 数量指数 C. 质量指数 D. 区域性指数

  E. 个体指数

4. 下列统计指标中，属于质量指标的有（　　　）。

  A. 人口总数   B. 单位产品成本

  C. 职工人数   D. 人口密度

  E. 合格品率

5. 编制总指数的方法有（　　　）。

  A. 综合指数法   B. 平均指数法

  C. 质量指标指数法   D. 数量指标指数法

E. 平均指标指数法

6. 若 p 表示商品价格，q 表示商品销售量，则 $\sum p_1 q_1 - \sum p_0 q_1$（   ）。

    A. 综合反映销售额变动的绝对额

    B. 综合反映价格变动和销售额变动的绝对额

    C. 综合反映多种商品价格变动增减的销售额

    D. 综合反映价格的变动使消费者增减的货币收入

    E. 综合反映多种商品销售量变动的绝对额

7. 编制综合指数时同度量因素的作用有（   ）。

    A. 平衡作用   B. 同度量作用   C. 权数作用   D. 平均作用

    E. 比较作用

8. 某厂五种产品的产量报告期为基期的 131%，这个指数是（   ）。

    A. 个体指数   B. 质量指标指数

    C. 总指数   D. 数量指标指数

    E. 动态指数

9. 下列统计指标中，属于质量指标指数的有（   ）。

    A. 总产值指数   B. 劳动生产率指数

    C. 员工人数指数   D. 产品的价格指数

    E. 单位成本指数

10. 某企业基期产值为 100 万元，报告期产值比基期增 14%，又知以基期价格计算的报告期假定产值为 112 万元，则经计算可知（   ）。

    A. 产量增加 12%

    B. 价格增加 12%

    C. 产量变化使产值增加 20 万元

    D. 产量变化使产值增加 12 万元

    E. 价格变化使产值增加 2 万元

四、判断题

1. 为了使成本指数的计算符合现实经济意义，编制单位成本指数应当用基期的产品产量作为同度量因素。   （   ）

2. 在特定的权数条件下，综合指数与平均指数能互相转变。   （   ）

3. 在计算综合指数时，同度量因素的作用与加权平均数的作用完全一样。   （   ）

4. 在指数体系中，数量指标作为同度量因素，一般被固定在基期。   （   ）

5. 在单位成本指数 $\sum q_1 z_1 - \sum q_1 z_0$ 中，$\sum p_1 z_1 - \sum q_0 z_0$ 表示单位成本增减的绝对额。   （   ）

6. 单位产品成本下降 5%，产量增加 5%，则生产费用增加。   （   ）

7. "先对比，后平均"是编制平均指数的基本思路。   （   ）

8. 定基指数和环比指数是根据报告期的选择不同而划分的。   （   ）

9. 平均指数是个体指数，因为平均指数是个体指数的平均数。   （   ）

五、计算题

1. 某厂生产的三种产品的有关资料如表 10-9 所示。

表 10-9 某厂生产的三种产品的产量及单位成本资料

产品名称	产量			单 位 成 本		
	计量单位	基期	报告期	计量单位	基期	报告期
甲	件	110	120	元/件	14	15
乙	件	110	120	元/件	14	37
丙	个	120	180	元/个	9	9

要求：从绝对数和相对数两个方面分析该厂总成本变动的原因。

2. 某商场三种主要商品的有关资料如表 10-10 所示。

表 10-10 某商场三种商品的销售量及单价资料

商品名称	销 售 量			单价/元	
	计量单位	基期	报告期	基期	报告期
A	台	110	120	12	10
B	件	500	600	40	37
C	个	120	200	9	6

要求：从绝对数和相对数两方面对该商场三种商品销售额的变动情况进行因素分析。

3. 某企业两种产品的单位成本及产量资料如表 10-11 所示。

表 10-11 某企业两种产品的单位成本及产量资料

产品名称	计量单位	单位成本/元		产 量	
		基期	报告期	基期	报告期
AA	个	200	180	220	250
BB	台	100	70	180	240

要求：

（1）计算生产费用总额总指数及生产费用总额的变动差额。

（2）构建指数体系对生产费用总额的变动原因进行因素分析。

4. 某企业三种产品的相关资料如表 10-12 所示。

表 10-12 某企业三种产品价格及产量资料

产品名称	计量单位	产品价格/元		产 量	
		基期	报告期	基期	报告期
甲	个	180	160	200	250
乙	台	90	70	180	200
丙	件	200	200	3 000	3 200

要求：构建指数体系分析该企业总产值变动的原因。

5. 在报告期和基期,用同样多的人民币购买商品,报告期比基期少购 8% 的商品,问物价指数是多少?

6. 已知某地区 2020 年农副产品收购总额为 360 亿元，2021 年比上年的收购总额增长 12%，农副产品收购价格总指数为 105%。利用指数体系计算：

(1) 农副产品收购额总指数，农民因销售农副产品增加的总收入；

(2) 由于农副产品收购价格的提高，农民增加的总收入；

(3) 农副产品收购量增加（减少）百分之几；

(4) 农副产品收购量增加（减少）使农民增加（减少）的总收入。

7. 某菜市场四种蔬菜的销售资料如表 10-13 所示。

表 10-13   某菜市场四种蔬菜的销售量、销售价格资料

品　　种	销售量/千克		销售价格/(元/千克)	
	基期	报告期	基期	报告期
白菜	550	560	1.6	1.8
黄瓜	224	250	2	1.9
萝卜	308	320	1	0.9
西红柿	168	170	2.4	3

要求：

(1) 用拉氏指数公式编制四种蔬菜的销售量总指数和价格总指数；

(2) 用帕氏指数公式编制四种蔬菜的销售量总指数和价格总指数；

(3) 比较用两指数公式编制四种蔬菜的销售量总指数和价格总指数的差异。

标准正态分布表

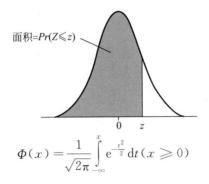

面积$=Pr(Z \leqslant z)$

$$\Phi(x) = \frac{1}{\sqrt{2\pi}} \int_{-\infty}^{x} \mathrm{e}^{-\frac{t^2}{2}} \mathrm{d}t \, (x \geqslant 0)$$

x	0.00	0.01	0.02	0.03	0.04	0.05	0.06	0.07	0.08	0.09
0.0	0.500 0	0.504 0	0.508 0	0.512 0	0.516 0	0.519 9	0.523 9	0.527 9	0.531 9	0.535 9
0.1	0.539 8	0.543 8	0.547 8	0.551 7	0.555 7	0.559 6	0.563 6	0.567 5	0.571 4	0.575 3
0.2	0.579 3	0.583 2	0.587 1	0.591 0	0.594 8	0.598 7	0.602 6	0.606 4	0.610 3	0.614 1
0.3	0.617 9	0.621 7	0.625 5	0.629 3	0.633 1	0.636 8	0.640 6	0.644 3	0.648 0	0.651 7
0.4	0.655 4	0.659 1	0.662 8	0.666 4	0.670 0	0.673 6	0.677 2	0.680 8	0.684 4	0.687 9
0.5	0.691 5	0.695 0	0.698 5	0.701 9	0.705 4	0.708 8	0.712 3	0.715 7	0.719 0	0.722 4
0.6	0.725 7	0.729 1	0.732 4	0.735 7	0.738 9	0.742 2	0.745 4	0.748 6	0.751 7	0.754 9
0.7	0.758 0	0.761 1	0.764 2	0.767 3	0.770 4	0.773 4	0.776 4	0.779 4	0.782 3	0.785 2
0.8	0.788 1	0.791 0	0.793 9	0.796 7	0.799 5	0.802 3	0.805 1	0.807 8	0.810 6	0.813 3
0.9	0.815 9	0.818 6	0.821 2	0.823 8	0.826 4	0.828 9	0.831 5	0.834 0	0.836 5	0.838 9
1.0	0.841 3	0.843 8	0.846 1	0.848 5	0.850 8	0.853 1	0.855 4	0.857 7	0.859 9	0.862 1
1.1	0.864 3	0.866 5	0.868 6	0.870 8	0.872 9	0.874 9	0.877 0	0.879 0	0.881 0	0.883 0
1.2	0.884 9	0.886 9	0.888 8	0.890 7	0.892 5	0.894 4	0.896 2	0.898 0	0.899 7	0.901 5
1.3	0.903 2	0.904 9	0.906 6	0.908 2	0.909 9	0.911 5	0.913 1	0.914 7	0.916 2	0.917 7
1.4	0.919 2	0.920 7	0.922 2	0.923 6	0.925 1	0.926 5	0.927 9	0.929 2	0.930 6	0.931 9
1.5	0.933 2	0.934 5	0.935 7	0.937 0	0.938 2	0.939 4	0.940 6	0.941 8	0.942 9	0.944 1
1.6	0.945 2	0.946 3	0.947 4	0.948 4	0.949 5	0.950 5	0.951 5	0.952 5	0.953 5	0.954 5
1.7	0.955 4	0.956 4	0.957 3	0.958 2	0.959 1	0.959 9	0.960 8	0.961 6	0.962 5	0.963 3
1.8	0.964 1	0.964 9	0.965 6	0.966 4	0.967 1	0.967 8	0.968 6	0.969 3	0.969 9	0.970 6
1.9	0.971 3	0.971 9	0.972 6	0.973 2	0.973 8	0.974 4	0.975 0	0.975 6	0.976 1	0.976 7
2.0	0.977 2	0.977 8	0.978 3	0.978 8	0.979 3	0.979 8	0.980 3	0.980 8	0.981 2	0.981 7
2.1	0.982 1	0.982 6	0.983 0	0.983 4	0.983 8	0.984 2	0.984 6	0.985 0	0.985 4	0.985 7
2.2	0.986 1	0.986 4	0.986 8	0.987 1	0.987 5	0.987 8	0.988 1	0.988 4	0.988 7	0.989 0
2.3	0.989 3	0.989 6	0.989 8	0.990 1	0.990 4	0.990 6	0.990 9	0.991 1	0.991 3	0.991 6
2.4	0.991 8	0.992 0	0.992 2	0.992 5	0.992 7	0.992 9	0.993 1	0.993 2	0.993 4	0.993 6

续表

x	0.00	0.01	0.02	0.03	0.04	0.05	0.06	0.07	0.08	0.09
2.5	0.993 8	0.994 0	0.994 1	0.994 3	0.994 5	0.994 6	0.994 8	0.994 9	0.995 1	0.995 2
2.6	0.995 3	0.995 5	0.995 6	0.995 7	0.995 9	0.996 0	0.996 1	0.996 2	0.996 3	0.996 4
2.7	0.996 5	0.996 6	0.996 7	0.996 8	0.996 9	0.997 0	0.997 1	0.997 2	0.997 3	0.997 4
2.8	0.997 4	0.997 5	0.997 6	0.997 7	0.997 7	0.997 8	0.997 9	0.997 9	0.998 0	0.998 1
2.9	0.998 1	0.998 2	0.998 2	0.998 3	0.998 4	0.998 4	0.998 5	0.998 5	0.998 6	0.998 6
3.0	0.998 7	0.998 7	0.998 7	0.998 8	0.998 8	0.998 9	0.998 9	0.998 9	0.999 0	0.999 0
3.1	0.999 0	0.999 1	0.999 1	0.999 1	0.999 2	0.999 2	0.999 2	0.999 2	0.999 3	0.999 3
3.2	0.999 3	0.999 3	0.999 4	0.999 4	0.999 4	0.999 4	0.999 4	0.999 5	0.999 5	0.999 5
3.3	0.999 5	0.999 5	0.999 5	0.999 6	0.999 6	0.999 6	0.999 6	0.999 6	0.999 6	0.999 7
3.4	0.999 7	0.999 7	0.999 7	0.999 7	0.999 7	0.999 7	0.999 7	0.999 7	0.999 7	0.999 8
3.5	0.999 8	0.999 8	0.999 8	0.999 8	0.999 8	0.999 8	0.999 8	0.999 8	0.999 8	0.999 8
3.6	0.999 8	0.999 8	0.999 9	0.999 9	0.999 9	0.999 9	0.999 9	0.999 9	0.999 9	0.999 9
3.7	0.999 9	0.999 9	0.999 9	0.999 9	0.999 9	0.999 9	0.999 9	0.999 9	0.999 9	0.999 9
3.8	0.999 9	0.999 9	0.999 9	0.999 9	0.999 9	0.999 9	0.999 9	0.999 9	0.999 9	0.999 9
3.9	1.000 0	1.000 0	1.000 0	1.000 0	1.000 0	1.000 0	1.000 0	1.000 0	1.000 0	1.000 0
4.0	1.000 0	1.000 0	1.000 0	1.000 0	1.000 0	1.000 0	1.000 0	1.000 0	1.000 0	1.000 0

t 分布临界值表

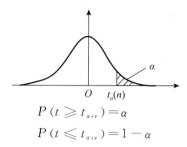

$$P\,(t \geqslant t_{\alpha,\nu}) = \alpha$$
$$P\,(t \leqslant t_{\alpha,\nu}) = 1 - \alpha$$

d*f*/α	0.100	0.050	0.025	0.010	0.005	0.001	0.000 5
1	3.077 7	6.313 8	12.706 2	31.820 5	63.656 7	318.308 8	636.619 2
2	1.885 6	2.920 0	4.302 7	6.964 6	9.924 8	22.327 1	31.599 1
3	1.637 7	2.353 4	3.182 4	4.540 7	5.840 9	10.214 5	12.924 0
4	1.533 2	2.131 8	2.776 4	3.746 9	4.604 1	7.173 2	8.610 3
5	1.475 9	2.015 0	2.570 6	3.364 9	4.032 1	5.893 4	6.868 8
6	1.439 8	1.943 2	2.446 9	3.142 7	3.707 4	5.207 6	5.958 8
7	1.414 9	1.894 6	2.364 6	2.998 0	3.499 5	4.785 3	5.407 9
8	1.396 8	1.859 5	2.306 0	2.896 5	3.355 4	4.500 8	5.041 3
9	1.383 0	1.833 1	2.262 2	2.821 4	3.249 8	4.296 8	4.780 9
10	1.372 2	1.812 5	2.228 1	2.763 8	3.169 3	4.143 7	4.586 9
11	1.363 4	1.795 9	2.201 0	2.718 1	3.105 8	4.024 7	4.437 0
12	1.356 2	1.782 3	2.178 8	2.681 0	3.054 5	3.929 6	4.317 8
13	1.350 2	1.770 9	2.160 4	2.650 3	3.012 3	3.852 0	4.220 8
14	1.345 0	1.761 3	2.144 8	2.624 5	2.976 8	3.787 4	4.140 5
15	1.340 6	1.753 1	2.131 4	2.602 5	2.946 7	3.732 8	4.072 8
16	1.336 8	1.745 9	2.119 9	2.583 5	2.920 8	3.686 2	4.015 0
17	1.333 4	1.739 6	2.109 8	2.566 9	2.898 2	3.645 8	3.965 1
18	1.330 4	1.734 1	2.100 9	2.552 4	2.878 4	3.610 5	3.921 6
19	1.327 7	1.729 1	2.093 0	2.539 5	2.860 9	3.579 4	3.883 4
20	1.325 3	1.724 7	2.086 0	2.528 0	2.845 3	3.551 8	3.849 5
21	1.323 2	1.720 7	2.079 6	2.517 6	2.831 4	3.527 2	3.819 3
22	1.321 2	1.717 1	2.073 9	2.508 3	2.818 8	3.505 0	3.792 1
23	1.319 5	1.713 9	2.068 7	2.499 9	2.807 3	3.485 0	3.767 6
24	1.317 8	1.710 9	2.063 9	2.492 2	2.796 9	3.466 8	3.745 4
25	1.316 3	1.708 1	2.059 5	2.485 1	2.787 4	3.450 2	3.725 1
26	1.315 0	1.705 6	2.055 5	2.478 6	2.778 7	3.435 0	3.706 6
27	1.313 7	1.703 3	2.051 8	2.472 7	2.770 7	3.421 0	3.689 6

df/α	0.100	0.050	0.025	0.010	0.005	0.001	0.000 5
28	1.312 5	1.701 1	2.048 4	2.467 1	2.763 3	3.408 2	3.673 9
29	1.311 4	1.699 1	2.045 2	2.462 0	2.756 4	3.396 2	3.659 4
30	1.310 4	1.697 3	2.042 3	2.457 3	2.750 0	3.385 2	3.646 0
31	1.309 5	1.695 5	2.039 5	2.452 8	2.744 0	3.374 9	3.633 5
32	1.308 6	1.693 9	2.036 9	2.448 7	2.738 5	3.365 3	3.621 8
33	1.307 7	1.692 4	2.034 5	2.444 8	2.733 3	3.356 3	3.610 9
34	1.307 0	1.690 9	2.032 2	2.441 1	2.728 4	3.347 9	3.600 7
35	1.306 2	1.689 6	2.030 1	2.437 7	2.723 8	3.340 0	3.591 1
36	1.305 5	1.688 3	2.028 1	2.434 5	2.719 5	3.332 6	3.582 1
37	1.304 9	1.687 1	2.026 2	2.431 4	2.715 4	3.325 6	3.573 7
38	1.304 2	1.686 0	2.024 4	2.428 6	2.711 6	3.319 0	3.565 7
39	1.303 6	1.684 9	2.022 7	2.425 8	2.707 9	3.312 8	3.558 1
40	1.303 1	1.683 9	2.021 1	2.423 3	2.704 5	3.306 9	3.551 0
41	1.302 5	1.682 9	2.019 5	2.420 8	2.701 2	3.301 3	3.544 2
42	1.302 0	1.682 0	2.018 1	2.418 5	2.698 1	3.296 0	3.537 7
43	1.301 6	1.681 1	2.016 7	2.416 3	2.695 1	3.290 9	3.531 6
44	1.301 1	1.680 2	2.015 4	2.414 1	2.692 3	3.286 1	3.525 8
45	1.300 6	1.679 4	2.014 1	2.412 1	2.689 6	3.281 5	3.520 3

χ^2 分布临界值表

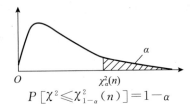

$$P\left[\chi^2 \leqslant \chi^2_{1-\alpha}(n)\right] = 1-\alpha$$

df/α	0.995	0.990	0.975	0.950	0.900	0.100	0.050	0.025	0.010	0.005
1	0.000 0	0.000 2	0.001 0	0.003 9	0.015 8	2.705 5	3.841 5	5.023 9	6.634 9	7.879 4
2	0.010 0	0.020 1	0.050 6	0.102 6	0.210 7	4.605 2	5.991 5	7.377 8	9.210 3	10.596 6
3	0.071 7	0.114 8	0.215 8	0.351 8	0.584 4	6.251 4	7.814 7	9.348 4	11.344 9	12.838 2
4	0.207 0	0.297 1	0.484 4	0.710 7	1.063 6	7.779 4	9.487 7	11.143 3	13.276 7	14.860 3
5	0.411 7	0.554 3	0.831 2	1.145 5	1.610 3	9.236 4	11.070 5	12.832 5	15.086 3	16.749 6
6	0.675 7	0.872 1	1.237 3	1.635 4	2.204 1	10.644 6	12.591 6	14.449 4	16.811 9	18.547 6
7	0.989 3	1.239 0	1.689 9	2.167 3	2.833 1	12.017 0	14.067 1	16.012 8	18.475 3	20.277 7
8	1.344 4	1.646 5	2.179 7	2.732 6	3.489 5	13.361 6	15.507 3	17.534 5	20.090 2	21.955 0
9	1.734 9	2.087 9	2.700 4	3.325 1	4.168 2	14.683 7	16.919 0	19.022 8	21.666 0	23.589 4
10	2.155 9	2.558 2	3.247 0	3.940 3	4.865 2	15.987 2	18.307 0	20.483 2	23.209 3	25.188 2
11	2.603 2	3.053 5	3.815 7	4.574 8	5.577 8	17.275 0	19.675 1	21.920 0	24.725 0	26.756 8
12	3.073 8	3.570 6	4.403 8	5.226 0	6.303 8	18.549 3	21.026 1	23.336 7	26.217 0	28.299 5
13	3.565 0	4.106 9	5.008 8	5.891 9	7.041 5	19.811 9	22.362 0	24.735 6	27.688 2	29.819 5
14	4.074 7	4.660 4	5.628 7	6.570 6	7.789 5	21.064 1	23.684 8	26.118 9	29.141 2	31.319 3
15	4.600 9	5.229 3	6.262 1	7.260 9	8.546 8	22.307 1	24.995 8	27.488 4	30.577 9	32.801 3
16	5.142 2	5.812 2	6.907 7	7.961 6	9.312 2	23.541 8	26.296 2	28.845 4	31.999 9	34.267 2
17	5.697 2	6.407 8	7.564 2	8.671 8	10.085 2	24.769 0	27.587 1	30.191 0	33.408 7	35.718 5
18	6.264 8	7.014 9	8.230 7	9.390 5	10.864 9	25.989 4	28.869 3	31.526 4	34.805 3	37.156 5
19	6.844 0	7.632 7	8.906 5	10.117 0	11.650 9	27.203 6	30.143 5	32.852 3	36.190 9	38.582 3
20	7.433 8	8.260 4	9.590 8	10.850 8	12.442 6	28.412 0	31.410 4	34.169 6	37.566 2	39.996 8
21	8.033 7	8.897 2	10.282 9	11.591 3	13.239 6	29.615 1	32.670 6	35.478 9	38.932 2	41.401 1
22	8.642 7	9.542 5	10.982 3	12.338 0	14.041 5	30.813 3	33.924 4	36.780 7	40.289 4	42.795 7
23	9.260 4	10.195 7	11.688 6	13.090 5	14.848 0	32.006 9	35.172 5	38.075 6	41.638 4	44.181 3
24	9.886 2	10.856 4	12.401 2	13.848 4	15.658 7	33.196 2	36.415 0	39.364 1	42.979 8	45.558 5
25	10.519 7	11.524 0	13.119 7	14.611 4	16.473 4	34.381 6	37.652 5	40.646 5	44.314 1	46.927 9
26	11.160 2	12.198 1	13.843 9	15.379 2	17.291 9	35.563 2	38.885 1	41.923 2	45.641 7	48.289 9
27	11.807 6	12.878 5	14.573 4	16.151 4	18.113 9	36.741 2	40.113 3	43.194 5	46.962 9	49.644 9
28	12.461 3	13.564 7	15.307 9	16.927 9	18.939 2	37.915 9	41.337 1	44.460 8	48.278 2	50.993 4

续表

df/α	0.995	0.990	0.975	0.950	0.900	0.100	0.050	0.025	0.010	0.005
29	13.121 1	14.256 5	16.047 1	17.708 4	19.767 7	39.087 5	42.557 0	45.722 3	49.587 9	52.335 6
30	13.786 7	14.953 5	16.790 8	18.492 7	20.599 2	40.256 0	43.773 0	46.979 2	50.892 2	53.672 0
31	14.457 8	15.655 5	17.538 7	19.280 6	21.433 6	41.421 7	44.985 3	48.231 9	52.191 4	55.002 7
32	15.134 0	16.362 2	18.290 8	20.071 9	22.270 6	42.584 7	46.194 3	49.480 4	53.485 8	56.328 1
33	15.815 3	17.073 5	19.046 7	20.866 5	23.110 2	43.745 2	47.399 9	50.725 1	54.775 5	57.648 4
34	16.501 3	17.789 1	19.806 3	21.664 3	23.952 3	44.903 2	48.602 4	51.966 0	56.060 9	58.963 9
35	17.191 8	18.508 9	20.569 4	22.465 0	24.796 7	46.058 8	49.801 8	53.203 3	57.342 1	60.274 8
36	17.886 7	19.232 7	21.335 9	23.268 6	25.643 3	47.212 2	50.998 5	54.437 3	58.619 2	61.581 2
37	18.585 8	19.960 2	22.105 6	24.074 9	26.492 1	48.363 4	52.192 3	55.668 0	59.892 5	62.883 3
38	19.288 9	20.691 4	22.878 5	24.883 9	27.343 0	49.512 6	53.383 5	56.895 5	61.162 1	64.181 4
39	19.995 9	21.426 2	23.654 3	25.695 4	28.195 8	50.659 8	54.572 2	58.120 1	62.428 1	65.475 6
40	20.706 5	22.164 3	24.433 0	26.509 3	29.050 5	51.805 1	55.758 5	59.341 7	63.690 7	66.766 0
41	21.420 8	22.905 6	25.214 5	27.325 6	29.907 1	52.948 5	56.942 4	60.560 6	64.950 1	68.052 7
42	22.138 5	23.650 1	25.998 7	28.144 0	30.765 4	54.090 2	58.124 0	61.776 8	66.206 2	69.336 0
43	22.859 5	24.397 6	26.785 4	28.964 7	31.625 5	55.230 2	59.303 5	62.990 4	67.459 3	70.615 9
44	23.583 7	25.148 0	27.574 6	29.787 5	32.487 1	56.368 5	60.480 9	64.201 5	68.709 5	71.892 6
45	24.311 0	25.901 3	28.366 2	30.612 3	33.350 4	57.505 3	61.656 2	65.410 2	69.956 8	73.166 1
46	25.041 3	26.657 2	29.160 1	31.439 0	34.215 2	58.640 5	62.829 6	66.616 5	71.201 4	74.436 5

附录 **4**

F 分布临界值表

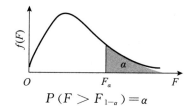

$$P(F > F_{1-\alpha}) = \alpha$$

$\alpha = 0.05$

$\mathrm{d}f_2 / \mathrm{d}f_1$	1	2	3	4	5	6
1	161.448	199.500	215.707	224.583	230.162	233.986
2	18.513	19.000	19.164	19.247	19.296	19.330
3	10.128	9.552	9.277	9.117	9.013	8.941
4	7.709	6.944	6.591	6.388	6.256	6.163
5	6.608	5.786	5.409	5.192	5.050	4.950
6	5.987	5.143	4.757	4.534	4.387	4.284
7	5.591	4.737	4.347	4.120	3.972	3.866
8	5.318	4.459	4.066	3.838	3.687	3.581
9	5.117	4.256	3.863	3.633	3.482	3.374
10	4.965	4.103	3.708	3.478	3.326	3.217
11	4.844	3.982	3.587	3.357	3.204	3.095
12	4.747	3.885	3.490	3.259	3.106	2.996
13	4.667	3.806	3.411	3.179	3.025	2.915
14	4.600	3.739	3.344	3.112	2.958	2.848
15	4.543	3.682	3.287	3.056	2.901	2.790
16	4.494	3.634	3.239	3.007	2.852	2.741
17	4.451	3.592	3.197	2.965	2.810	2.699
18	4.414	3.555	3.160	2.928	2.773	2.661
19	4.381	3.522	3.127	2.895	2.740	2.628
20	4.351	3.493	3.098	2.866	2.711	2.599
21	4.325	3.467	3.072	2.840	2.685	2.573
22	4.301	3.443	3.049	2.817	2.661	2.549
23	4.279	3.422	3.028	2.796	2.640	2.528
24	4.260	3.403	3.009	2.776	2.621	2.508
25	4.242	3.385	2.991	2.759	2.603	2.490
26	4.225	3.369	2.975	2.743	2.587	2.474
27	4.210	3.354	2.960	2.728	2.572	2.459
28	4.196	3.340	2.947	2.714	2.558	2.445
29	4.183	3.328	2.934	2.701	2.545	2.432
30	4.171	3.316	2.922	2.690	2.534	2.421

续表

$\alpha = 0.05$

df_2/df_1	1	2	3	4	5	6
31	4.160	3.305	2.911	2.679	2.523	2.409
32	4.149	3.295	2.901	2.668	2.512	2.399
33	4.139	3.285	2.892	2.659	2.503	2.389
34	4.130	3.276	2.883	2.650	2.494	2.380
35	4.121	3.267	2.874	2.641	2.485	2.372
36	4.113	3.259	2.866	2.634	2.477	2.364
37	4.105	3.252	2.859	2.626	2.470	2.356
38	4.098	3.245	2.852	2.619	2.463	2.349
39	4.091	3.238	2.845	2.612	2.456	2.342
40	4.085	3.232	2.839	2.606	2.449	2.336
41	4.079	3.226	2.833	2.600	2.443	2.330
42	4.073	3.220	2.827	2.594	2.438	2.324
43	4.067	3.214	2.822	2.589	2.432	2.318
44	4.062	3.209	2.816	2.584	2.427	2.313
45	4.057	3.204	2.812	2.579	2.422	2.308

$\alpha = 0.05$

df_2/df_1	7	8	9	10	15	20
1	236.768	238.883	240.543	241.882	245.950	248.013
2	19.353	19.371	19.385	19.396	19.429	19.446
3	8.887	8.845	8.812	8.786	8.703	8.660
4	6.094	6.041	5.999	5.964	5.858	5.803
5	4.876	4.818	4.772	4.735	4.619	4.558
6	4.207	4.147	4.099	4.060	3.938	3.874
7	3.787	3.726	3.677	3.637	3.511	3.445
8	3.500	3.438	3.388	3.347	3.218	3.150
9	3.293	3.230	3.179	3.137	3.006	2.936
10	3.135	3.072	3.020	2.978	2.845	2.774
11	3.012	2.948	2.896	2.854	2.719	2.646
12	2.913	2.849	2.796	2.753	2.617	2.544
13	2.832	2.767	2.714	2.671	2.533	2.459
14	2.764	2.699	2.646	2.602	2.463	2.388
15	2.707	2.641	2.588	2.544	2.403	2.328
16	2.657	2.591	2.538	2.494	2.352	2.276

续表

$\alpha = 0.05$

$\mathrm{d}f_2/\mathrm{d}f_1$	7	8	9	10	15	20
17	2.614	2.548	2.494	2.450	2.308	2.230
18	2.577	2.510	2.456	2.412	2.269	2.191
19	2.544	2.477	2.423	2.378	2.234	2.155
20	2.514	2.447	2.393	2.348	2.203	2.124
21	2.488	2.420	2.366	2.321	2.176	2.096
22	2.464	2.397	2.342	2.297	2.151	2.071
23	2.442	2.375	2.320	2.275	2.128	2.048
24	2.423	2.355	2.300	2.255	2.108	2.027
25	2.405	2.337	2.282	2.236	2.089	2.007
26	2.388	2.321	2.265	2.220	2.072	1.990
27	2.373	2.305	2.250	2.204	2.056	1.974
28	2.359	2.291	2.236	2.190	2.041	1.959
29	2.346	2.278	2.223	2.177	2.027	1.945
30	2.334	2.266	2.211	2.165	2.015	1.932
31	2.323	2.255	2.199	2.153	2.003	1.920
32	2.313	2.244	2.189	2.142	1.992	1.908
33	2.303	2.235	2.179	2.133	1.982	1.898
34	2.294	2.225	2.170	2.123	1.972	1.888
35	2.285	2.217	2.161	2.114	1.963	1.878
36	2.277	2.209	2.153	2.106	1.954	1.870
37	2.270	2.201	2.145	2.098	1.946	1.861
38	2.262	2.194	2.138	2.091	1.939	1.853
39	2.255	2.187	2.131	2.084	1.931	1.846
40	2.249	2.180	2.124	2.077	1.924	1.839
41	2.243	2.174	2.118	2.071	1.918	1.832
42	2.237	2.168	2.112	2.065	1.912	1.826
43	2.232	2.163	2.106	2.059	1.906	1.820
44	2.226	2.157	2.101	2.054	1.900	1.814
45	2.221	2.152	2.096	2.049	1.895	1.808

$\alpha = 0.01$

$\mathrm{d}f_2/\mathrm{d}f_1$	1	2	3	4	5	6	7
1	4 052.181	4 999.500	5 403.352	5 624.583	5 763.650	5 858.986	5 928.356
2	98.503	99.000	99.166	99.249	99.299	99.333	99.356
3	34.116	30.817	29.457	28.710	28.237	27.911	27.672
4	21.198	18.000	16.694	15.977	15.522	15.207	14.976
5	16.258	13.274	12.060	11.392	10.967	10.672	10.456
6	13.745	10.925	9.780	9.148	8.746	8.466	8.260
7	12.246	9.547	8.451	7.847	7.460	7.191	6.993
8	11.259	8.649	7.591	7.006	6.632	6.371	6.178
9	10.561	8.022	6.992	6.422	6.057	5.802	5.613
10	10.044	7.559	6.552	5.994	5.636	5.386	5.200
11	9.646	7.206	6.217	5.668	5.316	5.069	4.886
12	9.330	6.927	5.953	5.412	5.064	4.821	4.640
13	9.074	6.701	5.739	5.205	4.862	4.620	4.441
14	8.862	6.515	5.564	5.035	4.695	4.456	4.278
15	8.683	6.359	5.417	4.893	4.556	4.318	4.142
16	8.531	6.226	5.292	4.773	4.437	4.202	4.026
17	8.400	6.112	5.185	4.669	4.336	4.102	3.927
18	8.285	6.013	5.092	4.579	4.248	4.015	3.841
19	8.185	5.926	5.010	4.500	4.171	3.939	3.765
20	8.096	5.849	4.938	4.431	4.103	3.871	3.699
21	8.017	5.780	4.874	4.369	4.042	3.812	3.640
22	7.945	5.719	4.817	4.313	3.988	3.758	3.587
23	7.881	5.664	4.765	4.264	3.939	3.710	3.539
24	7.823	5.614	4.718	4.218	3.895	3.667	3.496
25	7.770	5.568	4.675	4.177	3.855	3.627	3.457
26	7.721	5.526	4.637	4.140	3.818	3.591	3.421
27	7.677	5.488	4.601	4.106	3.785	3.558	3.388
28	7.636	5.453	4.568	4.074	3.754	3.528	3.358
29	7.598	5.420	4.538	4.045	3.725	3.499	3.330
30	7.562	5.390	4.510	4.018	3.699	3.473	3.304
31	7.530	5.362	4.484	3.993	3.675	3.449	3.281
32	7.499	5.336	4.459	3.969	3.652	3.427	3.258

$\alpha = 0.01$

df_2/df_1	1	2	3	4	5	6	7
33	7.471	5.312	4.437	3.948	3.630	3.406	3.238
34	7.444	5.289	4.416	3.927	3.611	3.386	3.218
35	7.419	5.268	4.396	3.908	3.592	3.368	3.200
36	7.396	5.248	4.377	3.890	3.574	3.351	3.183
37	7.373	5.229	4.360	3.873	3.558	3.334	3.167
38	7.353	5.211	4.343	3.858	3.542	3.319	3.152
39	7.333	5.194	4.327	3.843	3.528	3.305	3.137
40	7.314	5.179	4.313	3.828	3.514	3.291	3.124
41	7.296	5.163	4.299	3.815	3.501	3.278	3.111
42	7.280	5.149	4.285	3.802	3.488	3.266	3.099
43	7.264	5.136	4.273	3.790	3.476	3.254	3.087
44	7.248	5.123	4.261	3.778	3.465	3.243	3.076
45	7.234	5.110	4.249	3.767	3.454	3.232	3.066

$\alpha = 0.01$

df_2/df_1	8	9	10	15	20
1	5 981.070	6 022.473	6 055.847	6 157.285	6 208.730
2	99.374	99.388	99.399	99.433	99.449
3	27.489	27.345	27.229	26.872	26.690
4	14.799	14.659	14.546	14.198	14.020
5	10.289	10.158	10.051	9.722	9.553
6	8.102	7.976	7.874	7.559	7.396
7	6.840	6.719	6.620	6.314	6.155
8	6.029	5.911	5.814	5.515	5.359
9	5.467	5.351	5.257	4.962	4.808
10	5.057	4.942	4.849	4.558	4.405
11	4.744	4.632	4.539	4.251	4.099
12	4.499	4.388	4.296	4.010	3.858
13	4.302	4.191	4.100	3.815	3.665
14	4.140	4.030	3.939	3.656	3.505
15	4.004	3.895	3.805	3.522	3.372
16	3.890	3.780	3.691	3.409	3.259
17	3.791	3.682	3.593	3.312	3.162

续表

$\alpha = 0.01$

df_2/df_1	8	9	10	15	20
18	3.705	3.597	3.508	3.227	3.077
19	3.631	3.523	3.434	3.153	3.003
20	3.564	3.457	3.368	3.088	2.938
21	3.506	3.398	3.310	3.030	2.880
22	3.453	3.346	3.258	2.978	2.827
23	3.406	3.299	3.211	2.931	2.781
24	3.363	3.256	3.168	2.889	2.738
25	3.324	3.217	3.129	2.850	2.699
26	3.288	3.182	3.094	2.815	2.664
27	3.256	3.149	3.062	2.783	2.632
28	3.226	3.120	3.032	2.753	2.602
29	3.198	3.092	3.005	2.726	2.574
30	3.173	3.067	2.979	2.700	2.549
31	3.149	3.043	2.955	2.677	2.525
32	3.127	3.021	2.934	2.655	2.503
33	3.106	3.000	2.913	2.634	2.482
34	3.087	2.981	2.894	2.615	2.463
35	3.069	2.963	2.876	2.597	2.445
36	3.052	2.946	2.859	2.580	2.428
37	3.036	2.930	2.843	2.564	2.412
38	3.021	2.915	2.828	2.549	2.397
39	3.006	2.901	2.814	2.535	2.382
40	2.993	2.888	2.801	2.522	2.369
41	2.980	2.875	2.788	2.509	2.356
42	2.968	2.863	2.776	2.497	2.344
43	2.957	2.851	2.764	2.485	2.332
44	2.946	2.840	2.754	2.475	2.321
45	2.935	2.830	2.743	2.464	2.311

$\alpha = 0.1$

$\mathrm{d}f_2 / \mathrm{d}f_1$	1	2	3	4	5	6	7
1	39.863	49.500	53.593	55.833	57.240	58.204	58.906
2	8.526	9.000	9.162	9.243	9.293	9.326	9.349
3	5.538	5.462	5.391	5.343	5.309	5.285	5.266
4	4.545	4.325	4.191	4.107	4.051	4.010	3.979
5	4.060	3.780	3.619	3.520	3.453	3.405	3.368
6	3.776	3.463	3.289	3.181	3.108	3.055	3.014
7	3.589	3.257	3.074	2.961	2.883	2.827	2.785
8	3.458	3.113	2.924	2.806	2.726	2.668	2.624
9	3.360	3.006	2.813	2.693	2.611	2.551	2.505
10	3.285	2.924	2.728	2.605	2.522	2.461	2.414
11	3.225	2.860	2.660	2.536	2.451	2.389	2.342
12	3.177	2.807	2.606	2.480	2.394	2.331	2.283
13	3.136	2.763	2.560	2.434	2.347	2.283	2.234
14	3.102	2.726	2.522	2.395	2.307	2.243	2.193
15	3.073	2.695	2.490	2.361	2.273	2.208	2.158
16	3.048	2.668	2.462	2.333	2.244	2.178	2.128
17	3.026	2.645	2.437	2.308	2.218	2.152	2.102
18	3.007	2.624	2.416	2.286	2.196	2.130	2.079
19	2.990	2.606	2.397	2.266	2.176	2.109	2.058
20	2.975	2.589	2.380	2.249	2.158	2.091	2.040
21	2.961	2.575	2.365	2.233	2.142	2.075	2.023
22	2.949	2.561	2.351	2.219	2.128	2.060	2.008
23	2.937	2.549	2.339	2.207	2.115	2.047	1.995
24	2.927	2.538	2.327	2.195	2.103	2.035	1.983
25	2.918	2.528	2.317	2.184	2.092	2.024	1.971
26	2.909	2.519	2.307	2.174	2.082	2.014	1.961
27	2.901	2.511	2.299	2.165	2.073	2.005	1.952
28	2.894	2.503	2.291	2.157	2.064	1.996	1.943
29	2.887	2.495	2.283	2.149	2.057	1.988	1.935
30	2.881	2.489	2.276	2.142	2.049	1.980	1.927
31	2.875	2.482	2.270	2.136	2.042	1.973	1.920
32	2.869	2.477	2.263	2.129	2.036	1.967	1.913

续表

$\alpha = 0.1$

df_2/df_1	1	2	3	4	5	6	7
33	2.864	2.471	2.258	2.123	2.030	1.961	1.907
34	2.859	2.466	2.252	2.118	2.024	1.955	1.901
35	2.855	2.461	2.247	2.113	2.019	1.950	1.896
36	2.850	2.456	2.243	2.108	2.014	1.945	1.891
37	2.846	2.452	2.238	2.103	2.009	1.940	1.886
38	2.842	2.448	2.234	2.099	2.005	1.935	1.881
39	2.839	2.444	2.230	2.095	2.001	1.931	1.877
40	2.835	2.440	2.226	2.091	1.997	1.927	1.873
41	2.832	2.437	2.222	2.087	1.993	1.923	1.869
42	2.829	2.434	2.219	2.084	1.989	1.919	1.865
43	2.826	2.430	2.216	2.080	1.986	1.916	1.861
44	2.823	2.427	2.213	2.077	1.983	1.913	1.858
45	2.820	2.425	2.210	2.074	1.980	1.909	1.855

$\alpha = 0.1$

df_2/df_1	8	9	10	15	20
1	59.439	59.858	60.195	61.220	61.740
2	9.367	9.381	9.392	9.425	9.441
3	5.252	5.240	5.230	5.200	5.184
4	3.955	3.936	3.920	3.870	3.844
5	3.339	3.316	3.297	3.238	3.207
6	2.983	2.958	2.937	2.871	2.836
7	2.752	2.725	2.703	2.632	2.595
8	2.589	2.561	2.538	2.464	2.425
9	2.469	2.440	2.416	2.340	2.298
10	2.377	2.347	2.323	2.244	2.201
11	2.304	2.274	2.248	2.167	2.123
12	2.245	2.214	2.188	2.105	2.060
13	2.195	2.164	2.138	2.053	2.007
14	2.154	2.122	2.095	2.010	1.962
15	2.119	2.086	2.059	1.972	1.924
16	2.088	2.055	2.028	1.940	1.891
17	2.061	2.028	2.001	1.912	1.862

续表

$\alpha = 0.1$

df_2/df_1	8	9	10	15	20
18	2.038	2.005	1.977	1.887	1.837
19	2.017	1.984	1.956	1.865	1.814
20	1.999	1.965	1.937	1.845	1.794
21	1.982	1.948	1.920	1.827	1.776
22	1.967	1.933	1.904	1.811	1.759
23	1.953	1.919	1.890	1.796	1.744
24	1.941	1.906	1.877	1.783	1.730
25	1.929	1.895	1.866	1.771	1.718
26	1.919	1.884	1.855	1.760	1.706
27	1.909	1.874	1.845	1.749	1.695
28	1.900	1.865	1.836	1.740	1.685
29	1.892	1.857	1.827	1.731	1.676
30	1.884	1.849	1.819	1.722	1.667
31	1.877	1.842	1.812	1.714	1.659
32	1.870	1.835	1.805	1.707	1.652
33	1.864	1.828	1.799	1.700	1.645
34	1.858	1.822	1.793	1.694	1.638
35	1.852	1.817	1.787	1.688	1.632
36	1.847	1.811	1.781	1.682	1.626
37	1.842	1.806	1.776	1.677	1.620
38	1.838	1.802	1.772	1.672	1.615
39	1.833	1.797	1.767	1.667	1.610
40	1.829	1.793	1.763	1.662	1.605
41	1.825	1.789	1.759	1.658	1.601
42	1.821	1.785	1.755	1.654	1.596
43	1.817	1.781	1.751	1.650	1.592
44	1.814	1.778	1.747	1.646	1.588
45	1.811	1.774	1.744	1.643	1.585

参 考 文 献

著 作

[1] 贾俊平.统计学——基于 SPSS[M].4 版.北京:中国人民大学出版社,2022.

[2] 李荣平.统计学[M].2 版.北京:清华大学出版社,2022.

[3] 贾俊平.统计学学习指导书[M].8 版.北京:中国人民大学出版社,2021.

[4] 孙静娟,杨光辉,杜婷.统计学[M].4 版.北京:清华大学出版社,2021.

[5] 贾俊平,何晓群,金勇进.统计学[M].8 版.北京:中国人民大学出版社,2021.

[6] 贾俊平.统计学基础[M].6 版.北京:中国人民大学出版社,2021.

[7] 曾五一,肖红叶.统计学导论[M].3 版.北京:科学出版社,2019.

[8] 曾五一.统计学简明教程[M].2 版.北京:中国人民大学出版社,2019.

[9] 廖颖杰,喻平,王金.统计学[M].2 版.北京:人民邮电出版社,2019.

[10] 盛骤,谢式千,潘承毅.概率论与数理统计[M].5 版.北京:高等教育出版社,2019.

[11] 曾五一,肖红叶.统计学导论[M].3 版.北京:科学出版社,2019.

[12] 茆诗松,程依明,濮晓龙.概率论与数理统计教程[M].3 版.北京:高等教育出版社,2019.

[13] 李金昌,苏为华.统计学[M].5 版.北京:机械工业出版社,2019.

[14] 贾俊平.统计学[M].2 版.北京:中国人民大学出版社,2018.

[15] 李建华,刘洋.统计学[M].北京:中国商务出版社,2018.

[16] 张仁寿.统计学[M].北京:中国统计出版社,2018.

[17] 冯力.统计学[M].3 版.大连:东北财经大学出版社,2018.

[18] 张海霞,迟艳琴,赵雪虹.统计学[M].3 版.北京:中国金融出版社,2018.

[19] 孙海涛,宋荣兴.统计学[M].大连:东北财经大学出版社,2017.

[20] 胡春春.统计学[M].北京:北京理工大学出版社,2017.

[21] 张宇,郑葵.统计学[M].4 版.哈尔滨:哈尔滨工业大学出版社,2017.

[22] 向书坚,张学毅.统计学[M].2 版.北京:中国统计出版社,2016.

[23] 董君成.统计学[M].上海:华东师范大学出版社,2016.

[24] 朱小华.统计学基础[M].北京:中国人民大学出版社,2016.

[25] 朱小华,徐向东,马玉鑫.统计学基础[M].北京:中国人民大学出版社,2016.

[26] 李金昌.应用抽样技术[M].3 版.北京:科学出版社,2015.

[27] 吴喜之.统计学——从数据到结论[M].4 版.北京:中国统计出版社,2014.

[28] 曾五一.统计学导论[M].北京:科学出版社,2013.

[29] 李航.统计学方法[M].2 版.北京:清华大学出版社,2012.

[30] 张兆丰.统计学[M].北京:机械工业出版社,2009.

[31] 贾俊平.统计学[M].2 版.北京:清华大学出版社,2006.

[32] 刘春英.应用统计[M].北京:中国金融出版社,2005.

[33] 穆尔.统计学的世界[M].5 版.北京:中信出版社,2003.

期 刊

[1] 颜冀军.大数据时代统计学的教学改革——评《社会统计学》[J].教育理论与实践,2019,39(23):65.

［2］王军虎.统计检验中假设的设置方法[J].统计与决策,2022,38(21):57-59.

［3］温忠麟,谢晋艳,方杰等.新世纪20年国内假设检验及其关联问题的方法学研究[J].心理科学进展,2022,30(8):1667-1681.

［4］王军虎.统计假设检验中的三个决策准则[J].统计与决策,2021,37(6):56-60.

［5］戴金辉.区间估计与参数假设检验的比较[J].统计与决策,2019,35(9):72-74.

［6］付英,鲜思东.基于可信度的统计检验决策研究[J].数学的实践与认识,2019,49(8):243-248.

［7］魏立力,张定强.确定假设检验拒绝域的证据原理[J].数学的实践与认识,2018,48(16):196-200.

［8］金辉,邹莉玲.假设检验和 P 值的再认识[J].环境与职业医学,2017,34(2):95-98.

［9］程开明,李泗娥.科学研究中的 P 值:误解、操纵及改进[J].数量经济技术经济研究,2019,36(7):117-136.

［10］王军虎.统计检验中假设的设置方法[J].统计与决策,2022,38(21):57-59.

［11］付英,鲜思东.基于可信度的统计检验决策研究[J].数学的实践与认识,2019,49(8):243-248.

［12］肖庆,袁进.基于 Excel 进行科研设计资料均数 t 检验[J].中国老年学杂志,2010,30(11):1489-1491.

［13］谢明文.单侧检验的局限性及其解决方法[J].数理统计与管理,2006(4):426-428.

［14］戴金辉.区间估计与参数假设检验的比较[J].统计与决策,2019,35(9):72-74.

网　　址

［1］澎湃新闻·澎湃号·政务.生活中无处不在的统计学.https://www.thepaper.cn/newsDetail_forward_2391406,2018-08-29.

［2］国家统计局官网.国家统计局关于 2022 年粮食产量数据的公告.http://www.stats.gov.cn/tjsj/zxfb/202212/t20221209_1890914.html,2022-12-12.

［3］国家统计局.第三次全国农业普查主要数据公报(第二号).http://www.stats.gov.cn/tjsj/tjgb/nypcgb/qgnypcgb/201712/t20171215_1563539.html,2017-12-15.

［4］国家统计局.第七次全国人口普查公报(第五号).http://www.stats.gov.cn/tjsj/tjgb/rkpcgb/qgrkpcgb/202106/t20210628_1818824.html,2021-05-11.

［5］国家统计局.第七次全国人口普查公报(第五号).http://www.stats.gov.cn/tjsj/tjgb/rkpcgb/qgrkpcgb/202106/t20210628_1818824.html,2021-05-11.

［6］国家统计局官网.国家统计局公布居民人均可支配收入数据时,一些网友感慨自己"拖后腿",对此应如何看待.http://www.stats.gov.cn/ztjc/zthd/lhfw/2021/rdwt/202102/t20210225_1813978.html,2021-02-19.

［7］国家统计局官网.国家统计局公告(2021 年第 3 号).http://www.stats.gov.cn/tjgz/tzgb/202110/t20211008_1822733.html,2021-10-08;黑龙江省统计学会官网.2021 年黑龙江省国民经济和社会发展统计公报.http://tjj.hlj.gov.cn/tjj/c106779/202203/c00_30324976.shtml,2022-03-16.

［8］国家统计局官网.盛来运:逆境中促发展 变局中开新局——《2021 年国民经济和社会发展统计公报》评读.http://www.stats.gov.cn/tjsj/sjjd/202202/t20220227_1827958.html,2022-02-28.

［9］国家统计局官网.国家统计局城市司首席统计师董莉娟解读 2022 年 8 月份 CPI 和 PPI 数据.http://www.stats.gov.cn/tjsj/sjjd/202209/t20220909_1888073.html,2022-09-09.